RxJava를 활용한 리액티브 프로그래밍

RxJava의 개념과 사용법, 실무 활용까지

Reactive Programming with RxJava
by Tomasz Nurkiewicz and Ben Christensen

Authorized Korean translation of the English edition of Reactive Programming with RxJava
ISBN 9781491931653 ⓒ 2016 Tomasz Nurkiewicz, Ben Christensen

Korean language edition copyright ⓒ 2017 Insight Press

This translation is published and sold by permission of O'Reilly Media, Inc.,
which owns or controls all rights to publish and sell the same.

RxJava를 활용한 리액티브 프로그래밍: RxJava의 개념과 사용법, 실무 적용까지

초판 1쇄 발행 2017년 4월 25일 2쇄 발행 2018년 6월 25일 지은이 토마스 누르키비치, 벤 크리스텐센 옮긴이 김인태 펴낸이 한기성 펴낸곳 인사이트 편집 정수진 제작·관리 박미경 용지 월드페이퍼 출력·인쇄 현문인쇄 제본 자현제책 등록번호 제10-2313호 등록일자 2002년 2월 19일 주소 서울시 마포구 잔다리로 119 석우빌딩 3층 전화 02-322-5143 팩스 02-3143-5579 블로그 http://www.insightbook.co.kr 이메일 insight@insightbook.co.kr ISBN 978-89-6626-306-6 책값은 뒤표지에 있습니다. 잘못 만들어진 책은 바꾸어 드립니다. 이 책의 정오표는 http://www.insightbook.co.kr에서 확인하실 수 있습니다. 이 도서의 국립중앙도서관 출판예정도서목록(CIP)은 서지정보유통지원시스템 홈페이지(http://seoji.nl.go.kr)와 국가자료공동목록시스템(http://www.nl.go.kr/kolisnet)에서 이용하실 수 있습니다.(CIP제어번호: CIP2017008954)

프로그래밍인사이트

RxJava를 활용한 리액티브 프로그래밍

RxJava의 개념과 사용법, 실무 활용까지

REACTIVE PROGRAMMING WITH RXJAVA

토마스 누르키비치, 벤 크리스텐센 지음
김인태 옮김

인사이트
insight

차례

추천의 글

"이 책은 실제로 RxJava를 구현하고 사용하면서 수많은 경험을 쌓아 온 저자가 보여주는 RxJava의 개념과 용도, 특히 리액티브 프로그래밍에 대한 심층적인 탐구 결과물이다. 리액티브를 알고 싶다면 이 책보다 더 좋은 방법은 없다."

— 에릭 마이어(Erik Meijer), Applied Duality의 대표이자 창업자

"RxJava는 최신 안드로이드 애플리케이션에서 필요로 하는 높은 안정성과 동시성, 비동기 구현을 관리할 수 있는 매우 중요한 도구이다. 이 책은 RxJava를 공부하기 위한 학습 도구이자 라이브러리 참고 자료로, 이 책 없이는 RxJava를 완전히 이해하기가 어려울 것이다."

— 제이크 와튼(Jake Wharton), Square의 소프트웨어 엔지니어

"토마스와 벤은 복잡한 문제를 쉽고 간결하게 설명할 수 있는 재능이 있다. 덕분에 이 책을 읽는 것은 즐거운 경험이고, 리액티브 프로그래밍과 RxJava를 파악하고자 하는 모든 JVM 개발자에게 필수적이다. 저자는 동시성이나 함수형 프로그래밍, 디자인 패턴, 리액티브 프로그래밍 등 많은 주제를 다룬다. 그러나 독자에게 정보를 쏟아내는 방식이 아니라 개념들을 안내해주고 점점 더 진보된 개념과 기법을 보여준다."

— 시몬 호마(Szymon Homa), 시니어 소프트웨어 개발자

리액티브 프로그래밍과 RxJava는 근래에 서버와 클라이언트 개발자 모두에게 큰 관심을 끌고 있다. Android와 같은 클라이언트 개발에서 UI와 백엔드로 이어지는 다양한 입출력 이벤트 흐름을 RxJava로 체계화할 수 있겠다는 기대감을 안겨 주었다. 자원을 효율적으로 사용하는 비동기 서버를 보다 손쉽게 개발할 수 있는 프레임워크로도 RxJava는 유망하다.

하지만 기존의 절차적인 명령 방식의 프로그램에 익숙한 개발자에게는 RxJava의 API가 낯설게 느껴진다. Observable, Observer 등의 비슷한 용어가 쉽게 머릿속에 들어오지 않고 혼란스러운 분들도 있을 것이다. 예제 코드는 간결하지만 일하면서 만드는 코드에는 어떻게 적용할지 잘 연상이 안 될 수도 있다.

그런 상황에서 나온 이 책은 RxJava를 이해하고 적용하는데 좋은 길잡이가 될 만하다. RxJava의 기본 개념에서 실무에 응용하는 기법까지 폭넓게 설명하고 있다. RxJava의 API가 막연하고 어렵게 느껴졌었던 개발자라면 이 책을 다 읽고 나서 유용한 도구 하나를 손에 쥐게 되었다는 느낌을 받을 것이다.

역자는 RxJava를 실무에 적용해 보았고 용어를 우리말로 옮기는 데에도 많이 고민했다. 그렇기에 더욱 든든한 책이다.

— 정상혁, 네이버 랩스

내가 IT 업계에서 경영을 오래 해오긴 했어도 개발자는 아니다. 그러니 내가 이런 전문 기술서적을 추천한다는 건 터무니없는 일이다. 그럼에도 이런 시도를 하는 것은, 번역한 김인태 님의 기술적 진지함을 믿기 때문이다. 내가 아주 좋아하는 레이 오지가 이 기술의 탄생에 영감을 주었다는 게 또 하나의 이유일 수 있다. 다른 하나는 이런 새로운 접근을 한 명이라도 더 봐주었으면 하는 바람 때문이다. 자바를 별로 쓸 일이 없더라도, 대용량 실시간 분산처리 업무를 하지 않더라도, 이런 지식의 습득은 시야를 넓혀주고 상상력을 자극한다.

구글에 인수당한 솔루션 회사의 창업자 엔지니어가 세르게이 브린과 래리 페이지를 처음 만나서 들었다는 얘기를 인용하며 추천사를 마치고자 한다. "지금까지 당신이 만들었던 알고리즘은 모두 잊어주세요. 무한 대의 서버가 주어진다면, 당신은 이 문제를 어떻게 풀겠습니까?"

'대용량 실시간 분산처리'의 세계로 들어온 것을 환영한다!

— 박태웅 KST&Partners 대표, 전 kth 부사장

옮긴이의 글

RxJava라는 존재를 처음 들어 보았던 때는 아마도 2013년 무렵이었다고 기억합니다. 당시 화두가 함수형 언어였고, RxJava에도 전형적인 함수형 언어의 '연산자'들이 보여서 별로 큰 주의를 기울이지 않은 채 막연히 자바에서 함수형 구현을 가능하게 해 주는 서드파티 라이브러리라고 생각하는 정도로 지나쳤습니다. 구아바(Guava)나 아파치 커먼즈(Apache Commons) 같은, 자바 라이브러리를 조금 더 풍성하고 편리하게 만들어 주는 그런 부류라고 생각했었지요. 지금 생각해 보면 터무니없는 오해였습니다.

그러던 어느 날 모바일 API 게이트웨이를 구축할 일이 생겨 우여곡절 끝에 저지(Jersey)를 선택했습니다. 저지 안내 문서에서 여러 API를 호출하여 결과값을 만드는 방법을 설명하는 내용 중에 흥미로운 부분이 눈에 띄었습니다. 동기 방식으로 순차 호출하여 매우 오래 걸리는 응답을 비동기 방식으로 월등히 빠르게 개선하는 일련의 과정이었는데, 처음에 고전적인 비동기 콜백 방식을 사용하여 속도는 개선했지만 '콜백 지옥'으로 귀결되었고 이어서 나온 대안이 리액티브 접근 방식이었습니다. 콜백 지옥을 벗어난다는 내용 하나만으로도 충분히 흥미로웠기 때문에 바로 따라해 보았으나 리액티브 패러다임을 모르던 때라 무척이나 이질적인 구현을 응용하기는 쉽지 않았습니다. 게다가 실제 구현할 내용 자체가 콜백 지옥을 우려할 정도로 복잡하지 않아 Rx만의 장점을 느끼기도 어려웠습니다. 그렇게 일부 시험 삼아 적용해본 Rx 코드는 가이드 문서상의 예제를 흉내 낸 정도로 기억에서 희미해지고 있었습니다.

또 다시 시간은 흘러 어떤 커머스 서비스의 구조를 개선하는 일을 하게 되었습니다. 아키텍처를 수립한 다음 구현할 때 사용할 NoSQL 구성 요소로서 카우치베이스를 선택했는데, 이 프로젝트를 진행하면서 Rx(Java)를 어느 정도 이해하게 된 듯합니다. 우선 카우치베이스의 특성 자체를 이해하고자 비교적 빠르고 간결한 구현이 가능한 파이썬으로 NoSQL 데이터 모델링 학습과 입출력 프로토타이핑을 진행했으며, 여기까지는 무척 익숙한 명령형(imperative) 방식으로 진행할 수 있었습니다. 카우치베이스에 익숙해지면서 제법 그럴듯한 NoSQL스러운 데이터 모델링 전략도 수립하여 실무에 적용할 준비가 되었습니다. 실제 시스템은 자바 기반이었고 관련하여 설정하던 중 자바용 커넥터는 RxJava 기반이라는 사실을 알게 되었는데 파이썬에서 구현했던 방식과 너무나 달라서 무척 당황스러웠습니다. 앞서 언급했듯 Rx(Java) 사용 경험은 저지를 도입했을 때 시험 삼아 따라하기 수준이 전부라서 익숙한 명령형 방식과 완전히 다른 선언적 방법으로, 게다가 비동기성까지 고려하며 정교하게 입출력을 제어하는 방법을 숙달하기까지 다소 시간이 걸렸습니다. 수많은 시행착오를 거치면서 다행히도 서서히 RxJava에 익숙해졌고, 어렴풋하게나마 연산자 구성으로 데이터 소스를 변환하는 과정도 제법 편안해지기 시작했습니다. 그러던 어느 날 카우치베이스 커넥터의 동작이 이상했던 부분을 발견했습니다. 마침 오픈 소스로 구성된 커넥터이기도 했고 RxJava 응용 구현체가 궁금하기도 해서 문제 원인을 추적했는데 다행히 해결책을 찾았습니다. 문제 해결을 위해 어떤 RxJava 기반의 사용자 정의 연산자 일부를 고쳐야 했으며, 카우치베이스 직원들과 함께 성능 영향도 등을 검증한 끝에 패치가 반영되는 작은 기쁨도 누렸습니다. 작은 우연이 만들어 준 이 과정이 RxJava를 보다 깊이 이해하는 계기였음은 분명합니다. 이후 RDBMS 기반으로 구성된 레거시 부분까지 점진적으로 RxJava를 적용하면서 전혀 다른 데이터 소스가 일관적으로 결합되는 모습도 보았으며, 무엇보다도 여러 데이터 소스를 다룰 때 쉽지 않은 문제인 실패 재시도 처리를 놀라울 정도로 간단하게 구현할 수 있어 좋았습니다.

누군가 RxJava를 반드시 배워야 하는지 물어본다면, 저자도 이야기하듯 무조건 RxJava를 도입할 필요는 없다고 생각합니다. 특히 자바 8에는 CompletableFuture라는 제법 쓸만한 리액티브 개념이 포함돼 있으며, CompletableFuture를 사용해도 자바 8 이전의 비동기 처리 방식보다 훨씬 세련된 구현이 가능합니다. 그러나 RxJava는 자바 세상에서 본격적으로 리액티브 개념을 구현해 놓은 결과물이기에 RxJava를 굳이 사용하지 않는다 해도 이 책은 리액티브 패러다임의 훌륭한 길잡이가 되어줄 것입니다. RxJava를 실제 제대로 이해하고 사용하기까지 진입 장벽은 상당히 높은 편이 분명하나 충분히 배울 만한 가치가 있습니다. 동시성을 제어하는 패러다임 변화 자체도 충분히 매력적이지만 일급 객체화된 오류 처리 방법 또한 놓칠 수 없는 이득입니다. 시간 의존성을 배제한 단위 테스트 코드 작성이 가능하다는 장점 때문에라도 RxJava를 사용하고 싶을 정도입니다. RxJava는 이미 안드로이드 진영에서 많이 쓰이고 있습니다. 그저 공식처럼 UI와 백그라운드 작업을 분리하는 정도로 사용하는 경우도 많지만 그런 제한된 사용법만으로도 안드로이드 기본 AsyncTask는 말할 것도 없고 몇 년 전의 RoboGuice나 AndroidAnnotations에 비하면 훨씬 더 깔끔하면서도 유연한 방법으로 UI/백그라운드 스레드 경계를 넘나드는 구현이 가능합니다. 심지어 Otto 같은 이벤트 버스 라이브러리는 RxJava가 있으니 더 이상 있을 필요가 없다며 지원을 중단하기도 했습니다(*https://github.com/square/otto*, 자세한 내용은 링크를 통해 Deprecated! 절을 읽어 보시기 바랍니다).

끝으로 이 책을 번역하기까지 도움을 주신 여러 고마운 분들을 이야기하지 않을 수 없겠네요. 가족들의 도움이 없었으면 이 번역 작업은 불가능했습니다. 그동안 옆에서 묵묵히 번역 작업 때문에 가정에 소홀했던 저를 배려한 아내와 딸에게 고맙다는 이야기를 꼭 남기고 싶습니다. 이 책을 번역할 기회를 마련해 주신 분이자 번역을 다듬는 전반적인 과정에 큰 도움을 주신 노재춘님께 무척 고맙다는 인사를 드립니다. 번역하기에는 너무나 생소한 표현들로 고민했을 때 매끄러운 표현을 제시해 준 미국인(?) 양승상님도 틈틈이 큰 도움이 되었습니다. 아울러 세련되지 못한 초벌 번역 과정부터 도움을 주신 정재훈님, 이소민님께 감사합니다. 1차 편집본이 나온 뒤 꼼꼼하게 검증 작업을 도와 준 정우준님 또한 무척 고마운 분이기에 빼놓을 수가 없겠네요. 시종일관 수고를 마다하지 않으신 인사이트의 정수진 편집자님과 이런 귀중한 책이 빛을 볼 수 있는 기회를 제공한 한기성 사장님께도 감사합니다.

번역 중 원서에서 오류가 있던 부분은 발견하는 대로 원 저자와 협의하여 수정하였으며, 일부 소제목도 보다 명료하게 다듬었음을 미리 밝힙니다.

2쇄에 덧붙이는 글

번역서를 출간하고 그리 오래 지나지 않아 한주영님으로부터 제법 많은 번역 오류를 제보 받았습니다. 2쇄를 통해서나마 잘못을 고치고 싶었는데 이제는 어느 정도 마음의 짐을 덜어내는 심정입니다. 활자로라도 책의 완성도를 높이는 데 크게 기여해 주신 한주영님께 고마움을 표현하고 싶습니다. 개인적으로는 무척 부끄럽지만, 책의 내용을 바로잡는 일이 더욱 중요하겠지요. 그밖에도 RxJava 2 등 하고 싶은 이야기가 있었지만 책에서는 번역 역할에만 충실한 편이 낫겠다고 생각했으며, 역자의 의견이나 경험, 생각 등은 필요한 경우 인사이트의 홈페이지 등을 통해 지속적으로 공개할 수 있도록 하겠습니다.

김인태

머리말

2005년 10월 28일, 마이크로소프트의 수석 소프트웨어 아키텍트로 임명된 레이 오지(Ray Ozzie)는 "인터넷 서비스의 붕괴(The Internet Services Disruption)"라는, 지금은 매우 유명한 이메일을 직원들에게 발송했다. 레이 오지가 쓴 글의 요지는 마이크로소프트나 구글, 페이스북, 아마존, 넷플릭스 같은 기업들이 웹을 주요 서비스 제공 수단으로 사용하는 오늘날의 세상에 대한 내용이었다. 개발자 관점에서 보자면, 오지는 대기업 임원으로서는 상당히 주목할 만한 주장을 펼쳤다.

> 복잡성 때문에 죽을 지경이다. 복잡성은 개발자의 인생을 망칠 뿐 아니라 제품 기획이나 빌드, 테스트를 어렵게 하며, 보안 문제를 일으키고 사용자와 관리자도 좌절시킨다.

우선 이 이야기가 나온 때가 2005년이었음을 감안하자. 당시 대형 IT 업체들은 정신이 혼미해질 정도로 복잡한 SOAP나 WS-*, XML 등의 기술을 무척이나 사랑했다. 이때는 '마이크로서비스' 같은 기술이 아직 나오기 전이었고, 개발자들이 복잡한 비동기성을 쉽게 통제할 수 있는, 작은 요소에서 시작하여 복잡한 서비스를 만들기 위한 간결한 기술이 주변에 있던 시절도 아니었으며, 이에 대한 실패나 지연, 보안, 효율성을 통제하는 작업은 엄두를 내기도 쉽지 않았다.

오지의 글은 내가 속해 있던 마이크로소프트의 클라우드 프로그래밍 팀 내부에 불시에 울려댄 자명종과 같이 작용했고 우리가 대규모의 비동기 시스템이나 데이터 집약적인 인터넷 서비스 아키텍처를 위한 간결한 프로그래밍 모델을 고안하는 데 집중할 수 있는 계기가 되었다. 수많은 실패를 거듭한 끝에 Iterable/Iterator 인터페이스의 쌍대화(dualize)를 구상하면서 서광이 비치기 시작했다. 비동기 이벤트 스트림을 표현하는 몇 가지 인터페이스를 고안했고, 무척 익숙한 순열 연산자인 map이나 filter, scan, zip, groupBy 등으로 비동기 데이터 스트림을 변환하거나 결합하게 했다. 이렇게 2007년 여름에 Rx가 탄생했다. 구현 작업을 진행하는 동안 동시성과 시간을 제어할 필요가 있음을 깨달았고, 그래서 자바의 executor 개념을 확장하여 가상 시간과 협력적인 재스케줄링을 추가했다.

치열한 2년간의 해커톤에서 수많은 디자인 선택을 거듭한 끝에, 2009년 11월 18일 우선 Rx.NET을 선보였다. 연이어 윈도우 폰 7용으로 Microsoft.Phone.Reactive에 Rx를 포팅했고 계속해서 자바스크립트나 C++ 같은 다양한 언어에서 구현을 시작했으며, 루비나 오브젝티브-C에서 돌아가는 실험용 버전에도 잠시 손을 댔다.

마이크로소프트에서 맨 처음 Rx를 사용한 사람은 자파 후세인(Jafar Husain)으로, 그는 2011년 넷플릭스에 입사할 당시 이 기술을 가져갔다. 자파는 넷플릭스에 Rx를 전도했는데, 때마침 넷플릭스 UI의 클라이언트 스택에 비동기 스트림 처리를 아우르기 위한 재설계 작업이 진행 중이었다. 또한 (우리 모두에게 무척 다행스럽게도) 넷플릭스의 미들티어 API 작업을 하던 벤 크리스텐센(Ben Christensen)에게 그의 열정을 가까스로 전달할 수 있었다. 당시 넷플릭스의 미들티어는 자바로 구현되어 있었다. 벤은 2012년에 RxJava 작업을 시작했으며 2013년도에는 이를 Github에 오픈소스로 공개하고 계속해서 개발을 진행했다. 마이크로소프트에서 Rx를 조기에 접한 또 다른 이는 폴 베츠(Paul Betts)였는데 Github으로 이직하고는 저스틴 스파르-서머스(Justin Spahr-Summers) 등 그곳의 동료들을 설득하여 2012년 봄에 오브젝티브-C를 위한 리액티브 코코아(ReactiveCocoa)를 출시했다.

업계에서 Rx가 점점 인기를 끌게 되자, 우리는 마이크로소프트 오픈 테크를 설득하여 2012년 가을에 Rx.NET을 오픈소스로 공개했다. 이후 나는 마이크로소프트에서 퇴사하여 Applied Duality를 창업했다. 모든 시간을 투자해 각종 언어와 플랫폼 API를 넘나들며 비동기적인 실시간 데이터 스트림 처리를 가능케 하는 Rx를 만들기 위해서였다.

2016년으로 넘어가면서 Rx의 인기도와 사용 빈도가 급등했다. 넷플릭스 API를 사용하는 모든 트래픽은 RxJava를 사용하고 있으며, 결함 대응 라이브러리인 히스트릭스 또한 모든 내부 트래픽을 격리할 때 RxJava를 사용한다. 그리고 여기서 파생된 라이브러리인 RxNetty나 맨티스(Mantis)까지, 넷플릭스는 내부 서비스에 완전한 반응형 네트워크 환경을 구축해 놓았다. 게다가 RxJava는 SoundCloud나 Square, NYT, Seatgeek 등의 회사에서 성공적인 안드로이드 구현 영역을 구축해 나가고 있으며, 이들은 각자의 안드로이드 앱에 RxJava를 사용하면서 RxAndroid 확장 라이브러리에도 이바지하고 있다. 카우치베이스

(Couchbase)나 스플렁크(Splunk) 같은 NoSQL 업체들도 데이터 처리 계층에 Rx를 사용했다. RxJava를 채택한 다른 자바 라이브러리로는 CamelRx라든가 스퀘어 레트로핏(Square Retrofit), Vert.x 등이 있다. 자바스크립트 진영에서는 RxJS가 널리 쓰이고 있으며 Angular 2 같은 프레임워크의 기능을 강화하기도 했다. RxJava 커뮤니티는 웹사이트를 운영하고 있는데[1] 여기에서 Rx의 각종 언어 구현체 관련 정보를 찾을 수 있고, 환상적인 구슬 도표와 데이비드 그로스(David Gross, @CallHimMoorlock)의 설명도 들을 수 있다.

애초부터 Rx는 개발자 진영에서 필요로 하는 내용과 함께 진화했다. .NET에서 진행했던 Rx의 원조 구현은 정확히 비동기 이벤트 스트림의 변환에 초점을 맞추었고, 배압(backpressure)이 필요한 비동기적인 열거형에 사용했다. 자바는 언어에서 비동기 await를 지원하지 않았기 때문에 RxJava 진영에서는 Observer와 Observable을 확장하여 반응형 끌어오기를 추가했으며, Producer 인터페이스도 더했다. 수많은 오픈소스 컨트리뷰터 덕분에, RxJava 구현은 무척 수준이 높아졌으며 최적화가 매우 잘 되었다.

비록 RxJava 구현이 다른 Rx 구현체와는 약간 다르긴 하지만, 실시간 분산 데이터 처리라는 신세계에 발을 들여 놓았을 때 개발자의 인생을 망쳐놓는 우연한 복잡성을 배제하고 본질적인 복잡성에 집중할 수 있도록 개발자 여러분을 위해 특별히 제작된 것이다. 이 책은 일반적으로는 Rx, 구체적으로는 RxJava의 개념과 용법을 깊이 있고도 철두철미하게 다루고 있으며, 수많은 시간 동안 현실 세계에서 RxJava 구현과 사용 경험을 쌓은 두 명의 저자가 자세히 설명한다. 만약 '리액티브'로 나아가고 싶다면 이 책을 읽어보자. 그보다 나은 선택은 없다.

에릭 마이어(Erik Meijer), Applied Duality의 대표이자 창업자

---

1 *http://reactivex.io*

소개

누가 이 책을 읽어야 하는가

『RxJava를 활용한 리액티브 프로그래밍』은 중·고급 자바 프로그래머를 대상으로 한다. 자바에 상당히 익숙해야 하지만 리액티브 프로그래밍에 대한 사전 지식은 필요 없으며, 많은 내용이 함수형 프로그래밍과 관련이 있지만 미리 알아야만 하는 필수 개념은 아니다. 이 책이 필요한 프로그래머는 크게 둘로 나눌 수 있다.

- 서버 성능 향상이나 유지 보수성이 좋은 모바일 코드를 추구하는 장인들. 이런 범주에 해당한다면 실제 상황에서 만나는 문제에 대한 아이디어나 해답뿐만 아니라 실용적인 조언도 얻을 수 있다. 이런 경우라면 RxJava는 이 책을 통해 숙달하면 되는 하나의 도구일 뿐이다.
- 리액티브 프로그래밍, 특히 RxJava에 대해 들어본 적이 있으며 이를 제대로 이해하고 싶은 호기심 가득한 개발자들. 여기 해당한다면 아직은 실무에 RxJava의 장점을 적용할 계획이 없다 해도 상당히 시야를 넓힐 수 있다.

또한 이 책은 실제 소프트웨어 설계자에게 많은 도움이 될 것이다. RxJava는 시스템 전반에 걸친 설계에도 영향을 미치기 때문에 알아둘 만하다. 그렇지만 이 분야에 이제 막 발을 들인 단계라 해도 기본을 설명하는 처음 몇 장을 쭉 훑어보기 바란다. 변환이나 구성같은 근본 개념들은 매우 보편적인 것들로 리액티브 프로그래밍만의 이야기는 아니다.

벤 크리스텐센의 이야기

2012년에 나는 넷플릭스 API를 위한 새로운 설계를 담당했는데, 목표를 달성하기 위해 동시성과 비동기 네트워크 요청 방식을 수용해야만 했다. 접근 방향을 모색하던 중 자파 후세인[2]을 만났으며, 그는 내게 마이크로소프트 재직 시절 배운 'Rx'의 장점을 전파하려 했다. 당시 나는 동시성 개념은 익숙했지만 생계 수단이었던 자바를 주로 사용하다 보니 여전히 자바 중심적인 명령형(imperative) 방식을 고수했다.

그래서 자파가 나에게 Rx 방식을 전파하려고 노력했지만 함수형 프로그래밍 스타일을 쉽게 이해할 수 없었기 때문에 일단 뒤로 미뤄놓았다. 수개월에 걸친 토의와 논쟁을 통해 전반적인 시스템 설계가 무르익었고, 그러는 동안 자파와 함께 화이트보드 논의를 계속하면서 반응형 확장(Rx)의 이론적인 원리와 우아함, 강력함을 납득했다.

우리는 넷플릭스 API에 Rx 프로그래밍 모델을 수용하기로 결정했고 마이크로소프트에서 비롯된 Rx.Net과 RxJS 명명 규칙을 따라 최종적으로 RxJava라 부르는 Rx의 자바 버전을 만들었다.

약 3년에 걸쳐 RxJava를 만드는 동안 대부분의 작업을 GitHub에 공개하여 진행했다. 120명 이상의 컨트리뷰터가 참여할 정도로 성장한 커뮤니티와 함께 일하는 특권을 누리면서, 서버나 클라이언트를 가리지 않고 수많은 제품에 사용할 수 있는 결과물인 RxJava를 내놓을 수 있었다. 또 GitHub에서 상위 200위 안에 드는 프로젝트가 되었고[3], 자바 기반 프로젝트 중에서 3위 안에 들 만큼 충분히 성공을 거뒀다.[4]

넷플릭스의 조지 캠벨[5], 아론 털[6], 맷 제이콥스[7]는 구현 초기부터 lift, Subscriber, 배압(backpressure), 그리고 JVM 폴리글랏 구현 등을 지원하며 RxJava가 발전된 형태를 갖추기까지 중요한 역할을 담당했다. 다비드 카르노크[8]가 관여하면서 그가 작업한 코드 커밋 회수나 코드 라인 수는 나의 작업량을 훌쩍 뛰어넘었으며, 이는 프로젝트 성공의 핵심 요인이었다. 그는 현재 이 프로젝트의 리더이다.

이 일을 하는 동안 RxJava나 리액티브 프로그래밍과 관련한 수많은 컨퍼런스에서 발표를 했는데, 이 과정에서 수많은 사람들을 만났고 코드와 설계에 대해 더 많은 것을 깨우칠 수 있었다.

---

2 *https://github.com/jhusain*

3 *https://github.com/search?p=11&q=stars:>1&s=stars&type=Repositories*

4 *http://github.com/search?l=Java&p=1&q=stars:>1&s=stars&type=Repositories*

5 *https://github.com/abersnaze*

6 *https://github.com/stealthcode*

7 *https://github.com/mattrjacobs*

8 *https://github.com/akarnokd*

넷플릭스는 이 프로젝트에 시간과 노력을 들일 수 있도록 도와주었고 혼자서는 도저히 감당하기 버거운 기술 문서 작성에도 지원을 아끼지 않았다. 이 정도 성숙도와 규모를 자랑하는 오픈 소스는 한 개인의 '일상적인 업무'에 더해 다른 기술을 갖춘 많은 사람들의 참여가 없었다면 성공하기 어려웠을 것이다.

1장에서는 리액티브 프로그래밍이 왜 유용한 프로그래밍 접근 방법인지, RxJava에는 어떻게 이 원칙을 반영했는지를 소개한다.

이 책의 나머지는 토마스의 놀라운 작업 결과물이다. 비록 내가 리뷰하고 제안을 제시했다 하더라도 이 책은 그의 작품이다. 2장부터는 그의 자세한 설명이 이어진다.

토마스 누르키비치의 이야기

2013년 무렵 금융 기관에서 일할 때 우연히 RxJava를 알게 되었다. 당시 우리는 실시간으로 처리해야 하는 방대한 마켓 데이터 스트림과 씨름하고 있었으며 데이터 파이프라인은 카프카(Kafka)에서 전송하는 메시지와 아카(Akka)에서 처리하는 거래, 클로저(Clojure)로 변환하는 데이터, 변경 전파 처리를 위해 만든 맞춤형 언어들로 뒤죽박죽이었다. 이러한 가운데 맞이한 RxJava는 상이한 데이터 소스들을 무척 깔끔하게 처리할 수 있도록 일관적인 API를 제공하고 있어 정말 매력적이었다.

일을 진행하는 동안 유연한 확장성과 방대한 처리량이 필수적인 다양한 상황에 리액티브 프로그래밍을 시도해 보았다. 시스템을 리액티브 방식으로 구현하는 부담은 제법 컸지만 하드웨어 효율화를 통한 에너지 절감 같은 이점들이 더 중요했다. 이 프로그래밍 모델의 장점을 제대로 인식하려면 개발자들이 비교적 쉽게 사용할 수 있는 도구가 있어야만 하는데 Rx야말로 추상화와 복잡성, 성능 사이에 절묘하게 자리잡은 최적점이라 생각한다.

별도로 언급하지 않는 한 이 책에서는 RxJava 1.1.6을 다룬다. 자바 6 버전부터 RxJava를 사용할 수 있겠지만 대부분의 예제에서는 자바 8에서 지원하는 람다식을 사용하는데, (8장에서) 몇몇 안드로이드 관련 예제에는 람다식 이전의 장황한 구문을 사용한다. 이는 모든 곳에서 가독성을 높이기 위해 가능한 한 가장 짧은 구문(예: 메서드 레퍼런스)만을 사용하지는 않았음을 뜻한다.

이 책의 구성

이 책은 처음부터 끝까지 순서대로 읽도록 구성했지만, 그럴 여유가 없다면 부담 없이 원하는 부분만 골라서 보아도 관계없다. 설령 앞서 나오는 개념이 있다 해도 대부분 뒤에서 해당 내용을 찾아볼 수 있을 것이다. 다음은 각 장의 요약 내용이다.

- 1장에서는 RxJava 기본 개념과 사상, 간략한 사용 방법을 소개한다(벤).
- 2장에서는 응용 프로그램에 RxJava를 적용하고 사용하는 방법에 대해 설명한다. 이 장은 매우 기본적인 내용이지만 뜨거운/차가운 소스(hot/cold source) 같은 개념 이해가 대단히 중요하다(토마스).
- 3장에서는 RxJava 라이브러리의 근간을 이루는, 풍부한 표현력과 강력한 기능으로 무장한 수많은 연산자들에 대해 간략히 훑어볼 것이다(토마스).
- 4장에서는 보다 실용적인 내용으로, 기존 코드에 어떻게 RxJava를 적용하는지 보여줄 것이며 또한 동시성에 대해서도 다룬다(토마스).
- 5장에서는 반응형 애플리케이션을 어떻게 작성하는지 처음부터 끝까지 다루는, 좀 더 심화한 내용을 다룬다(토마스).
- 6장에서는 RxJava에서 흐름 제어를 위해 고려해야 하는 중요한 문제와 배압 메커니즘을 설명한다(토마스).
- 7장에서는 Rx 기반 애플리케이션에서 단위 테스트를 하기 위한 기법과 유지 보수, 문제 해결 방법을 다룬다(토마스).
- 8장에서는 특히 분산 시스템에서 RxJava를 적용한 몇몇 응용 프로그램을 보여준다(토마스).
- 9장에서는 RxJava 2.x에 적용한 몇 가지 핵심적인 내용을 살펴볼 것이다(벤).

온라인 리소스

이 책에 등장하는 모든 구슬(marble) 도표는 아파치 라이선스 2.0을 따르는 공식 RxJava 문서[9]에서 인용했다.

---

9 *https://github.com/ReactiveX/RxJava/wiki*

이 책에 쓰인 표시

이 책에서는 다음과 조판 규칙을 사용했다.

이탤릭
URL, 이메일 주소, 파일명, 파일 확장자.

`고정폭 글꼴`
프로그램 코드를 표시하며 단락 안에서도 변수나 함수명, 데이터베이스, 자료형, 환경 같은 프로그램 요소를 나타낼 때 사용한다.

이 아이콘은 팁이나 제안, 일반적인 내용을 나타낸다.

이 아이콘은 일반적인 내용을 나타낸다.

이 아이콘은 주의나 경고 내용을 나타낸다.

감사의 글

벤

토마스가 없었다면 이 책은 존재할 수 없었다. 이 책의 대부분은 그가 집필했다. 그리고 편집자인 낸 바버는 책을 마무리하기까지 고생을 감내하며 놀랄 만큼 큰 도움을 주었다. 트위터에 이 책을 같이 쓸 사람을 구하려고 메시지를 올리자 이에 화답하여 실제로 이 책이 나올 수 있게 한 일등 공신인 토마스에게 감사한다.

또한 넷플릭스 오픈 소스[10]의 지원에 감사하며, 다니엘 제이콥슨[11]의 개인적인 후원과 프로젝트 전반에 걸친 지원에 감사한다. 이들은 내가 커뮤니티에 투입한 어마어마한 시간 동안 프로젝트의 든든한 후원자였다. 감사합니다!

그리고, Rx의 창시자이자 내게 매우 많은 가르침을 주었고 기꺼이 서문까지 작성해준 에릭에게도 감사 인사를 보낸다.

토마스

우선 약 20년 전 내게 처음 컴퓨터를 사주신 부모님께 고마움을 표하고 싶다 (8MB 램을 단 486DX2. 아마 잊지 못하시리라). 이렇게 나의 프로그래밍 인생이

---

10 *https://netflix.github.io*
11 *https://twitter.com/daniel_jacobson*

시작되었다. 몇몇 분이 이 책을 만들 때 도움을 주었다. 벤은 이 책의 첫 장과 마지막 장을 썼으며, 내가 쓴 내용을 감수했다.

벤켓 수브라마니암(Venkat Subramaniam)은 이 책의 구조를 보다 일관되고 유의미한 방향으로 잡아가는 데 수고를 마다하지 않았다. 때로는 보다 나은 문장이나 문단 순서를 제시하기도 했으며, 심지어 부적절하니 페이지 전체를 빼라고 한 경우도 있었다. 풍부한 지식과 경험을 갖춘 다비드 카르노크(Dávid Karnok)도 빼놓을 수 없다. RxJava 프로젝트의 리더로서 무수한 버그와 스레드 경합, 일관성 문제 등을 잡아냈다. 이들이 제공한 수많은 조언은 이 책의 품질을 뚜렷하게 향상시키는 밑거름이 되었다. 이 책의 초고를 작성할 무렵 주변의 동료들이 원고를 읽고 가치 있는 피드백을 주었다. 또한 다리우스 바친스키(Dariusz Baciński), 시몬 호마(Szymon Homa), 피오트르 피에츠레크(Piotr Pietrzak), 야쿱 필리몬(Jakub Pilimon), 아담 보쉬취크(Adam Wojszczyk), 마르친 제이연즈코프스키(Marcin Zajączkowski), 메이시 지아르코(Maciej Ziarko)에게도 감사한다.

1장

RxJava를 활용한 리액티브 프로그래밍

벤 크리스텐센

RxJava는 자바와 안드로이드를 위한 리액티브 프로그래밍 구현체로서 함수형 프로그래밍의 영향을 받았다. 따라서 함수 구성을 선호하며 전역 상태나 부수 효과를 피하고 비동기나 이벤트 기반 프로그램을 작성할 때 스트림 방식으로 생각한다. 또한 RxJava는 생산자/소비자 콜백을 사용한 옵저버 패턴을 시작으로 구성과 변환, 스케줄링, 스로틀링(throttling), 오류 처리, 생명주기 관리를 할 수 있는 수많은 연산자를 제공한다.

RxJava는 안드로이드 기기뿐만 아니라 서버까지 광범위하게 사용되고 있는 성숙한 오픈소스 라이브러리다.[1] 이 라이브러리와 함께 활동적인 개발자 모임[2]이 생겨나 RxJava와 리액티브 프로그래밍에 대해 논의하고 서로 도와가며 프로젝트를 발전시켜 왔다.

이번 장에서는 RxJava가 무엇이며 어떻게 작동하는지 개요를 설명한다. 다음 장부터는 사용 방법과 애플리케이션에 적용하는 자세한 방법을 보여준다. 리액티브 프로그래밍 경험 없이 이 책을 읽는 독자도 RxJava의 강력함을 실제 코드에 적용할 수 있도록 처음부터 개념과 사례를 제시하며 순서대로 이야기를 진행해 나갈 것이다.

---

1 *https://github.com/ReactiveX/RxJava*
2 *http://reactivex.io/tutorials.html*

리액티브 프로그래밍과 RxJava

'리액티브[3] 프로그래밍'이란 데이터나 이벤트 변화의 반응에 초점을 맞춘 프로그래밍을 뜻하는 일반적인 용어이다. 이를 명령형으로 처리할 수도 있고 종종 그렇게 하기도 하는데, 리액티브 프로그래밍을 명령형으로 처리하는 방식 중 하나가 콜백(callback)이다. 스프레드시트는 리액티브 프로그래밍의 좋은 예로, 특정 셀은 의존하는 다른 셀들의 변화에 자동으로 '반응'한다.

함수형 리액티브 프로그래밍?

리액티브 익스텐션(일반적으로 Rx, 구체적으로는 RxJava)이 함수형 프로그래밍의 영향을 받았다고 해서 '함수형 리액티브 프로그래밍(functional reactive programming, FRP)'은 아니다.

FRP는 리액티브 프로그래밍의 매우 특별한 형태[4]로, 연속적인 시간의 흐름을 포함하는 반면 RxJava는 시간에 대해 불연속적인 이벤트만을 다룬다. 두 단어의 조합이 이미 다른 무언가를 정의하고 있음을 깨닫기 전까지 필자조차도 그 뜻을 잘못 알고 RxJava를 '함수형 리액티브'라 이야기하고 다녔다. 결국 '리액티브 프로그래밍'보다 RxJava를 더 구체적으로 가리킬 수 있는 단어가 아직 없다. RxJava를 지칭하는 일반적인 용어가 없어 RxJava나 비슷한 솔루션을 일컫는 용어로 여전히 FRP를 잘못 사용하고 있는데, 온라인상에서 (지난 몇 년간 비공식적으로 계속 사용해온) 그 의미를 아예 확장할지 아니면 연속적인 시간 구현을 뜻하는 지금의 정의를 그대로 사용할지 가끔 논쟁이 벌어지고 있다.

이러한 혼란을 피하기 위해 우리는 RxJava가 실제로 함수형 프로그래밍의 영향을 받았지만 의도적으로 명령형 프로그래밍과는 다른 모델을 채택했다는 사실에 초점을 맞추겠다. 이후 이 책에서 '리액티브'라고 이야기하면 리액티브 개념 + RxJava에서 사용하는 함수형 스타일을 뜻한다고 이해하기 바란다. 그러나 개념 대비를 강조하기 위해 언급하는 '명령형'의 뜻이 리액티브 프로그래밍을 명령형 방식으로 구현하면 안 된다는 뜻은 아니다. 즉 명령형 프로그래밍이란 RxJava에서 채택하고 있는 함수형 스타일의 대척 개념으로 사용한다. 특별히 명령형과 함수형 접근 방식을 비교할 필요가 있을 때는 명확히 하기 위해 '리액티브 함수형'과 '리액티브 명령형'을 사용한다.

---

3 (옮긴이) '리액티브'를 '반응형'이라 해도 크게 무리가 없으나 아직 국내에서 충분히 정착되지 않은 개념이라 이 책에서는 '리액티브'를 그대로 사용한다.

4 *http://stackoverflow.com/a/1030631*

오늘날의 컴퓨터는 운영체제와 하드웨어에 잘 맞는 명령형 방식으로 동작한다. 컴퓨터에 일을 시키려면 무엇을 어떻게 해야 하는지 정확히 입력해야 하는데, 이때 사람의 사고 체계는 CPU와 달라서 추상화 단계를 거쳐야 한다. 고수준의 명령형 언어들이 기계어나 어셈블리 명령어를 추상화했듯이 리액티브 함수형 프로그래밍 또한 추상화를 사용했다. 리액티브 함수형 프로그래밍이란 무엇이고 또 궁극적으로 어떻게 실행되는지를 나타내는 멘탈 모델(mental model)을 제시하기 때문에 모든 것이 결국 명령형으로 귀결된다는 사실을 기억하고 이해해야 한다. 마법이란 없는 법이다.

리액티브 함수형 프로그래밍이란 프로그래밍에 대한 하나의 접근 방식, 즉 명령형 시스템상의 추상화이다. 이를 사용하면 비동기 방식이나 이벤트 기반 요구사항을 구현할 때 컴퓨터처럼 생각하지 않아도 되며, (특히 네트워크와 스레드 경계에서) 상태들의 복잡한 상호작용을 명령형으로 정의하지 않아도 된다. 비동기 방식 혹은 이벤트 기반 시스템을 다룰 때 컴퓨터처럼 생각하지 않아도 된다는 점은 유용한 특성이다. 왜냐하면 동시성과 병행성이 뒤얽히면 이들을 정확하고 효과적으로 사용하기가 매우 까다롭기 때문이다. 자바 진영에서 브라이언 게츠(Brian Goetz)의 *Java Concurreny in Practice*(Addison-Wesley, 2006)[5]나 더그 리(Doug Lea)의 *Concurrent Programming in Java*(Addison-Wesley, 1999), 그리고 "Mechanical Sympathy"[6] 같은 포럼은 동시성 개념을 통달하기가 얼마나 어려운지를 역설하는 대표적인 예다. 고성능에 효율적이고 확장성이 있으면서도 정확하게 동작하는 동시성 지원 소프트웨어 제작은 매우 어려운 일이다. RxJava를 시작한 이후 앞서 나열한 책이나 포럼, 혹은 커뮤니티의 여러 전문가들과 이야기하다 보니 오히려 예전보다 이를 더욱 확신하게 되었다. 심지어 전혀 다른 수준의 동시성과 병행성 문제가 발생하는 분산 시스템에 대해서는 아직 이야기하지도 않았다.

그래서 리액티브 함수형 프로그래밍이란 무엇인지 짧게 답하자면 동시성과 병렬성 해결이다. 조금 더 풀어 말하면 리액티브나 비동기 요구사항을 명령형 방식으로 만들었을 때 나타나는 결과물인 콜백 지옥 문제를 해결하는 것이다. RxJava를 사용한 리액티브 프로그래밍은 함수형 프로그래밍의 영향을 바탕으로

---

5   이 책은 『멀티코어를 100% 활용하는 자바 병렬 프로그래밍』(2008, 에이콘)으로 번역되어 나와있다.

6   *http://groups.google.com/forum/m/#!forum/mechanical-sympathy*

리액티브 명령형 방식의 전형적인 위험 요소를 회피하기 위한 선언적 접근을 사용한다.

언제 리액티브 프로그래밍이 필요한가

다음과 같은 경우 리액티브 프로그래밍이 유용하다.

- 마우스 움직임이나 클릭, 키보드 타이핑, GPS 신호, 자이로스코프 신호, 터치 이벤트 등을 처리할 때
- (요청이 시작되고 일정 시간이 지난 후 응답 여부에 따라 다른 작업이 진행되는) 본질적으로 비동기성을 띠는 디스크나 네트워크 등 지연 바인딩 I/O 이벤트 응답.
- 서버의 시스템, 이벤트나 앞서 나온 사용자 이벤트, 하드웨어 신호, 각종 아날로그 센서의 이벤트 트리거링(triggering) 등 통제 불가능한 애플리케이션에서 발생하는 이벤트나 데이터를 다룰 때

그런데 단 하나의 이벤트 스트림만 처리하는 경우는 어떨까? 이런 경우 콜백 기반의 리액티브 명령형 프로그래밍도 괜찮다. 리액티브 함수형 프로그래밍을 사용해봤자 그다지 큰 이득이 없을 것이다. 수많은 이벤트 스트림이 서로 독립적인 경우에도 명령형 프로그래밍이 그리 큰 문제는 아니다. 복잡하지 않은 경우에는 명령형 접근 방법이 운영체제와 언어, 컴파일러 최적화 방식에 훨씬 가깝기 때문에 추상화 단계가 덧붙은 리액티브 프로그래밍 방식보다 효율적이다.

하지만 대부분의 문제는 이벤트(함수나 네트워크 호출의 비동기 응답)들을 묶어야 할 경우에 벌어지는데 상호 작용에 대한 조건절이나 실패 처리, 리소스 정리에 대비해야 한다. 이런 곳에서 리액티브 명령형 접근 방식을 사용하면 복잡함이 극도로 증가하기 시작하는 반면 리액티브 함수형 프로그래밍이 빛을 발하기 시작한다. 구체적으로 검증된 바는 아니지만 리액티브 함수형 프로그래밍은 초기에 높은 학습 곡선과 진입 장벽이 존재하는 반면 복잡도는 리액티브 명령형 방식에 비해 상당히 낮다.

이것이 바로 일반적인 리액티브 익스텐션(Rx)[7], 특히 RxJava가 '비동기, 이벤트 기반 프로그램을 작성하기 위한 라이브러리'라고 주장하는 핵심 내용이다. RxJava는 함수형 프로그래밍과 데이터플로 프로그래밍에 영향을 받아 리액티브

---

[7] *https://github.com/ReactiveX/RxJava*

프로그래밍 원칙들을 구체화한 구현이다. '리액티브'이기 위해 다른 접근 방식을 사용하기는 했지만 RxJava는 분명 여기에 속한다. 그럼 RxJava는 어떻게 동작하는지 살펴보자.

RxJava는 어떻게 동작하는가

RxJava의 핵심은 데이터나 이벤트 스트림을 나타내는 Observable 타입이며, 밀어내기(reactive) 방식을 지향하지만 끌어오기(interactive) 방식으로도 사용 가능하다. 또한 즉시 동작하지 않고 지연 실행되며 비동기와 동기 방식 모두 사용 가능하고, 시간에 따라 0, 1, 다수 혹은 무한 개를 아우르는 이벤트를 다룰 수 있다.

수없이 많은 버즈워드와 세부 내용을 파헤쳐 보도록 하자. 자세한 내용은 29쪽의 "rx.Observable 해부하기"에서 살펴볼 수 있다.

밀어내기와 끌어오기[8]

RxJava가 리액티브이기 위한 핵심은 밀어내기 지원 여부인데 Observable과 이와 관련한 Observer 타입 시그니처는 이벤트 밀어내기(push)를 지원한다. 이들은 보통 다음 절에서 다룰 비동기 속성을 수반한다. 한편 Observable 타입은 비동기 시스템의 흐름 제어나 배압(backpressure)에 대한 접근 방식으로서 (보통 비동기 끌어오기(pull) 혹은 리액티브 끌어오기라 일컫는) 비동기 피드백 채널도 지원하는데, 뒤에서 자세히 살펴보도록 하자.

밀어내기를 통한 이벤트 수신을 지원하기 위해서는 Observable/Observer 쌍을 구독으로 연결한다. Observable은 데이터 스트림을 나타내며 Observer를 써서 구독할 수 있다(34쪽 "Observer〈T〉로 모든 알림 잡아내기"에서 더 자세한 내용을 볼 수 있다).

```
interface Observable<T> {
    Subscription subscribe(Observer s)
}
```

Observer는 구독을 통해 3가지 유형의 이벤트를 받는다.

---

8 (옮긴이) 원서에는 각각 'push'와 'pull'이라고 되어 있는데, 행위의 주체를 강조하기 위한 표현이라 번역해도 큰 무리가 없다고 판단했다.

- onNext 함수를 통한 데이터
- onError 함수를 통한 오류(Exception 혹은 Throwable)
- onCompleted 함수를 통한 스트림 완료 통보

```
interface Observer<T> {
    void onNext(T t)
    void onError(Throwable t)
    void onCompleted()
}
```

onNext 메서드는 전혀 호출되지 않거나 한 번에서 여러 번, 혹은 무한히 호출될 수 있다. onError와 onCompleted는 종료 이벤트로, 둘 중 하나만 단 한 번 호출된다. 종료 이벤트가 호출되면 Observable 스트림은 끝나고 더 이상 이벤트를 보낼 수 없다. 무한 스트림이고 실패하지 않는 경우에는 onError와 onCompleted에서 종료 이벤트가 발생하지 않는다.

235쪽의 "흐름 제어" 혹은 252쪽의 "배압"을 보면 알 수 있듯이 대화형 끌어오기(interactive pull)를 지원하는 추가적인 타입 시그니처가 있다.

```
interface Producer {
    void request(long n)
}
```

이는 Subscriber라 부르는 조금 더 발전된 Observer와 함께 사용한다(35쪽의 "Subscription과 Subscriber〈T〉로 리스너 제어하기"에서 더 자세히 살펴볼 수 있다).

```
interface Subscriber<T> implements Observer<T>, Subscription {
    void onNext(T t)
    void onError(Throwable t)
    void onCompleted()
    ...
    void unsubscribe()
    void setProducer(Producer p)
}
```

unsubscribe 함수는 Subscription 인터페이스의 일부분으로 Observable 스트림 구독을 끊을 때 사용한다. setProducer 함수와 Producer 타입은 흐름 제어 시 생산자와 소비자 간의 양방향 소통 채널을 구성할 때 사용한다.

비동기와 동기

일반적으로 Observable은 비동기 방식으로 동작하지만 반드시 그럴 필요는 없다. Observable은 동기 방식으로도 사용이 가능하고 사실 기본값은 동기 방식이다. 명시적 요청이 없다면 RxJava는 동시성 처리를 하지 않는다. 동기 방식의 Observable을 구독하면 모든 데이터를 구독자 스레드에서 방출하고 (유한하다면) 종료한다. 블로킹 네트워크 I/O를 사용하는 Observable은 구독 스레드를 동기적으로 블로킹하며, 네트워크 I/O의 블로킹이 해제되었을 때 onNext를 실행하여 방출한다.

예를 들면 다음 코드는 동기 방식이다.

```
Observable.create(s -> {
    s.onNext("Hello World!");
    s.onCompleted();
}).subscribe(hello -> System.out.println(hello));
```

38쪽 "Observable.create() 정복"에서 Observable.create를, 33쪽 "Observable 알림 구독"에서 Observable.subscribe를 살펴보려고 한다.

그런데 이 예제는 여러분이 원하던 리액티브 시스템의 특성이 아니라고 생각할 수 있다. 맞는 말이다. 이는 Observable을 동기화된 블로킹 I/O 방식으로 사용하는 좋지 않은 예다(블로킹 I/O를 써야 한다면 스레드를 사용해 비동기 방식으로 만들 필요가 있다). 그렇지만 때로는 메모리 캐시에서 동기적으로 값을 가져와 즉시 반환하는 방식이 타당할 때도 있다. 위의 "Hello World" 예제는 동시성을 필요로 하지 않으며, 실제로 비동기 스케줄링 처리를 하면 훨씬 더 느려진다. 따라서 Observable 이벤트 생성의 중요한 기준은 블로킹/논블로킹 여부이지 동기/비동기 여부가 아니다. "Hello World" 예제는 스레드를 블로킹하지 않으므로 논블로킹이며, (군더더기이기는 하지만) Observable의 올바른 사용 방식이다.

RxJava의 Observable은 의도적으로 동기/비동기를 구분하지 않으며, 동시성 여부뿐만 아니라 어디에서 비롯되었는지도 따지지 않는다. 이는 의도적으로 설계한 동작으로서 무엇이 최선일지 Observable에서 선택한다. 그럼 왜 이런 형태가 유용할까?

무엇보다 동시성은 스레드 풀뿐만 아니라 다양한 곳에서 발생할 수 있다. 데이터 소스가 어떤 이벤트 루프에 존재하여 이미 비동기 방식으로 동작하고 있다면 RxJava에는 더 이상 스케줄링으로 인한 오버헤드를 추가하거나 특정 스케줄링 구현을 강제하면 안 될 것이다. 동시성은 스레드 풀이나 이벤트 루프, 액터

등 다양한 곳에서 발생할 수 있다. 데이터 소스가 본래 동시성을 갖고 있거나 동시성이 더해질 수도 있다. RxJava는 비동기성의 출처에 무관심하다.

두 번째로 동기 방식을 사용하는 두 가지 이유가 있는데, 이에 대해서는 다음 절에서 다루도록 하겠다.

메모리 내부 데이터

메모리 캐시에 있는 (일정한 마이크로초 단위 탐색 시간이 걸리는) 데이터를 비동기로 처리하기 위해 스케줄링 비용을 소모하는 것은 좋은 생각이 아니다. Observable은 단순히 동기 방식으로 값을 가져와 구독 스레드에 값을 방출한다. 예를 들어 보자.

```
Observable.create(s -> {
    s.onNext(cache.get(SOME_KEY));
    s.onCompleted();
}).subscribe(value -> System.out.println(value));
```

이러한 스케줄링 방식은 값이 메모리에 있건 없건 상당히 그럴듯해 보인다. 메모리에 값이 있으면 동기적으로 값을 발송하며, 그렇지 않으면 비동기로 네트워크 호출을 한 다음 값을 받았을 때 반환한다.

Observable 안에서 이를 선택할 수 있다.

```
// 수도 코드
Observable.create(s -> {
    T fromCache = getFromCache(SOME_KEY);
    if (fromCache != null) {
        // 동기적인 방출
        s.onNext(fromCache);
        s.onCompleted();
    } else {
        // 비동기로 가져온다
        getDataAsynchronously(SOME_KEY)
            .onResponse(v -> {
                s.onNext(v);
                s.onCompleted();
            })
            .onFailure(exception -> {
                s.onError(exception);
            });
    }
}).subscribe(s -> System.out.println(s));
```

동기 방식 계산(예: 연산자)

동기 방식을 유지하는 일반적인 이유는 스트림 조합과 연산자를 통한 변환 때
문이다. RxJava는 데이터를 조작하거나 결합하고 변환하기 위한 map(), filter(),
take(), flatMap(), groupBy() 같은 연산자로 구성된 방대한 API이다. 이들 연산자
의 대부분은 동기 방식이며, onNext 안에서 이벤트가 지나가는 동안 동기 방식으
로 계산을 수행한다.

몇몇 연산자는 성능상 이유로 동기 방식을 취한다. 다음 예를 보자.

```
Observable<Integer> o = Observable.create(s -> {
    s.onNext(1);
    s.onNext(2);
    s.onNext(3);
    s.onCompleted();
});
o.map(i -> "Number " + i)
 .subscribe(s -> System.out.println(s));
```

만약 map 연산자가 기본적으로 비동기였다면, 각각의 숫자(1, 2, 3)는 어떤 스레
드 안에 스케줄링되어 문자열 결합 연산 ("Number " + i)를 수행했을 것이다.
이렇게 하면 스케줄링이나 컨텍스트 스위칭 등으로 인해 상당히 비효율적이면
서 예측할 수 없는 지연이 발생한다.

여기서 이해해야 할 중요한 내용은 대부분의 Observable 함수 파이프라인이
(비동기 방식이어야 하는 timeout, observeOn 등을 제외하고) 동기 방식인 반
면 Observable 자체는 비동기 방식일 수 있다는 점이다. 이에 대해서는 177쪽의
"observeOn()으로 선언적 동시성 처리하기"와 280쪽의 "이벤트가 발생하지 않
으면 시한 만료시키기"에서 더 자세히 살펴보자.

다음은 동기와 비동기 방식의 혼합 예제이다.

```
Observable.create(s -> {
    ... 비동기 구독과 데이터 방출 ...
})
.doOnNext(i -> System.out.println(Thread.currentThread()))
.filter(i->i%2==0)
.map(i -> "값 " + i + " 는 " + Thread.currentThread() + " 에서 처리된다")
.subscribe(s -> System.out.println("값 =>" + s));
System.out.println("값이 출력되기 전에 나온다")
```

이 예제에서 Observable은 비동기이고(구독자와 다른 스레드에서 방출), subscribe
는 논블로킹이라서 이벤트가 전파되기 전에 마지막 부분의 println이 먼저 나오
고 그 다음에 "값 =>" 이 출력된다.

하지만 filter와 map 함수는 이벤트를 방출하는 호출 스레드에서 동기적으로 실행된다. 이것이 일반적으로 우리가 원하는 동작이며 비동기 파이프라인(Observable 연산자 조합)을 통한 효율적인 동기 방식 이벤트 연산이다.

즉, Observable 자체가 동기/비동기 방식을 모두 지원하는데, 이는 의도적인 설계이다.

동시성과 병렬성

단일 Observable 스트림은 동시성이나 병렬성 둘 다 허용하지 않는다. 대신 여러 비동기 Observable의 조합을 통해 이를 수행한다.

병렬성(parallelism)이란 동시에 수행하는 작업들을 뜻하며, 보통은 서로 다른 CPU나 기기상에서 처리한다. 반면 동시성(concurrency)은 여러 작업들을 합성하거나 번갈아(interleaving) 수행한다는 뜻이다. 하나의 CPU가 여러 작업(예를 들면 스레드)들을 처리한다면 동시 실행은 맞지만 '시(時) 분할'이므로 병렬 실행은 아니다. 각각의 스레드는 아직 완료되지 않은 경우에도 다른 스레드에 제어권을 넘기기 전에 CPU 시간의 일부를 얻는다.

병렬 실행은 정의대로 동시 수행을 의미하지만, 동시성이 병렬성을 만족할 필요는 없다. 실제로 멀티 스레딩이 동시성을 뜻하기는 해도 병렬성은 이 스레드들이 정확히 같은 시간에 서로 다른 CPU에서 스케줄링되어 수행될 때에만 발생한다. 따라서 우리가 동시성과 동시 실행을 이야기할 때 병렬성은 동시성의 특별한 형태일 뿐임을 기억하자.

RxJava Observable의 규약에 의하면 (onNext, onCompleted, onError) 이벤트는 동시에 방출되지 않는다. 다른 말로 하면 하나의 Observable 스트림은 항상 직렬화되어 스레드에 안전해야 한다. 방출이 동시적이지 않는 한, 개별 이벤트들을 서로 다른 스레드에서 방출할 수 있다. onNext 수행이 서로 꼬이거나 동시에 발생하지 않는다는 뜻이다. 만약 onNext가 하나의 스레드에서 여전히 수행되고 있다면 이를 다시 호출하지 않는 한 다른 스레드가 시작되지 않는다.

다음은 정상적인 경우의 예제이다.

```java
Observable.create(s -> {
    new Thread(() -> {
        s.onNext("one");
        s.onNext("two");
        s.onNext("three");
        s.onNext("four");
        s.onCompleted();
```

```
    }).start();
  });
```

데이터를 순서대로 방출하고 있으므로 계약을 준수하고 있다(다만 Observable 안에서 스레드 수행은 추천하지 않는다. 대신 155쪽의 "RxJava의 멀티 스레딩"에서 살펴볼 스케줄러를 사용하자).

다음은 잘못된 방법을 사용한 예제이다.

```
// 이렇게 하지 말 것
Observable.create(s -> {
    // 스레드 A
    new Thread(() -> {
        s.onNext("one");
        s.onNext("two");
    }).start();

    // 스레드 B
    new Thread(() -> {
        s.onNext("three");
        s.onNext("four");
    }).start();

    // 스레드 경합 문제로 s.onCompleted() 호출을 생략해야 한다
});
// 이렇게 하지 말 것
```

onNext를 동시에 호출하고 있는데 이는 잘못된 구현이며 규약을 위반하고 있다 (또 여기서는 두 스레드가 모두 앞서 언급한 onCompleted를 호출할 때까지 대기할 필요가 있는데, 이렇게 직접 스레드를 구동하는 방법은 좋지 않은 생각이다). 그럼 RxJava에서 동시성이나 병렬성의 장점을 취하려면 어떻게 해야 하는가? 구성을 사용해야 한다.

하나의 Observable 스트림은 항상 직렬화되어 있지만, 각각의 Observable 스트림을 서로 독립적으로 조작할 수 있기 때문에 동시에 병렬 수행할 수 있다. 바로 이것이 RxJava에서 비동기 스트림을 모아 동시에 수행하기 위해 merge와 flatMap을 보편적으로 사용하는 이유이다(보다 자세한 내용은 74쪽의 "flatMap() 으로 마무리하기"와 85쪽의 "merge()로 여러 Observable을 하나처럼 다루기"를 살펴보자).

다음은 별개 스레드에서 동작하는 두 개의 비동기 Observable을 하나로 병합하여 수행하는 예제이다.

```
Observable<String> a = Observable.create(s -> {
    new Thread(() -> {
```

```
            s.onNext("one");
            s.onNext("two");
            s.onCompleted();
        }).start();
    });

    Observable<String> b = Observable.create(s -> {
        new Thread(() -> {
            s.onNext("three");
            s.onNext("four");
            s.onCompleted();
        }).start();
    });

    // 동시에 a와 b를 구독하여 제3의 순차적인 스트림으로 병합한다.
    Observable<String> c = Observable.merge(a, b);
```

Observable c는 a와 b에서 값을 받는데, a와 b의 비동기성으로 인해 다음의 세 가지 상황이 발생한다.

- "one"은 "two" 이전에 나타난다.
- "three"는 "four" 이전에 나타난다.
- one/two 와 three/four 사이의 순서는 정할 수 없다.

그렇다면 어째서 onNext를 동시에 호출할 수 있게 만들지 않았을까?

첫 번째 이유는 onNext는 사람이 쓰기 위해 만들었기 때문이다. 동시성 처리는 어려운 작업이다. 만일 onNext를 동시에 호출할 수 있게 했다면 굳이 필요 없는 경우에도 모든 Observer에 동시 호출에 대한 방어 코드를 추가해야 한다.

두 번째 이유는 몇몇 연산자는 동시 방출이 불가능하기 때문이다. 예를 들면 매우 흔하면서도 중요한 동작인 scan이나 reduce가 그렇다. scan이나 reduce 같은 연산자는 결합 법칙이나 교환 법칙이 성립하지 않아 이벤트 스트림이 쌓이는 순서 그대로 이벤트를 전파해야 한다. Observable 스트림(동시적 onNext 포함)의 동시성을 허용한다면 이벤트 타입을 제한하게 되며 스레드가 안전한 자료 구조도 필요하게 된다.

 자바 8의 Stream은 동시성을 지원한다. 이것이 java.util.stream.Stream에서 병렬 스트림의 동시성 호출도 지원하면서 결합 법칙이 성립하는 reduce 함수 지원도 필요한 이유이다.[9] java.util.stream 패키지의 문서[10]에는 병렬성, (교환 법칙과 관련한) 순서, 리듀

---

9 *http://docs.oracle.com/javase/8/docs/api/java/util/stream/Stream.html#reduce-java.util.function.BinaryOperator-*
10 *http://docs.oracle.com/javase/8/docs/api/java/util/stream/package-summary.html*

스 연산, 그리고 결합성에 대해 기술하고 있는데 Stream 타입에 순차 방출과 동시 방출을 모두 허용했을 때 복잡해진 측면을 보여준다.

세 번째 이유는 대부분의 데이터가 순차적으로 도달하더라도 모든 옵저버와 연산자가 스레드로부터 안전하게 보호되어야 하기 때문에 성능이 동기화 오버헤드에 영향을 받는다. 때로는 JVM이 동기화 오버헤드를 잘 해결해 주지만 항상 가능하지는 않으며(특히 원자성을 사용하는 논블로킹 알고리즘), 결국 직렬 스트림에서는 성능을 위한 부가 작업이 불필요하다는 결론에 이른다.

게다가 매우 잘게 나눈(fine grained) 병렬 처리는 가끔 더 느리다. 일반적으로 병렬 처리는 스레드 전환, 스케줄링, 재합성 오버헤드를 만회하기 위해 일괄 작업처럼 굵직한 단위로(coarse grained) 수행할 필요가 있다. 순차적인 계산을 한다면 단일 스레드에서 동기적으로 실행하고 많은 메모리와 CPU 최적화를 사용해야 보다 효율적이다. List나 array는 이미 모든 항목을 알고 있으므로 일괄 작업으로 분할한 다음 병렬 배치 작업을 위해 적절한 기본값을 취하기가 비교적 쉽다(그렇더라도 목록이 매우 크거나 개별 항목 연산이 중요한 경우를 제외하면 보통 단일 CPU에서 처리할 때가 더 빠르다). 그렇지만 스트림은 작업 소요 시간을 미리 알 수 없고 그저 onNext를 통해 값을 받을 뿐이므로 자동으로 작업 분할을 할 수는 없다.

사실 RxJava 버전 1 이전에는 java.util.stream.Stream.parallel()처럼 동작하는 .parallel(Function f) 연산자를 추가했고 매우 편리할 것이라 예상했다. RxJava의 규약을 거스르지 않기 위해 하나의 Observable을 여러 Observable로 분할하여 각각 병렬 실행하고 다시 병합하는 식으로 구현했다. 그렇지만 결국 이 연산자는 라이브러리 버전 1 출시 이전에 제거됐는데[11] 매우 혼란스러웠을 뿐 아니라 대부분 좋지 않은 성능을 보여주었기 때문이다. 이벤트 스트림에 병렬 연산을 추가할 때마다 거의 항상 추론해 보고 테스트해야 했다. 아마도 결합 법칙을 만족하는 연산자들로 한정해 부분 집합으로 선택한 ParallelObservable이 더 그럴듯하게 보일 수도 있었지만, 수년간 RxJava를 사용해 본 바 노력에 비해 효과가 별로 없는 방법이었고 merge와 flatMap을 합성하는 방식이 이런 요구 사항에 보다 효과적이었다.

3장에서 동시성과 병렬 처리의 혜택을 누리기 위해서 어떻게 Observable의 연산자들을 구성해야 하는지 살펴볼 것이다.

---

11 *http://github.com/ReactiveX/RxJava/blob/e8041725306b20231fcc1590b2049ddcb9a38920/CHANGES.md#removed-observableparallel*

느긋함과 조급함[12]

Observable 타입은 느긋하다(lazy). 어딘가에서 구독하지 않으면 아무것도 하지 않음을 뜻한다. 이는 Future와 같이 일단 생성되면 즉시 동작하는 조급한(eager) 유형과는 다르다. 느긋함은 경쟁 조건(race condition)으로 인한 데이터 유실 염려 없이 Observable을 모아 구성할 수 있게 해 준다. Future에서는 이것이 별 문제가 되지 않는다. 단일 값은 캐싱이 가능하기 때문에 구성 이전에 값이 전달되면 바로 뽑아낸다. 무한 스트림은 이를 보장하기 위해서 무한 버퍼를 필요로 한다. 따라서 Observable은 느긋하고 구독하지 않는 한 시작하지 않는다. 그래서 데이터 흐름 시작 이전에 모든 구성을 완료할 수 있다.

실제로 이는 두 가지를 뜻한다.

생성이 아니라 구독이 작업을 시작한다

Observable의 느긋한 특성으로 인해 Observable 객체 생성이 어떤 작업을 유발하지는 않는다(Observable 자체를 생성하는 '작업'은 제외하자). 구독했을 때 해야 할 작업을 정의한다. 어떤 Observable이 다음과 같다고 하자.

```
Observable<T> someData = Observable.create(s -> {
    getDataFromServerWithCallback(args, data -> {
        s.onNext(data);
        s.onCompleted();
    });
})
```

someData 참조는 존재하지만 getDataFromServerWithCallback은 아직 실행되지 않는다. 그저 수행해야 하는 어떤 작업 단위를 포장한 Observable이 선언됐을 뿐이다. Observable을 구독하면 일이 시작된다.

```
someData.subscribe(s -> System.out.println(s));
```

이는 Observable로 표현한 작업을 느긋하게 실행한다.

---

12 (옮긴이) laziness의 번역은 보통 '지연'이나 '게으름'이 널리 쓰인다. 그런데 이 책에서는 lazy/eager를 짝지어 언급하는 경우가 많아 고심 끝에 '지연'/'즉시'가 무난하지만 본문 중에 사용되는 느낌을 최대한 살리고자 문장에 묻히지 않고 눈에 잘 띄는 '느긋함'/'조급(부急)함'을 택했다. 마침 '조급'의 뜻이 '느긋하지 아니하고 매우 급하다'로 '느긋함'의 반대 개념을 잘 나타내는 단어이다. 참고로 동음이의어인 '조급(躁急, 참을성이 없음)'이 보다 널리 알려져 있다.

Observable은 재사용할 수 있다.

Observable은 느긋하기 때문에 특정 인스턴스를 여러 번 호출할 수도 있다. 앞선 예제를 다음처럼 할 수 있다는 뜻이다.

```
someData.subscribe(s -> System.out.println("Subscriber 1: " + s));
someData.subscribe(s -> System.out.println("Subscriber 2: " + s));
```

이렇게 하면 2개의 구독이 생기는데 각각 getDataFromServerWithCallback을 호출하여 이벤트를 방출한다.

이때의 느긋함은 Future 같은 비동기 타입과는 다르다. Future는 이미 시작된 작업을 나타낸다. Future는 (구독을 사용해 작업을 유발하는 방식으로) 재사용할 수 없다. Future 참조 자체가 이미 시작된 일이 있다는 뜻이다. 이 예제에서 조급한 실행 부분을 명확히 찾을 수 있는데, getDataFromServerWithCallback은 호출되는 즉시 실행을 시작하므로 조급한 메서드이다. getDataFromServerWith Callback을 Observable로 감싸면 느긋한 실행을 사용할 수 있게 된다.

이 느긋함은 구성할 때 힘을 발휘한다. 예를 들면 다음과 같다.

```
someData
    .onErrorResumeNext(lazyFallback)
    .subscribe(s -> System.out.println(s));
```

여기서 lazyFallback Observable은 할 수 있는 작업을 나타내는데 무엇인가 구독했을 때 실제로 일을 수행하지만, someData가 실패했을 경우에만 구독하기를 원한다. 물론 (getDataAsFutureA() 같은) 함수 호출을 써서 조급한 타입을 느긋한 타입으로 바꿀 수도 있다.

조급함과 느긋함은 각각 장단점이 있겠지만 RxJava의 Observable은 느긋한 실행을 하며, 따라서 Observable은 구독하지 않으면 어떤 일도 하지 않는다. 이 주제는 134쪽의 "느긋함 포용하기"에서 더욱 자세하게 다룬다.

쌍대성(duality)

Rx Observable은 Iterable의 비동기 '쌍대(dual)'이다. 즉 Observable은 끌어오는 (pull) 대신 데이터 흐름을 뒤집어 밀어내는(push) 특성만 제외하면 Iterable의 모든 기능을 제공하고 있다는 뜻이다. 다음 표에 밀어내기와 끌어오기 기능을 담당하는 유형을 분류해 놓았다.

끌어오기(Iterable)	밀어내기(Observable)
T next()	onNext(T)
throws Exception	onError(Throwable)
returns	onCompleted()

이 표에 의하면 소비자가 호출하는 next()로 데이터를 끌어오는 대신 생산자가 onNext(T)를 통해 데이터를 밀어내고, 모든 항목을 순회하는 동안 스레드를 블로킹하는 대신 onCompleted() 콜백을 통해 정상 종료 신호를 보내며, 예외 발생 시 호출 스택에 예외를 던지는 대신 onError(Throwable) 콜백을 통해 오류 이벤트를 방출한다.

실질적인 쌍대처럼 동작한다는 사실은 Iterable과 Iterator로 동기화 끌어오기 구현이 가능한 무엇이든 Observable과 Observer를 사용한 비동기적인 밀어내기 방식으로 구현할 수 있다는 의미인 동시에 양쪽 모두 같은 프로그래밍 모델을 사용할 수 있다는 뜻이다!

예를 들어, 자바 8에서는 java.util.stream.Stream 자료형을 통해 Iterable을 함수 구성을 사용하게끔 개선할 수 있다.

```
// 75개의 문자열로 이루어진
// Iterable<String>을 Stream<String>으로
getDataFromLocalMemorySynchronously()
    .skip(10)
    .limit(5)
    .map(s -> s + "_transformed")
    .forEach(System.out::println)
```

이 예제는 getDataFromLocalMemorySynchronously()에서 75개의 문자열을 받아서 11~15번째 항목을 취한 뒤 나머지는 무시하며, 문자열을 변환하고 화면에 출력한다. take, skip, limit 같은 연산자에 대한 자세한 내용은 104쪽의 "skip(), takeWhile() 등을 사용해 잘게 쪼개거나 잘라내기"를 참조하자.

RxJava의 Observable도 같은 방식으로 쓴다.

```
// 75개의 문자열을
// 방출하는 Observable<String>
getDataFromNetworkAsynchronously()
    .skip(10)
    .take(5)
    .map(s -> s + "_transformed")
    .subscribe(System.out::println)
```

5개의 문자열을 받은 다음(15개가 방출되지만 처음 10개는 버려진다) 구독을 해지(예정된 나머지 문자열의 방출을 무시하거나 멈춤)하며, 앞의 Iterable/Stream 예제처럼 문자열을 변환하고 출력한다.

다시 말하면 Stream에서 Iterable이나 List를 통해 동기화 끌어오기를 사용한 것처럼 Rx Observable은 밀어내기를 통한 비동기 데이터 프로그래밍을 할 수 있 도록 한다.

카디널리티(Cardinality)[13]

Observable은 여러 개의 값을 비동기적으로 밀어낼 수 있다. 이는 Iterable(또는 Stream이나 List, Enumerable 등)의 비동기 쌍대인 동시에 다중 값 버전의 Future 로서 다음 표의 오른쪽 하단에 멋지게 맞아 들어간다.

	한 개	여러 개
Synchronous	T getData()	Iterable<T> getData()
Asynchronous	Future<T> getData()	Observable<T> getData()

이 절에서는 Future를 클래스가 아닌 일반적인 개념으로 참조하고 있으니 주의 하자. 동작을 나타내기 위해서 Future.onSuccess(callback) 구문을 사용하며, CompletableFuture[14], ListenableFuture[15], 혹은 스칼라의 Future[16] 같은 다른 구 현들도 있다. 어찌 됐건 값을 가져올 때 블로킹하는 java.util.Future는 사용을 지양하자.

그럼 어째서 Future 대신 Observable이 쓸모 있을까? 가장 명백한 이유는 이벤 트 스트림 또는 다중 값(multi-valued) 응답을 다룰 수 있기 때문이다. 덜 명백한 이유는 여러 개의 단일 값(single-valued) 응답을 구성할 수 있기 때문이다. 그럼 이들 각각에 대해 살펴 보자.

이벤트 스트림

이벤트 스트림은 명확하다. 다음과 같이 시간에 따라 생산자가 소비자에게 이벤 트를 밀어낸다.

---

13 (옮긴이) 수학에서 집합의 크기, 특히 무한 개의 원소를 갖는 집합의 크기를 논하기 위해 도입한 개념.

14 http://docs.oracle.com/javase/8/docs/api/java/util/concurrent/CompletableFuture.html

15 http://google.github.io/guava/releases/snapshot/api/docs/com/google/common/util/concurrent/ListenableFuture.html

16 http://docs.scala-lang.org/overviews/core/futures.html

```
// 생산자
Observable<Event> mouseEvents = ...;
```

```
// 소비자
mouseEvents.subscribe(e -> doSomethingWithEvent(e));
```

이를 Future로 하면 잘 되지 않는다.

```
// 생산자
Future<Event> mouseEvents = ...;
```

```
// 소비자
mouseEvents.onSuccess(e -> doSomethingWithEvent(e));
```

onSuccess 콜백이 '마지막 이벤트'는 받을 수 있겠지만, 여전히 몇 가지 의문이 남아있다. 소비자가 이벤트를 뽑아낼 필요가 있는가? 생산자가 이벤트를 대기열에 준비해 두는가? 혹은 각각의 이벤트를 가져오는 도중에 유실될 수도 있는가? 이런 경우 Observable은 분명히 이점이 있다. Observable이 없는 경우라면 콜백 접근 방식이 Future를 사용한 모델링보다 낫다.

다중 값

Observable의 또 다른 사용법은 다중 값 응답 처리이다. 기본적으로 List, Iterable, Stream을 사용하는 어디건 간에 Observable로 대신할 수 있다.

```
// 생산자
Observable<Friend> friends = ...
```

```
// 소비자
friends.subscribe(friend -> sayHello(friend));
```

이를 Future로 다음과 같이 할 수도 있다.

```
// 생산자
Future<List<Friend>> friends = ...
```

```
// 소비자
friends.onSuccess(listOfFriends -> {
    listOfFriends.forEach(friend -> sayHello(friend));
});
```

그럼 왜 Observable<Friend> 방식을 사용할까? 반환해야 할 목록이 작으면 성능상 아무런 문제가 없다. 주관적인 선택일 뿐이다. 그렇지만 목록이 크거나 다양한 원격지의 데이터 소스를 끌어와 목록 요소를 채워야 한다면 Observable<Friend>를 사용했을 때 성능이나 반응 시간 측면에서 이점이 있다.

가장 설득력 있는 이유라면 컬렉션 전체가 도착할 때까지 기다리지 않고 항목을 받는 대로 처리할 수 있기 때문이다. 이는 특히 상이한 네트워크 지연이 각 항목별로 영향을 미치는 경우에 그렇다. 실제로 (SOA[17]나 MSA[18]상의) 롱테일 지연이나 공유 데이터 저장소 때문에 매우 일반적이다. 만약 컬렉션 전체를 기다린다면 소비자는 컬렉션에 수집이 끝나는 최대 지연 시간까지 대기해야만 한다. 항목들을 Observable 스트림 형태로 반환한다면, 소비자는 이들을 즉시 받을 수 있어 '맨 처음 항목을 받기까지 걸리는 시간'은 가장 늦게 들어오는 마지막 항목에 비해 뚜렷하게 짧을 것이다. 이것이 가능하려면 서버에서 값을 받는 대로 방출해야 해서 스트림의 순서는 포기해야 한다. 소비자 입장에서 순서가 중요하다면 랭킹이나 위치 값을 항목의 데이터나 메타데이터에 포함시켜 놓을 수 있으며 클라이언트에서 원하는 대로 정렬하거나 위치를 지정할 수 있다.

또한 모든 컬렉션 항목을 모으고 할당하는 데 필요한 만큼의 메모리 사용량을 확보해야 하는 대신 항목 하나를 처리하는 정도만 유지할 수 있다.

구성(Composition)

다중 값 Observable은 Future 같은 단일 응답을 모아 구성하는 경우에도 유용하다. Future 여럿을 하나로 묶으면 이들은 다음 예제와 같이 값 하나를 갖는 다른 Future를 방출한다.

```
CompletableFuture<String> f1 = getDataAsFuture(1);
CompletableFuture<String> f2 = getDataAsFuture(2);

CompletableFuture<String> f3 = f1.thenCombine(f2, (x, y) -> {
    return x+y;
});
```

이는 정확히 우리가 원한 바이다. 실제로 RxJava에서는 Observable.zip을 사용하면 된다(Observable.zip에 대한 더 자세한 내용은 87쪽의 "zip()과 zipWith()로 짝을 맞춰 합성하기"를 참고하자).

```
Observable<String> o1 = getDataAsObservable(1);
Observable<String> o2 = getDataAsObservable(2);

Observable<String> o3 = Observable.zip(o1, o2, (x, y) -> {
    return x+y;
});
```

---

17 (옮긴이) Service-oriented Architecture
18 (옮긴이) Microservices Architecture

그러나 이렇게 하면 무엇인가 방출하기 위해 모든 Future가 완료될 때까지 기다려야 한다. 때로는 각각의 Future가 완료되는 대로 그 값을 방출하면 좋을 때가 있다. 그렇다면 Observable.merge(혹은 이와 관련이 있는 flatMap)가 낫다. 이는 결과를 구성하여 각각의 값이 준비되는 대로(심지어 Observable이 단 하나의 값만 방출하는 경우라 해도) 즉시 방출할 수 있는 스트림으로 바꾸어 준다.

```
Observable<String> o1 = getDataAsObservable(1);
Observable<String> o2 = getDataAsObservable(2);

// 이제 o3는 o1과 o2의 스트림이며, 대기하지 않고 각각의 값을 즉시 방출한다
Observable<String> o3 = Observable.merge(o1, o2);
```

Single

Rx Observable이 다중 값 스트림을 다루기에는 좋지만 API를 설계하거나 사용할 때는 단일 값 표현이 단순해서 좋다. 게다가 기본적인 요청/응답 동작은 애플리케이션에서 매우 일반적이기도 하다. 이런 이유로 RxJava에서는 느긋한 Future와 동격인 Single 형을 제공한다. 이를 두 가지 장점을 지닌 Future라고 생각해 보자. 첫째, 느긋한 특성으로 인해 여러 번 구독할 수 있으며 쉽게 합성할 수 있다. 둘째, RxJava API와 잘 맞아 Observable과 손쉽게 상호 작용할 수 있다.

예를 들어 다음과 같은 접근자를 생각해 보자.

```
public static Single<String> getDataA() {
    return Single.<String> create(o -> {
        o.onSuccess("DataA");
    }).subscribeOn(Schedulers.io());
}

public static Single<String> getDataB() {
    return Single.just("DataB").subscribeOn(Schedulers.io());
}
```

이런 식으로 사용할 수도 있고 다음과 같이 선택적으로 구성할 수도 있다.

```
// a와 b를 2개의 값을 가진 Observable 스트림으로 병합
Observable<String> a_merge_b = getDataA().mergeWith(getDataB());
```

어떻게 두 개의 Single을 하나의 Observable로 합쳤는지 주목하자. 무엇이 먼저 끝나느냐에 따라 방출 순서는 [A, B] 혹은 [B, A]일 수 있다.

다시 앞의 예제로 돌아가 보자. 데이터 수집을 표현하기 위해 Observable 대신 Single을 쓸 수 있지만, 병합하여 스트림으로 바꿔야 한다.

```
// Observable<String> o1 = getDataAsObservable(1);
// Observable<String> o2 = getDataAsObservable(2);

Single<String> s1 = getDataAsSingle(1);
Single<String> s2 = getDataAsSingle(2);

// o3는 s1과 s2의 스트림이며 각 항목은 대기하지 않고 방출된다
Observable<String> o3 = Single.merge(s1, s2);
```

Observable 대신 Single을 써서 '값 하나짜리 스트림'을 나타낼 수 있으며, 개발자 입장에서는 Single 형의 동작에 대해 다음과 같이 간단한 경우만 고려하면 된다.

- 오류 응답
- 응답 없음
- 정상 응답

이를 Observable일 경우 추가적으로 생각해야 하는 상태들과 비교해 보자.

- 오류 응답
- 응답 없음
- 값이 없는 정상 응답 후 종료
- 단일 값 정상 응답 후 종료
- 다중 값 정상 응답 후 종료
- 하나 이상의 정상 응답 후 종료하지 않음(추가적인 값을 기다리며 대기)

API 사용 측면에서 Single을 썼을 때 사고 체계가 단순해지며 개발자가 추가 상태를 고려해야 하는 Observable 구성 과정이 단 한 번만 발생한다. 이는 보통 더 나은 대안이 될 수 있는데 대부분 데이터 API는 서드파티에서 제공하는 반면 개발자는 클라이언트 코드만 통제할 수 있기 때문이다.

226쪽의 "Observable과 Single"에서 Single에 대해 더 많은 내용을 살펴볼 수 있다.

Completable

RxJava는 Single뿐만 아니라 반환형이 없을 때 사용하는 Completable 형을 제공하는데, 그저 처리 결과가 성공인지 실패인지를 나타내는데 사용할 수 있다. 간혹 Observable<Void>나 Single<Void>를 사용해야만 할 때가 있는데, 매우 어색한 표현이라서 Completable이 등장한다.

```
Completable c = writeToDatabase("data");
```

이러한 사용례는 비동기적인 쓰기 작업을 할 때 보편적인데 반환 값은 필요 없지만 성공이나 실패 여부가 필요할 때 적합하다. 앞선 Completable 코드 예제는 다음과 비슷하다.

```
Observable<Void> c = writeToDatabase("data");
```

Completable 자체는 완료와 실패, 두 개의 콜백 추상화이며 다음과 같다.

```
static Completable writeToDatabase(Object data) {
    return Completable.create(s -> {
        doAsyncWrite(data,
            // 성공적인 완료 시 콜백
            () -> s.onCompleted(),
            // Throwable을 포함하는 실패 시 콜백
            error -> s.onError(error));
    });
}
```

0에서 무한대까지

Observable은 0부터 무한대까지 카디널리티를 지원한다(41쪽의 "무한 스트림"에서 더 자세히 다룬다). 그냥 단순하고 명쾌하게 말하자면 Single은 '단일 요소 Observable', Completable은 '구성 요소 없는 Observable'이다.

새로 도입한 이 자료형들을 쓰면 17쪽의 표는 다음과 같이 나타낼 수 있다.

	0개	한 개	여러 개
Synchronous	void doSomething()	T getData()	Iterable<T> getData()
Asynchronous	Completable doSomething()	Single<T> getData()	Observable<T> getData()

하드웨어 공감[19] – 블로킹 I/O와 논블로킹 I/O

지금까지 리액티브 함수형 프로그래밍 논의는 주로 비동기 콜백을 추상화하여 보다 다루기 용이한 구성 방식으로 제공하는 내용이었다. 또한 명백하게 서로

---

19 (옮긴이) 원문은 Mechanical Sympathy. 이 단어는 재키 스튜어트(Jackie Stewart)라는 레이서가 한 말에서 유래했다("You don't have to be an engineer to be a racing driver. But you do have to have mechanical sympathy"). 해석하면 '기계와 공감하기' 정도가 원래 뜻이지만 여기서는 '하드웨어'가 보다 적합한 뜻이다.

관련 없는 네트워크 요청을 순차적으로 처리하기보다는 동시에 처리하여 지연 체감을 줄였는데, 이것이 비동기를 채택하고 구성을 필요로 하는 이유이다.

그런데, 리액티브 접근 방식(명령형이건 함수형이건 간에)을 택했을 때 입출력이 효율적인 이유가 있을까? 논블로킹 아키텍처를 사용했을 때 이점은 무엇일까? 혹은 단일 네트워크 요청을 기다리기 위한 블로킹 I/O 스레드는 적합한 선택일까? 넷플릭스 재직 시 필자가 참여한 성능 테스트는 논블로킹 I/O와 이벤트 루프 방식이 요청별로 블로킹 I/O 스레드를 사용하는 방식보다 효율성 면에서 이점이 있음을 객관적이고 측정 가능한 형태로 보여 주었다. 이 절에서는 리액티브 접근 방식이 이러한 경우에 부합한다는 자료와 근거를 제공하여 무엇이 좋을지 선택할 때 도움을 주려 한다.

해답을 찾던 과정

RxJava를 어느 정도 사용해 보면서 블로킹 I/O와 논블로킹 I/O, 특히 요청별 스레드와 이벤트 루프 간의 차이에 대한 답을 얻고 싶었지만 명확한 답을 찾기는 어려웠다. 실은 이 주제를 연구하면서 서로 모순되는 답변이나 근거 없는 믿음, 이론, 의견이나 혼동을 보았다. 결국 도달한 결론은, 이론적으로 파이버(fiber, 경량 스레드)나 이벤트 루프, 스레드, CSP[20] 등 어떠한 접근 방식이건 결국 같은 CPU 자원을 사용하기 때문에 같은 성능(처리량과 응답 지연 시간)을 보여야 한다는 것이었다. 하지만 현실적으로 구체적 구현 결과물은 자료 구조와 알고리즘으로 이루어지며, 실제 하드웨어를 다룬다. 그래서 하드웨어는 어떻게 기능하는지 '공감'해야 하며, 운영체제와 런타임은 어떻게 구현되는지 현실을 깊이 이해해야 한다.

나 자신은 이런 질문에 대답할 만한 전문 지식이 없었는데 운좋게도 해당 전문 지식을 갖춘[21] 브랜던 그레그(Brendan Gregg)[22]와 끝까지 함께 작업할 수 있었다. 또한 몇 개월 동안 니테시 칸트(Nitesh Kant)[23]와 함께 톰캣(Tomcat)과 네티(Netty) 기반 애플리케이션의 프로파일링을 할 수 있는 기회가 있었다.[24]

우리는 특별히 톰캣이나 네티 같은, 실제 제품과 직접 관련이 있는 '실제' 코드를 선택했는데(이미 톰캣을 사용하고 있었고 네티에 대해서 탐구하고 있었다) 톰캣은 요청별 스레드 방식, 네티는 이벤트 루프 방식이라는 뚜렷하게 다른 설계를 적용한 제품이다.

---

20 (옮긴이) Communicating Sequential Processes, 병행 시스템에서 상호작용 패턴을 기술하기 위해 고안된 형식 언어. *https://goo.gl/3b24zM*

21 *http://www.amazon.com/Systems-Performance-Enterprise-Brendan-Gregg-ebook/dp/B00FLYU9T2#nav-subnav*

22 *http://www.brendangregg.com*

23 *https://twitter.com/niteshkant*

24 *http://github.com/Netflix-Skunkworks/WSPerfLab/blob/master/test-results/RxNetty_vs_Tomcat_April2015.pdf*

> 연구의 세부 사항은 테스트에 사용된 코드[25]와 함께 Github의 Netflix-Skunkworks/
> WsPerfLab[26]에서, 요약과 프레젠테이션 해설은 SpeakerDeck 사이트의 "Applying
> Reactive Programming with RxJava"[27]라는 글에서 확인할 수 있다.

"해답을 찾던 과정"에서 언급한 바와 같이, 리눅스에서 블로킹 I/O 기반 톰캣과 논블로킹 I/O 기반 네티의 성능을 비교하는 테스트를 했다.[28] 이런 유형의 테스트는 항상 논란이 있을 수밖에 없고 정당성을 확보하기 어렵지만 명확히 하기 위해 다음과 같은 조건에서 테스트했음을 미리 밝혀둔다.

- 2015/2016년 무렵에 널리 사용하던 전형적 리눅스 시스템 기반
- 자바 8(오픈 JDK, 오라클)
- 일반적으로 사용 중인, 수정하지 않은 톰캣과 네티
- 여러 웹 서비스의 조합을 포함하는 대표적인 웹 서비스의 요청/응답 워크로드[29]

이런 환경 구성을 기반으로 다음을 알 수 있었다.

- 네티가 톰캣보다 더 효율적이며, 요청당 CPU 사용률이 더 낮다.
- 네티의 이벤트 루프 방식은 부하가 걸린 상태에서 스레드 마이그레이션을 줄여주며, CPU 캐시 효율성, 메모리 로컬리티 CPU 명령 사이클(IPC, Instructions-per-Cycle) 개선 효과가 있으며 요청당 CPU 사이클 소비량이 적다.
- 톰캣은 스레드 풀 구조 때문에 부하가 크면 지연 시간이 늘어나며, 스레드 풀 잠김(그리고 잠금 경합)과 스레드 마이그레이션이 부하를 가중한다.

다음 그래프는 톰캣과 네티의 구조상 차이점을 잘 보여준다.

---

25 *https://github.com/Netflix-Skunkworks/WSPerfLab/tree/master/ws-impls*
26 *https://github.com/Netflix-Skunkworks/WSPerfLab/blob/master/test-results/RxNetty_vs_Tomcat_April2015.pdf*
27 *https://speakerdeck.com/benjchristensen/applying-reactive-programming-with-rxjava-at-goto-chicago-2015?slide=146*
28 *https://github.com/Netflix-Skunkworks/WSPerfLab/blob/master/test-results/RxNetty_vs_Tomcat_April2015.pdf*
29 *https://github.com/Netflix-Skunkworks/WSPerfLab/tree/master/ws-impls#test-case-a*

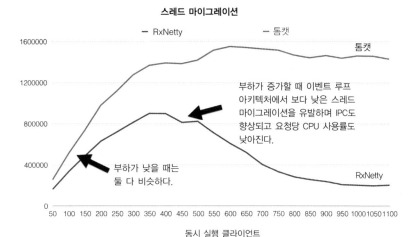

스레드 마이그레이션

— RxNetty   — 톰캣

톰캣

부하가 증가할 때 이벤트 루프 아키텍처에서 보다 낮은 스레드 마이그레이션을 유발하며 IPC도 향상되고 요청당 CPU 사용률도 낮아진다.

부하가 낮을 때는 둘 다 비슷하다.

RxNetty

동시 실행 클라이언트

부하가 증가함에 따라 발산하는 모습에 주목하라. 이것이 스레드 마이그레이션이다. 흥미롭게도 네티 애플리케이션에서는 CPU 코어에 맞춰 부하를 증가시킬수록 효율이 좋아지고 스레드가 '활성화(hot)'되는 모습을 볼 수 있다. 반면 톰캣은 요청별로 스레드를 생성하기에 이러한 이점이 없고 매번 요청할 때마다 스레드 스케줄링을 해야 해서 스레드 마이그레이션 수치가 높다.

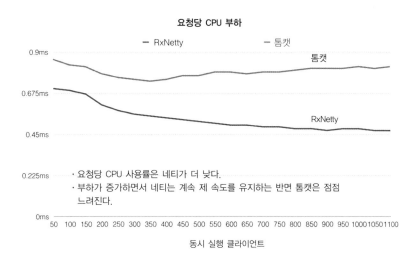

요청당 CPU 부하

— RxNetty   — 톰캣

톰캣

RxNetty

· 요청당 CPU 사용률은 네티가 더 낮다.
· 부하가 증가하면서 네티는 계속 제 속도를 유지하는 반면 톰캣은 점점 느려진다.

동시 실행 클라이언트

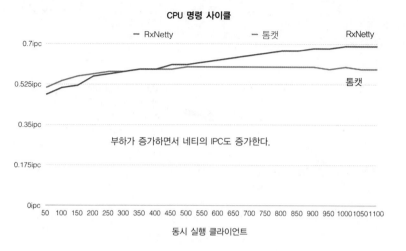

CPU 명령 사이클

부하가 증가하면서 네티의 IPC도 증가한다.

동시 실행 클라이언트

톰캣은 효율이 좋지 않은 반면 네티의 CPU 사용량은 부하를 증가시켜도 거의 일정하게 유지되며 최대 부하에 가까워질수록 미약하게나마 조금 더 효율적으로 작동한다.

지연 시간과 처리량이 결과에 미치는 영향은 다음 그래프에서 볼 수 있다.

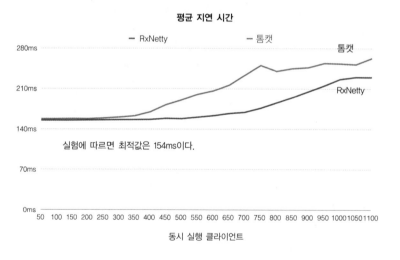

평균 지연 시간

실험에 따르면 최적값은 154ms이다.

동시 실행 클라이언트

(백분위 대비) 평균적으로 그렇게 큰 의미가 없지만 낮은 부하에서는 둘이 매우 비슷한 양상을 보인다. 그러나 부하가 증가함에 따라 뚜렷하게 차이가 벌어진다. 네티를 사용할 때는 높은 부하에서 지연에 대한 영향을 최소화하여 시스템을 활용할 수 있다.

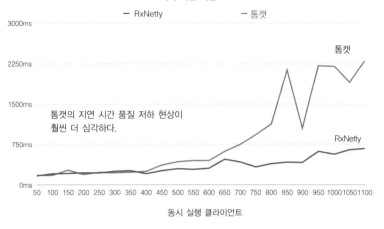

최대 지연 시간

특이점이 사용자와 시스템 자원에 어떤 영향을 미치는지 보여주기 위해 최대 대기 시간 그래프를 선택했다. 네티가 부하를 더 깔끔하게 처리하며 최악의 특이점을 피한다.

다음 그림은 처리량을 보여준다.

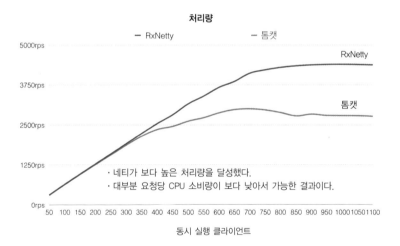

처리량

연구 결과를 통해 두드러진 장점 두 가지를 알 수 있다. 첫째, 지연 시간과 처리량의 개선은 사용자 경험도 개선하고 인프라스트럭처 비용을 낮춘다. 둘째, 이벤트 루프 아키텍처가 부하에 대한 탄력성이 더 좋다. 부하가 증가할 때 다운되지 않으며 시스템을 한계까지 밀어 붙이면서도 제대로 다룰 수 있다. 이는 대규모의 실제 시스템이 예기치 않은 부하 폭증을 처리하면서 반응성을 유지하기 위한 매우 강력한 논거로 볼 수 있다.[30]

또한 이벤트 루프 아키텍처가 더 운영하기 쉬움을 깨달았다. 요청별 스레드 아키텍처는 종종 스레드 풀 크기(와 이후의 가비지 컬렉션)의 세밀한 조정이 필요한 반면 이벤트 루프 아키텍처는 최적의 성능을 얻기 위해 부하에 따라 조정할 필요가 없었다.[31]

이 책의 목적이 이 주제의 완결은 아니다. 하지만 이 실험 결과는 어째서 '리액티브' 아키텍처를 논블로킹 I/O와 이벤트 루프 행태로 만들어야 하는지를 보여주는 강력한 증거다. 다른 말로 하자면 2015~2016년 무렵의 하드웨어와 리눅스 커널, JVM의 조합에서는 이벤트 루프 기반의 논블로킹 I/O를 사용했을 때 뚜렷한 성능상의 장점이 있다.

189쪽의 "네티와 RxNetty를 사용한 논블로킹 HTTP 서버"에서 네티와 RxJava를 조금 더 살펴보자.

리액티브 추상화

궁극적으로 RxJava의 타입과 연산자는 명령형 콜백 위에 쌓아올린 추상화이다. 그렇지만 이 추상화는 코딩 스타일을 완전히 바꿔놓으며 비동기 혹은 논블로킹 프로그래밍을 위한 강력한 도구를 제공한다.

배우기 위한 노력이 필요하고 함수 조합과 스트림 방식에 익숙해지기 위해 사고 전환을 요구하지만, 일단 익숙해지면 일반적인 객체 지향과 명령형 프로그래밍 스타일과 함께 매우 효과적인 도구가 된다.

이 책의 나머지 부분에서 RxJava 작동 원리와 사용법을 자세히 알려줄 것이다. 2장에서는 Observable의 기원과 사용하는 방법을 설명한다. 3장에서는 몇 가지 선언적(declarative) 방식과 강력한 변환에 대해 알아볼 것이다.

---

30 *http://www.reactivemanifesto.org*
31 어쩌면 별도로 CPU 코어 숫자의 1배, 1.5배, 2배의 이벤트 루프에 대한 논의를 할 수도 있겠지만, 이벤트 루프 수가 CPU 코어 숫자와 같은 때에 비해 별다른 성능 차이를 발견하지 못했다.

리액티브 익스텐션

토마스 누르키비치

이번 장에서는 리액티브 익스텐션과 RxJava의 핵심 개념을 살펴볼 것이다. Observable<T>, Observer<T>, Subscriber<T>와 함께 연산자라 부르는 유틸리티 메서드에 익숙해질 것이다. Observable<T>는 RxJava의 핵심 API이므로 무엇을 의미하고 어떻게 작동하는지 확실히 이해하도록 하자. 또한 Observable의 본질은 대체 무엇이며 어떻게 만들고 어떻게 상호작용하는지 알아보려 하는데 본질적으로는 RxJava에 기반한 API를 사용하는 방법이다. RxJava는 비동기나 이벤트 기반 프로그래밍의 고통을 덜어내기 위해 만들었지만 그런 장점을 누리려면 몇 가지 핵심 원칙과 의미를 이해해야 한다. 일단 Observable이 각종 구현 코드와 상호 작용하는 방식에 대해 감을 잡으면 손끝에서 펼쳐지는 놀라운 힘을 느낄 수 있다. 이번 장에서는 간단한 데이터 스트림을 만들어서 매우 흥미로운 방식으로 결합하고 조합하는 방법을 배운다.

rx.Observable 해부하기

rx.Observable<T>는 값이 흐르는 순서를 나타내는데, 앞으로 모든 곳에 사용하게 될 추상화이다. 넓은 시간 범위에 걸쳐 값들이 등장하기 때문에 Observable을 사건(이벤트)의 흐름으로 생각하는 경향이 있다. 주위를 둘러보면 수많은 스트림 예제를 찾을 수 있다.

- 사용자 인터페이스 이벤트

- 네트워크상에서 흘러가는 바이트
- 온라인 상점에서 발생하는 주문
- 소셜 미디어 사이트에 올라오는 글

Observable<T>와 비슷하면서 조금 더 익숙한 개념으로 Iterable<T>를 들 수 있는데 아마도 가장 근접한 추상화일 것이다. Iterable<T>를 통해 유도하는 Iterator<T>처럼, Observable<T>는 0개 혹은 무한 개의 T 로 구성된다. Iterator 는 모든 자연수와 같은 무한 순열을 나타내기 때문에 매우 적합한 방법이다.

```
class NaturalNumbersIterator implements Iterator<BigInteger> {

    private BigInteger current = BigInteger.ZERO;

    public boolean hasNext() {
        return true;
    }

    @Override
    public BigInteger next() {
        current = current.add(BigInteger.ONE);
        return current;
    }
}
```

더 이상 제공할 값이 없을 때 Iterator 자체에서 이를 알릴 수 있다는 점도 비슷하다. 그러나 유사성은 여기까지이다. Observable은 본질적으로 밀어내기 방식을 취하기 때문에 언제 값을 생성할지 스스로 정한다. 반면 Iterator는 누군가 실제로 next()를 써서 요청하지 않으면 가만히 머물러 있다. 전통적으로 Observable에서는 이런 동작이 불가능하다. 특정 시점에 클라이언트가 Observable을 구독할 수 있으며 Observable이 값을 방출하면 알림을 받지만 구체적으로 언제 받을지는 알 수 없다. 252쪽에서 특정 상황에 Subscriber에서 Observable의 속도를 조절하는 방식인 '배압'을 살펴볼 것이다.

또한 Observable은 임의의 개수만큼 이벤트를 생성할 수 있다. 이는 전통적인 옵저버 패턴 혹은 게시-구독 패턴[1]과 상당히 유사하다. 하지만 Iterator가 어떤 컬렉션에서 비롯되었는지 알 필요가 없듯이(NaturalNumbersIterator를 보라) Observable 또한 이벤트 스트림이어야만 할 필요는 없다. 이제 몇 가지

---

1 Erich Gamma, Richard helm *Desing Patterns: Elements of Reusable Object-Oriented Software* (1994, Addison-Wesley)를 살펴보자. (옮긴이) 번역서로 『GOF의 디자인 패턴: 재사용성을 지닌 객체지향 소프트웨어의 핵심 요소』(2015, 프로텍미디어)가 있다.

Observable의 예를 살펴보자.

`Observable<Tweet> tweets`

tweets는 가장 확실한 이벤트 스트림 예제이다. 소셜 미디어 웹사이트에서 벌어지는 상태 갱신은 확실히 이벤트 스트림으로 나타낼 수 있다고 바로 납득할 만하다. 한편 `Iterator`와는 달리 필요할 때 값을 끌어오지는 못한다. Observable은 값이 들어오는 대로 밀어내야만 한다.

`Observable<Double> temperature`

마찬가지로 어떤 기기에서 온도값을 생성하여 구독자에게 밀어낸다. tweets 와 temperature 모두 미래 사건(이벤트)의 무한 스트림 예제이다.

`Observable<Customer> customers`

`Observable<Customer>`가 무엇을 나타내는지는 주어진 맥락에 따라 달라진다. 대부분의 경우 아마도 데이터베이스 질의를 통한 고객 목록을 반환할 것이며, 결과 개수가 어떻든 간에 느긋하게 수행된다. 또는 이 Observable 은 시스템에 로그인하는 Customer의 스트림을 나타낼 수도 있다. 그러나 `Observable<Customer>`가 어떻게 구현되어 있든지 서비스 구현 형태가 변하지는 않는다.

`Observable<HttpResponse> response`

반면 `Observable<HttpResponse>`는 종료 시까지 단 하나의 이벤트(값)만 넘긴다. 이 값은 언젠가 나타나서 클라이언트 코드로 밀려나갈 텐데, 해당 응답을 받으려면 구독해야 한다.

`Observable<Void> completionCallback`

마지막으로 이상하게 생긴 `Observable<Void>`를 살펴보자. 기술적으로 Observable 은 0개의 항목을 방출하고 끝마칠 수 있다. 이런 경우 Observable에서 방출하는 값이 무엇이건 어쨌든 나타나지 않을 값이기에 신경 쓸 필요가 없다.

사실 Observable<T>는 3가지 유형의 이벤트를 만들어 낼 수 있다.

- Observable로 선언한, T 자료형의 값
- 완료 이벤트
- 오류 이벤트

RxJava 명세에서 모든 Observable은 선택적으로 임의의 개수만큼 값을 방출한 후 완료 혹은 종료 신호를 명시하고 있다. 그러나 둘 다는 아니다. 엄밀히 말하면 Rx 설계 지침은 이 규칙을 다음과 같이 정의하고 있다.[2]

```
OnNext* (OnCompleted | OnError)?
```

여기서 OnNext는 새로운 이벤트를 가리킨다. 흥미롭게도 정규 표현식을 닮은 이 규칙의 가능한 모든 조합이 유효하면서도 유용하다.

OnNext OnCompleted

Observable은 값 하나를 방출하고 정상적으로 종료한다. Observable이 외부 시스템을 향해 하나의 요청을 나타내고 하나의 응답을 기대할 때 이를 사용할 수 있다.

OnNext+ OnCompleted

Observable은 종료하기 전까지 여러 값을 방출한다. 데이터베이스에서 어떤 목록을 읽어와서 개별 레코드를 하나의 값으로 받아오는 과정을 나타낼 수도 있고, 한참 실행되지만 결국은 끝날 어떤 과정을 추적하는 절차를 표현할 수도 있다.

OnNext+

소셜 미디어 웹사이트의 덧글이나 어떤 구성 요소(예: 마우스 이벤트, ping 요청)의 상태 변화 같은 무한한 이벤트 목록이며, 끝이 없기 때문에 이벤트 발생 즉시 소비해야 한다.

OnCompleted 또는 OnError 중 하나만

이러한 Observable은 정상/비정상 종료 신호를 보낸다. OnError는 스트림 종료의 원인인 Throwable을 감싼 처리를 추가로 진행하며, 표준 throw 구문을 사용하기보다는 이벤트로서 기능한다.

OnNext+ OnError

스트림은 하나 이상의 이벤트를 성공적으로 방출하지만 결국은 실패한다. 무한 스트림이 치명적 오류로 인해 실패하는 경우가 전형적인 예다. 오랜 시간에 걸쳐 전송되는 네트워크 패킷이 간혹 연결 손실 문제로 접속이 끊어지는 경우를 생각해보면 된다.

---

2 *http://go.microsoft.com/fwlink/?LinkID=205219*

OnError 통지는 매우 흥미롭다. Observable의 비동기 특성상 단순한 예외 투척은 별로 의미가 없다. 대신 관심을 갖는 대상에 에러를 전달해야 하는데 도중에 여러 스레드를 거치면서 어느 정도 시간을 소모하게 될 것이다. OnError는 예외를 감싸 함수형 방식으로 바꿔주는 특별한 이벤트 형식이다. 예외에 대해서는 271쪽의 "오류 처리"에서 더 자세히 살펴볼 수 있다.

게다가 Observable은 종료나 오류를 비롯하여 어떤 이벤트도 방출하지 않게끔 구현할 수도 있는데 이러한 Observable은 테스트 목적으로, 예를 들어 시간을 제한할 때 유용하다.

Observable 알림 구독

Observable은 누군가 실제로 관심을 갖고 받기를 원하지 않는 한 이벤트를 방출하지 않는다. Observable 관찰을 시작하려면 subscribe() 계통의 메서드를 사용해야 한다.

```
Observable<Tweet> tweets = //...

tweets.subscribe((Tweet tweet) ->
    System.out.println(tweet));
```

앞의 예제는 어떤 콜백을 등록하는 형태로 tweets Observable을 구독하는데, tweets 스트림이 다운스트림에 이벤트를 방출할 때마다 해당 콜백이 실행된다. RxJava 규약은 심지어 이벤트가 여러 스레드에서 방출된다 해도 콜백이 한 번에 두 개 이상의 스레드에서 작동하지 않음을 보장한다. 한편 조금 더 구체적인 동작을 하는 몇 가지 오버로드된 subscribe()도 있다. 앞에서 Observable은 예외를 던지지 않는다고 이야기했다. 대신 예외를 Observable이 전파하는 다른 형태의 이벤트 알림으로 간주한다. 따라서 예외를 잡기 위해 subscribe() 언저리에서 try-catch 구문을 사용하지 않으며, 대신 따로 콜백을 제공한다.

```
tweets.subscribe(
    (Tweet tweet) -> { System.out.println(tweet); },
    (Throwable t) -> { t.printStackTrace(); }
);
```

subscribe()에서 선택 사항인 두 번째 인자는 항목 생성 시 발생할 가능성이 있는 예외 알림과 관련한 내용이다. 예외를 수신한 이후에는 더 이상 Tweet이 나타나지 않는다. 적절한 항목은 물론 예상치 못한 상황에서도 예외 역시 구독하기를 원할 것이다. Observable에서 예외는 일급 객체이다. 예외가 발생하면 즉시 전파되어 일관성 없는 데이터 구조나 실패한 트랜잭션과 같은 수많은 부수 효과를 일으킨다. 보통은 이런 방법도 좋은 생각이긴 하지만 때로는 예외가 별로 치명적이지 않은 경우가 있다. 따라서 견고한 시스템이라면 예외를 예측하거나 적절히 처리하는 방식을 갖추고 있어야 하는데, 바로 이것이 Observable에서 예외를 따로 다루는 이유이다.

세 번째 선택 인자는 스트림 완료를 감지하는 콜백이다.

```
tweets.subscribe(
        (Tweet tweet) -> { System.out.println(tweet); },
        (Throwable t) -> { t.printStackTrace(); },
        () -> {this.noMore();}
);
```

언제 항목을 생성하고 언제 멈출 것인지를 RxJava가 결정하지 않는다는 사실을 기억하자. 스트림은 무한일 수도 있고 구독 즉시 끝날 수도 있는데, 단순히 Subscriber가 완료 신호를 받기 원하는지 여부에 달려 있다. 만약 이 스트림이 무한하다는 사실을 처음부터 알고 있었다면 완료 신호 수신은 맞지 않다. 그렇지만 어떤 경우에는 스트림 완료 신호가 실제로 바라던 이벤트일 수도 있다. 예를 들어 오래 수행되는 Observable<Progress>를 추적하는 경우를 생각해 보자. 클라이언트가 진행 과정에 관심이 있을지 없을지는 모르겠으나, 확실히 언제 끝날지는 알고 싶을 것이다.

참고로 자바 8에서는 가독성을 높이기 위해 다음 예제와 같이 종종 람다식 대신 메서드 레퍼런스를 사용하기도 한다.

```
tweets.subscribe(
    System.out::println,
    Throwable::printStackTrace,
    this::noMore);
```

Observer<T>로 모든 알림 잡아내기

세 가지 인자를 모두 받는 subscribe()가 상당히 유용함을 확인했고, 이들 세 가지 콜백을 감싸놓은 간단한 구현체를 사용하면 편리하다. 바로 이를 위해 Observer<T>를 만들었다. Observer<T>는 이들 세 가지 콜백을 위한 컨테이너로서 Observable<T>에서 발생하는 모든 알림을 받는다. 다음 예제에서 Observer<T>를 사용해 등록하는 방법을 보자.

```
Observer<Tweet> observer = new Observer<Tweet>() {
    @Override
    public void onNext(Tweet tweet) {
        System.out.println(tweet);
    }

    @Override
    public void onError(Throwable e) {
        e.printStackTrace();
    }

    @Override
    public void onCompleted() {
        noMore();
    }
};

//...

tweets.subscribe(observer);
```

사실 Observer<T>는 RxJava에서 청취를 위한 핵심 추상화이다. 하지만 보다 강한 제어를 원한다면 Observer의 추상 구현체인 Subscriber를 사용하자.

Subscription과 Subscriber<T>로 리스너 제어하기

하나의 Observable은 본래 여러 구독자를 보유할 수 있다. 마치 게시-구독 패턴처럼 게시자 하나가 여러 소비자에 이벤트를 전달할 수 있다. RxJava에서 Observable<T>는 서버가 작동하는 매우 짧은 순간 동안, 혹은 여러 날에 걸친 긴 시간 동안 존재하는 정형화된 자료 구조일 뿐이다. 구독자에도 똑같이 적용된다. 어떤 Observable을 구독하여 몇몇 이벤트는 소비하고 나머지는 모두 버릴 수도 있다. 또는 몇 시간 혹은 며칠에 걸쳐 Observable이 살아 있는 동안 끊임없이 이벤트를 소비할 수도 있다.

어떤 Observer가 얼마나 많은 항목을 받을지, 또는 언제 받기를 멈출지 미리 알고 있다고 상상해보자. 예를 들어 주가 변동 추이를 구독했는데 주가가 $1 밑으로 내려가면 더 이상 구독하지 않기로 한다. Observer를 구독할 수 있는 기능이 있다면 당연히 조건이 맞을 때는 구독 해지를 할 수도 있어야 한다. 이를 지원하는 두 가지 방법으로 Subscription과 Subscriber가 있다. 전자에 대해서 이야기해보자. subscribe()가 실제 무엇을 반환하는지 아직 살펴보지 않았다.

```
Subscription subscription = tweets.subscribe(System.out::println);

//...
```

```
subscription.unsubscribe();
```

Subscription은 클라이언트에서 unsubscribe() 메서드를 사용해 구독을 취소할 수 있도록 하는 연결고리다. 더불어 isUnsubscribed()를 사용해 구독 상태를 확인할 수 있다. 메모리 누수나 불필요한 부하를 피하려면 Observable<T>에서 더 이상 이벤트를 받지 않도록 구독을 끊어야 함을 명심하자. 가끔 어떤 Observable의 구독을 해지하지 않고 소비하는 경우가 있다. 심지어 무한 스트림일 때도 절대 구독을 끊지 않는다. 그러나 Observable이 계속해서 끝없이 이벤트를 생성하는 동안 구독자는 이를 그저 흘려 보내기도 한다.

이번에는 리스너 내부에서 구독 해지를 요청하는 두 번째 방법이다. 앞에서 Observer 외부나 콜백에서 구독 제어를 하기 위해 Subscription을 사용할 수 있음을 이야기했다. 반면에 Subscriber<T>는 Observer<T>와 Subscription 두 가지를 모두 구현했다. 따라서 (이벤트, 완료 혹은 실패) 알림 소비와 구독 제어 모두 가능하다. 다음 코드는 모든 이벤트를 구독하지만 구독 주체 자신은 특정 기준에 따라 알림 수신을 포기한다. 보통은 내장된 takeUntil() 연산자를 사용해 이를 수행하는데, 여기서는 수동으로 처리한다.

```
Subscriber<Tweet> subscriber = new Subscriber<Tweet>() {
    @Override
    public void onNext(Tweet tweet) {
        if (tweet.getText().contains("Java")) {
            unsubscribe();
        }
    }

    @Override
    public void onCompleted() {}

    @Override
    public void onError(Throwable e) {
        e.printStackTrace();
    }
};
tweets.subscribe(subscriber);
```

Subscriber가 더 이상 수신을 원하지 않는다면, 스스로 구독을 해지할 수 있다. 연습 삼아 처음 n개의 이벤트만을 받고 포기하는 Subscriber를 만들어 보자. Subscriber 클래스는 이보다는 더욱 강력하지만, 당분간은 그냥 Observable에서 스스로 구독 해지가 가능하다는 정도만 기억하자.

Observable 만들기

다운스트림으로 밀어내는 이벤트를 받기 위해 Observable 구독부터 시작했는데 이는 우연의 일치가 아니다. RxJava로 하는 작업의 대부분은 Observable을 서로 결합하거나 필터링하고 포장하는 형태로 이루어지는 상호 작용이다. 하지만 이미 Observable을 노출하고 있는 외부 API를 사용해 작업하지 않는 한, 우선은 Observable이 어디에서 비롯되었으며 어떻게 스트림을 만들고 구독 처리를 하는지 배워야 한다. 먼저 상수 Observable을 생성하는 몇 가지 팩토리 메서드부터 시작하자. 기존 코드에 일관되게 RxJava를 적용하거나 방출해야 할 값들의 생성비용이 낮고 내용도 미리 알 수 있는 경우에 무척 유용하다.

Observable.just(value)

향후에 구독할 대상에 정확히 하나의 값을 방출하고 종료하는 Observable을 만든다. 중복 정의한(overloaded) just() 메서드로 방출할 값을 2개부터 9개까지 인자로 취할 수 있다.

Observable.from(values)

just()와 비슷하지만 Iterable<T>나 T[]를 받아 해당 컬렉션의 값을 방출할 수 있는 Observable<T>를 만든다. Future<T>를 받는, 중복 정의한 from()은 해당하는 Future가 끝나면 이벤트를 방출한다.

Observable.range(from, n)

from에서 n개의 정수값을 취해 스트림을 만든다. 예를 들어 range(5, 3)은 5, 6, 7을 방출하고 종료한다. 각각의 구독자는 같은 숫자 집합을 받게 된다.

Observable.empty()

아무런 값도 방출하지 않고 구독을 즉시 종료한다.

Observable.never()

알림이나 종료, 오류 이벤트 중 그 어떤 것도 방출하지 않는 Observable이다. 테스트 용도로 사용할 때 편리하다.

Observable.error()

모든 구독자에게 즉시 onError() 알림을 방출한다. 다른 값은 방출되지 않으며, 명세에 따라 onCompleted()조차 방출되지 않는다.

Observable.create() 정복

empty(), never(), error() 팩토리 메서드는 전혀 쓸모 없어 보이지만 Observable 을 엮을 때 상당히 편리하다. RxJava는 이벤트 스트림의 비동기 처리가 전부라 고 했지만 흥미롭게도 앞서 나열한 팩토리 메서드는 기본적으로 클라이언트 스 레드에서 작동한다. 다음 코드 예제를 살펴보자.

```
private static void log(Object msg) {
    System.out.println(
        Thread.currentThread().getName() +
        ": " + msg);
}

//...

log("Before");
Observable
    .range(5, 3)
    .subscribe(i -> {
        log(i);
    });
log("After");
```

관심 대상은 로그 출력 구문을 실행하는 스레드이다.

```
main: Before
main: 5
main: 6
main: 7
main: After
```

print 문의 실행 순서 또한 관련이 있다. Before와 After도 main 클라이언트 스 레드에서 출력하지만 놀랍지는 않다. 그러나 구독 역시 클라이언트 스레드에 서 발생하고 있기 때문에 결국 모든 이벤트를 받을 때까지 subscribe()는 클 라이언트 스레드를 블록한다. 연산자로 요청하지 않는 한 RxJava는 절대로 다 른 스레드 풀을 통해 실행하지 않는다. 이러한 동작을 더 자세히 이해하기 위해 Observable을 생성하는 저수준 연산자인 create()를 학습해야 한다.

```
Observable<Integer> ints = Observable
    .create(new Observable.OnSubscribe<Integer>() {
        @Override
        public void call(Subscriber<? super Integer> subscriber) {
            log("Create");
            subscriber.onNext(5);
            subscriber.onNext(6);
            subscriber.onNext(7);
```

```
                subscriber.onCompleted();
                log("Completed");
            }
        });

    log("Starting");
    ints.subscribe(i -> log("Element: " + i));
    log("Exit");
```

위의 코드 예제는 일부러 장황하게 만들었으며, 실행되는 각각의 행에 스레드 이름도 포함하여 출력했다.

```
main: Starting
main: Create
main: Element: 5
main: Element: 6
main: Element: 7
main: Completed
main: Exit
```

Observable.create()가 어떻게 작동하며 RxJava는 어떻게 동시성을 다루는지 이해하기 위해 실행 과정을 단계별로 분석해 보자. 일단 OnSubscribe 콜백 인터페이스 구현체를 create()에 제공하여 ints Observable을 만들었다(향후에는 대부분 간결한 람다 표현식으로 대체할 예정이다).

여기까지는 Obsevable을 생성한 것 말고 아무 일도 벌어지지 않기 때문에 출력 결과는 첫 줄인 main: Starting뿐이다. Observable은 기본적으로 이벤트 방출을 미루는데, 실제로 구독을 하지 않는 한 항목도 방출을 시작하지 않음을 뜻한다. 따라서 create()에 전달한 람다식은 아직 실행되지 않는다. 이후 ints.subscribe(...)로 구독 처리를 하여 Observable이 방출을 시작하도록 강제할 것이다. 일명 '차가운' 스트림일 경우 이 과정이 맞다. 반면 뜨거운 스트림은 구독과 관계없이 방출을 시작한다. 이 중요한 차이에 대해서는 48쪽 "뜨거운 Observable과 차가운 Observable"에서 설명할 것이다.

 방출 항목을 받는 람다식인 (i -> log("Element: " + i)는 내부에서 Subscriber <Integer>로 둘러싸인다. create()를 호출할 때 이 구독자가 지정한 함수의 인자로 거의 직접적으로 구독자에게 전달된다. 따라서 매번 Observable을 구독할 때면 새로운 Subscriber 인스턴스가 생기며, 이것이 create() 메서드로 전달된다. create() 안에서 Subscriber의 onNext()나 다른 메서드를 호출하면 간접적으로 Subscriber를 호출하게 된다.

Observable.create()는 매우 다목적이라 실은 이미 살펴본 모든 팩토리 메서드를 모방할 수 있다. 예를 들어 x 값 하나를 방출한 후 즉시 완료하는 Observable.just(x)는 다음과 같아 보일 것이다.

```
static <T> Observable<T> just(T x) {
    return Observable.create(subscriber -> {
            subscriber.onNext(x);
            subscriber.onCompleted();
        }
    );
}
```

연습 삼아 create()만 사용해서 never()와 empty(), 그리고 range()도 만들어 보자.

여러 구독자 관리하기

실제로 구독하지 않는 한 방출은 시작되지 않는다. subscribe()를 호출할 때마다 create() 안의 구독 핸들러가 호출되는데, 장단점을 따질 내용은 아니지만 기억하고 있어야 한다. 예를 들어 Observable.just(42)는 첫 번째 구독자뿐 아니라 모든 구독자에게 42를 방출해야 한다. 반면에 create() 안에서 데이터베이스 질의나 무거운 계산을 한다면 모든 구독자가 하나의 호출만을 공유하는 편이 낫다.

구독이 어떻게 이루어지는지 제대로 이해하기 위해서 Observable을 두 번 구독하는 다음 코드 예제를 살펴보자.

```
Observable<Integer> ints =
    Observable.create(subscriber -> {
            log("Create");
            subscriber.onNext(42);
            subscriber.onCompleted();
        }
    );
log("Starting");
ints.subscribe(i -> log("Element A: " + i));
ints.subscribe(i -> log("Element B: " + i));
log("Exit");
```

어떤 결과를 기대했는가? create() 팩토리 메서드를 사용해 만든 Observable을 구독할 때마다, 기본적으로 구독 초기화에 사용된 스레드 안에서 create()에 집어넣은 람다식이 서로 독립적으로 실행된다는 사실을 상기하자.

```
main: Starting
main: Create
main: Element A: 42
main: Create
main: Element B: 42
main: Exit
```

create() 내부의 구독자를 각각 호출하지 않고 이미 계산된 결과를 재사용하고 싶다면, 이를 위한 cache() 연산자가 있다.

```
Observable<Integer> ints =
    Observable.<Integer>create(subscriber -> {
            //...
        }
    )
    .cache();
```

cache()는 여기서 처음 배우는 연산자이다. 연산자는 기존의 Observable을 포장해서 보강하는데 일반적으로 구독을 가로채는 형태로 동작한다. subscribe()와 Observable 사이에 놓인 cache()는 무엇을 뜻할까? 첫 번째 구독자가 등장하면 cache()는 무대 뒤쪽의 Observable로 구독을 위임하고 모든 알림(이벤트, 완료, 오류)을 다운스트림으로 전달한다. 그리고는 동시에 내부적으로 모든 알림의 복사본을 보관한다. 이후 구독자가 알림을 받을 경우 cache()는 더 이상 무대 뒤쪽의 Observable에 위임하지 않고 저장해 두었던 값을 공급한다. 캐싱을 사용하면 두 개의 Subscriber 출력 결과는 사뭇 다르다.

```
main: Starting
main: Create
main: Element A: 42
main: Element B: 42
main: Exit
```

물론 cache()와 무한 스트림을 같이 사용하면 OutOfMemoryError라는 재앙과 마주친다는 사실을 유념해야 한다. 자세한 내용은 352쪽 "메모리 소비와 누수"에서 다룬다.

무한 스트림

무한 자료 구조는 중요한 개념이다. 컴퓨터의 메모리는 유한하기 때문에 무한한 목록이나 스트림이란 말이 안 되는 이야기같이 들린다. 하지만 RxJava는 이벤트를 생성 즉시 소비할 수 있다. 특정 시점에 모든 값을 메모리에 보존하지 않는다면 전통적인 큐 구조를 무한한 값의 근원으로 사용할 수 있다. 그렇다면 create()를 사용해서 어떻게 이러한 무한 스트림을 처리할 수 있을까? 예로써 모든 자연수를 의미하는 Observable을 만들어 보자.

```
// 잘못된 구현! 이렇게 하지 말자
Observable<BigInteger> naturalNumbers = Observable.create(
        subscriber -> {
            BigInteger i = ZERO;
            while (true) { // 이렇게 하지 말자!
                subscriber.onNext(i);
                i = i.add(ONE);
            }
        });
naturalNumbers.subscribe(x -> log(x));
```

어떤 구현이건 while(true)가 있다면 문제가 있는 코드이다. 일면 괜찮아 보이지만 조만간 이 구현은 좋지 않다고 느끼게 된다. 무한이라서 문제인 것은 아니다. 사실 무한 Observable은 전혀 문제가 없고 상당히 유용하다. 물론 제대로 구현했을 때만 그렇다. subscribe()를 실행한 순간 create() 내부의 람다식이 해당 스레드 환경에서 시작되는데, 이 람다식이 절대 끝나지 않기 때문에 subscribe()는 바로 블록된다. 그렇다면 이런 의문이 든다. "여하튼 구독을 비동기 처리해서는 안된다면, 어째서 클라이언트 스레드상에서 구독을 실행해야 하는가?" 타당한 지적이다. 그럼 명시적인 동시성을 잠시 알아보자.

```
Observable<BigInteger> naturalNumbers = Observable.create(
    subscriber -> {
        Runnable r = () -> {
            BigInteger i = ZERO;
            while (!subscriber.isUnsubscribed()) {
                subscriber.onNext(i);
                i = i.add(ONE);
            }
        };
        new Thread(r).start();
    });
```

클라이언트 스레드에서 직접 실행하는 블로킹된 반복문을 사용하기보다는 사용자 정의 스레드를 생성하고 그곳에서 직접 이벤트를 방출한다. 별도 스레드에서 동작하므로 subscribe()는 다행히 더 이상 블록되지 않는다. 모든 x -> log(x) 콜백 호출이 사용자 정의 스레드에서 작동된다. 이제는 우리가 자연수 전체(너무 많지 않은가!)가 아니라 처음 몇 개만 관심이 있다고 상상해보자. 이미 우리는 Observable에서 알림 수신을 어떻게 중단하는지 알고 있다. 구독을 해지하여 수신을 중단하자.

```
Subscription subscription = naturalNumbers.subscribe(x -> log(x));
// 시간이 어느 정도 지난 다음...
subscription.unsubscribe();
```

코드를 꼼꼼하게 읽어보면 수상쩍은 while(true) 반복문이 다음과 같이 바뀌어 있음을 볼 수 있다.

```
while (!subscriber.isUnsubscribed()) {
```

매 반복마다 실제로 누군가 듣고 있는지 확인할 필요가 있다. 구독자가 수신을 중단하기로 결정하면 subscriber.isUnsubscribed() 조건이 이를 알려줘서 안전하게 스트림을 완료하고 Runnable을 빠져나가 실제로 스레드 실행을 마칠 수 있다. 물론 구독자는 자신의 스레드와 반복문을 갖고 있으므로 어떤 구독자가 구독 해지를 결정해도 이와 상관없이 계속해서 이벤트 스트림을 받을 수 있다. 각자 스레드를 사용하는 방법은 별로 좋지 않은 설계 방식이고 RxJava는 동시성을 제어하기 위한 훨씬 깔끔한 선언적 도구를 제공하는데 앞선 코드 예제에서 구독 이벤트를 올바로 처리하는 방법을 보여준다.

구독자가 더 이상 새로운 이벤트 수신을 원하지 않을 경우, 이벤트를 발송하지 않도록 가능한 한 자주 isUnsubscribed()를 사용해 확인하기를 권장한다. 게다가 이벤트 생성 비용이 높다면 아무도 이벤트를 원하지 않는데 조급하게 이벤트를 보낼 필요가 없다. 심지어 create() 안에서 구동하는 스레드가 본질적으로 아무런 문제가 없다 해도 오류가 발생하기 쉬울뿐더러 확장성도 떨어진다. 155쪽 "RxJava의 멀티 스레딩"에서, 직접 만든 스레드 사이의 상호작용 없이 사용자 정의 스케줄러와 선언적 동시성을 사용한 동시 처리 구현 방법을 살펴볼 것이다.

상대적으로 이벤트를 자주 발송한다면 이벤트 발송 직전에 즉시 구독 해지 처리를 해도 괜찮다. 그런데 이벤트가 매우 드물게 발생하는 상황을 상상해 보자. Observable은 어떤 이벤트를 밀어내는 순간이 되어야 구독자가 구독을 해지했는지 여부를 판단할 수 있다. 다음의 유용한 팩토리 메서드 예제를 살펴보자. delayed(x)는 10초 후 x를 방출하는 Observable을 만든다. Observable.just()와 비슷한데 지연 처리된다. 바람직한 사용 형태는 아니다. 이미 우리는 여분의 스레드를 사용해야 한다는 사실을 알고 있다.

```
static <T> Observable<T> delayed(T x) {
    return Observable.create(
        subscriber -> {
            Runnable r = () -> {
                sleep(10, SECONDS);
                if (!subscriber.isUnsubscribed()) {
                    subscriber.onNext(x);
                    subscriber.onCompleted();
                }
            };
            new Thread(r).start();
        });
}

static void sleep(int timeout, TimeUnit unit) {
    try {
        unit.sleep(timeout);
    } catch (InterruptedException ignored) {
        // 일부러 무시한 부분
    }
}
```

새로 스레드를 생성해서 10초간 실행을 멈추는 어설픈 구현이다. 조금 더 깔끔
하게 구현하려면 최소한 java.util.concurrent.ScheduledExecutorService 정도
는 사용해야 하는데, 학습을 위해 일부러 이렇게 구현했다. 10초가 지나도 누군
가 여전히 청취하고 있음이 확실하면 하나의 항목을 방출하고 종료한다. 그렇지
만 구독자가 구독을 시작하고 1초 후 해지하기로 결정했는데, 머지 않아 방출할
이벤트가 있다면 어떻게 될까? 아무런 일도 벌어지지 않는다. 백그라운드 스레
드는 나머지 9초간 잠들었다가 뒤늦게 구독자가 사라졌음을 알게 된다. 이는 매
우 성가신 상황으로 여분의 9초 동안 점유하는 리소스는 상당한 낭비다. 시간당
꽤나 비싼 접속 비용을 지불해야 하는데 이벤트 발생은 매우 드문 데이터 피드
라고 상상해 보자. 구독자가 더 이상 없다는 사실을 깨닫기 위해 몇 초 혹은 몇
분을 기다린 후에야 연결을 종료해야 한다. 다행스럽게도 구독 해지 시 다음 신
호를 받을 때까지 기다리지 않고, 알림을 받아서 가능한 한 즉시 자원을 정리할
수 있는 Subscriber 객체가 존재한다.

```
static <T> Observable<T> delayed(T x) {
    return Observable.create(
        subscriber -> {
            Runnable r = () -> {/* ... */};
            final Thread thread = new Thread(r);
            thread.start();
            subscriber.add(Subscriptions.create(thread::interrupt));
        });
}
```

나머지 부분은 차이가 없고 마지막 줄이 중요하다. 백그라운드 스레드는 이미 실행 중인데, 정확히 말하면 10초간 정지한다. 그런데 스레드를 시작하자마자 콜백을 호출하여 subscriber가 구독을 해지하는지 확인하고는 Subscriber.add()를 사용하여 어떤 콜백을 등록한다. 이 콜백은 기본적으로 스레드를 중단시키는 단 한 가지 목적을 갖고 있다. Thread.interrupt()를 호출하면 sleep() 안에서 InterruptedException을 발생시켜 10초간 잠든 상태를 중단시키고, sleep()은 예외를 삼킨 뒤 깔끔하게 끝난다. 그런데 이때 subscriber.isUnsubscribed()가 false를 반환하기 때문에 어떤 이벤트도 방출되지 않는다. 스레드는 즉시 멈추고 어떠한 자원 낭비도 없다. 정리 작업을 처리하려면 이를 참고로 비슷하게 사용할 수 있다. 그러나 안정적으로 빈번한 이벤트가 발생하는 스트림이라면 이러한 명시적 콜백 처리를 하지 않아도 된다.

create() 안에서 스레드를 사용하면 안 되는 또 다른 이유가 있다. Rx 설계 지침 4.2절 "관찰자 객체는 직렬화 방식으로 호출된다고 가정하자(Assume observer instances are called in a serialized fashion)"에 의하면 구독자는 동시에 알림을 받으면 안 된다. 명시적인 스레드가 개입하면 이 요구사항을 위반하기 쉽다. 이러한 동작 형태는 아카(Akka)[3]의 액터와 비슷한데, 아카에서 액터는 한 번에 하나의 메시지만 처리한다. 이와 같은 가정은 Observer를 마치 동기화된 것처럼 간주하기 때문에 항상 스레드 하나에서만 접근이 가능하다. 심지어 이벤트가 여러 스레드에서 발생하는 경우도 마찬가지다. 사용자 정의로 Observable을 구현할 때에도 이 규약을 지켰는지 확인해야 한다. 이 내용을 숙지하고 다음 코드에서 여러 Data 묶음을 적재하기 위해 부자연스런 병렬 처리를 시도하는 모습을 살펴보자.

다음 코드 예제에서 여러 Data 청크를 부자연스럽게 병렬로 처리하는 모습을 볼 수 있다.

```java
Observable<Data> loadAll(Collection<Integer> ids) {
    return Observable.create(subscriber -> {
        ExecutorService pool = Executors.newFixedThreadPool(10);
        AtomicInteger countDown = new AtomicInteger(ids.size());
        // 위험, Rx 계약 위반. 이렇게 하면 안된다!
        ids.forEach(id -> pool.submit(() -> {
            final Data data = load(id);
            subscriber.onNext(data);
            if (countDown.decrementAndGet() == 0) {
```

---

3 *http://akka.io*

```
                pool.shutdownNow();
                subscriber.onCompleted();
            }
        }));
    });
}
```

이 코드는 무척 복잡하다는 사실 외에도 몇 가지 Rx 원칙을 어겼다. 즉 여러 스레드에서 동시에 subscriber의 onNext() 메서드를 호출하고 있다. 또한 복잡성을 회피하기 위해 간단하게 merge()나 flatMap() 같은 RxJava의 연산자를 쓰면 되는데 이 부분은 85쪽 "merge()로 여러 Observable을 하나처럼 다루기"에서 살펴보겠다. 좋은 소식이라면 조악하게 구현한 Observable이라 해도 loadAll(...).serialize()와 같은 serialize() 연산자를 적용해 매우 쉽게 고칠 수 있다는 점이다. 이 연산자는 이벤트들을 직렬화하여 순서대로 늘어서도록 하며, 완료나 오류 이벤트 발생 이후에는 더 이상 이벤트를 전송하지 않도록 한다.

Observable 생성에서 아직 다루지 않은 마지막 내용은 오류 전파이다. 지금까지 배운 대로라면 Observer<T>는 T 형 값을 받은 다음 선택적으로 정상 신호 혹은 오류 신호를 받는다. 하지만 모든 구독자에게 오류를 밀어내려면 어떻게 해야 할까? create() 안의 모든 표현식을 try-catch 블록으로 감싸는 방법도 쓸만하다. 다음 예에서 보는 바와 같이 Throwable을 로깅하거나 다시 던지는 대신 전파해야 한다.

```
Observable<Data> rxLoad(int id) {
    return Observable.create(subscriber -> {
        try {
            subscriber.onNext(load(id));
            subscriber.onCompleted();
        } catch (Exception e) {
            subscriber.onError(e);
        }
    });
}
```

load(id) 등에서 발생 가능한 Exception의 전파를 위해 여분의 try-catch 블록이 필요하다. 이렇게까지 하지 않아도 RxJava는 오류가 발생하면 가능한 한 표준 출력에 예외를 표시한다. 그러나 견고한 스트림을 만들려면 예외를 아무도 이해할 수 없는 언어상의 부차적 특징이 아닌 일급 객체로 다룰 필요가 있다.

하나의 값으로 끝나는 Observable을 try-catch 문장으로 감싸는 구현은 꽤 일반적이기 때문에 fromCallable() 내장 연산자를 준비했다.

```
Observable<Data> rxLoad(int id) {
    return Observable.fromCallable(() ->
        load(id));
}
```

의미상으로 동일하나 훨씬 간결하며, (나중에 알게 되겠지만) create()보다 더
나은 몇 가지 장점도 있다.

타이밍: timer()와 interval()

지금까지 RxJava에서 Observable 자체적으로 스레드를 만들어 사용하는 법을 공
부하기 위해 꽤 많은 공을 들였는데, 그렇다고 Observable이 최선의 패턴은 아니
다. 뒤에서 스케줄러에 대해 탐구하겠지만 우선은 스레드에 기반한 두 개의 매
우 유용한 연산자인 timer()와 interval()을 알아보자. timer()는 지정한 시간만
큼 지연시킨 후 long형 0값을 방출하고 종료하는 단순한 Observable을 만든다.

```
Observable
        .timer(1, TimeUnit.SECONDS)
        .subscribe((Long zero) -> log(zero));
```

어이없어 보이겠지만 timer()는 정말로 쓸모 있다. 기본적으로는 Thread.
sleep()의 비동기 등가성 개체로, 현재 스레드를 블로킹하는 대신 Observable
을 만들고 subscribe()로 구독한다. 복잡한 계산을 간단한 Observable의 구성
으로 처리하는 방법을 배운다면 이 내용이 훨씬 더 중요하게 와 닿을 것이다.
변수 zero가 갖는 고정값인 0은 그냥 관례일 뿐 특별한 의미는 없다. 하지만
interval()에서는 조금 더 의미가 있다. interval()은 long 순열을 만드는데, 0
부터 시작해서 각각의 숫자 사이에 정해진 시간 지연을 삽입한다.

```
Observable
        .interval(1_000_000 / 60, MICROSECONDS)
        .subscribe((Long i) -> log(i));
```

Observable.interval()은 0부터 시작하는 연속된 long 순열을 만든다.

그렇지만 interval()은 range()와는 달리 첫 번째 요소도 포함해 개별 이
벤트를 방출하기 전에 일정한 지연 시간을 둔다. 위 예제의 지연 시간은 약
$16666\mu s$, 대략 60Hz쯤인데 다양한 애니메이션에서 사용하는 프레임률이
다. 이는 우연의 일치가 아니며, 특정 주파수로 실행해야 하는 애니메이션이
나 프로세스를 제어하기 위해 이따금 interval()을 사용한다. interval()은

ScheduledExecutorService의 scheduleAtFixedRate()와 다소 유사하다. 정기적인 데이터 폴링이나 사용자 인터페이스 갱신, 시뮬레이션에서 경과 시간 모델링 등 다양한 시나리오에 interval()을 사용할 수 있다.

뜨거운 Observable과 차가운 Observable

일단 Observable 객체를 확보했다면, 해당 스트림이 뜨거운지 차가운지를 이해해야 한다. API나 의미는 같더라도 Observable을 사용하는 방법은 유형에 따라 다르다. 차가운 Observable은 전적으로 느긋하여 실제로 누군가 관심을 기울이지 않으면 절대 이벤트 방출을 시작하지 않는다. 관찰자가 없으면 Observable은 단순히 정적 자료 구조일 뿐이다. 다른 말로 표현하자면 이벤트는 느긋하게 만들어지며 어떤 식으로든 캐시 처리되지 않기 때문에 모든 구독자는 각자 별도로 스트림의 복사본을 받는다는 뜻이기도 하다. 차가운 Observable은 일반적으로 Observable.create()를 써서 만드는데, 누군가 수신하지 않는 한 어떤 작업도 시작하면 안되고 실행을 연기해야 한다. 그러므로 차가운 Observable은 어느 정도 Subscriber에 의존한다. 차가운 Observable의 예로는 create() 이외에도 Observable.just()나 from(), range() 등이 있다. 차가운 Observable을 구독하면 create() 내부에서 부수 효과가 발생하는 경우가 가끔 있다. 예를 들면 데이터베이스 질의나 네트워크 연결이다.

이와 달리 뜨거운 Observable은 획득한 순간 Subscriber 여부와 관계 없이 즉시 이벤트를 방출한다. Observable은 심지어 아무도 듣고 있지 않아도 이벤트를 다운스트림으로 밀어내기 때문에 이벤트 유실이 있을 수 있다. 차가운 Observable은 전적으로 통제가 가능하지만 뜨거운 Observable은 소비자로부터 독립적이다. Subscriber가 나타나면, 뜨거운 Observable은 마치 도청기[4]처럼 동작하여 흘러가는 이벤트를 그대로 게시한다. Subscriber의 존재 여부가 Observable의 동작에 영향을 미치지 않으며, 서로 완전히 분리되어 있고 독립적이다.

놀랍게도 Observable.interval()은 뜨겁지 않다. 아마도 이를 단순히 환경과 관계없이 타이머가 똑딱인다고 생각했으리라. 하지만 실제로는 누군가 구독했을 때 비로소 타이머 이벤트가 발생하며 구독자마다 독립적으로 스트림을 받는다. 이는 차가운 Observable의 정의다.

---

4 *Enterprise Integration Patterns: Designing, Building, and Deploying Messaging Solutions* (2003, Addison-Wesley Professional)를 참고하자. (옮긴이) 번역서로 『기업 통합 패턴: 기업 분산 애플리케이션 통합을 위한 메시징 해결책』(2014, 에이콘)이 있다.

뜨거운 `Observable`은 보통 이벤트 소스를 전혀 통제할 수 없는 경우에 발생한다. 이런 `Observable`의 예를 들자면 마우스 움직임이나 키보드 입력 등이 있다. 지금까지 사용자 인터페이스는 전혀 언급하지 않았지만 이 또한 RxJava와 매우 잘 맞는다. RxJava는 특히 안드로이드 진영에서 진가를 발휘하고 있는데 콜백 중심의 핸들러를 깔끔한 스트림 구성으로 바꿀 때 도움이 된다. 309쪽 "RxJava를 활용한 안드로이드 개발"에서 RxJava를 어떻게 안드로이드 모바일 기기에 사용하는지 살펴보겠다.

뜨거움/차가움 구별의 중요성은 이벤트 전달에 의존할 때 더욱 두드러진다. 즉시 혹은 몇 시간 후든 상관없이, 차가운 `Observable`은 언제 구독하더라도 완전하고도 일관된 이벤트 집합을 받는다. 반면에 뜨거운 `Observable`이면 처음부터 이벤트를 받는다고 보장할 수 없다. 이 장의 뒷부분에서 어떤 구독자건 모든 이벤트를 받을 수 있도록 보장하는 몇 가지 기법을 배울 것이다. 해당 기법 중 하나인 `cache()` 연산자는 이미 이번 장에서 잠깐 살펴 보았다(40쪽 "여러 구독자 관리하기"). 기술적으로는 뜨거운 `Observable`의 모든 이벤트를 버퍼링하면 이후 구독자들이 같은 이벤트 순열을 받을 수 있다. 하지만 이렇게 할 경우 이론상 메모리를 무한정 사용할 가능성이 있기 때문에 캐싱을 처리할 때 주의해야 한다.

뜨거움과 차가움 사이의 또 다른 흥미로운 차이점은 시간 의존성이다. 차가운 `Observable`은 요청할 때마다 값을 생성하며 여러 번 요청해도 되기 때문에 항목이 정확히 언제 만들어졌는지 별로 중요하지 않다. 반면에 뜨거운 `Observable`은 일반적으로 외부에서 발생하여 오는 그대로 이벤트를 표현하는데, 이벤트를 시계열에 맞춰 늘어놓기 때문에 해당 값이 언제 발생했는지가 무척 중요하다.

사례: 콜백 API를 Observable 스트림으로

JDBC, `java.io`, 서블릿 같은 주요한 자바 API를 비롯해 여러 독점적 솔루션은 블로킹 방식을 사용한다.[5] 이 때문에 클라이언트 스레드는 기대하는 결과건 부수 효과건 간에 응답을 받기까지 대기해야 한다. 그러나 외부에서 발행하는 이벤트 중 어떤 경우는 본질적으로 비동기성을 띤다. 기술적으로 다음과 같이 블로킹 스트림 API를 만들 수 있다.

```
while(true) {
    Event event = blockWaitingForNewEvent();
```

---

5   적어도 버전 3.0까지는 그랬다.

```
        doSomethingWith(event);
    }
```

다행히도 도메인이 본질적으로 비동기일 때는 일종의 콜백 기반 API를 쓰면 된다. 콜백 기반 API는 자바스크립트 등에서 널리 쓰인다. 이런 API는 정해진 콜백 형식을 취하는데 일반적으로 다양한 이벤트 알림을 받기 위해 구현해야 하는 몇 가지 메서드를 지닌 인터페이스다. 이러한 API의 가장 눈에 띄는 형태로 거의 모든 GUI 라이브러리(예: 스윙)를 들 수 있다. onClick(), onKeyUp() 같은 다양한 리스너를 보았을 때, 콜백은 확실히 불가피해 보인다. 이런 환경에서 작업하다 보면 틀림없이 '콜백 지옥'이란 용어를 마주하게 된다. 콜백은 계속 중첩되는 경향이 있고, 이러한 중첩 콜백을 제어하기란 사실상 불가능하다. 다음의 예제는 콜백이 네 번 중첩됐다.

```
button.setOnClickListener(view -> {
    MyApi.asyncRequest(response -> {
        Thread thread = new Thread(() -> {
            int year = datePicker.getYear();
            runOnUiThread(() -> {
                button.setEnabled(false);
                button.setText("" + year);
            });
        });
        thread.setDaemon(true);
        thread.start();
    });
});
```

가장 간단한 요구사항이지만 서로 교대로 실행하는 콜백조차 멀티 스레딩으로 인한 간섭이 추가되면 악몽으로 돌변한다. 이 절에서는 콜백 기반으로 작성한 API를 RxJava 방식으로 리팩터링하여 스레드 제어나 생명 주기, 자원 정리 측면에서 이점을 취할 것이다.

필자가 좋아하는 스트림 예제인, tweet이라고 부르는 트위터 상태 갱신을 살펴보자. 트위터에서는 초당 몇 천 건 정도 상태가 바뀌며, 더불어 위·경도 좌표나 언어, 각종 메타 정보도 바뀐다. 이 학습을 위해 새 트윗 등록 시 콜백 기반 API를 사용하는 오픈 소스인 Twitter4J 라이브러리[6]를 사용할 것이다. 이 장에서 Twitter4J 작동 방식을 설명하거나 멋진 예제를 제공할 생각은 없다. 관심 영역

---

6 *http://twitter4j.org*

에서 콜백 API를 사용하는 좋은 예제로 Twitter4J를 선택했을 뿐이다. 다음은 실제 작동하여 실시간으로 트윗을 읽어오는 가장 단순한 예제이다.

```java
import twitter4j.Status;
import twitter4j.StatusDeletionNotice;
import twitter4j.StatusListener;
import twitter4j.TwitterStream;
import twitter4j.TwitterStreamFactory;

TwitterStream twitterStream = new TwitterStreamFactory().getInstance();
twitterStream.addListener(new twitter4j.StatusListener() {
    @Override
    public void onStatus(Status status) {
        log.info("Status: {}", status);
    }

    @Override
    public void onException(Exception ex) {
        log.error("Error callback", ex);
    }

    // 다른 콜백들
});
twitterStream.sample();
TimeUnit.SECONDS.sleep(10);
twitterStream.shutdown();
```

twitterStream.sample()을 호출하면 백그라운드 스레드를 구동하여 트위터에 로그인하고 새로운 메시지를 수신하기 위해 대기한다. 새로운 트윗이 등장할 때마다 onStatus 콜백이 실행된다. 여러 스레드 경계를 넘나들며 실행되기 때문에 더 이상 예외를 던지는 방식에 의존할 수 없고 대신 onException() 알림을 사용한다. 10초간 기다린 후에 shutdown()으로 스트림을 닫고, HTTP 연결이나 각종 스레드 등 모든 자원을 정리한다.

전반적으로 그다지 나쁘게 보이지는 않지만 이 프로그램은 아무것도 할 수 없어서 문제다. 실제 상황이라면 개별 Status 메시지(트윗)를 어떻게든 처리할 것이다. 예를 들어, 데이터베이스에 저장하거나 기계 학습 알고리즘을 적용하거나 하는 방법이 있을 수 있겠다. 기술적으로는 해당 로직을 콜백 안에 넣으면 되겠지만 이렇게 하면 비즈니스 로직과 기반 코드 서로 간에 결합도가 높아진다. 분리된 클래스로 간단히 위임하는 게 좋지만, 아쉽게도 재사용은 불가능하다. 우리가 진정으로 원하는 모습은 기술 영역(HTTP 연결을 통한 데이터 소비)과 비즈니스 영역(입력 데이터 해석)의 깔끔한 분리다. 그래서 두 번째 단계의 콜백을 만들었다.

```
    void consume(
              Consumer<Status> onStatus,
              Consumer<Exception> onException) {
        TwitterStream twitterStream = new TwitterStreamFactory().getInstance();
        twitterStream.addListener(new StatusListener() {
            @Override
            public void onStatus(Status status) {
                onStatus.accept(status);
            }

            @Override
            public void onException(Exception ex) {
                onException.accept(ex);
            }

            // 다른 콜백들
        });
        twitterStream.sample();
    }
```

추상 단계를 하나 더 추가함으로써 consume() 메서드를 다양한 방식으로 재사용할 수 있게 되었다. 로깅 대신 데이터 저장소나 분석 도구, 사기 행위 탐지 기능을 넣을 수도 있다.

```
consume(
    status -> log.info("Status: {}", status),
    ex     -> log.error("Error callback", ex)
);
```

하지만 이는 그저 문제점을 다른 계층으로 옮겼을 뿐이다. 초당 트윗 숫자를 세고 싶다면 어떻게 해야 할까? 처음 다섯 개만 소비하려면? 혹은 다수의 청취자를 붙이고 싶다면? 이런 경우 각각 새로운 HTTP 접속을 맺어야 한다. 마지막으로 중요한 점은 이 API는 작업 완료 시 해지 방법을 제공하지 않아 자원 누수 위험성이 있다. 이쯤에서 Rx로 무장한 API를 지향할 것이라 눈치챘기를 바란다. 모든 곳에 일일이 콜백을 적용하는 방법을 버리고 Observable<Status>를 제공하여 모두가 원할 때 구독하도록 할 수 있다. 하지만 다음 구현은 여전히 Subscriber마다 새로운 네트워크 연결을 하고 있음에 주의하자.

```
Observable<Status> observe() {
    return Observable.create(subscriber -> {
        TwitterStream twitterStream =
            new TwitterStreamFactory().getInstance();
        twitterStream.addListener(new StatusListener() {
            @Override
            public void onStatus(Status status) {
                subscriber.onNext(status);
```

```
        }

        @Override
        public void onException(Exception ex) {
            subscriber.onError(ex);
        }

        // 다른 콜백들
    });
    subscriber.add(Subscriptions.create(twitterStream::shutdown));
    });
}
```

여기서는 그저 observe()를 호출하고 Observable만 생성했지만 외부 서버에 접속하지는 않는다. 누군가 실제로 구독하지 않으면 create() 안에 있는 내용은 실행되지 않는다고 앞에서 배웠다. 구독 또한 이와 매우 비슷하다.

```
observe().subscribe(
        status -> log.info("Status: {}", status),
        ex -> log.error("Error callback", ex)
);
```

consume(...)과 비교했을 때 가장 큰 차이점은 observe()의 인자로 콜백을 전달하라고 강요하지 않는다는 점이다. 대신 Observable<Status>를 반환하고 이를 통해 어딘가에 저장하며, 언제 어디서든 필요할 때 쓸 수 있다. 한편 이 Observable을 다른 Observable과 구성할 수도 있는데, 이는 3장에서 다룰 것이다. 아직 이야기하지 않은 중요한 내용은 자원 정리다. 누군가 구독을 해지하면 리소스 누수를 피하기 위해 TwitterStream을 반드시 닫아야 한다. 우리는 이미 이런 기법 두 가지를 알고 있는데 먼저 간단한 방법부터 사용해보자.

```
@Override
public void onStatus(Status status) {
    if (subscriber.isUnsubscribed()) {
        twitterStream.shutdown();
    } else {
        subscriber.onNext(status);
    }
}

@Override
public void onException(Exception ex) {
    if (subscriber.isUnsubscribed()) {
        twitterStream.shutdown();
    } else {
        subscriber.onError(ex);
    }
}
```

누군가 스트림의 일부분만 구독했다면 Observable은 반드시 리소스를 정리해야한다. 이미 알고 있는 두 번째 리소스 정리 기법은 정리를 위해 업스트림 이벤트를 기다릴 필요가 없다. 정리 작업을 시작하기 위해 다음 트윗을 기다리는 방식이 아닌 구독자가 해지를 하는 순간 바로 shutdown()를 호출한다. 마지막 줄을보자.

```
twitterStream.addListener(new StatusListener() {
    // 콜백...
});
twitterStream.sample();

subscriber.add(Subscriptions.create(twitterStream::shutdown));
```

흥미롭게도 이 Observable은 뜨거운 스트림과 차가운 스트림의 차이점을 모호하게 만든다. 한편으로는 우리가 통제할 수 없는 외부 이벤트를 표현한다(뜨거운 성질). 반면에 실제로 subscribe()로 구독하지 않는 한 시스템으로 흘러 들어오는 이벤트 스트림이 시작되지 않는다(HTTP 연결도 없다). 잊고 있던 또 하나의 부수 효과가 아직 잠복 중인데, 새로운 subscribe() 호출마다 새로운 백그라운드 스레드를 생성하여 각자 외부 시스템과 연결을 맺는다. 같은 Observable<Status> 인스턴스는 다수의 구독자들이 재사용할 수 있어야 하는데, Observable은 느긋하기 때문에 기술적 측면에서 observe()를 시작할 때 단 한 번 호출한 뒤 싱글턴 방식으로 유지해야 한다. 하지만 지금 구현은 단순히 새로운 연결을 맺고 각각의 Subscriber가 네트워크상에서 같은 데이터를 실제로 여러 번 가져온다. 확실히 해당 스트림에 여러 Subscriber를 등록하고자 해도 각각의 Subscriber가 같은 값을 독자적으로 가져가야 할 이유는 없다. 정말로 원하는 동작은 어떤 면에서 '게시-구독' 형태인데, 하나의 게시자(외부 시스템)가 다수의 Subscriber로 데이터를 넘겨주는 식이다. 이론적으로는 cache() 연산자로 이렇게 할 수 있지만 오래된 이벤트를 영원히 버퍼에 저장해 두고 싶지는 않다. 지금부터 이 문제를 해결하기 위한 몇 가지 해법을 살펴보자.

수동으로 Subscriber 관리하기

수동으로 모든 구독자를 추적하고 모든 구독자가 떠났을 때 외부 시스템 연결을 닫는 작업도 수동으로 처리하기는 시지프스의 신화[7] 같은 일이지만 어쨌든 구현해

---

7 (옮긴이) 그리스 신화 속 이야기로 시지프스는 산 위로 바위를 밀어 올리기를 영원히 반복하는 형벌을 받았다.

보자. 이후 등장하는 자연스런 해결책의 진가를 알게 될 것이다. Set<Subscriber
<Status>>으로 모든 구독자를 추적하겠다는 발상인데 이 집합이 비어 있는지 여
부에 따라 외부 시스템 연결 시작/종료를 결정한다.

```java
// 이렇게 하지 말자. 무척 다루기 어렵고 오류가 넘쳐난다.
class LazyTwitterObservable {
    private final Set<Subscriber<? super Status>> subscribers =
        new CopyOnWriteArraySet<>();

    private final TwitterStream twitterStream;

    public LazyTwitterObservable() {
        this.twitterStream = new TwitterStreamFactory().getInstance();
        this.twitterStream.addListener(new StatusListener() {
            @Override
            public void onStatus(Status status) {
                subscribers.forEach(s -> s.onNext(status));
            }

            @Override
            public void onException(Exception ex) {
                subscribers.forEach(s -> s.onError(ex));
            }

            // 다른 콜백
        });
    }

    private final Observable<Status> observable = Observable.create(
        subscriber -> {
            register(subscriber);
            subscriber.add(Subscriptions.create(() ->
                this.deregister(subscriber)));
        });

    Observable<Status> observe() {
        return observable;
    }

    private synchronized void register(Subscriber<? super Status> subscriber) {
        if (subscribers.isEmpty()) {
            subscribers.add(subscriber);
            twitterStream.sample();
        } else {
            subscribers.add(subscriber);
        }
    }

    private synchronized void deregister(Subscriber<? super Status> subscriber) {
        subscribers.remove(subscriber);
        if (subscribers.isEmpty()) {
            twitterStream.shutdown();
        }
    }
}
```

subscribers 집합은 현재 구독 중인 Observer를 스레드에 안전하게 보관한다. 새로운 Subscriber가 등장하면 집합에 집어넣고 기반 이벤트 소스에 느긋하게 연결한다. 반면에 마지막 Subscriber가 사라지면 업스트림 소스를 닫는다. 여기서 실마리는 구독자별 접속이 아니라 업스트림을 대상으로 유지하는 단일 접속이다. 이 구현은 잘 동작하고 꽤 강력하기는 하지만 저수준 처리가 너무 많고 오류 발생 가능성이 높다. subscribers 집합 접근 시 synchronized여야 하지만 컬렉션 자체는 안전한 반복도 지원해야 한다. register()는 반드시 deregister() 콜백을 추가하기 전에 등장해야 하는데, 그렇게 하지 않으면 아직 등록하기 전에 후자를 호출할 수도 있다. 하나의 업스트림 소스를 다수의 Observer에 다중 접속하는 일반적인 시나리오보다 나은 구현 방법이 있어야 하는데 다행히도 최소한 두가지 메커니즘이 있다. RxJava는 이런 위험한 보일러플레이트를 줄일 뿐 아니라 동시성을 추상화한다.

rx.subjects.Subject

Subject 클래스는 상당히 흥미로운데 Observable을 상속(확장, extends)하면서 동시에 Observer도 상속(구현, implements)했다.[8] 클라이언트 쪽에서는 (업스트림 이벤트를 구독하는) Observable처럼 다루면서 서버 쪽에서는 (필요할 때 onNext()를 호출하여 다운스트림으로 이벤트를 방출하는) Observer로 다룰 수 있다는 뜻이다. 전형적인 사용법으로 내부적으로 Subject 참조를 두어 어떤 근원이건 이벤트를 밀어낼 수 있도록 해놓은 다음 외부에는 이 Subject를 Observable로 노출시킨다. Status 스트리밍 갱신을 Subject로 다시 만들어보자. 조금 더 간결한 구현을 위해 외부 시스템 접속은 조급하게 하되 구독자를 추적하지는 않는다. 예제 단순화와는 별개로 첫 번째 Subscriber 등록 시 지연 시간이 줄어드는 이점도 있다. 이벤트는 이미 흘러가는데 다른 서드파티 애플리케이션에 다시 접속하기 위해 기다릴 필요는 없다.

```
class TwitterSubject {

    private final PublishSubject<Status> subject = PublishSubject.create();
```

---

8 (옮긴이) 과거 많은 자바 책에서 상속(inheritance)을 설명할 때 클래스 '확장(extends)'과 인터페이스 '구현(implements)'을 모두 '상속'이라는 단어로 뭉뚱그려 설명하는 경우가 많았다. 상속이라는 개념으로 함께 묶을 수 있기는 해도 실질적인 의미는 매우 다르다. 원서에서도 굳이 extend와 implement를 구분해 두었는데 묵시적으로 각각 클래스와 인터페이스를 구분하려는 목적도 있겠지만 암시하는 내용 자체가 분명히 달라서 이렇게 표현했다.

```
        public TwitterSubject() {
            TwitterStream twitterStream = new TwitterStreamFactory().getInstance();
            twitterStream.addListener(new StatusListener() {
                @Override
                public void onStatus(Status status) {
                    subject.onNext(status);
                }

                @Override
                public void onException(Exception ex) {
                    subject.onError(ex);
                }

                // 다른 콜백
            });
            twitterStream.sample();
        }

        public Observable<Status> observe() {
            return subject;
        }
    }
```

PublishSubject는 Subject의 다른 형태(서브클래스) 중 하나이다. 업스트림 시스템에서 조급히 이벤트를 받기 시작하여 (subject.onNext(...)를 호출해서) 단순히 모든 Subscriber로 밀어낼 수 있다. Subject가 내부적으로 이벤트를 추적하므로 더 이상 직접 통제할 필요가 없다. observe()에서 단순히 subject를 반환하는데 Observable로 형변환했음을 주의하자. 이제 누군가 구독하면 onNext()가 뒷단에서 호출되자마자 최소한 구독을 해지하기 전까지 Subscriber가 후속 이벤트를 받는다. Subject는 내부적으로 Subscriber의 생명 주기를 관리하므로 얼마나 많은 구독자가 수신 중인지 걱정할 필요 없이 그저 단순히 onNext()를 호출하면 된다.

❗ Subject의 오류 전파 특성

Subjects는 쓸모 있지만 몇 가지 미묘한 내용들을 숙지해야 한다. 예를 들어 subject. onError()를 호출하면 Subject는 이후의 onError 알림을 슬며시 버린다.

Observable.create(...)가 다루기 복잡할 것 같을 때 Subject로 Observable을 만들면 편리하다. 다른 Subject 유형은 다음과 같다.

AsyncSubject

마지막 방출값을 기억하고 있다가 onComplete()를 호출하면 그 값을 구독자에게 보낸다. AsyncSubject가 완료되지 않으면 마지막 이벤트를 제외한 나머지는 무시된다.

BehaviorSubject

PublishSubject와 마찬가지로 구독을 시작하면 구독 이후부터 방출된 모든 이벤트를 밀어낸다. 그런데 구독 직전에 발생했던 이벤트 중 가장 최근 이벤트를 처음 이벤트로 내보낸다. 따라서 Subscriber는 즉시 스트림의 상태에 대한 알림을 받을 수 있다. 예를 들어 Subject가 매분마다 현재 온도를 알려준다고 하자. 클라이언트에서 구독하면 몇 초간 기다렸다가 다음 이벤트를 받는 대신 그 즉시 바로 직전의 최종 온도값을 받는다. 해당 Subscriber는 온도 이력에는 관심이 없고 가장 최근의 값에만 관심이 있다. 설령 어떤 이벤트도 아직 방출되지 않았더라도 (제공될 경우) 특별한 기본 이벤트가 나온다.

ReplaySubject

가장 흥미로운 유형의 Subject로서, 밀어낸 모든 이벤트의 이력을 캐싱한다. 누군가 구독하면 처음에 놓친(캐시된) 이벤트를 일괄로 받은 다음 이후 이벤트를 실시간으로 받는다. 기본적으로 이 Subject를 생성한 이후의 모든 이벤트는 캐시된다. 따라서 스트림이 무한이거나 매우 긴 경우 위험하다(315쪽 "메모리 소비와 누수"를 참고하자). 이러한 경우를 위해 다음 제약사항을 적용한 오버로딩된 ReplaySubject의 변종도 있다.

- 메모리상의 이벤트 숫자 설정(createWithSize())
- 가장 최근의 이벤트에 대한 시간대 설정(createWithTime())
- 혹은 createWithTimeAndSize()로 두 가지 모두에 제한 설정(둘 중 먼저 걸린 제한 적용)

Subject는 조심스럽게 다뤄야 하는데, 때로는 캐시된 이벤트와 구독자 간에 공유하는 보다 자연스러운 방법이 있으니 다음에 이어지는 "Connectable Observable"을 참조하자. 당분간은 상대적으로 저수준인 Observable.create()나 from(), just() 같은 좀 더 나은 표준 팩토리 메서드를 택할 것이다.

　한 가지 더, 동시성을 염두에 두어야 한다. 기본적으로 Subject에서 onNext()를 호출하면 모든 Observer의 onNext() 콜백 메서드에 직접 전파된다. 이 메서드들에 같은 이름이 붙은 사실은 별로 놀랍지 않다. Subject의 onNext()를 호출하면 개별로 모든 Subscriber의 onNext()를 간접 호출한다. 하지만 Rx 설계 지침에 의거하여 Observer의 모든 onNext() 호출은 직렬화(순서대로)되어 있어야 하고 따라서 두 개의 스레드가 동시에 onNext()를 호출할 수 없다.

그러나 Subject의 메서드를 호출하는 방식에 따라 규칙이 쉽게 깨지기도 한다. 예를 들면 스레드 풀의 여러 스레드에서 Subject.onNext()를 호출하는 경우이다. 이런 상황을 마주할까 염려스럽겠지만 다행히도 Subject에서 간단히 .toSerialized()를 호출하면 된다. 마치 Observable.serialize()와 비슷하다. 이 연산자는 다운스트림 이벤트가 올바른 순서로 나타나도록 해준다.

ConnectableObservable

ConnectableObservable은 여러 Subscriber를 조율하고 밑바탕의 구독 하나를 공유하는 흥미로운 방법이다. 처음에 시도했던, LazyTwitterObservable에서 사용한 기반 리소스에 대한 하나의 느긋한 연결을 기억하는가? 모든 subscriber를 수동으로 추적해야 했다. 첫 번째 구독자가 나타나자마자 수동으로 연결을 처리하고, 그리고 마지막 구독자가 떠났을 때 수동으로 연결 해제를 처리해야 했다. ConnectableObservable은 Observable의 일종으로 최대 하나의 Subscriber만 유지하지만, 실질적으로는 같은 기반 리소스를 여러 Subscriber가 공유한다.

다양한 ConnectableObservable 응용이 있는데, 예를 들면 모든 Subscriber가 구독 시점에 관계 없이 같은 이벤트 순열을 받는다. ConnectableObservable은 중요한 부수 효과를 생성하는 경우, 혹은 심지어 '실제' Subscriber가 아직 나타나지 않았더라도 구독을 강제할 수 있다. Subject가 명령형으로 Observable을 생성하는 방식이라면 ConnectableObservable은 원본 업스트림 Observable을 보호하여 최대 하나의 Subscriber만 도달할 수 있도록 보장한다. 아무리 많은 Subscriber가 ConnectableObservable에 연결해도 생성된 Observable에 대해 단하나의 구독만을 연다.

publish().refCount()로 구독 하나만 유지하기

요점을 다시 짚어 보자. 우리는 기반 리소스에 대해 하나의 제어권만을 보유했다. 예를 들면, 트위터 상태 갱신 스트림에 대한 HTTP 연결이다. 하지만 그런 이벤트를 밀어내는 Observable을 여러 개의 Subscriber가 공유했다. 앞에서 어설프게 만들었던 Observable 구현은 이를 통제할 방법이 없었다. 그래서 개별 Subscriber는 각자 자신의 연결을 맺었는데 이는 매우 큰 낭비다.

```
Observable<Status> observable = Observable.create(subscriber -> {
    System.out.println("Establishing connection");
    TwitterStream twitterStream = new TwitterStreamFactory().getInstance();
    //...
    subscriber.add(Subscriptions.create(() -> {
        System.out.println("Disconnecting");
        twitterStream.shutdown();
    }));
    twitterStream.sample();
});
```

이 Observable을 사용하려면 각각의 Subscriber는 다음과 같이 새로운 연결을 맺어야 했다.

```
Subscription sub1 = observable.subscribe();
System.out.println("Subscribed 1");
Subscription sub2 = observable.subscribe();
System.out.println("Subscribed 2");
sub1.unsubscribe();
System.out.println("Unsubscribed 1");
sub2.unsubscribe();
System.out.println("Unsubscribed 2");
```

출력 내용은 다음과 같다.

```
Establishing connection
Subscribed 1
Establishing connection
Subscribed 2
Disconnecting
Unsubscribed 1
Disconnecting
Unsubscribed 2
```

이번에는 단순화를 위해 인자 없는 subscribe() 메서드를 써서 구독을 시작하되 모든 이벤트와 알림은 버리도록 하자. 이 장의 절반 정도를 할애해 이 문제와 씨름하면서 수많은 RxJava의 특징에 익숙해진 끝에, 드디어 가장 확장성 있고 간결한 해법인 publish().refCount()를 마주한다.

```
lazy = observable.publish().refCount();
//...
System.out.println("Before subscribers");
Subscription sub1 = lazy.subscribe();
System.out.println("Subscribed 1");
```

```
Subscription sub2 = lazy.subscribe();
System.out.println("Subscribed 2");
sub1.unsubscribe();
System.out.println("Unsubscribed 1");
sub2.unsubscribe();
System.out.println("Unsubscribed 2");
```

출력 내용은 기대한 바와 비슷하다.

```
Before subscribers
Establishing connection
Subscribed 1
Subscribed 2
Unsubscribed 1
Disconnecting
Unsubscribed 2
```

실제로 첫 번째 Subscriber를 받지 않는 한 연결을 맺지 않는다. 하지만 더 중요한 사실은 두 번째 Subscriber가 새로운 연결을 만들지 않으며, 원본 Observable도 건드리지 않는다는 점이다. publish().refCount() 연동은 기반 Observable을 둘러싸서 모든 구독자를 가로챈다. 어째서 두 개의 메서드를 필요로 하는지, 왜 publish()와 함께 사용하는지는 추후에 설명하기로 하고 당분간 refCount()에 집중하자. 이 연산자는 기본적으로 지금 이 순간 얼마나 많은 Subscriber가 있는지 세는 일을 하는데, 역사적인 가비지 컬렉션 알고리즘인 참조 횟수 계산(reference counting)과 비슷하다. 이 값이 0에서 1로 바뀌면 업스트림 Observable을 구독한다. 1보다 큰 모든 수는 무시하고 모든 다운스트림 Subscriber가 그저 동일한 업스트림 Subscriber를 공유한다. 그러다가 가장 마지막 다운스트림 Subscriber가 구독을 해지하면 카운터 숫자는 1에서 0으로 바뀌고 refCount()는 즉시 해지해야 하는 상황으로 인지한다. 고맙게도 refCount()는 우리가 LazyTwitterObservable에서 일일이 수작업으로 했던 일을 정확히 대신한다. publish().refCount() 쌍을 사용하면 느긋함을 유지하면서도 단일 Subscriber를 공유하도록 허용할 수 있다. 이 연산자 쌍은 매우 빈번하게 사용되기 때문에 share()라는 별명을 제공한다. 설령 구독 즉시 구독 해지를 한다 해도 share()는 전혀 캐싱하지 않는 것처럼 여전히 재접속을 수행한다는 점을 기억하자.

ConnectableObservable의 생명 주기

publish() 연산자의 또 다른 유용한 활용 사례로 아무런 Subscriber가 없다 해도 구독을 강제하는 방법이 있다. 어떤 Observable<Status>가 있다고 상상해보자.

클라이언트에게 이를 노출하기 전에 누군가 구독했는지 여부와 상관없이 각 이벤트를 데이터베이스에 저장하고 싶다. 어설픈 접근 방식으로는 충분하지 않다.

```
Observable<Status> tweets = //...
return tweets
    .doOnNext(this::saveStatus);
```

doOnNext() 연산자를 사용하여 스트림을 통과하는 모든 항목을 뽑아내서 saveStatus() 같은 모종의 작업을 수행한다. 그런데 Observable이 느긋한 설계 방식을 따랐음을 떠올린다면, 아직 아무도 구독하지 않았으므로 doOnNext()는 실행되지 않는다. 원하는 바는 실제 이벤트를 듣지는 않되 업스트림 Observable 은 이벤트를 생성하게 하는 가짜 Observer다. 정확히 이런 일을 하는, 중복 정의한 subscribe()가 실제로 있다.

```
Observable<Status> tweets = //...
tweets
    .doOnNext(this::saveStatus)
    .subscribe();
```

결국 빈 Subscriber가 Observable.create()를 호출하여 이벤트 업스트림 소스에 연결한다. 문제가 해결된 듯이 보이겠지만 다중 구독자로부터 보호하는 것은 잊고 있었다. 외부에 트윗을 노출하면 두 번째 구독자가 외부 자원에 연결을 시도한다. 구체적으로 예를 들자면, 두 번째 HTTP 접속을 만든다는 이야기다. 자연스러운 해법으로 publish().connect() 쌍을 사용하여 인위적인 Subscriber를 즉시 생성하고 업스트림 Subscriber를 하나만 유지하는 방법이 있다. 이는 예제를 보면 잘 알 수 있다. 그리고 마침내 publish()를 단독으로 사용하는 방법도 배울 때가 되었다.

```
ConnectableObservable<Status> published = tweets.publish();
published.connect();
```

마침내 우리는 ConnectableObservable의 모든 영광을 보았다. 어떤 Observable 이건 Observable.publish()을 호출할 수 있고, 이때 ConnectableObservable이 반환된다. 계속해서 업스트림 소스 Observable(앞선 예제에서는 tweets)을 사용할 수 있고 publish()는 여기에 영향을 주지 않는다. 하지만 반환된 Connectable Observable에 집중하자. 누구든 ConnectableObservable을 구독하면, 이 구독자는 Subscriber 집합에 들어간다. connect()가 호출되지 않는 한 이들 Subscriber

는 보류된 채 업스트림 Observable도 절대 구독하지 않는다. 그러나 connect() 를 호출하면, 중재 전용 Subscriber가 업스트림 Observable(tweets)를 구독하는데, 이전에 얼마나 많은 다운스트림 구독자가 있었는지는 상관하지 않는다. 심지어 아예 구독자가 없었다고 해도 마찬가지다. 그런데 ConnectableObservable의 Subscriber가 보류 중이었다면 이들은 모두 같은 알림 목록을 받았을 것이다.

이 메커니즘은 몇 가지 장점이 있다. 각자의 애플리케이션 내부에 Observable 이 있으며 다수의 Subscriber가 관심이 있다고 상상해보자. 애플리케이션 시작 시 몇몇 컴포넌트(예: 스프링 빈이나 EJB)에서 이 Observable을 구독하고 듣기 시작한다. ConnectableObservable이 없었다면 아마도 뜨거운 Observable은 이벤트를 방출하기 시작하여 첫 번째 Subscriber가 이를 소비하겠지만 이후에 시작하는 Subscriber는 초반 이벤트를 놓치게 된다. 모든 Subscriber가 전적으로 일관된 세계관을 유지하기 바란다면 이는 문제가 될 수 있다. 모두가 같은 순서로 이벤트를 받겠지만 불행히도 뒤에 등장하는 Subscriber는 앞선 알림을 잃어버린다.

예를 들어 애플리케이션을 구동할 때 이 문제를 해결하려면, 우선 해당 Observable을 게시(publish())하고 대상 시스템의 모든 컴포넌트에 구독(subscribe()) 기능을 부여해야 한다. (최초 이벤트를 포함하여) 동일한 이벤트 순열을 받을 필요가 있는 모든 Subscriber가 구독(subscribe())할 기회가 있다고 100% 확신한다면 connect()를 호출하여 ConnectableObservable을 연결한다. 이렇게 하면 업스트림 Observable에 단일 Subscriber를 만들어 구독하고 모든 다운스트림의 Subscriber에게 이벤트를 밀어내기 시작한다. 아래 예제는 스프링 프레임워크[9]를 사용하고 있지만 실은 특정 프레임워크와 무관하다.

```java
import org.springframework.context.ApplicationListener;
import org.springframework.context.annotation.Bean;
import org.springframework.context.annotation.Configuration;
import org.springframework.context.event.ContextRefreshedEvent;
import rx.Observable;
import rx.observables.ConnectableObservable;

@Configuration
class Config implements ApplicationListener<ContextRefreshedEvent> {

    private final ConnectableObservable<Status> observable =
        Observable.<Status>create(subscriber -> {
            log.info("Starting");
```

---

9 *http://projects.spring.io/spring-framework*

```
            //...
        }).publish();

    @Bean
    public Observable<Status> observable() {
        return observable;
    }

    @Override
    public void onApplicationEvent(ContextRefreshedEvent event) {
        log.info("Connecting");
        observable.connect();
    }
}

@Component
class Foo {

    @Autowired
    public Foo(Observable<Status> tweets) {
        tweets.subscribe(status -> {
            log.info(status.getText());
        });
        log.info("Subscribed");
    }
}

@Component
class Bar {
    @Autowired
    public Bar(Observable<Status> tweets) {
        tweets.subscribe(status -> {
            log.info(status.getText());
        });
        log.info("Subscribed");
    }
}
```

위의 간단한 예제에서는 처음에 조급한 Observable을 만든다(Connectable Observable 서브클래스). Observable은 느긋한 설계를 따랐으므로 정적 변수로 생성해도 상관없다. 이 Observable을 게시(publish())했으므로 이후의 모든 Subscriber는 연결(connect())할 때까지 작업을 보류하여 어떤 알림도 받지 못한다. 이후에 두 @Component가 이 Observable을 필요로 한다. 의존성 주입 프레임워크에서는 ConnectableObservable을 제공하여 누구든 구독하도록 허용한다. 하지만 애플리케이션이 완전히 시작되지 않으면 뜨거운 Observable이라 해도 이벤트는 도달하지 않는다. 모든 컴포넌트를 인스턴스화해서 엮고 나면 프레임워크에서 보내는 ContextRefreshedEvent를 소비할 수 있게 된다. 바로 이때 모든 구성 요소가 주어진 Observable에 요청을 전달하고 구독(subscribe())할 수 있다. 애플리케이션이 막 시작할 즈음 connect()를 호출한다. 그러면 Observable 을 정확히 한 번 구독하며, 정확히 동일한 이벤트 순열을 모든 컴포넌트에 전달 한다. 로그 출력은 다음과 같을 것이다. 꺾쇠 괄호 안에 구성 요소 이름을 표시 했다.

```
[Foo  ] Subscribed
[Bar  ] Subscribed
[Config] Connecting
[Config] Starting
[Foo  ] Msg 1
[Bar  ] Msg 1
[Foo  ] Msg 2
[Bar  ] Msg 2
```

Foo와 Bar 컴포넌트가 아직 이벤트를 받지 않았음에도 불구하고 구독을 시작 했다고 출력하는 내용에 주목하자. 응용 프로그램이 완전히 시작된 이후에 connect() 메서드는 기반 Observable을 구독하며 모든 컴포넌트를 대상으로 Msg 1과 Msg 2를 전달한다. 이와 대조적으로, 다음의 예와 같이 같은 상황에서 일반 적인 Observable을 사용한다면, 즉 ConnectableObservable을 사용하지 않기 때 문에 모든 컴포넌트에서 즉시 구독할 수 있도록 허용한다.

```
[Config] Starting
[Foo  ] Subscribed
[Foo  ] Msg 1
[Config] Starting
[Bar  ] Subscribed
[Foo  ] Msg 2
[Bar  ] Msg 2
```

염두에 둬야 할 두 가지 차이점이 눈에 띈다. 무엇보다도 첫 번째, Foo 컴포넌 트는 구독을 하자마자 애플리케이션 구동을 기다리지 않고 기반 리소스에 연 결을 시작한다. 더 나쁜 점은 Bar 컴포넌트가 다른 연결을 초기화하는 것이다 (Starting이 두 번 나왔다). 두 번째, Bar 컴포넌트가 Msg 2부터 시작되고 Msg 1 은 전혀 받지 못한 반면, Foo에서는 이를 배타적으로 수신하는 모습이 보이는가? 뜨거운 Observable을 소비할 때 이러한 불일치가 상황에 따라 별 문제가 아닐 수 도 있겠지만 반드시 알고는 있어야 한다.

요약

Observable 생성과 구독하기가 RxJava의 핵심이다. 특히 초보자들이 구독을 깜빡 잊은 채 아무런 이벤트도 방출되지 않는다고 놀라는 경우가 많다. 많은 개발자들이 이 라이브러리에서 제공하는 경이로운 연산자에 집중하는데(3장을 보라), 그 전에 연산자가 구독을 수행하는 방법을 이해하지 못하면 파악하기 어려운 버그를 유발할 가능성이 높다.

게다가 RxJava의 비동기 속성이 당연시되지만 사실 전혀 그렇지 않다. 실은 RxJava의 연산자 대부분은 어떠한 특정 스레드 풀도 전혀 사용하지 않는다. 조금 더 엄밀하게 말하자면 기본적으로 어떠한 동시성도 개입되지 않은 채 모든 일이 클라이언트 스레드에서 진행됨을 의미한다. 이것이 이 장에서 중요하게 전달하고자 하는 또 다른 내용이다. 구독 및 동시성 원리를 이해하는 순간 비로소 RxJava를 고통없이 효과적으로 사용할 준비가 된 것이다.

3장에서는 RxJava 라이브러리의 내장 연산자에 대해 나열하고 어떻게 조합하는지 살펴본다. 선언적 변환과 스트림 구성은 RxJava를 무척이나 매력적으로 만드는 요소이다.

3장

연산자와 변환

토마스 누르키비치

이번 장에서는 RxJava 연산자의 기초와 고차원이면서도 추론하기 쉬운 데이터 파이프라인을 구성하는 방법을 설명한다. RxJava가 어째서 그렇게 강력한지 이유를 들자면, 풍부한 내장 연산자 모음과 사용자 정의 연산자 작성 가능성을 이야기할 수 있다. 연산자란 업스트림의 Observable<T>를 취해 다운스트림으로 Observable<R>을 내보내는 함수이며, 자료형 T와 R은 같을 수도 서로 다를 수도 있다. 연산자는 간단한 변환을 구성하여 복잡한 처리 도표를 만든다.

예를 들면 Observable.filter() 연산자는 업스트림 Observable에서 항목을 받아 주어진 술어와 맞는 경우만 골라 전달한다. 반면에 Observable.map()은 항목을 받는 대로 변환한다. 이런 식으로 원본 이벤트를 추출하거나 풍성하게 하거나 다른 무엇인가로 포장한다. 어떤 연산자는 훨씬 더 복잡하다. 예를 들어 Observable.delay()는 이벤트를 그대로 흘려 보내기는 하는데 개별 이벤트 항목을 일정한 지연 시간 후에 보낸다. 마지막으로 어떤 연산자(예: Observable. buffer())는 방출하기 전에 일괄 처리 등의 방법을 써서 몇 개의 이벤트를 모으기도 한다.

Rx 연산자 자체가 얼마나 훌륭한지 알게 되었다 해도, 진정한 힘은 이들이 함께 모여 구성될 때 발휘된다. 몇몇 연산자를 결합하고, 스트림을 여러 하위 스트림으로 분기하고 다시 결합하는 과정은 무척 자연스럽기 때문에 사용하면서 매우 편안함을 느낄 것이다.

핵심 연산자: 매핑과 필터링

연산자는 일반적으로 Observable에서 제공하는 인스턴스 메서드로서 다운스트림의 Observable이나 Subscriber에서 볼 때 업스트림 Observable의 행동을 바꾼다. 복잡하게 들리지만 실제로는 꽤 융통성 있는 개념이라 이해하기 어렵지 않다. 가장 간단한 연산자 예제는 filter()인데 술어를 통해 이벤트를 계속 전달할지 버릴지를 정한다.

```
Observable<String> strings = //...
Observable<String> filtered = strings.filter(s -> s.startsWith("#"));
```

드디어 구슬 도표(marble diagrams)라 부르는, RxJava의 유비쿼터스 문서를 소개할 시간이 되었다. 구슬 도표는 다양한 연산자들이 어떻게 작용하는지 시각화한다. 주로 보게 될 내용은 왼쪽에서 오른쪽으로 흘러가는, 시간을 의미하는 두 개의 수평선이다. 도표상의 도형(앞서 이야기한 구슬)은 이벤트를 시각화한다. 상하축 사이에 모종의 연산자가 개입하여 결과 Observable(다운스트림)을 만들기 위해 원천 Observable(업스트림)의 이벤트 순열을 바꾼다. 그림으로 나타내면 다음과 같다.

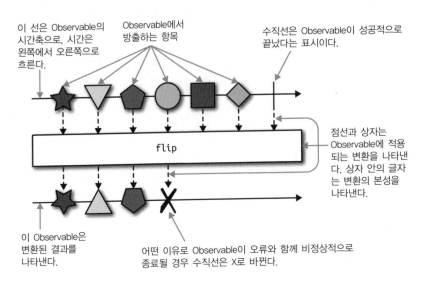

다음은 filter() 연산자를 나타내는 구체적인 구슬 도표이다. Observable. filter()는 정확히 동일한 이벤트를 반환하는데(그래서 위와 아래의 구슬이 똑같다), 몇몇 이벤트는 술어 조건을 만족하지 않아 제외된다.

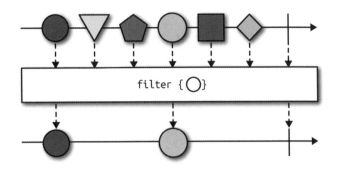

특정 유형의 Observable을 다루는 경우, 예를 들어 대량의 데이터를 소비할 때 일부 이벤트는 관심 대상이 아닐 수 있다. 또한 같은 Observable에 filter()를 여러 번 적용하되 각각 다른 술어를 쓰는 방식은 지극히 일반적이다. 원래 Observable에 몇 가지 필터를 적용할 때 연쇄 호출 방식(filter(p1).filter(p2).filter(p3))을 사용하여 효과적으로 논리곱(filter(p1 && p2 && p3))을 구현할 수 있다. 연산자 연쇄 결합을 하나로 합치기(filter() 연산자 외에도 적용 가능하다)는 장단점이 있다. 변환을 재사용하거나 다른 방식으로 구성하려면 (여러 개의 필터 같이) 변환을 보다 작은 단위로 나눌수록 좋다. 하지만 연산자를 많이 쓸수록 오버헤드[1]를 가중하고 스택의 깊이를 더한다. 요구사항이나 구현 취향에 따라 어떤 방식을 택할지 정하면 된다.

```
Observable<String> strings = someFileSource.lines();
Observable<String> comments = strings.filter(s -> s.startsWith("#"));
Observable<String> instructions = strings.filter(s -> s.startsWith(">"));
Observable<String> empty = strings.filter(String::isBlank);
```

그렇다면 원본 strings 업스트림에는 어떤 일이 벌어지는지 궁금하지 않은가? 객체 지향적인 배경 지식이 있다면 java.util.List.sort() 같은 메서드는 List 내부의 항목을 재정렬하고 아무것도 반환하지 않음을 기억할 것이다. 자바의 List<T>는 변경이 가능하기 때문에 (좋든 나쁘든) 내용 변경을 허용한다. 비슷하게 술어를 받아 내부적으로 이와 맞지 않는 요소를 제거하는 가상의 void List.filter()를 떠올릴 수도 있다. 하지만 RxJava에서는 내부에서 바뀌는 데이터 구조를 신경 쓰지 말아야 하며, 스트림 외부에서 변수를 수정하는 일은 매우 부자연스럽고 위험하다. 모든 단일 연산자는 새로운 Observable을 반환하며, 원본은 손대지 않고 그대로 둔다.

---

1   여러 연산자 융합체를 매끄럽게 하나로 줄이기 위한 연구가 활발히 진행되고 있다.

이 방식은 이벤트 흐름 추론이 보다 간결하다. 스트림을 각각 다른 특성을 띄는 여러 독립적인 업스트림으로 분기할 수 있다. 이것은 RxJava의 강점 중 하나로 단일 Observable을 여러 곳에서 재사용하더라도 다른 소비자에 전혀 영향을 미치지 않는다. Observable에 어떤 미지의 함수를 적용하더라도 원래 Observable이 그 함수에 의해 어떤 식으로든 전혀 손상되지 않는다고 확신할 수 있다. java.util.Date는 가변 자료형이라서 참조값을 갖는 어디에서든 수정할 수 있기 때문에 그렇게 할 수 없다. 이것이 새로운 java.time API가 전적으로 불변인 이유이다.

map()을 사용한 1:1 변환

어떤 이벤트 스트림의 이벤트 각각에 대해 모종의 변환을 해야 한다고 가정하자. JSON과 자바 객체를 서로 변환하거나, 이벤트를 확장하거나 포장하기 또는 이벤트에서 다른 값을 추출하기 등이다. 이런 경우 귀중한 map() 연산자가 빛을 발하는데, 업스트림에서 흘러오는 개별 이벤트 모두에 대해 변환을 적용한다.

```java
import rx.functions.Func1;


Observable<Status> tweets = //...
Observable<Date> dates = tweets.map(new Func1<Status, Date>() {
    @Override
    public Date call(Status status) {
        return status.getCreatedAt();
    }
});

Observable<Date> dates =
        tweets.map((Status status) -> status.getCreatedAt());

Observable<Date> dates =
        tweets.map((status) -> status.getCreatedAt());

Observable<Date> dates =
        tweets.map(Status::getCreatedAt);
```

가장 장황한 Func1<T, R> 방법부터 가장 간결한 자바 8 문법인 메서드 레퍼런스를 사용하여 정의한 dates Observable까지 모두 서로 동등하다. 하지만 주의 깊게 살펴보자! 원래 Observable인 tweets는 Status 자료형 이벤트를 생성한다. 이후 map() 호출 시 하나의 Status status 이벤트를 받는 함수를 받아 Date형을 반환할 것이다. 그런데 (java.util.Date 같은) 가변형 이벤트는 문제의 소지가 있다. 왜냐하면 어떤 연산자나 Subscriber가 다른 Subscriber에서 소비할 이벤트를 의도치 않게 바꿀 수도 있기 때문이다. 이 문제를 다음과 같이 map() 연산자로 해결할 수 있다.

```
Observable<Instant> instants = tweets
        .map(Status::getCreatedAt)
        .map((Date d) -> d.toInstant());
```

다음은 map() 구슬 도표이다.

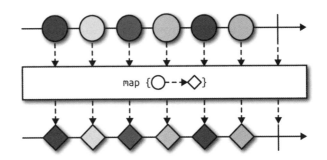

map() 연산자는 원형 입력 이벤트를 사각형으로 바꾸는 함수를 받는다. 이 변환은 흘러 지나가는 개별 항목을 대상으로 적용된다.

이제는 Observable이 어떻게 동작하는지 확실하게 이해하는 데 도움이 될 법한 돌발 퀴즈 시간이다. 다음을 보고 Observable을 구독하면 어떤 값이 방출될지 예상해 보자.

```
Observable
        .just(8, 9, 10)
        .filter(i -> i % 3 > 0)
        .map(i -> "#" + i * 10)
        .filter(s -> s.length() < 4);
```

Observable은 느긋하다. 누군가 구독하지 않으면 이벤트를 만들지 않는다는 뜻이다. 첫 번째 값을 계산하는 데 시간이 걸리는 무한 스트림을 만들 수 있지만, 이러한 이벤트 알림을 받기 원한다고 실제로 표현하지 않으면 Observable은 수동적이라 해당 자료형 T에 대해 유휴 상태를 유지한다. 심지어 이는 뜨거운 Observable에도 해당한다. 원본 이벤트 생성이 진행되더라도 map()이나 filter() 같은 단일 연산자는 누군가 관심을 기울이지 않는 한 평가를 수행하지 않는다. 아무도 관심을 기울이지 않는데도 불구하고 이런 계산 과정을 실행하고 결과를 날려버린다면 말이 안된다. 아직 설명하지 않은 연산자를 포함한 무엇을 사용하건, 기본적으로 원본 Observable을 포장(wrap)한다. 포장체는 자신을 통과해 흘러가는 이벤트를 가로챌 수 있지만 일반적으로 스스로를 구독하지는 않는다.

```
Observable
        .just(8, 9, 10)
        .doOnNext(i -> System.out.println("A: " + i))
        .filter(i -> i % 3 > 0)
        .doOnNext(i -> System.out.println("B: " + i))
        .map(i -> "#" + i * 10)
        .doOnNext(s -> System.out.println("C: " + s))
        .filter(s -> s.length() < 4)
        .subscribe(s -> System.out.println("D: " + s));
```

흘러가는 스트림의 로그를 남기거나 메시지를 뽑아내는 일은 무척 유용하기 때문에 이를 위해 특별히 doOnNext()라 부르는, 흘러 지나가는 항목을 건드리지 않고 들여다볼 수 있는 불순한 연산자를 제공한다. 이 연산자는 로그를 남기거나 전역 상태에 접근하는 등 부수 효과에 의존하기 때문에 순수 함수는 아니다. doOnNext() 연산자는 단순히 업스트림 Observable에서 이벤트를 받아 다시 다운스트림으로 흘려 보내므로 어떤 식으로든 이벤트를 변경하지는 못한다. doOnNext()를 마치 탐침같이 Observable 파이프라인의 아무 곳에나 안전하게 꽂아 넣은 뒤 무엇이 흘러가는지 들여다볼 수 있다. 이는 간단한 도청기 패턴[2] 구현체로서 *Enterprise Integration Patterns: Designing, Building, and Deploying Messaging Solutions*에서 찾아볼 수 있다. 기술적으로야 onOnNext()에서 이벤트를 변경할 수 있겠지만 Observable이 통제하는 이벤트를 변경 가능하게 허용하면 재앙으로 가는 지름길이 된다. 조만간 이벤트 처리를 동시에 수행하고 실행을 분기하는 방법에 대해 배우도록 하겠다. 개별 이벤트에 대한 스레드 안전성 확보는 중요한 문제다. 경험상 실제 애플리케이션에서 사용할 Observable로 둘러싼 모든 자료형은 반드시 불변이어야 한다.

먼저 RxJava가 취하는 실행 경로부터 따라가보자. 위 예제의 모든 행은 원본을 감싸는 방식으로 새로운 Observable을 만든다. 예를 들면 첫 번째 filter()는 Observable.just(8, 9, 10)에서 9를 제거하지 않고 대신 새로운 Observable을 만드는데, 누군가 구독하면 그제서야 8과 10을 방출한다. 대부분의 연산자가 같은 원칙을 따르며, 기존의 Observable 내용이나 행위를 변조하는 대신 새로운

---

2 *http://www.enterpriseintegrationpatterns.com/patterns/messaging/WireTap.html*

Observable을 만든다. 하지만 filter()나 map()이 새로운 Observable을 만든다고 만 이야기하기에는 너무 생략한 내용이 많다. 대부분의 연산자는 누군가 실제로 구독하기까지는 느긋하다. 그럼 Rx가 연결 고리의 맨 끝에서 subscribe()를 보는 순간 발생하는 일은 무엇일까?

안에서 벌어지는 일을 이해하면 스트림이 뒤에서 처리하는 일을 깨닫는 데 도움이 된다. 구현 내용을 밑바닥부터 훑어보자.

- 우선 subscribe()는 업스트림 Observable에 값을 받기 원한다고 알린다.
- 업스트림 Observable인 filter(s -> s.length() < 4)는 자체적으로 어떤 항목도 갖고 있지 않다. 단지 다른 Obervable의 장식물(decorator)일 뿐이다. 따라서 이 또한 업스트림을 구독한다.
- map(i -> "#" + i * 10)은, 그저 아래쪽의 filter()와 마찬가지로 어떤 항목도 자체적으로 전달할 수 없다. 받는 대로 그냥 변환할 뿐이다. 따라서 다른 Obervable처럼 업스트림을 구독해야 한다.
- 이 내용은 just(8, 9, 10)에 도달할 때까지 이어진다. 이 Observable이 진정한 이벤트 소스다. (하단에 있는 명시적인 subscribe()의 결과로서) filter(i -> i % 3 > 0)가 just()를 구독하면, just()는 즉시 이벤트를 다운스트림으로 보내기 시작한다.
- 이제는 파이프라인의 모든 단계에서 이벤트들이 어떻게 흘러가는지 관찰할 수 있다. filter()는 내부에서 (i % 3 > 0 술어를 만족하는) 8을 받아 다운스트림으로 흘려보낸다. 이어서 map()은 8을 문자열 "#80"으로 바꾸고 밑에 있는 연산자 filter()를 깨운다.
- 술어 s.length() < 4를 만족하므로 드디어 변환된 값을 System.out으로 보낸다.

doOnNext를 사용한 내용에서 아래 결과를 보여주는데, 9와 10이 어떻게 걸러졌는지 각자 곰곰이 생각해보기 바란다.

```
A: 8
B: 8
C: #80
D: #80
A: 9
A: 10
B: 10
C: #100
```

flatMap()으로 마무리하기

flatMap()은 RxJava에서 중요한 연산자 중 하나다. 얼핏 보기에는 map()과 비슷하지만 개별 변환한 요소를 다른(중첩된, 내부의) Observable로 반환한다. Observable이 다른 비동기 작업을 나타낼 수 있음을 인지한다면 flatMap()을 개별 업스트림 이벤트에 대한 비동기 연산으로 생성하여 분할(fork) 실행한 뒤 결과를 다시 모을(join) 때 사용할 수 있다는 사실 또한 알 수 있다. 개념적으로 flatMap()은 Observable<T>와 T를 Observable<R>로 바꾸는 함수를 취한다. flatMap()은 (map()과 마찬가지로) 우선 모든 업스트림의 T형 값을 Observable<R>로 바꿔서 Observable<Observable<R>>을 만들어낸다. 그러나 여기서 멈추지 않고, 자동으로 내부 Observable<R> 스트림을 구독하여 흘러오는 대로 내부 스트림의 모든 값을 포함하는 R형 단일 스트림을 생성한다. 다음 구슬 도표에서 어떻게 이런 과정이 진행되는지를 보여준다.

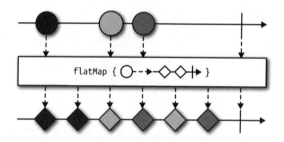

구슬 도표는 flatMap()의 중요한 면을 보여준다. 각각의 업스트림 이벤트(동그라미)를 하나의 Observable에 약간의 지연을 두고 분리한 두 개의 다이아몬드로 바꾼다. 만약 두 개의 업스트림 이벤트가 서로 근접해서 나타난다면, flatMap()은 자동으로 변환을 적용해 두 개의 다이아몬드 스트림으로 바꾼다. 그러나 RxJava가 양쪽 모두를 동시에 구독하고 병합하기 때문에 하나의 내부 Observable에서 생성된 이벤트 사이에 다른 곳에서 생성된 이벤트가 끼어들 수 있다. 이 동작에 대해서는 추후에 살펴보겠다.

RxJava에서 flatMap()은 가장 기본적인 연산자로, 이를 써서 쉽게 map()이나 filter()를 구현할 수도 있다.[3]

```
import static rx.Observable.empty;
import static rx.Observable.just;
```

---

3   그렇지만 RxJava에서는 성능 문제 때문에 전용으로 map()과 filter()를 제공한다.

```
numbers.map(x -> x * 2);
numbers.filter(x -> x != 10);

// 같은 구현
numbers.flatMap(x -> just(x * 2));
numbers.flatMap(x -> (x != 10) ? just(x) : empty());
```

보다 현실적인 flatMap() 예제부터 살펴보자. 고속도로에 진입하는 자동차 사진 스트림을 받는다고 가정해 보자. 각각의 차에 대해 비교적 비싼 비용의 문자 인식 알고리즘을 실행하여 차량 번호를 인식하고자 한다. 당연히 인식에 실패할 수도 있으며, 이런 경우 해당 알고리즘은 아무것도 반환하지 않는다. 예외로 실패할 수도 있고 또는 차 한 대에 두 개의 차량 번호를 반환하는 등 다소 황당한 이유로 실패하기도 한다. Observable로 간단히 구조를 잡을 수 있다.

```
Observable<CarPhoto> cars() {
    //...
}

Observable<LicensePlate> recognize(CarPhoto photo) {
    //...
}
```

Observable<LicensePlate>를 데이터 스트림의 기본 뼈대로 삼아 다음을 수용하 도록 모델링할 수 있다.

- 사진 속에서 어떤 차량번호도 찾지 못함(빈 스트림)
- 치명적인 내부 오류(onError() 콜백), 예를 들면 복구 옵션이 없는 인식 모듈 자체 문제
- 하나 혹은 여러 개의 번호판을 인식한 후 onComplete() 처리

더 나아가 시간이 지남에 따라 recognize()가 향상된 결과를 꾸준히 나타낼 수 있다. 예를 들어 개략적인 추정에서 시작하거나 동시에 두 가지 알고리즘을 실 행하는 경우이다. 다음은 앞선 방법을 활용하는 방식이다.

```
Observable<CarPhoto> cars = cars();

Observable<Observable<LicensePlate>> plates =
        cars.map(this::recognize);

Observable<LicensePlate> plates2 =
        cars.flatMap(this::recognize);
```

map() 함수에서 반환하는 모든 것을 Observable 안에서 한 번 더 감싼다. 이것은 Observable<LicensePlate>를 반환하면 Observable<Observable<LicensePlate>>를 받게 된다는 의미이다. Observable 안에 중첩된 Observable은 작업이 상당히 번거롭고 결과를 받기 위해 안쪽의 Observable도 일일이 구독해야 한다. 심지어 어떻게든 안에 중첩된 결과를 동기화하여 단일 스트림으로 바꿔야 하는데, 이는 무척 어려운 작업이다.

flatMap()은 이런 문제를 LicensePlate의 단일 스트림으로 평탄화(flattening)하여 해결한다. 155쪽의 "RxJava의 멀티 스레딩"에서 flatMap()을 사용한 병렬 처리에 대해 추가적으로 알아볼 것이다. 대체로 다음 상황에 flatMap()을 사용한다.

- map()의 변환 결과가 Observable이어야 하는 경우. 예를 들어 스트림의 개별 항목이 블록되지 않고 오랫동안 수행되는 비동기 작업
- 단일 이벤트가 여러 하위 이벤트로 확장되는, 일대다 변환이 필요한 경우. 예를 들어 고객 정보 스트림이 각 고객마다 임의의 수의 주문이 가능한 주문 스트림으로 바뀐다.

그러면 이제 Iterable(List나 Set)을 반환하는 메서드를 쓰고 싶다고 생각해 보자. 예를 들어 Customer에서 단순한 List<Order> getOrders() 메서드를 갖고 있는데 Observable 파이프라인에서 List를 이용하기 위해 몇 가지 연산자를 활용해야만 한다.

```
Observable<Customer> customers = //...
Observable<Order> orders = customers
        .flatMap(customer ->
            Observable.from(customer.getOrders()));
```

같은 결과지만 역시나 장황한 표현으로 다음과 같이 나타낼 수 있다.

```
Observable<Order> orders = customers
        .map(Customer::getOrders)
        .flatMap(Observable::from);
```

단일 항목을 Iterable로 바꾸는 과정은 매우 일반적이어서 이러한 변환을 수행하는 연산자인 flatMapIterable()을 만들었다.

```
Observable<Order> orders = customers
        .flatMapIterable(Customer::getOrders);
```

Observable 안에서 단순하게 메서드 호출을 감쌀 때 조심해야 한다. 만일 get Orders()가 단순한 getter가 아니라 실행 시간에 값비싼 연산을 수행하는 경우라면 getOrders()에서 명시적으로 Observable<Order>를 반환하도록 만드는 편이 낫다.

이벤트뿐만 아니라 오류와 완료 등 어떠한 알림에도 반응하는, 흥미로운 변종 flatMap()도 있다. 이러한 flatMap() 중복 정의 메서드의 간략한 시그니처는 다음과 같다. Observable<T>에 다음을 제공해야 한다.

- T → Observable<R>로 매핑하는 함수
- 오류 알림 → Observable<R>로 매핑하는 함수
- 인자 없이 업스트림 완료에 반응하여 Observable<R>을 반환하는 함수

코드는 다음과 같을 것이다.

```
<R> Observable<R> flatMap(
        Func1<T, Observable<R>> onNext,
        Func1<Throwable, Observable<R>> onError,
        Func0<Observable<R>> onCompleted)
```

동영상 업로드 서비스를 만든다고 생각해 보자. 이는 UUID를 취하고 얼마만큼 바이트를 전송했는지 나타내는 Observable<Long>으로 업로드 진행 상황을 반환한다. 이를 통해 사용자 인터페이스에 진행 상황을 표시할 수 있다는 장점은 있다. 하지만 정말로 관심 있는 내용은 언제 업로드가 끝났는지를 알려주는 신호이다. 업로드가 성공해야 동영상 등급을 매길 수 있다. 다음은 단순히 진행 상황 스트림을 구독하여 이벤트를 무시하고 완료 신호(마지막 콜백)에만 반응하는 어설픈 구현이다.

```
void store(UUID id) {
    upload(id).subscribe(
            bytes -> {}, // 무시
            e -> log.error("Error", e),
            () -> rate(id)
    );
}

Observable<Long> upload(UUID id) {
    //...
}

Observable<Rating> rate(UUID id) {
    //...
}
```

그런데 rate() 메서드에서 실제로는 길을 잃은 Observable<Rating>를 반환하고 있음에 주의하자. 우리가 정말로 원하는 것은 두 번째 Observable<Rating>을 반환하는 store() 메서드다. 하지만 그냥 upload()와 rate()를 동시에 호출할 수는 없다. 왜냐하면 upload()가 끝나지 않았는데 rate()를 호출하면 실패하기 때문이다. 해답은 다시 복잡한 형태를 띤 flatMap()이다.

```
upload(id)
        .flatMap(
                bytes -> Observable.empty(),
                e -> Observable.error(e),
                () -> rate(id)
        );
```

잠시 앞의 코드 예제를 파악해보자. 우선 upload() 메서드에서 반환하는 Observable <Long>이 있다. 각각의 진행 단계에서 Long 형이 갱신되면 Observable.empty()를 반환하는데, 실질적으로는 이벤트를 버린다. 여기서 진행률 표시 내용은 관심 사항이 아니다. 또한 구독자를 통해 남기는 오류 로그에는 관심이 있지만 오류 자체는 관심이 없다. 어설픈 구현 방식에서는 단순히 로그를 남기지만 실제로는 이를 감춘다. 경험에 의하면 예외를 어떻게 처리해야 할지 모를 경우 담당하는 부분(호출 메서드, 부모 태스크, 다운스트림 Observable)에서 정하도록 하자. 마침내 마지막 람다식인 () -> rate(id)가 스트림 완료에 반응한다. 여기서 완료 알림을 다른 Observable<Rating>으로 바꾸자. 그래서 원래 Observable이 마치기를 원하지만, 이를 무시하고 변화를 줘서 다른 Observable을 덧붙인다. 세 가지 콜백 모두가 같은 R 형의 Observable<R>을 반환해야 함을 염두에 두어야 한다.

실제로는 명확성과 성능 문제 때문에 map()과 filter()를 flatMap()으로 표현하지 않는다. flatMap()의 구문을 이해하기 위해 문자열을 모스 부호로 바꾸는 또 다른 예제를 살펴보자.

```
import static rx.Observable.empty;
import static rx.Observable.just;

Observable<Sound> toMorseCode(char ch) {
    switch(ch) {
        case 'a': return just(DI, DAH);
        case 'b': return just(DAH, DI, DI, DI);
        case 'c': return just(DAH, DI, DAH, DI);
        //...
        case 'p': return just(DI, DAH, DAH, DI);
        case 'r': return just(DI, DAH, DI);
        case 's': return just(DI, DI, DI);
        case 't': return just(DAH);
```

```
        //...
        default:
            return empty();
    }
}

enum Sound { DI, DAH }

//...

just('S', 'p', 'a', 'r', 't', 'a')
    .map(Character::toLowerCase)
    .flatMap(this::toMorseCode)
```

보는 바와 같이 모든 문자가 DI(점)와 DAH(막대)의 순열로 바뀌고 소리를 낸다. 알 수 없는 문자는 빈 순열로 반환한다. 보통의 map()으로 받는 Observable <Observable<Sound>>에 비하면 flatMap()은 확실히 끊임 없이 균일하게 소리를 내는 스트림을 보장한다. 이 시점에서 flatMap()의 중요한 점 중 하나인 이벤트 순서를 다루고자 한다. delay() 연산자를 이용한 예제를 통해 이 내용을 더 재미 있게 살펴볼 수 있을 것이다.

delay() 연산자로 이벤트를 지연시키기

기본적으로 delay()는 업스트림 Observable을 받은 다음 모든 이벤트의 시간 축을 옮긴다. 따라서 생성 자체는 보는 바와 같이 무척 쉽다.

```
import java.util.concurrent.TimeUnit;

just(x, y, z).delay(1, TimeUnit.SECONDS);
```

구독 즉시 x, y, z를 방출하지 않고 지정한 지연 시간 이후 방출한다.

이미 2장에서 배운 timer() 연산자와 무척 비슷하다. delay()를 timer()와 flatMap()으로 바꿀 수 있다.

```
Observable
    .timer(1, TimeUnit.SECONDS)
    .flatMap(i -> Observable.just(x, y, z))
```

이 내용이 이해됐기를 바란다. timer()를 사용해서 앞에서는 완전히 무시했 던 인위적인 이벤트를 만든다. 하지만 flatMap()을 사용하여 인위적인 이벤트 (i 값에서 0)를 세 개의 즉시 방출 값인 x와 y, z로 대체한다. 특별하게 이 경우 에는 just(x, y, z).delay(1, SECONDS)와 동등했지만, 일반적으로는 그렇지 않다. delay()는 모든 단일 이벤트를 주어진 시간만큼 미루는 반면 timer()는 단순히 주어진 시간만큼 '잠들었다가' 특별한 이벤트를 방출하기 때문에 delay()가 timer()보다 포괄적이다. 완성도를 높이기 위해 모든 이벤트에 동일한 지연 시간을 적용하지 않고 이벤트별로 지연 시간을 조절할 수 있는, 중복 정의된 delay() 변종을 살펴보자. 다음의 짧은 코드는 모든 String의 방출을 지연시키는데 지연 시간은 개별 String의 길이를 따른다.

```
import static rx.Observable.timer;
import static java.util.concurrent.TimeUnit.SECONDS;


Observable
    .just("Lorem", "ipsum", "dolor", "sit", "amet",
          "consectetur", "adipiscing", "elit")
    .delay(word -> timer(word.length(), SECONDS))
    .subscribe(System.out::println);
TimeUnit.SECONDS.sleep(15);
```

이 프로그램을 실행시키면 구독을 했음에도 불구하고 아무런 결과도 출력하지 않은 채 즉시 종료하는데, 백그라운드에서 방출이 발생했기 때문이다. 4장에서 BlockingObservable에 대해 배울 것인데 이런 간단한 테스트를 쉽게 해준다. 하지만 당분간은 그저 임의의 길이만큼 sleep()을 쓰도록 하겠다. 그리하여 처음으로 나타나는 단어는 *sit*이고 1초 후에 *amet*과 *elit*이 나타난다. delay()를 timer()와 flatMap()의 조합으로 재작성한 내용을 기억하는지? 이를 그렇게 해보자. 아래에 해답을 제시한다.

```
Observable
    .just("Lorem", "ipsum", "dolor", "sit", "amet",
          "consectetur", "adipiscing", "elit")
    .flatMap(word ->
        timer(word.length(), SECONDS).map(x -> word))
```

위의 예는 flatMap()의 흥미로운 특성인 원본 이벤트의 순서를 보장하지 않는 모습을 보여준다. delay()가 어떻게 작용하는지 이해하면 마침내 이 문제를 정복할 수 있게 된다.

flatMap() 이후 이벤트 순서

flatMap()이 본질적으로 하는 일은 시간에 따른 값(이벤트)의 원본 순열(Observable)을 취해 각각을 독립적인 부분 순열로 대체하는 것이다. 이들 부분 순열은 일반적으로 서로 관련이 없고 원본 순열의 이벤트와도 무관하다. 명확히 하자면, 더 이상 원본 순열이 아닌 Observable 모음이 각각 별개로, 각자의 시간에 따라 작동한다. 따라서 flatMap()은 부속 이벤트가 다운스트림 연산자/구독자에게 도달하는 순서를 보장할 수 없다. 다음 코드를 살펴보자.

```
just(10L, 1L)
    .flatMap(x ->
        just(x).delay(x, TimeUnit.SECONDS))
    .subscribe(System.out::println);
```

예제에서는 이벤트 10L을 10초 동안 지연하고 (업스트림에서는 시간 순서상 이후에 놓인) 이벤트 1L을 1초간 지연한다. 그 결과 1초 후 1이 나오며 9초 더 있다가 10이 나온다. 업스트림과 다운스트림의 순서가 달라졌다! 설상가상으로, flatMap() 변환이 긴 시간 동안 수많은(심지어 무한히 많은) 이벤트를 만들어 낸다고 생각해 보자.

```
Observable
        .just(DayOfWeek.SUNDAY, DayOfWeek.MONDAY)
        .flatMap(this::loadRecordsFor);
```

loadRecordsFor() 메서드는 요일에 따라 다른 스트림을 반환한다.

```
Observable<String> loadRecordsFor(DayOfWeek dow) {
    switch(dow) {
        case SUNDAY:
            return Observable
                .interval(90, MILLISECONDS)
                .take(5)
                .map(i -> "Sun-" + i);
        case MONDAY:
            return Observable
                .interval(65, MILLISECONDS)
                .take(5)
                .map(i -> "Mon-" + i);
        //...
    }
}
```

loadRecordsFor() 안의 중복 코드는 이미 복잡한 예제의 가독성을 높이기 위해 의도한 바이다. 그래도 이 flatMap()이 무엇을 하고 있는지 단계별로 짚어 나가도록 하자. 일요일에서 시작하여 월요일로 이어지는, 요일을 방출하는 간단한 Observable이다. 지금부터 이 값들을 interval()을 사용해 후속 순열로 변환한다. interval()을 잠시 돌이켜보자. 0부터 시작하여 증가하는 숫자를 생성하는 데 각 숫자 앞에 고정된 지연 시간을 삽입한다. 이 경우 지연 간격은 요일과 관련이 있다. 90ms와 65ms는 각각 일요일과 월요일에 해당한다. 두 순열을 처음 5개의 항목만으로 제한한다(104쪽 "skip(), takeWhile() 등을 사용해 잘게 쪼개거나 잘라내기"를 참고하자). 결국 여기서는 동시에 서로 다른 주기로 같은 시간을 세고 있는 두 개의 Observable이 나온다. 어떤 결과를 기대하는가? 가장 간단한 답은 아마도 다음과 같을 것이다.

```
Sun-0, Sun-1, Sun-2, Sun-3, Sun-4, Mon-0, Mon-1, Mon-2, Mon-3, Mon-4
```

하지만 사실은 각자 독립적으로 움직이는 두 개의 스트림이기 때문에 결과는 어떻게든 병합된 하나의 Observable이어야 한다. flatMap()이 업스트림에서 일요일을 만나면 곧바로 loadRecordsFor(Sunday)를 호출한 뒤 해당 함수의 실행 결과인 모든 이벤트 Observable<String>을 다운스트림으로 보낸다. 그런데 거의 동시에 월요일이 나타나고 flatMap()이 loadRecordsFor(Monday)를 호출한다. 후자의 부속 스트림 이벤트 또한 다운스트림으로 흘러가 첫 번째 부속 스트림의 이벤트와 뒤섞인다. 만약 flatMap()이 중첩을 피해야 한다면 모든 하위의 부속 Observable들을 첫 번째 스트림이 끝날 때까지 버퍼 처리하거나 첫 번째 부속 스트림이 끝났을 때에만 두 번째 부속 Observable을 구독하도록 해야 한다. 이런 동작은 실제 concatMap()으로 구현해 놓았다(82쪽의 "concatMap()으로 순서 유지하기" 참고). 그런데 flatMap()은 모든 하위 스트림을 즉시 구독하고 병합한다. 즉 내부 스트림에서 이벤트를 방출하는대로 다운스트림에 밀어낸다. flatMap()에서 반환하는 부속 순열은 합쳐져서 동등하게 취급되며, RxJava는 이들 모두를 즉시 구독하여 이벤트를 다운스트림으로 골고루 밀어낸다.

```
Mon-0, Sun-0, Mon-1, Sun-1, Mon-2, Mon-3, Sun-2, Mon-4, Sun-3, Sun-4
```

주의 깊게 지연 내용을 추적하면, 실제 이 순서가 맞음을 알 수 있다. 예를 들어 아무리 일요일이 업스트림 Observable의 첫 번째 이벤트라 해도, 월요일의 서브 스트림이 더 빠르게 방출을 시작하기 때문에 Mon-0 이벤트가 먼저 나타난다. 같은 이유로 Mon-4가 Sun-3와 Sun-4보다 먼저 나타난다.

concatMap()으로 순서 유지하기

만일 다운스트림 이벤트의 순서를 업스트림 이벤트와 완벽히 일치하도록 유지해야 한다면 어떻게 해야 할까? 다시 말해서 N번째 업스트림 이벤트의 결과로 나타나는 다운스트림 이벤트는 반드시 N+1번째 업스트림 이벤트의 결과로 나타나는 다운스트림 이벤트보다 먼저 나와야 한다. 이런 경우 flatMap()과 완전히 동일한 문법을 사용하지만 매우 다르게 동작하는, concatMap()이라는 편리한 연산자가 있다.

```
Observable
        .just(DayOfWeek.SUNDAY, DayOfWeek.MONDAY)
        .concatMap(this::loadRecordsFor);
```

출력 결과는 정확히 우리가 기대했던 대로다.

```
Sun-0, Sun-1, Sun-2, Sun-3, Sun-4, Mon-0, Mon-1, Mon-2, Mon-3, Mon-4
```

대체 어떤 일이 벌어진 것일까? 업스트림에서 첫 번째 이벤트(일요일)가 나타나면, concatMap()은 loadRecordsFor()에서 반환하는 Observable을 구독하고 거기에서 방출하는 이벤트를 다운스트림으로 보낸다. 해당 내부 스트림을 마치면 concatMap()은 다음 업스트림 이벤트(월요일)를 기다렸다가 계속한다. concatMap()은 어떠한 동시성 처리도 끌어들이지 않은 채 업스트림 이벤트의 순서를 유지하고 중첩을 피한다.

 flatMap()은 내부적으로 merge() 연산자를 사용한다. 이 연산자는 모든 서브 Observable을 한꺼번에 구독하고 이들 사이에 어떤 구별도 하지 않는다(85쪽 "merge()로 여러 Observable을 하나처럼 다루기"를 보자). 이는 다운스트림 이벤트들이 서로 꼬이는 이유이다. 반면에 concatMap()은 기술적으로 concat() 연산자를 사용한다(107쪽 "스트림을 결합하는 방법: concat()과 merge(), switchOnNext()"를 보자). concat()은 밑바탕에 있는 첫 번째 Observable만을 구독하며 이를 마쳐야 계속해서 두 번째를 처리한다.

flatMap()의 동시성 제어

많은 사용자 목록을 포장한 Observable이 있다고 생각해 보자. 각각의 User에는 HTTP 요청을 사용해서 Observable<Profile>을 가져온 다음 이를 반환하는 loadProfile() 메서드가 있다. 가능한 한 빠르게 모든 사용자의 프로필을 가져오는 것이 우리의 목표인데 flatMap()은 정확히 이런 종류의 일, 즉 개별 업스트림 값을 동시에 계산하기 위해 고안한 연산자이다.

```
class User {
    Observable<Profile> loadProfile() {
        //HTTP 요청 수행
    }
```

```
}

class Profile {/* ... */}

//...

List<User> veryLargeList = //...
Observable<Profile> profiles = Observable
        .from(veryLargeList)
        .flatMap(User::loadProfile);
```

얼핏 매우 좋아 보인다. 고정된 List에 from() 연산자를 써서 Observable<User>를 만들었고 따라서 구독이 시작되면 즉각적으로 모든 사용자를 방출한다. 모든 새로운 User에 대해 flatMap()이 loadProfile()을 호출하여 Observable<Profile>을 반환한다. 그러면 flatMap()은 모든 새로운 Observable<Profile>을 구독하며, 모든 Profile 이벤트를 다운스트림으로 보낸다. 내부 Observable<Profile>을 구독하면 아마도 새로운 HTTP 연결이 생긴다. 만약 User 수가 10,000개라면 급격히 10,000개의 동시적인 HTTP 연결이 촉발된 것이다. 이들이 모두 같은 서버를 대상으로 한다면 다음과 같은 상황을 예상할 수 있다.

- 연결 거부
- 긴 대기 시간과 타임아웃
- 서버 장애
- 접속률 제한이나 블랙리스트 등재
- 전체 대기 시간 증가
- 과도한 소켓, 스레드, 메모리 사용과 같은 클라이언트 측 문제들

동시성 증가는 특정 지점까지만 이득이 있다. 너무 많은 작업을 동시에 수행하면 수많은 컨텍스트 전환과 높은 메모리 사용량, CPU 가동률을 보인 끝에 전반적인 성능 저하로 귀결될 것이다. 어떻게든 Observable<User>의 속도를 늦춰 한꺼번에 모든 User가 방출되지 않도록 하는 것도 하나의 해결책이 될 수는 있지만 지연 간격 조정으로 최적의 동시성 수준을 맞추려는 방식은 문제가 많다. 대신에 flatMap()은 동시에 구독하는 내부 스트림의 최대 개수를 제한하는 매우 간단한 중복 정의 구현체를 제공한다.

```
flatMap(User::loadProfile, 10);
```

maxConcurrent 인자는 진행 중인 내부 Observable의 숫자를 제한한다. 실제로 flatMap()이 처음 10개의 User를 받으면 이들 각각에 대해 loadProfile()을 실행한다. 그러나 11번째 User가 업스트림에 나타나면[4], flatMap()은 loadProfile()을 아예 호출하지 않는다. 대신에 진행 중인 내부 스트림 중 하나가 끝나기를 기다린다. 그래서 maxConcurrent 인자는 flatMap()에서 분기된 백그라운드 작업의 개수를 제한한다.

아마도 concatMap(f)가 의미적으로 flatMap(f, 1), 즉 maxConcurrent가 1인 flatMap()과 동등하다고 생각할 수도 있다. 조금 더 지면을 할애하여 flatMap()의 미묘한 부분에 대해 논의할 수도 있겠지만 더욱 흥미로운 연산자들이 앞에 놓여 있다.

여러 개의 Observable

단일 Observable 변환은 재미있다. 그런데 여러 Observable이 협업해야 한다면 어떨까? 전통적인 자바 동시성 프로그래밍이라면 Thread와 Executor로 범벅이 된, 매우 까다로운 공유 상태 변경과 동기화가 떠오른다. 다행히도 RxJava는 이런 상황에서도 보다 나은 동작을 보여준다. 또한 라이브러리는 다중 스트림과 관련된 모든 연산자의 일관된 오류 처리 방식을 내장하고 있다.

만약 업스트림 소스 중 하나에서 오류 알림을 방출하면 이는 다운스트림으로 전달되며 오류와 함께 다운스트림 순열도 완료된다. 하나를 초과하는 Observable이 오류를 방출한다면, 이 중 첫 번째 것만 취하고 나머지는 버린다(어떤 Observable이라도 onError는 단 한 번만 방출할 수 있다. 29쪽 "rx. Observable 해부하기"를 보자). 마지막으로 그냥 계속 일을 진행하다 보통의 이벤트 생성을 모두 마친 다음에만 오류를 방출하고 싶다면, 이를 위한 변종 연산자로서 다양한 *DelayError를 제공한다.

merge()로 여러 Observable을 하나처럼 다루기

74쪽 "flatMap()으로 마무리하기"에서 비동기적으로 CarPhoto의 LicensePlate를 인식하기 위해 사용한 Observable<LicensePlate> recognize(CarPhoto photo) 메서드를 기억하는가? 이런 스트림은 실제로 한꺼번에 여러 알고리즘을 사용한

---

4 실제로 flatMap()은 이 시점에서 더 많은 사용자 정보를 요구하지 않는데, 이 특성은 263쪽 "요청받은 데이터 양을 존중하기"에서 설명한다.

다고 짧게 언급했다. 이때 어떤 알고리즘은 다른 것에 비해 빨라지고 또 어떤 것은 더 정밀하다. 하지만 이들 알고리즘을 외부에 구체적으로 노출하지 않은 채, 빠른 결과에서 시작해 점차 정밀도가 높은 식으로 나아지는 스트림을 얻기 원한다. RxJava 방식을 적용하여 Observable로 멋지게 캡슐화한 3가지 알고리즘이 이미 있다고 가정하자.

물론 각각의 알고리즘은 0개부터 아마도 무한대까지 값을 만들어 낼 수 있다.

```
Observable<LicensePlate> fastAlgo(CarPhoto photo) {
    // 빠르지만 낮은 품질
}

Observable<LicensePlate> preciseAlgo(CarPhoto photo) {
    // 정확하지만 비용이 높을 수 있음
}

Observable<LicensePlate> experimentalAlgo(CarPhoto photo) {
    // 예측할 수 없지만, 어쨌든 실행됨
}
```

위의 세 가지 알고리즘을 나란히 수행하여(RxJava에서 동시성을 어떻게 다루는지 자세히 살펴보려면 167쪽의 "subscribeOn()을 사용한 선언적 구독"을 보자) 가능한 한 빨리 결과를 받기 원한다. 이벤트를 어떤 알고리즘이 방출했는지는 상관하지 않고 그저 이벤트를 모두 모아 하나의 스트림에 담고 싶다. 이것이 바로 merge() 연산자가 하는 일이다.

```
Observable<LicensePlate> all = Observable.merge(
        preciseAlgo(photo),
        fastAlgo(photo),
        experimentalAlgo(photo)
);
```

merge()를 통한 Observable의 순서가 제멋대로임을 강조하기 위해 의도적으로 (아마도 가장 느린) preciseAlgo()를 처음에 놓았다. merge() 연산자는 밑바탕의 Observable에 대한 모든 참조를 유지하다가, 누군가 Observable<LicensePlate> all을 구독하자마자 자동으로 모든 업스트림 Observable을 한꺼번에 구독한다. 처음으로 방출되는 값이 무엇이든 간에 all의 Observer로 전달된다. 물론 merge() 연산자는 Rx 규약을 따르기 때문에 (29쪽의 "rx.Observable 해부하기" 참조) 기반 스트림이 같은 순간에 값을 방출하더라도 겹치면 안되므로 이벤트는 반드시 직렬화되어 있어야 한다. 다음 구슬 도표는 merge()가 어떻게 작동하는지 묘사한다.

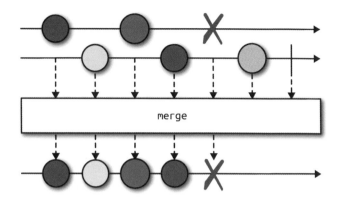

merge() 연산자는 여러 이벤트 소스를 하나로 합치고자 할 때 널리 쓰인다.[5] 또한 두 개의 Observable을 merge()로 합치려면 obs1.mergeWith(obs2) 인스턴스 메서드를 사용해도 된다.

기반 Observable 중 무엇이든 오류가 발생하면 곧바로 Observer에 전파되므로 이를 염두에 두어야 한다. 모든 스트림을 마칠 때까지 어떤 오류도 연기하고 싶다면 merge()의 변종인 mergeDelayError()를 사용하면 된다. 또한 mergeDelayError()는 첫 번째 예외뿐 아니라 모든 예외를 확보하여 rx.exceptions.CompositeException으로 캡슐화한다.

zip()과 zipWith()로 짝을 맞춰 합성하기

집(zip)이란 스트림 두 개(혹은 그 이상)를 합치되 스트림 각각의 서로 대응하는 개별 이벤트끼리 짝을 맞추는 동작이다. 업스트림에서 각각의 첫 번째 이벤트를 모아 짝을 맺고, 두 번째 이하도 같은 식으로 짝을 맺어 새로운 이벤트를 만들어 다운스트림 이벤트를 형성한다. 따라서 모든 업스트림 소스가 이벤트를 방출해야만 다운스트림 이벤트가 나타난다. 이는 서로 관련이 있는 여러 스트림을 하나로 묶을 때 유용하다. 반면에 서로 관련 없는 두 스트림의 방출값을 함께 묶었을 때 비로소 의미가 생기기도 한다.

다음 구슬 도표는 이 동작이 어떻게 이루어지는지 묘사한다.

---

5 계산 수행 측면에서 보자면 연결(join) 단계이다.

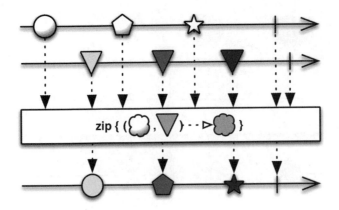

zip()과 zipWith() 연산자는 동등하다. 하나의 스트림에 자연스럽게 나머지 하나를 구성하고자 할 때 s1.zipWith(s2, ...)를 사용한다. 하지만 두 개가 넘는 스트림을 구성한다면, Observable의 정적 연산자인 zip()으로 스트림을 9개까지 취할 수 있다.

```
Observable.zip(s1, s2, s3...)
```

이외에도 수많은 연산자가 이러한 변종을 갖추고 있는데 merge()와 mergeWith()가 한 가지 예다. zip()을 이해하기 위해 두 개의 스트림을 가정해 보자. 이 스트림은 상호 간에 완전히 동기화되어 있다. 이를테면 온도와 풍향을 매분마다 동시에 정확히 측정하여 제공하는 WeatherStation API를 생각해 보자.

```
interface WeatherStation {
    Observable<Temperature> temperature();
    Observable<Wind> wind();
}
```

이들 두 개의 Observable은 같은 순간에 이벤트를 방출하고 방출 주기 또한 같다고 가정하자. 이 제약 조건 하에 두 스트림에서 안전하게 이벤트를 짝지어 묶을 수 있다. 하나의 스트림에서 이벤트가 발생하면 다른 스트림에서도 이벤트가 나올 때까지 기다려야 한다는 뜻이며, 그 반대도 마찬가지이다. 집(zip)이라는 이름이 의미하는 대로 같이 합쳐야 하는 두 개의 이벤트 흐름이 있어야 한다. 하나는 왼쪽, 하나는 오른쪽, 그리고 이를 반복한다. 하지만 조금 더 일반적인 zip()은 업스트림 Observable을 9개까지 취할 수 있는데, 이때 모든 업스트림에서 이벤트를 방출해야만 다운스트림 이벤트를 방출한다.

zip()의 반환형으로는 튜플(tuple)이나 페어(항목 2개짜리 튜플)가 안성맞춤이다. 불행히도 자바에는 짝을 나타내는 내장 자료구조가 없고 RxJava도 이에 해당하는 외부 의존성이 없으므로, 아파치 커먼즈 Lang[6]이나 Javaslang[7], 안드로이드 SDK 등에서 제공하는 Pair 구현체[8]를 자유롭게 사용하자. 아니면 이벤트 쌍을 결합하는 자료구조나 함수를 직접 만들어 사용해도 된다.

```
class Weather {
    public Weather(Temperature temperature, Wind wind) {
        //...
    }
}

//...

Observable<Temperature> temperatureMeasurements = station.temperature();
Observable<Wind> windMeasurements = station.wind();

temperatureMeasurements
    .zipWith(windMeasurements,
        (temperature, wind) -> new Weather(temperature, wind));
```

새로운 Temperature 이벤트가 발생하면 zipWith()는 Wind를 기다리며(명백하게 블로킹은 아니다!), 그 반대도 마찬가지이다. 이벤트 두 개가 맞춤 제작한 람다식을 통해 Weather 객체로 묶인다.[9] 그리고 이 과정을 반복한다.

지금까지 스트림의 관점에서 zip()을 설명했다. 무한 스트림인 경우도 이야기했지만 대체로 단 하나의 항목만을 방출하는 Observable에 zipWith()와 zip()을 사용하고 있음을 깨닫게 될 것이다. 이러한 Observable은 일반적으로 어떤 요청 또는 동작에 대한 비동기 응답이다. 실제 애플리케이션에서 어떻게 RxJava를 사용하는지 4장에서 살펴보도록 하겠다.

이제 예제 하나를 살펴보자. 스트림 두 개로부터 카테시안 곱을 만들어야 한다. 예를 들면 두 개의 Observable은 각각 체스판의 행(ranks, 1부터 8)과 열(files, a부터 h)을 가리키며, 체스판에서 가능한 모든 경우인 64개의 사각형을 찾고자 한다.

```
Observable<Integer> oneToEight = Observable.range(1, 8);
Observable<String> ranks = oneToEight
```

6 http://commons.apache.org/proper/commons-lang/apidocs/org/apache/commons/lang3/tuple/Pair.html

7 http://static.javadoc.io/io.javaslang/javaslang/2.0.1/javaslang/Tuple1.html

8 http://developer.android.com/reference/android/util/Pair.html

9 더 짧은 람다식인 Weather::new도 가능하다.

```
    .map(Object::toString);
Observable<String> files = oneToEight
    .map(x -> 'a' + x - 1)
    .map(ascii -> (char)ascii.intValue())
    .map(ch -> Character.toString(ch));

Observable<String> squares = files
    .flatMap(file -> ranks.map(rank -> file + rank));
```

squares Observable은 정확히 64개의 이벤트를 방출한다. 1에 대해 a1, a2... a8을 만들고 이어서 b1, b2..., 그리고 마침내 h7과 h8까지. 이는 또 다른 flatMap()의 흥미로운 예제로서, 각각의 열(파일)이 그 안에서 가능한 모든 사각형을 만들어낸다. 지금부터 조금 더 현실적인 카테시안 곱을 사용하는 예제를 살펴보자. 어떤 도시에서 보낼 하루 휴가 계획을 세우는데, 날씨는 화창해야 하고 항공편과 호텔 비용은 저렴했으면 좋겠다. 이를 찾기 위해 우선 몇 가지 스트림을 결합하여 모든 가능한 결과를 도출한다.

```
import java.time.LocalDate;

Observable<LocalDate> nextTenDays =
    Observable
        .range(1, 10)
        .map(i -> LocalDate.now().plusDays(i));

Observable<Vacation> possibleVacations = Observable
    .just(City.Warsaw, City.London, City.Paris)
    .flatMap(city -> nextTenDays.map(date -> new Vacation(city, date)))
    .flatMap(vacation ->
        Observable.zip(
            vacation.weather().filter(Weather::isSunny),
            vacation.cheapFlightFrom(City.NewYork),
            vacation.cheapHotel(),
            (w, f, h) -> vacation
        ));
```

Vacation 클래스는 다음과 같다.

```
class Vacation {
    private final City where;
    private final LocalDate when;

    Vacation(City where, LocalDate when) {
        this.where = where;
        this.when = when;
    }

    public Observable<Weather> weather() {
        //...
```

```
    }

    public Observable<Flight> cheapFlightFrom(City from) {
        //...
    }

    public Observable<Hotel> cheapHotel() {
        //...
    }
}
```

위의 코드에서 꽤 많은 일이 벌어진다. 우선 range()와 map()의 조합으로 내일부터 10일 후까지 날짜를 만들어 낸다. 그리고 flatMap()으로 이 날짜열을 3개 도시에 적용한다. 날짜와 도시 항목들의 모든 가능한 조합이 필요하므로 zip()을 사용하지 않았다. 이러한 각각의 짝을 Vacation 객체로 캡슐화한다. 이제부터가 진짜다. 세 개의 Observable인 Observable<Weather>와 Observable<Flight>, Observable<Hotel>을 zip으로 결합한다. 뒤의 두 개는 해당 도시/날짜에 저렴한 항공편이 있는지, 투숙 가능한 호텔이 있는지 여부에 따라 반환 결과가 없거나 결과 하나를 반환한다. Observable<Weather>가 항상 무엇인가 반환하더라도 화창한 날씨가 아니면 버리기 위해 filter(Weather::isSunny)를 사용한다. 마침내 스트림 세 개에 대한 zip() 연산이 끝났다. 이 스트림은 각각 항목을 방출하지 않거나 하나만 방출한다. 업스트림 Observable 중 어떤 것이라도 완료하면 zip() 또한 조기에 종료하며 다른 스트림도 조기에 폐기한다. 이러한 속성 덕분에 날씨나 항공편, 호텔 중 어느 하나라도 조건이 맞지 않으면 zip() 또한 완료되어 어떤 항목도 방출하지 않는다. 모든 조건에 부합하는 휴가 계획만이 스트림 결과로 나타난다.

zip 함수가 (w, f, h) -> vacation의 인자를 무시하는 모습에 놀라지 말자. Vacation의 외부 스트림에서 모든 가능한 날짜에 대한 모든 가능한 휴가 계획을 나열한다. 그러나 개별 휴가 일정에서 날씨와 저렴한 항공편, 호텔이 존재하는지 확실히 알고 싶다. 만약 이 모든 조건이 부합한다면 vacation 객체를 반환하고, 그렇지 않으면 zip은 람다식을 전혀 호출하지 않는다.

스트림이 서로 조화를 이루지 못할 때: combineLatest()와 withLatestFrom(), amb()

87쪽 "zip()과 zipWith()로 짝을 맞춰 합성하기"에서 두 Observable이 항상 같은 주기로 비슷한 순간에 이벤트를 생성한다는 다소 과감한 가정을 했다. 그런데 어떤 스트림이 다른 스트림에 비해 빠르다면, 이 `Observable` 스트림의 이벤트를 받기 위해 상대적으로 느린 다른 스트림의 이벤트를 기다려야 하는 시간이 점점 더 늘어날 것이다. 이 상황을 묘사하기 위해 우선 정확히 같은 간격으로 항목을 만들어내는 두 스트림을 zip()으로 묶어 보자.

```
Observable<Long> red   = Observable.interval(10, TimeUnit.MILLISECONDS);
Observable<Long> green = Observable.interval(10, TimeUnit.MILLISECONDS);

Observable.zip(
    red.timestamp(),
    green.timestamp(),
    (r, g) -> r.getTimestampMillis() - g.getTimestampMillis()
).forEach(System.out::println);
```

`red`와 `green` `Observable`은 같은 주기로 항목을 만든다. 각각의 항목에 `timestamp()`를 붙였기 때문에 정확히 언제 방출됐는지 알 수 있다.

💡 timestamp()

이벤트 T의 자료형이 무엇이든 `timestamp()` 연산자는 이를 원래 값 T와 언제 만들었는지 표시하기 위한 long형 시간값을 갖는 `rx.schedulers.Timestamped<T>`로 포장한다.

`zip()` 변환 시 각각의 스트림에서 보낸 이벤트의 생성 시각 차이를 비교하자. 두 스트림 속도가 맞다면 이 시간차는 0 값 언저리일 것이다. 하지만 이 중 하나의 `Observable`을, 예를 들어 `green`을 약간 지연시켜 `Observable.interval(11, MILLISECONDS)`로 바꿔보면 상황은 많이 달라진다. `red`와 `green`의 시간차는 점점 증가한다. `red`는 실시간으로 소비되지만 다른 스트림의 항목을 받기까지 기다려야 한다. 시간차가 점점 쌓이면 유효하지 않은 값이 발생하며 심지어 메모리 누수로 이어지기도 한다(352쪽 "메모리 소비와 누수" 참조). 실제로 `zip()`을 사용할 때는 매우 조심해야 한다.

사실 기대하는 바는 어떤 업스트림이 됐건 이벤트를 생성하는 순간 나머지 스트림에서 가장 최근에 나타났던 값과 함께 짝지어 방출하는 것이다. 바로 이런 경우 아래 구슬 도표로 묘사하는 `combineLatest()`가 무척 유용하다.

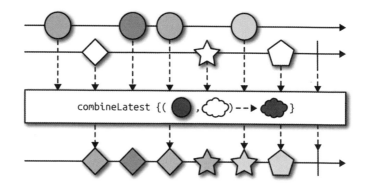

다음 인위적 예제를 살펴보자. 한쪽 스트림에서 17ms마다 S0, S1, S2 값을 방출하며 나머지는 앞선 스트림에 비해 상당히 빠른 10ms마다 F0, F1, F2를 방출한다.

```
import static java.util.concurrent.TimeUnit.MILLISECONDS;
import static rx.Observable.interval;

Observable.combineLatest(
    interval(17, MILLISECONDS).map(x -> "S" + x),
    interval(10, MILLISECONDS).map(x -> "F" + x),
    (s,f) -> f + ":" + s
).forEach(System.out::println);
```

출력은 순식간에 짝이 어긋나겠지만, 최소한 값의 소비가 실시간으로 이루어지기 때문에 빠른 스트림이 나머지 느린 스트림을 기다리지 않아도 된다.

```
F0:S0
F1:S0
F2:S0
F2:S1
F3:S1
F4:S1
F4:S2
F5:S2
F5:S3
...
F998:S586
F998:S587
F999:S587
F1000:S587
F1000:S588
F1001:S588
```

개별 F 항목에 해당하는 새로운 결과들이 어떻게 생겼는지 주목하자. F0:S0, F1:S0, F2:S0과 같은 모습이다. RxJava는 빠른 쪽 스트림의 이벤트를 인지하고 느린 쪽의 가장 최근 이벤트를 취하는데(여전히 최소한 하나의 이벤트를 기다려야만 한다!), 이 경우는 S0이며 새로운 짝을 만든다. 그러나, 두 스트림 사이에 차별을 두지는 않는다. 즉 느림보 S1이 새로이 나타나는 순간 빠른 쪽의 최근 값인 F2를 취해 짝을 만든다. 약 10초 이후 F1000:S588 이벤트와 마주한다. 이를 종합하면, 10초 동안 빠른 스트림은 1000개의 이벤트를 만들어낸 반면 느린 스트림은 588개(10초를 17ms로 나눈 값)만 만들어냈다.

withLatestFrom( ) 연산자

combineLatest는 대칭이다. 즉, 결합할 부속 스트림 사이에 차이를 두지 않는다. 그런데 가끔은 한쪽 스트림에 새 값이 나타날 경우에만 다른 스트림의 최근 값과 함께 묶어 방출하기를 원할 수도 있다. 바꿔 말하면 두 번째 스트림의 이벤트가 다운스트림 이벤트 방출을 촉발하지 않으며 첫 번째 스트림의 방출 시에만 사용된다. 이러한 동작은 withLatestFrom() 연산자를 사용하면 된다. 이를 앞선 예제와 마찬가지로 slow와 fast 스트림에 적용해 보자.

```
Observable<String> fast = interval(10, MILLISECONDS).map(x -> "F" + x);
Observable<String> slow = interval(17, MILLISECONDS).map(x -> "S" + x);
slow
    .withLatestFrom(fast, (s, f) -> s + ":" + f)
    .forEach(System.out::println);
```

이 예제에서는 slow 스트림이 주체라서 결과 Observable은 항상 slow에서 방출할 때에만 방출하며, fast에서 지금까지 방출한 것 중 적어도 하나를 포함한다. 바꿔 말하면 fast 스트림은 slow에서 무엇인가 방출할 때에만 사용되는 일종의 도우미 스트림일 뿐이다. withLatestFrom()의 두 번째 인자로 들어가는 함수는 slow의 새로운 값과 fast의 최근 값을 결합한다. 그런데 fast의 새로운 값이 다운스트림으로 흘러가지 않고 새로운 slow가 나타났을 때에만 내부적으로 갱신된다. 이 예제에서 slow의 모든 이벤트는 정확히 한 번씩 나타나는 반면 몇 개의 fast 이벤트가 버려지는 모습을 볼 수 있다.

```
S0:F1
S1:F2
S2:F4
S3:F5
S4:F7
S5:F9
S6:F11
...
```

첫 번째 fast 이벤트가 나타나기 전에 등장하는 모든 slow 이벤트는 조용히 버려지는데 왜냐하면 묶을 대상이 없기 때문이다. 일부러 이렇게 만들었지만 정말로 slow 스트림의 모든 이벤트를 보존하고 싶다면 fast 스트림이 모종의 더미 (dummy) 이벤트를 즉각 방출해야 한다. 예를 들면 fast 스트림 앞에 즉시 방출될 어떤 더미 이벤트를 덧붙일 수 있다. 다음 예제는 인위적으로 fast 스트림의 개별 이벤트 앞에 100ms의 지연 시간을 붙여 속도를 늦췄다(79쪽 "delay() 연산자로 이벤트를 지연시키기" 참고). 더미 이벤트가 없으면 몇 개의 slow 이벤트를 잃겠지만 startWith() 연산자를 사용하여 fast에서 나오는 새로운 Observable을 만들었다. 이로써 즉시 "FX"로 시작하고 난 다음 원래 fast 스트림의 이벤트가 이어진다.

```
Observable<String> fast = interval(10, MILLISECONDS)
        .map(x -> "F" + x)
        .delay(100, MILLISECONDS)
        .startWith("FX");
Observable<String> slow = interval(17, MILLISECONDS).map(x -> "S" + x);
slow
        .withLatestFrom(fast, (s, f) -> s + ":" + f)
        .forEach(System.out::println);
```

출력 내용에서 어떤 slow 이벤트도 버려지지 않았음을 확인할 수 있다. 그러나 100ms 경과 후 처음 "F0"가 나오기까지 시작 부분에 더미 이벤트인 "FX"를 몇 번 봐야만 한다.

```
S0:FX
S1:FX
S2:FX
S3:FX
S4:FX
S5:FX
S6:F1
S7:F3
S8:F4
S9:F6
...
```

startWith()로 만든 새로운 Observable은 구독되었을 때 지정된 상수 값(여기서는 "FX")을 먼저 방출하고 이어서 원본 Observable의 이벤트를 방출한다. 예를 들면, 다음 예제에서는 0과 1, 2를 이 순서 그대로 넘긴다.

```
Observable
        .just(1, 2)
```

```
.startWith(0)
.subscribe(System.out::println);
```

107쪽의 "스트림을 결합하는 방법: concat()와 merge(), switchOnNext()"에서 이와 비슷한 concat() 연산자에 대해서도 살펴보자.

amb() 연산자

마지막으로 살펴볼 앙증맞은 연산자는 언젠가 도움이 될지도 모르는 amb()와 ambWith()이다. 이 연산자는 모든 업스트림 Observable을 구독한 다음 맨 처음 항목을 방출할 때까지 대기하다가 Observable 중 하나가 첫 번째 이벤트를 방출하면, amb()는 나머지 스트림들을 모두 버리고 자신을 일깨운 첫 번째 Observable의 이벤트만 전달한다. 다음 구슬 도표에서 이 내용을 볼 수 있다.

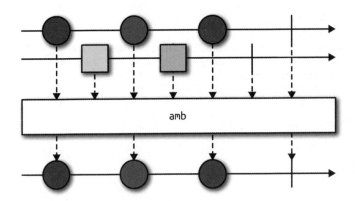

다음 예제는 amb()가 두 개의 스트림을 어떻게 다루는지 보여준다. 어떤 Observable을 먼저 방출시킬지 통제하는 initialDelay 매개변수에 주목하자.

```
Observable<String> stream(int initialDelay, int interval, String name) {
    return Observable
        .interval(initialDelay, interval, MILLISECONDS)
        .map(x -> name + x)
        .doOnSubscribe(() ->
            log.info("Subscribe to " + name))
        .doOnUnsubscribe(() ->
            log.info("Unsubscribe from " + name));
}

//...

Observable.amb(
        stream(100, 17, "S"),
```

```
        stream(200, 10, "F")
).subscribe(log::info);
```

ambWith()를 사용해도 동등한 프로그램을 만들 수 있지만 amb()의 대칭성을 숨기기 때문에 가독성이 떨어진다. 마치 첫 번째 스트림 위에 두 번째 스트림을 적용하는 것처럼 보이지만 두 스트림은 동일하게 다뤄야 한다.

```
stream(100, 17, "S")
        .ambWith(stream(200, 10, "F"))
        .subscribe(log::info);
```

어떤 방식을 사용하건 둘 다 같은 결과가 나와야 한다. slow 스트림이 보다 적은 이벤트를 만들어 내겠지만 첫 번째 이벤트는 100ms 이후 나타나는 반면 fast 스트림은 200ms 이후에 시작한다. amb()가 하는 일은 우선 양쪽 Observable을 구독하고 slow 스트림에서 첫 번째 이벤트를 만나는 순간 바로 fast 스트림 구독을 해지하고 slow 스트림의 이벤트만 전달한다.

```
14:46:13.334: Subscribe to S
14:46:13.341: Subscribe to F
14:46:13.439: Unsubscribe from F
14:46:13.442: S0
14:46:13.456: S1
14:46:13.473: S2
14:46:13.490: S3
14:46:13.507: S4
14:46:13.525: S5
```

두 콜백 doOnSubscribe()와 doOnUnsubscribe()는 디버깅 시 유용하다(302쪽 "doOn...() 콜백"을 살펴보자). S를 구독하고 약 100ms 이후에 F 구독 해지가 발생했음에 주목하자. S Observable의 첫 번째 이벤트가 발생한 순간이다. 이 시점에서 F에서 이벤트 청취는 더 이상 의미가 없다.

고수준 연산자: collect(), reduce(), scan(), distinct(), groupBy()

어떤 연산자는 순열을 훑으면서 값을 집계하거나 평균을 구하는 등, 보다 더 고수준 변환을 지원한다. 몇몇 연산자는 심지어 상태를 지니고 있기 때문에 순열을 처리하는 동안 상태를 관리한다. distinct가 이런 방식으로 동작하는데, 발생한 모든 값을 캐시에 저장하고 이미 처리한 값이 재차 등장하면 버린다.

scan()과 reduce()로 순열 훑기

지금까지 살펴본 연산자인 filter나 map, zip 등은 모두 이벤트를 단위로 동작했다. 그런데 때로는 이벤트를 집계하여 초기 스트림을 줄이거나 단순하게 만들고 싶을 때도 있다. 예를 들면 전송 진행 상태를 보기 위한 Observable<Long>을 생각해 보자. 매 순간 데이터 청크를 전송하며 하나의 Long 값이 해당 청크의 크기를 알린다. 이는 매우 유용한 정보지만 정말 알고 싶은 내용은 지금까지 데이터 전송이 얼마나 진행되었느냐이다. 이때 연산자 내부에서 변경되는 전역 상태를 사용하는 방법은 아주 좋지 않은 생각이다.

```
import java.util.concurrent.atomic.LongAdder;


// 잘못됐다!
Observable<Long> progress = transferFile();

LongAdder total = new LongAdder();
progress.subscribe(total::add);
```

앞선 예제는 여느 공유 상태와 비슷하게 별로 유쾌하지 않은 동시성 버그가 발생할 가능성이 있다. 연산자 내의 람다식은 임의의 스레드에서 실행될 수 있고 따라서 전역 상태는 스레드에 안전해야 한다. 또한 느긋함도 고려해야 한다. RxJava는 전역 상태와 객체 변이를 되도록 최소화하기 위해 구성 가능한 연산자를 제공한다. Rx가 보장한다 하더라도 전역 상태 변경이란 어렵다. 게다가 반복해서 사용자 인터페이스를 갱신하는 방식으로 total 진행 상태를 구성하려면 더 이상 Rx 연산자에 의지할 수 없다. 전송이 끝난 순간을 알리는 방법은 더더욱 복잡하다. 정말로 원하는 바는 점진적으로 받은 데이터 청크 총량을 누적하면서 매 순간 새로운 청크가 쌓일 때마다 누적 총량을 보여주는 것이다. 이를 표현한 가상 스트림은 다음과 같다.

```
Observable<Long> progress =        // [10, 14, 12, 13, 14, 16]
Observable<Long> totalProgress = /* [10, 24, 36, 49, 63, 79]

    10
    10+14=24
         24+12=36
               36+13=49
                     49+14=63
                           63+16=79
 */
```

첫 번째 항목은 있는 그대로 10이다. 그러나 두 번째 항목 14가 다운스트림으로 흘러가기 전에 직전 방출 항목인 10에 이 값을 더해 이들 두 값의 합인 24를 방출해야 한다. 마찬가지로 세 번째 항목 12도 결과 스트림의 이전 항목인 24를 더해 36을 방출해야 한다. 이러한 반복 작업은 업스트림 Observable이 끝날 때까지 계속된다. 여기서 마지막으로 방출되는 항목은 모든 업스트림 이벤트의 총합이다. 상대적으로 복잡한 이 작업은 scan() 연산자를 써서 쉽게 구현할 수 있다.

```
Observable<Long> totalProgress = progress
    .scan((total, chunk) -> total + chunk);
```

scan()은 인자 두 개를 받는데, 누산기라고도 부르는 마지막으로 생성된 값과 업스트림 Observable의 현재 값이다. 첫 번째 반복에서 total은 그저 progress의 첫 번째 항목이지만 두 번째 반복에서는 앞선 scan()의 결과다. 표 3-1에서 이를 묘사하고 있다.

표 3-1 scan() 수행 시 변수값 변화

progress	total	chunk	totalProgress
10	-	-	-
14	10	14	24
12	24	12	36
13	36	13	49
14	49	14	63
16	63	16	79

scan()은 마치 불도저처럼 소스(업스트림) Observable을 밀고 나가서 항목을 모아 놓는다. 만약 초기값이 단순히 첫 번째 항목이 아니라면 중복 정의된 scan()을 사용해 초기값을 제공할 수 있다.

```
Observable<BigInteger> factorials = Observable
    .range(2, 100)
    .scan(BigInteger.ONE, (big, cur) ->
        big.multiply(BigInteger.valueOf(cur)));
```

factorials는 1, 2, 6, 24, 120, 720... 을 만들어낸다. 업스트림 Observable은 2부터 시작하는데 다운스트림은 1부터 시작하는 모습을 눈여겨보기 바란다. 바로 초기값 BigInteger.ONE이다. 경험에 따르면 결과 Observable은 항상 누산기와 같은 자료형이다. 따라서 사용자가 정의한 누산기 초기값을 제공하지 않는 한 scan()에서 반환하는 T의 자료형은 변하지 않는다. factorials 예제에서는 초기값이 BigInteger이기 때문에 결과 자료형은 Observable<BigInteger>이다. 당연히 이 자료형은 작업이 진행되는 동안 바뀔 수 없다.

때로는 중간 과정에 관심이 없고 단지 마지막 결과만 원할 때가 있다. 예를 들면 중간 진행 과정이 아닌 총 바이트 수만 원한다고 해보자. 또는 ArrayList 같은 어떤 가변 자료 구조의 개별 요소 총합을 구한다고 하자. 정확히 이런 목적으로 reduce() 연산자를 만들었다. 무한 순열인 경우 scan()은 업스트림 이벤트에 따른 값을 계속하여 방출하겠지만 reduce()는 도중에 어떤 이벤트도 방출하지 않으니 주의하자. getAmount()로 BigDecimal을 반환하는 CashTransfer 소스 스트림을 생각해 보자. 모든 거래의 총합을 구하고자 하는 것이다. 다음 두 가지 변환은 동등하다. 모든 거래를 순회하면서 ZERO부터 시작하여 합산한다.

```
Observable<CashTransfer> transfers = //...;


Observable<BigDecimal> total1 = transfers
    .reduce(BigDecimal.ZERO,
        (totalSoFar, transfer) ->
            totalSoFar.add(transfer.getAmount())));

Observable<BigDecimal> total2 = transfers
    .map(CashTransfer::getAmount)
    .reduce(BigDecimal.ZERO, BigDecimal::add);
```

두 변환 모두 같은 결과를 내놓는다. 그런데 두 번째 코드가 두 단계를 거치고 있음에도 불구하고 더 간결해 보인다. 이는 커다란 단일 변환보다는 작고 구성하기 쉬운 변환을 선호하는 또 다른 이유다. 또한 reduce()가 기본적으로 마지막 항목만 가져오는 scan()과 같음을 볼 수 있다. 실제로 이를 다음과 같이 할 수 있다.

```
public <R> Observable<R> reduce(
        R initialValue,
        Func2<R, T, R> accumulator) {
    return scan(initialValue, accumulator).takeLast(1);
}
```

보는 바와 같이 reduce()는 그저 Observable을 훑으며 마지막 항목만 가져오고 나머지는 모두 버린다(104쪽의 "skip(), takeWhile() 등을 사용해 잘게 쪼개거나 잘라내기"를 살펴보자).

가변 누산기를 사용한 환산: collect()

T로 이루어진 유한 이벤트 스트림을 List<T> 단일 항목 스트림으로 바꿔 보자. 물론 이 이벤트는 업스트림 Observable<T>가 완료될 때 방출된다.

```
Observable<List<Integer>> all = Observable
    .range(10, 20)
    .reduce(new ArrayList<>(), (list, item) -> {
        list.add(item);
        return list;
    });
```

이 reduce() 예제는 (누산기로서) 단순히 빈 ArrayList<Integer>에서 시작하여 모든 방출 이벤트를 그 ArrayList에 집어넣는다. 환산(누산)을 담당하는 람다식은 새로운 누산기를 반환해야만 하는데, 불행히도 List.add()는 이와 같은 List가 아닌 boolean을 반환한다. 명시적인 return 문이 필요하다. 이러한 장황함을 극복하기 위해 collect() 연산자를 사용한다. 이는 reduce()와 거의 똑같이 동작하지만 매번 불변 누산기를 반환하는 대신 모든 이벤트가 동일한 가변 누산기를 사용한다고 가정한다. 앞서 살펴본 불변 BigInteger 예제와 비교해 보자.

```
Observable<List<Integer>> all = Observable
    .range(10, 20)
    .collect(ArrayList::new, List::add);
```

또 다른 유용한 collect() 사용법은 모든 이벤트를 StringBuilder에 모으는 경우이다. 이 경우 누산기는 빈 StringBuilder이며 연산은 하나의 항목을 해당 누산기에 붙여넣는다.

```
Observable<String> str = Observable
        .range(1, 10)
        .collect(
                StringBuilder::new,
                (sb, x) -> sb.append(x).append(", "))
        .map(StringBuilder::toString);
```

모든 Observable 연산자와 마찬가지로 reduce()와 collect() 두 가지 모두 논블로킹이다. 따라서 Observable.range(10, 20)에서 방출된 모든 숫자를 포함하는 결과 List<Integer>는 모든 업스트림 신호가 완료되어야 나타난다. 예외 또한 정상적으로 전파된다. Observable<T>를 Observable<List<T>>로 바꾸는 것은 매우 일반적인 작업이라 내장된 toList() 연산자가 존재한다. 131쪽

"BlockingObservable: 리액티브 세상에서 벗어나기"에서 실제 사용하는 예를 살펴볼 것이다.

single()을 사용하여 Observable이 정확히 항목 하나만 갖는다고 단언하기

어떤 Observable은 의미상 정확히 값 하나만 방출해야 한다. 예를 들어 앞선 예제는 항상 List<Integer> 하나만 방출한다. 심지어 비어 있는 경우라 해도 그렇다. 이런 상황에서는 single() 연산자를 사용할 만하다. 업스트림 Observable은 전혀 바꾸지 않지만 정확히 하나의 이벤트 방출을 보장한다. 가정이 틀렸을 경우 원하지 않는 결과가 아니라 예외를 받는다.

distinct()와 distinctUntilChanged()로 중복 제거하기

임의의 값을 갖는 무한 스트림은 매우 유용하다. 특히 다른 스트림과 결합할 경우 더욱 그렇다. 다음 예제에서 Observable은 0부터 시작하여 1,000보다 작은 수 중에서 값을 취하는 Integer 난수를 만든다.

```
Observable<Integer> randomInts = Observable.create(subscriber -> {
    Random random = new Random();
    while (!subscriber.isUnsubscribed()) {
        subscriber.onNext(random.nextInt(1000));
    }
});
```

명백히 중복값이 나올 것이며 take(1001)은 적어도 하나의 중복 값이 반드시 생긴다.[10] 하지만 더 적은, 예를 들어 10개의 고유한 난수를 뽑아내고 싶다면 어떨까? 내장된 distinct() 연산자가 업스트림 Observable에서 이미 발생한 값을 버려 다운스트림에는 확실하게 단 하나의 이벤트만 지나가도록 한다.

```
Observable<Integer> uniqueRandomInts = randomInts
        .distinct()
        .take(10);
```

매번 업스트림 Observable(randomInts)에서 새로운 값이 방출될 때마다 distinct() 연산자에서 지금까지 내부적으로 해당 값이 나타난 적이 없는지 검증한다. 이 비교는 equals()와 hashCode()를 사용하므로 자바 지침(서로 같은 두 객체는 반드시 해시코드 값이 같아야 한다)에 따라 이를 구현해 두어야 한다. 홍

---

10 nextInt(1000)의 결과로서, 1000가지 경우만 존재한다.

미롭게도 take(1001)은 결국 0부터 999까지 값을 임의의 순서대로 방출하지만 절대 완료되지는 않는데 0과 999 사이에는 1001번째 int 값이 없기 때문이다.

49쪽의 "사례: 콜백 API를 Observable 스트림으로"에서 소셜 미디어 웹사이트인 트위터의 상태 변경을 방출하는 Observable<twitter4j.Status>를 살펴보았다. 어떤 사용자건 상태를 변경하는 매 순간마다 그 Observable에서 새로운 이벤트를 밀어냈다. Status 객체는 getText()나 getUser() 같은 속성을 포함하고 있다. Status 이벤트는 사실상 중복이 불가하기 때문에 distinct() 연산자 사용은 의미가 없다. 그렇지만 개별 사용자(status.getUser().getId()로 반환되는 long 값)의 갱신 내용 중 첫 번째 것만 뽑아서 보고 싶다면 어떨까? 당연히 해당 특이 속성을 뽑아내 distinct()를 적용할 수 있다.

```
Observable<Status> tweets = //...

Observable<Long> distinctUserIds = tweets
        .map(status -> status.getUser().getId())
        .distinct();
```

불행히도 distinct()를 실행하면 원래 Status 객체는 없어진다. 정말로 필요한 내용은 유일성을 알아내는 데 사용할 이벤트의 속성을 뽑아낼 방법이었다. 키 (key)라고 부르는 추출 속성을 이미 보았으면 두 이벤트를 동일하다고 간주하여 결과적으로 나중 이벤트를 버린다.

```
Observable<Status> distinctUserIds = tweets
        .distinct(status -> status.getUser().getId());
```

키로 반환한 것은 equals()와 hashCode()를 써서 이미 나타났던 키인지 확인한다. distinct()는 나타났던 모든 이벤트/키를 영원히 보존하고 있어야 한다는 점을 반드시 기억하자(352쪽 "메모리 소비와 누수" 참조. distinct()는 고유한 이벤트를 단 한 번 처리하고자 할 때 유용하다).

실제로는 distinctUntilChanged()가 조금 더 합리적일 때가 있다. distinct UntilChanged()에서는 주어진 이벤트가 직전 이벤트와 같은 경우 버린다(기본적으로 비교는 equals()를 사용). distinctUntilChanged()는 어떠한 지속적인 측정 결과에서 실제로 측정 값에 변화가 있을 때에만 알림을 받고 싶을 때 적합하다. 87쪽의 "zip()과 zipWith()으로 짝을 맞춰 합성하기"에서 Observable<Weather>를 실험했다. 여기서 Weather는 Temperature와 Wind 두 개의 속성을 갖는다. 매분마다 새로운 Weather 이벤트가 나타나지만, 날씨는 그렇게 자주 바뀌지 않는다. 중복 이벤트는 버리고 변화에만 집중해 보자.

```
Observable<Weather> measurements = //...

Observable<Weather> tempChanges = measurements
        .distinctUntilChanged(Weather::getTemperature);
```

이 코드 예제는 온도가 바뀌었을 때만 Weather 이벤트를 방출한다(Wind의 변화는 무시했다). 명백하게 Temperature와 Wind 모두 변화가 있을 때마다 이벤트 방출을 원한다면, Weather가 equals()를 구현해 놓았다는 가정하에 distinctUntilChanged()가 제대로 작동할 것이다. distinct()와 distinctUntil Changed()의 중요한 차이는, 후자에서는 해당 값 사이에 다른 값이 끼어있을 경우에 중복이 발생할 수 있다는 점이다. 예를 들면 매일 온도가 특정한 값으로 같은 순간이 있겠지만 그 앞뒤로 춥거나 더운 측정값이 있을 것이다. 또한 distinctUntil Changed()는 마지막 값만 기록하고 있는데, 이에 반해 distinct()는 스트림 시작부터 모든 유일한 값을 추적해야 한다. 즉 distinctUntilChanged()가 distinct()와는 달리 예측 가능한 일정량의 메모리만 점유한다는 뜻이다.

skip(), takeWhile() 등을 사용해 잘게 쪼개거나 잘라내기

지금까지 스트림 전체를 읽으라고 강제하지는 않았다. 특히 뜨거운 무한 Observable을 다룰 때는 그러했다. 사실 Observable을 쪼개어 이 중 일부만 사용하는 것은 매우 일반적이다. 이번 절에서 다루는 대부분의 연산자는 최소 경악의 원칙(the principle of least astonishment)[11]을 따르지 않는 한 예제를 포함한다. 그렇다 해도 take나 last 같은 연산자는 너무나 유용해서 설명을 건너뛸 수 없다. 이러한 연산자 몇 가지를 살펴보자.

take(n)과 skip(n)

    take(n) 연산자는 원본 Observable의 처음 n개의 값만을 업스트림에서 방출하고 중단하여 결국은 구독을 해지한다. 업스트림에 n개 미만의 항목만 있을

---

11 (옮긴이) 사용자 인터페이스나 소프트웨어 디자인에서 인체 공학에 입각한 방식을 따르고자 하는 원칙을 말한다. 전형적인 기준을 하나 예로 들면 "필요한 기능에 경악할 만한(당황스러운) 여지가 있다면, 기능을 다시 설계할 필요가 있다."인데, 자세한 내용은 위키 페이지(*https://en.wikipedia.org/wiki/Principle_of_least_astonishment*)를 참고하기 바란다.

경우 더 빨리 마친다. skip(n) 정확히 반대이다. 업스트림 Observable에서 처음 n개 항목을 버린 다음 n+1번째 이벤트부터 방출을 시작한다. 두 연산자 모두 상당히 관대하여 음수값은 그냥 0으로 간주하고 Observable 크기를 초과해도 문제없다.

```
Observable.range(1, 5).take(3); // [1, 2, 3]
Observable.range(1, 5).skip(3); // [4, 5]
Observable.range(1, 5).skip(5); // []
```

takeLast(n)과 skipLast(n)

이름 자체가 명백한 또 다른 연산자 쌍이다. takeLast(n)은 스트림 완료 이전의 n개 값만 방출한다. 내부적으로 이 연산자는 뒤의 n개 항목을 위한 버퍼를 유지하는데 종료 알림을 받으면 즉시 모든 버퍼 내용을 방출한다. 무한 스트림에 takeLast()를 쓰면 아무 값도 방출되지 않을 테니 무의미한 일이고 스트림도 절대 끝나지 않으므로 마지막 이벤트도 없다. 반면에 skipLast(n)는 뒤쪽의 n개만을 제외한 업스트림 Observable의 모든 값을 방출한다. 내부적으로 skipLast()는 n+1번째 항목을 받았을 때 업스트림의 첫 번째 항목을 방출하고, n+2번째를 받았을 때 두 번째를 방출한다.

```
Observable.range(1, 5).takeLast(2);  // [4, 5]
Observable.range(1, 5).skipLast(2);  // [1, 2, 3]
```

first()와 last()

인자 없는 first()와 last() 연산자는 각각 take(1).single()과 takeLast(1).single()로 구현할 수 있는데, 각각의 동작을 매우 잘 설명한다. 여분의 single() 연산자로 다운스트림 Observable이 정확히 하나의 값이나 예외 방출을 보증한다. 추가로 first()와 last()는 인자로 술어를 받는 중복 정의 버전도 있다. 맨 처음/마지막 값이 아닌, 주어진 조건에 부합하는 처음/마지막 값을 방출한다.

takeFirst(predicate)

takeFirst(predicate) 연산자는 filter(predicate).take(1)로 표현할 수 있다. 이 연산자와 first(predicate)의 유일한 차이라면 일치하는 값이 없는 경우에도 NoSuchElementException 예외를 던지지 않는다는 점이다.

takeUntil(predicate)와 takeWhile(predicate)

takeUntil(predicate)와 takeWhile(predicate)는 서로 밀접한 관련이 있다. takeUntil()은 소스 Observable에서 값을 방출하다가 predicate와 일치하는 첫 번째 항목을 방출한 다음 완료하고 구독을 해지한다. 반면에 takeWhile() 은 주어진 predicate를 만족하는 한 방출을 지속한다. 따라서 유일한 차이는 takeUntil()은 첫 번째 불일치 값을 방출하지만 takeWhile()은 그렇지 않다는 점이다. 이들 연산자는 이벤트를 방출하는 Observable에서 조건에 따라 구독을 해지할 수 있는 수단이므로 매우 중요하다. 그렇지 않으면 연산자는 어떤 식으로든 Subscription 객체와 상호 작용해야 하는데(35쪽의 "Subscription과 Subscriber〈T〉로 리스너 제어하기"를 참고하자), 연산자가 호출되는 시점에 는 불가능하다.

```
Observable.range(1, 5).takeUntil(x -> x == 3);  // [1, 2, 3]
Observable.range(1, 5).takeWhile(x -> x != 3);  // [1, 2]
```

elementAt(n)

자주 있는 일은 아니지만 특정 위치의 항목을 뽑아내고 싶다면 내장된 element At() 연산자를 쓰면 된다. 동작은 상당히 엄격하여 업스트림 Observable이 충분히 길지 않거나 음수 인덱스를 사용하면 IndexOutOfBoundsException을 방출한다. 물론 업스트림의 T 자료형 그대로 Observable<T>를 반환한다.

...OrDefault() 연산자

이 절에 등장하는 연산자들은 엄격하여 예외를 던지는 상황이 자주 발생한다. 예를 들면 텅 빈 업스트림 Observable에 first()를 사용하면 그렇다. 이런 경우에 각종 ...OrDefault 연산자가 예외를 기본값으로 대체할 수 있도록 한다. elementAtOrDefault()와 firstOrDefault(), lastOrDefault(), singleOr Default() 등은 이름만 봐도 쓰임새를 알 수 있는 직관적인 이름이다.

count()

count()는 업스트림 Observable에서 방출한 이벤트 개수를 세는 흥미로운 연산자다. 또한 업스트림 Observable에서 주어진 술어 조건에 맞는 이벤트가 얼마나 방출됐는지 알고 싶다면 filter(predicate).count()라고 쓰면 된다. 모든 연산자는 느긋하여 상당히 큰 스트림에서도 잘 작동하니 염려하지 않아도 된다. 무한 스트림인 경우 count()는 절대로 값을 방출할 수 없다. count()는 reduce()로도 쉽게 구현할 수 있다.

```
Observable<Integer> size = Observable
        .just('A', 'B', 'C', 'D')
        .reduce(0, (sizeSoFar, ch) -> sizeSoFar + 1);
```

all(predicate)와 exists(predicate), contains(value)

간혹 주어진 Observable의 모든 이벤트를 어떤 술어와 맞춰보는 작업이 유용할 때가 있다. all(predicate) 연산자는 업스트림의 모든 값이 술어와 맞으면 종료할 때 true를 반환한다. 반면 조건에 맞지 않는 값을 만나는 즉시 false를 반환한다. exists(predicate)는 all()과 정확히 반대다. 처음으로 조건에 맞는 값을 만나면 true를 반환하고 업스트림이 끝나기까지 모든 값이 조건에 맞지 않으면 false를 반환한다. 간혹 exists() 안의 술어로 단순히 업스트림의 값과 상수를 비교할 때가 있다. 이런 경우에는 contains() 연산자를 사용하면 된다.

```
Observable<Integer> numbers = Observable.range(1, 5);

numbers.all(x -> x != 4);    // [false]
numbers.exists(x -> x == 4); // [true]
numbers.contains(4);         // [true]
```

스트림을 결합하는 방법: concat()과 merge(), switchOnNext()

정적 메서드인 concat()이나 인스턴스 메서드인 concatWith()로 Observable 두 개를 잇는다. 첫 번째 Observable이 끝나면 concat()은 두 번째 Observable을 구독한다. 중요한 점은 concat()은 첫 번째 Observable이 끝나야만 두 번째 Observable을 구독할 수 있다는 사실이다(82쪽 "concatMap()으로 순서 유지하기" 참고). 심지어 concat()은 같은 업스트림 Observable에 다른 연산자를 적용한 결과를 사용할 수도 있다. 예를 들어 매우 긴 스트림에서 처음 몇 개와 마지막 몇 개의 항목만 받고자 한다면 다음과 같을 것이다.

```
Observable<Data> veryLong = //...
final Observable<Data> ends = Observable.concat(
        veryLong.take(5),
        veryLong.takeLast(5)
);
```

별로 바람직하지는 않지만 veryLong을 두 번 구독하고 있음을 눈여겨보자. 다른 concat() 예제로서 첫 번째 스트림이 아무것도 방출하지 않을 때를 대비한 구현이다.

```
Observable<Car> fromCache = loadFromCache();
Observable<Car> fromDb = loadFromDb();

Observable<Car> found = Observable
        .concat(fromCache, fromDb)
        .first();
```

Observable은 느긋하기 때문에 loadFromCache()와 loadFromDb() 중 어떤 것도 아직은 실제로 작동하지 않는다. loadFromCache()는 캐시가 빈 경우라면 아무런 이벤트를 방출하지 않고도 종료할 수 있지만 loadFromDb()는 항상 Car를 하나 방출한다. concat()에 연결한 first()는 처음에 fromCache를 구독한다. fromCache에서 항목 하나를 방출하면 concat()은 fromDb를 구독하지 않는다. 그러나 fromCache가 비었다면 concat()은 fromDb를 구독하고 있기 때문에 데이터베이스에서 값을 가져온다.

concat() 연산자는 사실 merge()나 switchMap()과 밀접한 관련이 있다. concat()은 보통의 List<T> 연결과 비슷하게 동작한다. 우선 첫 번째 스트림에서 모든 항목을 취하는데 첫 번째 스트림이 종료했을 경우에만 두 번째 스트림을 처리하기 시작한다. 물론 지금까지 본 다른 연산자와 마찬가지로 concat()도 논블로킹이며, 기반 스트림이 무엇인가 방출할 경우에만 이벤트를 방출한다. 그러면 이제는 concat()을 merge()(85쪽 "merge()로 여러 Observable을 하나처럼 다루기" 참고) 그리고 지금 막 소개하려는 switchOnNext()와 비교해 보자.

한 무리의 사람들이 각각 마이크를 하나씩 들고 있다고 가정하자. 마이크를 Observable<String>으로 모델링했으며, 개별 이벤트는 단어 하나를 나타낸다. 이벤트는 말하는 순간 시간에 따라 발생한다. 이러한 동작을 연출해보고자 간단한 Observable을 하나 만들었는데, 이 자체도 흥미진진하다.

```
Observable<String> speak(String quote, long millisPerChar) {
    String[] tokens = quote.replaceAll("[:,]", "").split(" ");
    Observable<String> words = Observable.from(tokens);
    Observable<Long> absoluteDelay = words
        .map(String::length)
        .map(len -> len * millisPerChar)
        .scan((total, current) -> total + current);
    return words
        .zipWith(absoluteDelay.startWith(0L), Pair::of)
        .flatMap(pair -> just(pair.getLeft())
            .delay(pair.getRight(), MILLISECONDS));
}
```

코드 예제가 다소 복잡하니 한 줄씩 살펴보도록 하자. String으로 임의의 문장을 받아 단어로 쪼갠 뒤 정규 표현식으로 구두점을 제거한다. 이제 개별 단어를 말할 때 시간이 얼마나 걸릴 지 계산할 수 있는데, 단순하게 단어 길이에 millisPerChar를 곱하자. 단어를 시계열에 따라 늘어놓았으니 각각의 단어가 계산된 지연 시간에 맞춰 결과 스트림으로 나타날 것이다. 분명 단순한 from 연산자로는 충분하지 않다.

```
Observable<String> words = Observable.from(tokens);
```

이전 단어의 길이에 따라 단어가 지연되어 나타나기를 원한다. 우선 주어진 단어 길이만큼 정직하게 지연하는 구현을 보자.

```
words.flatMap(word -> Observable
    .just(word)
    .delay(word.length() * millisPerChar, MILLISECONDS));
```

이 답은 틀렸다. Observable은 처음에 글자 하나로 된 모든 단어를 한꺼번에 방출한다. 그러고 잠시 후 두 글자 단어를, 그 다음은 세 글자 단어를 방출한다. 원하는 바는 첫 단어를 즉시 방출하고 그 다음으로 첫 번째 단어 길이만큼 지연 후에 두 번째 단어를 내보내는 것이다. 복잡하게 들리겠지만 곧 재미있어질 것이다. 우선은 words로부터 개별 단어에서 유도한 상대적인 지연값만을 추출한 도우미 스트림을 만든다.

```
words
    .map(String::length)
    .map(len -> len * millisPerChar);
```

millisPerChar를 100, words를 *Though this be madness*로 하면 결과로 600, 400, 200, 700이라는 스트림을 구한다. 단순히 delay()를 사용해 개별 단어를 주어진 시간만큼 지연시키면, "*be*"가 처음에 나타나고 나머지 단어들 또한 뒤섞여 등장한다. 정말로 원하는 바는 600, 600 + 400 = 1000, 1000 + 200 = 1200, 1200 + 700 = 1900 과 같이 누적되는 절대 지연 값이다. 이러한 작업은 scan() 연산자로 하면 쉽다. 98쪽의 "scan()과 reduce()로 순열 훑기"도 읽어보자.

```
Observable<Long> absoluteDelay = words
    .map(String::length)
    .map(len -> len * millisPerChar)
    .scan((total, current) -> total + current);
```

이제 단어 목록과 절대 시간 지연 목록을 확보했으니, 이들 두 개의 스트림을 zip()으로 묶을 수 있다. zip() 연산자가 빛을 발하는 상황이다.

```
words
    .zipWith(absoluteDelay.startWith(0L), Pair::of)
    .flatMap(pair -> just(pair.getLeft())))
```

두 스트림이 정확히 같은 크기이며 완벽히 서로 짝이 맞음을 알고 있기에 zip()
연산자는 매우 타당한 선택이다. 거의 다 됐다. 첫 번째 단어는 전혀 지연시키고
싶지 않다. 대신에 첫 번째 단어의 길이로 두 번째 단어의 지연에 영향을 주고
싶고, 첫 번째와 두 번째 단어 길이의 합으로 세 번째 단어의 지연 시간에 영향을
주고 싶다. 이러한 변경은 0 값을 덧붙인 absoluteDelay를 사용하면 쉽게 구현할
수 있다.

```
import org.apache.commons.lang3.tuple.Pair;

words
    .zipWith(absoluteDelay.startWith(0L), Pair::of)
    .flatMap(pair -> just(pair.getLeft())
        .delay(pair.getRight(), MILLISECONDS));
```

이렇게 단어-절대 지연 시간 짝으로 만든 순열을 만들었다. 첫 번째 단어는 지연
되지 않는다. 이들 짝은 다음과 같은 모습일 것이다.

```
(Though, 0)
(this, 600)
(be, 1000)
(madness, 1200)
...
```

이것이 우리의 말하기 시간표다. 단어 각각에 말할 시점을 추가했다. 이제 모든
단어쌍을 시계열에 맞춰서 하나의 Observable로 바꾸는 일이 남았다.

```
flatMap(pair -> just(pair.getLeft())
    .delay(pair.getRight(), MILLISECONDS));
```

이러한 준비 과정 끝에 마침내 concat()과 merge(), switchOnNext() 사이의 차이
점을 확인할 수 있게 되었다. 『햄릿』의 대사를 3명이 인용한다고 가정하자.

```
Observable<String> alice = speak(
        "To be, or not to be: that is the question", 110);
Observable<String> bob = speak(
        "Though this be madness, yet there is method in't", 90);
Observable<String> jane = speak(
        "There are more things in Heaven and Earth, " +
        "Horatio, than are dreamt of in your philosophy", 100);
```

보는 바와 같이 각자 조금씩 다른 속도 millisPerChar로 이야기한다. 모두가 동시에 이야기를 시작하면 어떻게 될까? RxJava의 답변은 다음과 같다.

```
Observable
    .merge(
        alice.map(w -> "Alice: " + w),
        bob.map(w   -> "Bob:   " + w),
        jane.map(w  -> "Jane:  " + w)
    )
    .subscribe(System.out::println);
```

결과는 매우 혼란스럽다. 각자 하는 이야기가 서로 뒤섞인다. 문장 구분도 불가능한 소음일 뿐 이해할 수가 없다.

```
Alice: To
Bob:   Though
Jane:  There
Alice: be
Alice: or
Jane:  are
Alice: not
Bob:   this
Jane:  more
Alice: to
Jane:  things
Alice: be
Bob:   be
Alice: that
Bob:   madness
Jane:  in
Alice: is
Jane:  Heaven
Alice: the
Bob:   yet
Alice: question
Jane:  and
Bob:   there
Jane:  Earth
Bob:   is
Jane:  Horatio
Bob:   method
Jane:  than
Bob:   in't
Jane:  are
Jane:  dreamt
Jane:  of
Jane:  in
Jane:  your
Jane:  philosophy
```

이것이 merge()가 작동하는 방식이다. 화자 각각의 단어를 즉시 구독하여 누가 말하건 상관없이 다운스트림으로 보내며, 두 스트림이 같은 시간에 이벤트를 방출하더라도 곧바로 이들 모두를 전달한다. 이 연산자는 버퍼나 지연 처리를 하지 않는다.

merge()를 concat() 연산자로 바꾸면 상황은 매우 달라진다.

```
Alice: To
Alice: be
Alice: or
Alice: not
Alice: to
Alice: be
Alice: that
Alice: is
Alice: the
Alice: question
Bob:   Though
Bob:   this
Bob:   be
Bob:   madness
Bob:   yet
Bob:   there
Bob:   is
Bob:   method
Bob:   in't
Jane:  There
Jane:  are
Jane:  more
Jane:  things
Jane:  in
Jane:  Heaven
Jane:  and
Jane:  Earth
Jane:  Horatio
Jane:  than
Jane:  are
Jane:  dreamt
Jane:  of
Jane:  in
Jane:  your
Jane:  philosophy
```

이번에는 순서가 완벽하다. concat(alice, bob, jane)은 우선 alice를 구독하여 이 Observable이 고갈될 때까지 이벤트를 계속 전달한다. 그런 다음 concat()은 bob으로 전환한다. 뜨거운/차가운 Observable에 대해 잠시 생각해 보자. merge()는 모든 스트림을 조급히 구독하기 때문에 모든 스트림의 모든 이벤트를 전달한다. 반면 concat()은 단지 첫 번째 스트림만을 구독하므로, 이때 뜨거운 Observable이라면 다른 결과가 나올 것이다. 첫 번째 Observable이 끝날 때까지 두 번째 Observable은 완전히 다른 이벤트 순열을 보낼 것이다. concat()은 첫 번째 Observable이 끝날 때까지 두 번째 Observable을 버퍼 처리하지 않는다는 사실을 명심하자. 그저 느긋하게 구독할 뿐이다.

switchOnNext()는 전혀 다른 방식의 결합 연산자다. 이벤트 스트림이면서 개별 이벤트 또한 각각 스트림인 Observable<Observable<T>>가 있다고 가정해보자.[12] 이런 상황이 실제로도 가능한데, 스마트폰 여러 개를 인터넷(바깥 스트림)에 연결하는 상황을 예로 들 수 있다. 새로운 연결을 이벤트라 했을 때 개별 이벤트는 독립적인 심박(heartbeat) 메시지 스트림(Observable<Ping>)이다. 예제에서는 스트림이 Observable<Observable<String>>인데, 안쪽 스트림을 3명의 사람 alice, bob, jane이라 하자.

```
import java.util.Random;

Random rnd = new Random();
Observable<Observable<String>> quotes = just(
            alice.map(w -> "Alice: " + w),
            bob.map(w  -> "Bob:   " + w),
            jane.map(w -> "Jane:  " + w));
```

먼저 alice와 bob, jane Observable을 포장하여 Observable<Observable<String>>으로 만든다. 반복해보면 quotes Observable은 3개의 이벤트를 즉시 방출하는데, 각각의 이벤트는 안쪽의 Observable<String>이다. 모든 안쪽 Observable<String>은 각 사람이 이야기하는 단어를 보여준다. switchOnNext()가 어떻게 작동하는지 묘사하기 위해 안쪽 Observable의 방출을 지연하겠다. 다음에 보이는 A처럼 해당 Observable의 개별 단어를 지연하지 않고 B(A와 미묘하게 다르다)처럼 Observable 자체를 지연한다.

```
// A
map(innerObs ->
        innerObs.delay(rnd.nextInt(5), SECONDS))

// B
flatMap(innerObs -> just(innerObs)
        .delay(rnd.nextInt(5), SECONDS))
```

---

[12] We Need To Go Deeper. (옮긴이) 영화 〈인셉션〉에 나오는 대사. 저자가 '재귀(recursion)'를 암시하기 위해 의도적으로 인용한 문구이다.

A에서 Observable은 즉시 바깥 스트림 안에 나타나는데 약간의 지연 시간 이후에 이벤트 방출을 시작한다. 반면에 B에서는 전반적인 Observable 이벤트의 시간이 밀려서 바깥 Observable에 나타나는 시간이 훨씬 늦다. 왜 이런 복잡한 설정이 필요한 것일까? 정적인 concat()과 merge() 연산자 둘 다 고정 목록인 Observable이나 Observable의 Observable을 처리할 수 있다. switchOnNext()인 경우 B가 타당하다.

switchOnNext()는 Observable<Observable<T>>를 구독하여 Observable<T> 방출을 시작한다. 첫 번째 Observable<T>가 나타나면 곧바로 switchOnNext() 연산자는 이를 구독하여 이벤트 T를 다운스트림으로 밀어내기 시작한다. 그렇다면 다음 번 Observable<T>가 나타나면 무슨 일이 벌어질까? switchOnNext()는 이미 구독 중이던 Observable<T>를 먼저 구독 해지하고, (연산자 이름이 의미하는 대로) 다음 Observable<T>로 바꾼다. 즉, 스트림의 스트림인 경우 switchOnNext()는 이전 스트림이 새 이벤트를 계속 전달하더라도 항상 최신 내부 스트림에서 다운스트림 이벤트를 전달한다.

『햄릿』 인용 예제를 통해 이 내용이 어떻게 보일지 확인해 보자.

```
Random rnd = new Random();
Observable<Observable<String>> quotes = just(
                alice.map(w -> "Alice: " + w),
                bob.map(w   -> "Bob:   " + w),
                jane.map(w  -> "Jane:  " + w))
        .flatMap(innerObs -> just(innerObs)
                .delay(rnd.nextInt(5), SECONDS));

Observable
        .switchOnNext(quotes)
        .subscribe(System.out::println);
```

무작위성을 띠는 이 예제의 특성상 다음과 비슷한 결과가 나타날 것이다.

```
Jane:  There
Jane:  are
Jane:  more
Alice: To
Alice: be
Alice: or
Alice: not
Alice: to
Bob:   Though
Bob:   this
Bob:   be
Bob:   madness
```

```
Bob:    yet
Bob:    there
Bob:    is
Bob:    method
Bob:    in't
```

각자 0~4 초 사이에서 임의의 지연 시간 이후 말하기 시작한다. 이 경우에는 제인의 Observable<String>이 몇 마디를 하던 중 앨리스의 Observable<String>이 바깥 Observable에 등장했다. 이때 switchOnNext()는 jane을 구독 해지하므로 나머지 인용문을 들을 수 없다. jane Observable은 버림받아 무시되고, switchOnNext()는 이 순간 alice만 청취한다. 그런데 밥의 인용구가 등장하기 때문에 안쪽 Observable이 또 다시 중단된다. 안쪽 Observable이 서로 중첩되지 않고 다음 Observable이 나타나기 전에 완료된다면 switchOnNext()는 이론상 모든 이벤트를 방출할 수 있다.

그럼 Observable 자체의 지연이 아니라 안쪽 Observable(A를 기억하는가?)의 이벤트 지연이라면 어떤 일이 벌어질까? 아마도 세 개의 안쪽 Observable이 동시에 바깥 Observable에 나타날 것이고 switchOnNext()는 이 중 하나만 구독할 것이다.

주어진 기준으로 스트림을 나누는 groupBy( )

보통 도메인 주도 설계(도메인 주도 설계에 대한 더 자세한 내용은 반 버논(Vaughn Vernon)의 *Implementing Domain-Driven Design*[13]을 참조하자)와 함께 사용하는 방법 중 하나가 이벤트 소싱이다. 이 아키텍처에서는 데이터를 현재 상태의 스냅샷으로 저장하지 않으므로 값이 바뀌지 않는다. 즉 SQL UPDATE 문을 사용하지 않는다. 이미 발생한 이벤트를 추가만 가능한 데이터 저장소에 불변 도메인 이벤트 순열(팩트)로서 보관한다. 이 설계를 사용하면 어떠한 데이터도 덮어쓰지 않으므로 효과적으로 감사 기록을 확보할 수 있다. 무엇보다 실시간으로 데이터를 들여다보는 유일한 방법은 비어 있는 뷰에서 시작하여 이러한 팩트를[14] 계속해서 적용하는 것이다.

이벤트 소싱에서 초기의 빈 상태에 이벤트를 적용하는 과정을 프로젝션(projection)[15]이라고 한다. 단일 팩트 원본으로 다양한 프로젝션을 조정할

---

13 (옮긴이) 번역서로 『도메인 주도 설계 구현』(2016, 에이콘)이 있다.
14 (옮긴이) 팩트(fact)는 이벤트 소싱에서 사용하는 용어라서 이를 강조하기 위해 번역하지 않았다.
15 *Implementing Domain-Driven Design*의 부록 A에서 "Read Model Projections"를 참고하자.

수 있는데, 예를 들어 팩트 스트림이 TicketReserved, ReservationConfirmed, TicketBought 같은 예약 시스템과 관련이 있다고 하자. 과거 시제는 중요한데 팩트(사건)는 항상 이미 발생한 동작이나 이벤트를 반영하기 때문이다. 단일 팩트 스트림(팩트에 대한 단일 원본)에서 여러 가지 프로젝션을 유도할 수 있는데 예를 들면 다음과 같다.

- 확인된 모든 예약 목록
- 오늘 취소된 예약 목록
- 주간 총수익

시스템이 진화하면서 낡은 프로젝션을 버리고 새로운 프로젝션을 만들 수 있는데, 팩트로서 조급하게 수집된 데이터를 활용한다. 모든 예약을 그 상태와 함께 투영(projection)하고 싶다고 생각해 보자. 이렇게 하려면 모든 Reservation Event를 취해 적절한 예약에 적용해야 한다. 각각의 ReservationEvent는 Ticket Bought 같은 다른 이벤트를 위한 하위 클래스를 갖고 있다. 또한 개별 이벤트는 예약 신청을 위한 고유값인 UUID를 갖고 있다.

```java
FactStore factStore = new CassandraFactStore();
Observable<ReservationEvent> facts = factStore.observe();
facts.subscribe(this::updateProjection);

//...

void updateProjection(ReservationEvent event) {
    UUID uuid = event.getReservationUuid();
    Reservation res = loadBy(uuid)
        .orElseGet(() -> new Reservation(uuid));
    res.consume(event);
    store(event.getUuid(), res);
}

private void store(UUID id, Reservation modified) {
    //...
}

Optional<Reservation> loadBy(UUID uuid) {
    //...
}

class Reservation {

    Reservation consume(ReservationEvent event) {
        // 자신의 상태를 바꿈
        return this;
```

```
        }
    }
```

당연히 facts 스트림은 Observable로 표현할 수 있다. 시스템의 다른 부분에서 API 호출이나 웹 요청을 받아서 반응하고(예: 고객의 신용카드 결제), 어떤 일이 벌어졌는지 팩트(도메인 이벤트)를 저장한다. 시스템의 또 다른 부분(혹은 아예 별개 시스템!)에서는 스트림을 구독하여 이러한 팩트를 취하고 임의의 관점에서 현재 시스템 상태의 스냅샷을 찍는다. 코드는 매우 단순하다. 각각의 ReservationEvent는 프로젝션의 데이터 저장소에서 Reservation을 가져온다. Reservation을 찾을 수 없다면 해당 UUID로 들어온 최초 이벤트라는 뜻이므로, 비어 있는 Reservation을 시작할 수 있다. 이런 경우 ReservationEvent를 지나 Reservation으로 향한다. 어떤 형의 팩트라도 반영하도록 스스로 갱신할 수 있다. 그 다음에 다시 Reservation을 저장한다.

프로젝션은 팩트에 독립적이라는 점을 기억하자. 어떠한 저장 방식이건 사용 가능하며 심지어 메모리에 상태를 저장할 수도 있다. 더 나아가 같은 팩트 스트림을 소비하는 다양한 프로젝션이 있을 수 있으며, 서로 다른 스냅샷을 만들어 낼 수 있다. 예를 들어 Accounting 객체는 같은 팩트 스트림을 소비하더라도 드나드는 돈에만 관심이 있다. 다른 프로젝션은 FraudDetected 팩트에만 관심을 갖고 사기 행위만 요약한다.

지금까지 간략한 이벤트 소싱 이야기를 한 이유는 groupBy() 연산자가 어째서 유용한지 이해를 돕기 위함이다. 잠시 후 Reservation 프로젝션 갱신 작업이 늦어져서 팩트 발생 속도를 따라잡을 수 없음을 발견했다. 데이터 저장소는 동시 읽기와 갱신을 쉽게 처리할 수 있으므로 팩트의 병렬 처리를 시도해볼 수 있다.

```
Observable<ReservationEvent> facts = factStore.observe();

facts
        .flatMap(this::updateProjectionAsync)
        .subscribe();

//...

Observable<ReservationEvent> updateProjectionAsync(ReservationEvent event) {
    // 아마도 비동기
}
```

이러한 경우 facts를 병렬로 소비한다. 보다 엄밀히 말하자면, 받기는 순차로 일어나지만 updateProjectionAsync()에서 진행하는 처리 과정은 비동기일 수 있다. updateProjectionAsync()는 프로젝션 내부에서 제공된 Reservation 객체의 상태를 바꾼다. 하지만 updateProjection()의 구현 방식은 스레드 경합 가능성이 있음을 곧 알게 된다. 두 스레드가 서로 다른 이벤트를 소비하면서도 같은 Reservation을 수정하고 저장을 시도한다. 하지만 처음 갱신 내용을 덮어쓰게 되어 실제로는 유실된다. 기술적으로는 낙관적 잠금(optimistic locking) 방식을 시도할 수 있겠지만 다른 문제가 남아 있다. 팩트의 순서를 더 이상 보장하지 못한다. 서로 관련 없는(UUID가 다른) Reservation을 손대는 경우라면 문제가 없다. 하지만 팩트를 동일한 Reservation에 다른 순서로 반영하는 일이 실제로 발생한다면 재앙이 될 수 있다.

이때 groupBy()가 유용하다. groupBy()는 스트림을 특정 키 기반으로 여러 개의 병렬 스트림으로 나눈다. 각각은 주어진 키와 관련한 이벤트를 갖고 있다. 여기서 예약에 관한 거대한 팩트 스트림 하나를 특정 UUID와 관련한 이벤트만 방출하는 수많은 작은 스트림으로 나누려고 한다.

```
Observable<ReservationEvent> facts = factStore.observe();

Observable<GroupedObservable<UUID, ReservationEvent>> grouped =
        facts.groupBy(ReservationEvent::getReservationUuid);

grouped.subscribe(byUuid -> {
    byUuid.subscribe(this::updateProjection);
});
```

이 예제는 몇 가지 새로운 구조를 포함한다. 우선 업스트림의 Observable <ReservationEvent> 스트림을 취한 다음 UUID(ReservationEvent::getReservationUuid)를 이용해 몇 개의 그룹으로 나눈다. 결국은 단일 스트림을 여러 개로 변환할 것이기 때문에 아마도 groupBy()가 List<Observable<ReservationEvent>>를 반환하리라 기대할 것이다. 이러한 가정은 groupBy()가 업스트림에서 생성하는 식별자(UUID)가 얼마나 많을지 알 도리가 없음을 깨닫는 순간 여지없이 깨진다. 즉, 그때그때 즉석에서 생성해야 한다. 새로운 UUID가 나타나면 새로운 Grouped Observable<UUID, ReservationEvent>가 방출되고, 해당하는 UUID로 이벤트를 밀어낸다. 따라서 명백하게 외부의 데이터 구조는 Observable이어야 한다.

그러면 대체 GroupedObservable<UUID, ReservationEvent>는 무엇인가? GroupedObservable은 Observable의 단순한 서브클래스로서 표준 Observable의 규약과는 별개로 해당 스트림의 모든 이벤트가 속한 키(이 경우 UUID)를 반환한다. 방출되는 GroupedObservable의 수는 하나(모든 이벤트가 같은 식별자를 갖는 경우)부터 모든 이벤트 개수(개별 업스트림 이벤트 모두가 서로 다른 고유한 식별자) 사이의 어떤 값이다. 이는 중첩된 Observable이 그리 나쁘지 않은 경우 중 하나에 해당한다. 바깥의 Observable을 구독한다면, 모든 방출 값은 실제로 구독 가능한 또 다른 Observable(GroupedObservable)이다. 예를 들어 안쪽 스트림은 서로 관련이 있는 이벤트(예: 동일한 상관 관계 ID)를 제공할 수 있지만 안쪽 스트림 자체는 서로 관련이 없어 별도로 처리할 수 있다.

어디로 가야 하는가?

RxJava에는 그밖에도 수없이 많은 연산자를 제공한다. 대부분 6장에서 다루기는 하지만 모든 것을 다루기란 비합리적이며 시간 낭비다. 또한 철저히 파헤쳐 봐야 개정판이 나오면 쓸모 없는 정보가 될 것이다. 그러나 어떤 연산자가 적합한지, 어떻게 작동하는지 기본적인 이해는 해야 한다. 다음으로 사용자 정의 연산자를 만드는 방법을 알아보자.

사용자 정의 연산자 만들기

RxJava에서 쓸 수 있는 연산자에 대해 대략적으로 훑어보았고 이 책을 통해 다른 것들도 배울 수 있다. 게다가 연산자의 진정한 힘은 연산자들의 구성에서 발휘된다. 유닉스의 "작지만 예리한 도구"[16] 철학에 따라, 개별 연산자는 한 번에 한 가지 작은 변환만 처리한다. 이 절에서는 먼저 작은 연산자들을 매끄럽게 구성할 수 있는 compose() 연산자를 알아본 다음 완전히 새로운 연산자를 만들어 낼 수 있는 lift() 연산자를 소개하겠다.

compose()로 연산자 재사용하기

예제를 하나 살펴보자. 어떤 이유로 업스트림 Observable을 변환하고자 하는데 짝수 번째 항목만 받고 나머지는 다 버리고 싶다. 235쪽 "흐름 제어"에서 이러한 일을 매우 간단하게 처리할 수 있는 buffer() 연산자를 배울 것이다(buffer(1, 2)가 원하는 바와 거의 같다). 하지만 아직 이 연산자를 모른다고 가정하고 몇 가지 연산자 구성으로 원하는 기능을 구현해 보자.

---

16 Andrew Hunt and David Thomas, *The Pragmatic Programmer: From Journeyman to Master*(1999, Addison-Wesley *Professional*).
(옮긴이) 번역서로는 『실용주의 프로그래머』(2014, 인사이트)가 있다.

```
import org.apache.commons.lang3.tuple.Pair;

//...

Observable<Boolean> trueFalse = Observable.just(true, false).repeat();
Observable<T> upstream = //...
Observable<T> downstream = upstream
        .zipWith(trueFalse, Pair::of)
        .filter(Pair::getRight)
        .map(Pair::getLeft);
```

우선 true와 false를 교대로 무한히 방출하는 Observable<Boolean>을 만든다. 항목 2개로 이루어진 고정 [true, false] 스트림을 repeat() 연산자로 무한 반복하여 쉽게 구현할 수 있다. repeat()는 다운스트림으로 보내는 대신 단순히 업스트림의 완료 알림을 가로채 다시 구독한다. 따라서 repeat()가 같은 이벤트 순열로 반복을 유지한다는 보장은 없지만 이 경우는 다행히도 단순한 고정 스트림이다. 284쪽의 "실패 후 재시도"에서 비슷한 retry() 연산자도 살펴볼 것이다.

업스트림 Observable과 true/false 무한 스트림을 zipWith()로 묶자. zipWith()를 사용하려면 두 항목을 결합하는 함수가 필요하다. 다른 언어라면 간단한 작업인데 자바에서는 아파치 커먼스 라이브러리[17]에서 제공하는 Pair 클래스의 도움을 받아야 한다. 이제 Pair<T, Boolean>으로 이루어진 스트림이 만들어졌다. Pair는 왼쪽과 오른쪽 요소를 갖는데 오른쪽에 true나 false 값이 들어있다. 다음 순서로 모든 페어에 filter()를 적용하여 오른쪽에 true 값을 지닌 경우만 남기고 모든 짝수 페어를 버린다.

마지막 단계는 페어를 풀고 getLeft()를 써서 Boolean은 버리고 T만 취한다. 써드파티 라이브러리를 사용하고 싶지 않다면 다음 구현으로 대체할 수 있다.

```
import static rx.Observable.empty;
import static rx.Observable.just;

//...

upstream.zipWith(trueFalse, (t, bool) ->
                bool ? just(t) : empty())
        .flatMap(obs -> obs)
```

처음에 얼핏 보기에는 아무것도 하지 않는 flatMap()이 이상해 보이겠지만 사실은 결정적인 역할을 한다. zipWith() 변환은 비었거나 원소 하나짜리 Observable을 반환하는데, 그 결과는 Observable<Observable<T>>이다. flatMap()을 사용하

---

17 *http://commons.apache.org/proper/commons-lang*

여 중첩을 풀어낼 수 있다. 결국 flatMap() 안의 람다식은 각각의 입력값에 대해 Observable을 반환한다.

이들 중 어떤 구현이건 재사용하기는 어렵다. '홀수 항목'만 취하도록 재사용하려면 복사해서 사용하거나 다음과 같이 유틸리티 메서드를 만들어야 한다.

```
static <T> Observable<T> odd(Observable<T> upstream) {
    Observable<Boolean> trueFalse = just(true, false).repeat();
    return upstream
            .zipWith(trueFalse, Pair::of)
            .filter(Pair::getRight)
            .map(Pair::getLeft)
}
```

그렇지만 더 이상 obs.op1().odd().op2() 같이 연산자를 매끄럽게 연결할 수 없다. 리액티브 익스텐션의 시초인 C#이나 스칼라[18]와는 다르게, 자바는 메서드 확장을 지원하지 않는다. 그러나 내장 compose() 연산자는 어느 정도 이를 허용한다. compose()는 몇몇 연산자를 연결하여 업스트림 Observable을 변환하는 함수를 인자로 받는다. 다음은 구체적으로 어떻게 작동하는지를 보여주는 예제다.

```
private <T> Observable.Transformer<T, T> odd() {
    Observable<Boolean> trueFalse = just(true, false).repeat();
    return upstream -> upstream
            .zipWith(trueFalse, Pair::of)
            .filter(Pair::getRight)
            .map(Pair::getLeft);
}

//...

// [A, B, C, D, E...]
Observable<Character> alphabet =
        Observable
                .range(0, 'Z' - 'A' + 1)
                .map(c -> (char) ('A' + c));

// [A, C, E, G, I...]
alphabet
        .compose(odd())
        .forEach(System.out::println);
```

odd() 함수는 Observable<T>에서 Observable<T>로 변환하는 Transformer<T, T>를 반환한다. 물론 입출력 자료형 T는 서로 다를 수 있다. 따라서 Transformer는 그 자체가 함수라서 람다식 upstream -> upstream...으로 대체 가능하다. odd()

---

18 *http://reactivex.io/rxscala*에서 RxJava를 위한 스칼라 고유의 포장재(wrapper)를 살펴보자.

는 구독 시점이 아니라 Observable이 생성되는 순간 조급하게 실행된다. 홀수 (1, 3, 5, …)가 아닌 짝수 (2, 4, 6, …)번째 항목을 방출하고 싶다면, trueFalse를 trueFalse.skip(1)로 바꾸기만 하면 된다.

lift()로 고급 연산자 만들기

사용자 정의 연산자 만들기는 까다롭다. 왜냐하면 배압(252쪽 "배압" 참조) 문제와 구독 원리를 고려해야 하기 때문이다. 그러므로 새로 만들기보다 최대한 기존 연산자를 활용하여 목적을 달성하는 것이 좋다. 내장 연산자들은 충분히 검증됐다. 그렇지만 제공된 연산자들이 적합하지 않다면 메타 연산자인 lift()가 도움이 될 것이다. compose()는 연산자를 그룹화할 경우에만 유용하다. 반면에 lift()로는 어떠한 연산이라도 구현 가능하며 업스트림 이벤트의 흐름도 바꿀 수 있다.

compose()가 Observable을 바꾼다면, lift()는 Subscriber 변환을 허용한다. 38쪽의 "Observable.create() 정복"을 다시 정리해 보자. Observable을 구독하면, 콜백을 포장한 Subscriber는 구독 대상인 Observable까지 거슬러 올라가서 subscriber를 인자로 하여 Obsevable의 create() 메서드를 호출한다(상당히 단순화했다). 그래서 구독할 때 Subscriber는 언제나 모든 연산자를 거쳐 원본 Observable로 간다. 분명히 Observable과 subscribe() 사이에는 임의 개수의 연산자가 있어 아래 예제에서 보는 바와 같이 다운스트림으로 흐르는 이벤트를 바꾼다.

```
Observable
    .range(1, 1000)
    .filter(x -> x % 3 == 0)
    .distinct()
    .reduce((a, x) -> a + x)
    .map(Integer::toHexString)
    .subscribe(System.out::println);
```

하지만 재미있게도 RxJava 소스 코드를 보고 연산자 호출을 각각의 몸체로 바꿔보면 꽤 복잡한 연산자들이 매우 규칙적으로 바뀐다. reduce()를 어떻게 scan().takeLast(1).single()로 만들었는지 눈여겨보자.

```
Observable
    .range(1, 1000)
    .lift(new OperatorFilter<>(x -> x % 3 == 0))
    .lift(   OperatorDistinct.<Integer>instance())
```

```
.lift(new OperatorScan<>((Integer a, Integer x) -> a + x))
.lift(    OperatorTakeLastOne.<Integer>instance())
.lift(    OperatorSingle.<Integer>instance())
.lift(new OperatorMap<>(Integer::toHexString))
.subscribe(System.out::println);
```

여러 스트림을 한꺼번에 사용하는 flatMap() 같은 경우를 제외하면 거의 모든 연산자들은 lift()를 써서 만들었다. 맨 밑에서 subscribe()로 구독하면 Subscriber<String> 객체가 생기고 바로 위의 lift()로 전달된다. 위의 것은 이벤트를 방출하는 진짜 Observable<String>일 수도 있고 연산자의 결과일 수도 있다. 여기서는 map(Integer::toHexString)이다. map() 자체는 이벤트를 방출하지 않지만, 이를 받고자 하는 Subscriber를 받았다. map()이 (lift() 도우미 연산자를 통해) 하는 일은 자신의 부모(앞선 예제에서 reduce()) 구독이다. 그러나 자신이 받은 동일한 Subscriber는 통과시키지 못한다. 왜냐하면 subscribe()는 Subscriber<String>를 요구하는 반면 reduce()는 Subscriber<Integer>를 기대하기 때문이다. 결국 map()은 Integer를 String으로 바꾸는 일을 한다. map() 연산자는 새로운 인위적 Subscriber<Integer>를 만들어서 특별한 Subscriber가 무엇이든 수신할 때마다 Integer::toHexString 함수를 적용한 다음 다운스트림 Subscriber<String>에 통지한다.

map( ) 연산자 내부 구현 들여다보기

이것은 OperatorMap 클래스가 하는 일의 핵심으로, 다운스트림(자식) Subscriber<R>을 업스트림 Subscriber<T>로 변환한다. 다음은 실제 RxJava의 구현으로, 가독성을 위해 일부 내용은 생략했다.

```java
public final class OperatorMap<T, R> implements Operator<R, T> {

    private final Func1<T, R> transformer;

    public OperatorMap(Func1<T, R> transformer) {
        this.transformer = transformer;
    }

    @Override
    public Subscriber<T> call(final Subscriber<R> child) {
        return new Subscriber<T>(child) {

            @Override
            public void onCompleted() {
                child.onCompleted();
```

```
            }

            @Override
            public void onError(Throwable e) {
                child.onError(e);
            }

            @Override
            public void onNext(T t) {
                try {
                    child.onNext(transformer.call(t));
                } catch (Exception e) {
                    onError(e);
                }
            }
        };
    }
}
```

한가지 특이한 부분은 T와 R의 제네릭 순서가 뒤바뀌어 있다. map() 연산자는 업스트림에서 흘러 들어온 T형을 R로 바꾼다. 그러나 이 연산자의 임무는 다운스트림을 구독한 쪽에서 들어오는 Subscriber<R>을 업스트림 Observable로 보내는 Subscriber<T>로 변환하는 일이다. 우리는 Subscriber<R>을 통한 구독을 기대했지만, map() 연산자는 Observable<T>를 대상으로 사용하며 Subscriber<T>를 필요로 한다.

RxJava 소스 코드를 보며 앞선 예제를 대략 이해해야 한다. (가장 쉬운 연산자인) map()을 어떻게 구현했는지 이해하면 사용자 정의 연산자도 만들 수 있게 될 것이다. 스트림에 map()을 적용하면 실제로는 lift()를 호출하는데, 이때 변환 함수를 제공하는 OperatorMap 신규 객체를 생성하여 매개변수로 전달한다. 변환 함수는 T형 업스트림 이벤트에 작용하여 R형 다운스트림 이벤트를 반환한다. 연산자에 사용자 정의 함수/변환을 적용하려면, 예기치 못한 예외를 모두 잡아서 onError() 메서드를 통해 다운스트림으로 보내야 함을 잊지 말아야 한다. 이는 업스트림의 구독 해지를 보장하여 더 이상의 이벤트 방출도 막아 준다.

누군가 실제로 구독하기 전에는 내부에서 OperatorMap 객체를 참조하는 새로운 Observable을 만든 다음 변환 함수를 참조하고 있을 뿐임을 명심하자(lift()는 다른 연산자와 마찬가지로 새로운 Observable을 만든다). 실제로 누군가 구독해야 OperatorMap의 call() 함수를 호출한다. 이 함수는 Subscriber<String>(예를 들면 System.out::println을 포장한)을 받아 별개의 Subscriber<Integer>를 반환한다. 후자의 Subscriber가 앞선 연산자를 향해 업스트림으로 올라간다.

내장 연산자와 사용자 정의 연산자 모두 거의 이런 식으로 동작한다. Subscriber를 받아서 원하는 대로 보강한 다음 다운스트림 Subscriber로 반환한다.

첫 번째 연산자

이번에는 모든 홀수 번 요소(1번, 3번, 5번, …)의 toString()을 방출하는 연산자를 구현해보자. 백문이 불여일견이니 예제를 보자.

```
Observable<String> odd = Observable
        .range(1, 9)
        .lift(toStringOfOdd())
// 다음을 방출할 예정: 문자열 "1", "3", "5", "7", "9"
```

같은 기능을 내장 연산자로도 할 수 있다. 그냥 학습 목적으로 맞춤형 연산자 구현을 해보는 것뿐이다.

```
Observable
        .range(1, 9)
        .buffer(1, 2)
        .concatMapIterable(x -> x)
        .map(Object::toString);
```

buffer()는 239쪽의 "이벤트를 리스트로 버퍼링하기"에서 소개할 예정인데 당분간 buffer(1, 2)는 어떤 Observable<T>이든 Observable<List<T>>로 바꾼다고 알고 있으면 된다. 안쪽의 List는 각각 정확히 홀수 번째 항목 하나씩만 포함하며 짝수 번째 항목은 거른다. List(1), List(3)과 같은 단일 항목 리스트로 이루어진 스트림을 concatMapIterable()을 사용해 평범한 스트림으로 바꾸자. 하지만 학습 효과를 위해 이를 한번에 처리하는 사용자 정의 연산자로 만들어 보겠다. 사용자 정의 연산자는 다음 두 가지 중 하나일 것이다.

- 업스트림에서 다운스트림으로 전달할 홀수 번째 이벤트(1번, 3번, 5번, …)를 받아 toString()을 적용한다.
- 버릴 예정인 짝수 번째 이벤트를 받는다

그리고 이를 반복한다. 이 연산자는 아마도 다음과 같은 모습일 것이다.

```
<T> Observable.Operator<String, T> toStringOfOdd() {
    return new Observable.Operator<String, T>() {
```

```
            private boolean odd = true;

            @Override
            public Subscriber<? super T> call(Subscriber<? super String> child) {
                return new Subscriber<T>(child) {
                    @Override
                    public void onCompleted() {
                        child.onCompleted();
                    }

                    @Override
                    public void onError(Throwable e) {
                        child.onError(e);
                    }

                    @Override
                    public void onNext(T t) {
                        if(odd) {
                            child.onNext(t.toString());
                        } else {
                            request(1);
                        }
                        odd = !odd;
                    }
                };
            }
        };
    }
```

request(1) 호출은 263쪽의 "요청받은 데이터양을 존중하기"에서 설명할 것이다. 지금은 request()를 다음처럼 이해하면 된다. Subscriber가 이벤트의 일부분, 예를 들어 take(2)로 처음 두 개만을 요청한다면 RxJava는 내부적으로 request(2)를 호출하여 해당하는 데이터양만 처리하도록 요청한다. 이 요청을 업스트림으로 보내면 그대로 1과 2를 받는다. 그런데 2(짝수 항목)는 버리더라도 여전히 다운스트림에 2개의 이벤트를 제공해야 한다. 따라서 여분의 request(1) 이벤트를 추가로 요청해야 하며 그리하여 3도 받게 된다. RxJava는 배압(backpressure)이라 부르는, 압도적인 생산자에게서 소비자를 보호하여 구독자가 처리할 수 있는 만큼 요청량을 제어하는 정교한 장치를 구현해 놓았다. 이 주제는 252쪽 "배압"에서 집중적으로 이야기하겠다.

 좋든 싫든 간에 null 또한 RxJava에서 유효한 값이다. Observable.just("A", null, "B")도 여느 스트림이나 다름없다는 뜻이다. 사용자 정의 연산자를 만들거나 사용할 때 이를 유념해야 한다. 그렇지만 null 값 전달은 대부분 자연스럽지 않으니 대신에 포장 (wrapper) 자료형을 쓰도록 하자.

또 다른 흥미로운 위험 요소는 다음과 같이 새로운 Subscriber에 자식 Subscriber 를 인수로 제공하지 않는 경우다. 다음 예제를 보자.

```
<T> Observable.Operator<String, T> toStringOfOdd() {
    // 잘못된 구현
    return child -> new Subscriber<T>() {
        //...
    }
}
```

인자 없는 Subscriber 생성자는 문제 없으며 연산자도 잘 작동할 듯하다. 그러나 무한 스트림에서는 어떤지 살펴보자.

```
Observable
        .range(1, 4)
        .repeat()
        .lift(toStringOfOdd())
        .take(3)
        .subscribe(
            System.out::println,
            Throwable::printStackTrace,
            () -> System.out.println("Completed")
        );
```

숫자로 이루어진 무한 스트림 (1, 2, 3, 4, 1, 2, 3...)을 만들어 사용자 정의 연산자 ("1", "3", "1", "3"...)를 적용하고 처음 3개의 값만 취하자. 전혀 문제될 부분이 없고 실패할 리도 없다. 어쨌든 모든 스트림은 느긋하기 때문이다. 하지만 new Subscriber(child) 생성자에서 child를 제거하면 Observable은 1, 3, 1을 받은 다음 종료 알림을 전혀 받지 못한다. 어떻게 된 것일까?

take(3) 연산자는 처음 세 값만 요청하고 unsubscribe()를 호출하여 구독을 해지하고자 한다. 불행히도 원본 스트림에 구독 해지 요청이 전해지지 않아 계속해서 값을 만든다. 더 나쁜 경우, 이러한 값을 사용자 정의 연산자에서 처리한 다음 더 이상 구독하고 있지 않은 다운스트림 Subscriber(take(3))로 전달한다. 상세 구현 내용과는 별개로 사용자 정의 연산자를 만들려면 다운스트림 Subscriber를 새로운 Subscriber 생성자의 인자로 전달해야 한다. 인자 없는 생성자는 거의 사용되지 않으며 단순한 연산자라면 별로 필요하지 않다.

이는 사용자 정의 연산자를 만들 때 마주칠 문제 중 극히 일부일 뿐이다. 다행히 내장된 도구로 할 수 없는 것을 만들어야 하는 경우는 매우 드물다.

요약

RxJava의 진정한 힘은 연산자로부터 나온다. 데이터 스트림의 선언적 변환은 안
전하면서 표현력이 넘치며 유연하기까지 하다. RxJava에서 연산자는 함수형 프
로그래밍의 탄탄한 기반에 힘입어 결정적 역할을 한다. 이 라이브러리에서 성
공의 열쇠는 내장 연산자를 숙지하는 것이다. 아직 235쪽의 "흐름 제어" 등 모든
연산자를 살펴보지 않았음을 기억하자. 그러나 이쯤이면 RxJava로 무엇을 할 수
있으며, 직접적인 방법으로는 할 수 없을 때 어떻게 헤쳐나갈지 윤곽을 잡아야
한다.

4장

R e a c t i v e   P r o g r a m m i n g   w i t h   **R x J a v a**

기존 애플리케이션에 리액티브 프로그래밍 적용하기

토마스 누르키비치

새로 구현하건 기존 구현체에 도입하건 새로운 라이브러리나 기술, 혹은 애플리케이션 패러다임을 적용할 때는 신중하게 결정해야 한다. RxJava도 예외는 아니다. 이번 장에서는 보편적인 자바 애플리케이션의 몇 가지 패턴과 아키텍처를 검토한 다음 Rx가 어떤 도움이 될 수 있는지 살펴보려 한다. 이 과정은 간단하지 않으며 뚜렷한 사고 방식 전환을 필요로 한다. 따라서 우리는 명령형 방식에서 함수형과 리액티브 방식으로 조심스럽게 바꿔 나갈 것이다. 오늘날 수많은 자바 라이브러리는 속 빈 강정같이 덩치만 키웠다. 반면에 RxJava가 어떻게 낡은 프로젝트를 간결하게 바꾸며 기존 플랫폼에 어떤 이익을 가져다 주는지를 보게 될 것이다.

여러분은 이미 RxJava를 조금 경험해 보고 들떠 있을 것이다. 내장 연산자와 단순함은 이벤트 스트림 변환 시 Rx를 강력한 도구로 만들어 준다. 그러나 내일 사무실로 출근하면 스트림도 없고 주식 거래 시 발생하는 실시간 이벤트도 없는 현실을 깨닫게 된다. 애플리케이션에서 이벤트 따위는 찾을 수 없으며, 단지 웹 요청과 데이터베이스 연결, 외부 API가 뒤엉켜 있을 뿐이다. 새로운 RxJava 방식을 Hello world 수준의 예제가 아닌 어디엔가 시도해 보고 싶을 것이다. 여전히 Rx 사용을 정당화하는 실제 적용 사례는 아직 없는 듯하다. 그러나 RxJava는 구조적인 일관성과 견고함 측면에서 큰 진전을 이뤘다. 처음부터 끝까지 리액티브 방식을 적용할 필요는 없다. 이는 너무 위험할뿐더러 처음부터 너무 많은 일을 해야만 한다. Rx는 전체 애플리케이션을 손상시키지 않은 채 어떤 계층이든 도입할 수 있다.

우리는 몇 가지 보편적인 애플리케이션 패턴을 살펴보고 RxJava를 사용하여 비파괴적인 방법으로 향상시키는 방법을 알아볼 것이다. 데이터베이스 질의와 캐시, 오류 처리, 주기적인 작업에 집중한다. RxJava를 적용하면 할수록 시스템 아키텍처는 더더욱 일관된 모습을 갖춰나갈 것이다.

컬렉션에서 Observable로

최신 JVM 기반 프레임워크인 플레이[1]나 아카 액터[2], 혹은 Vert.x[3]를 사용하지 않았다면 아마도 사용 중인 스택의 일부는 서블릿 컨테이너, 다른 부분은 JDBC나 웹 서비스일 것이다. 그 사이에는 가지각색의 비즈니스 로직 구현체가 자리 잡고 있을 텐데, 한꺼번에 모두 리팩터링하지는 않겠다. 대신 간단한 예제로 시작하자. 다음 클래스는 데이터베이스에서 항목을 가져오는 저장소 추상화이다.

```
class PersonDao {

    List<Person> listPeople() {
        return query("SELECT * FROM PEOPLE");
    }

    private List<Person> query(String sql) {
        //...
    }

}
```

상세한 구현 내용과는 별개로, 이것이 Rx와 어떤 관련이 있을까? 지금까지는 기껏해야 누군가가 구독할 때 업스트림 시스템에서 밀어내는 비동기 이벤트를 이야기했다. 이것이 재미없는 Dao와 어떤 관련이 있을까? Observable은 그저 하류로 이벤트를 밀어내는 배관이 아니다. 자료 구조 관점에서는 Observable<T>를 Iterable<T>의 쌍대(dual)로 취급할 수 있다. 이들 모두 T형 항목을 들고 있지만 근본적으로 다른 인터페이스를 제공한다. 그래서 하나를 다른 것으로 대체했다고 그리 놀랄 일은 아니다.

---

1 *https://www.playframework.com*
2 *http://akka.io*
3 *http://vertx.io*

```
Observable<Person> listPeople() {
    final List<Person> people = query("SELECT * FROM PEOPLE");
    return Observable.from(people);
}
```

기존 API가 손상될 가능성이 있는 변경을 했으며, 시스템 규모에 따라 호환성이 큰 문제가 될 수도 있다. 따라서 RxJava를 가능한 한 이른 시점에 도입하는 것이 좋다. 우리는 기존 애플리케이션에 작업하기 때문에 이 경우에 해당하지 않는다.

BlockingObservable: 리액티브 세상에서 벗어나기

블로킹 방식과 명령형으로 구현한 기존 코드에 RxJava를 결합하려면 Observable을 평범한 컬렉션으로 변환해야 할 때가 있다. 이런 변환은 Observable을 완료할 때까지 블로킹 처리해야 하므로 그리 유쾌하지는 않다. Observable을 완료하기 전에는 컬렉션을 만들 수 없다. BlockingObservable은 리액티브가 아닌 환경에서 Observable을 다루기 쉽게 만들어 준다. BlockingObservable은 RxJava로 작업할 때 최후의 수단이 되어야 하지만, 블로킹 코드와 논블로킹 코드를 결합할 때는 불가피한 선택이다.

3장에서 listPeople() 메서드를 리팩터링하여 List가 아닌 Observable<People>을 반환하도록 했다. Observable은 Iterable이 아니라서 컴파일되지 않는다. 우리는 방대한 리팩터링이 아니라 걸음마 정도만 원할 뿐이니 변경 범위를 가능한 한 최소화하자. 클라이언트 코드는 다음과 같을 것이다.

```
List<Person> people = pesonDao.listPeople();
String json = marshal(people);
```

people 컬렉션에서 값을 끌어오고 이를 JSON으로 직렬화하는 marshal() 메서드를 상상해보자. 원할 때 Observable에서 항목을 끌어올 수 없으므로 예제에 해당하는 경우는 아니다. Observable은 항목을 생성할(밀어낼) 의무가 있고 구독자가 있다면 알림을 통지해야 한다. 이러한 근본적 변화는 BlockingObservable로 쉽게 회피할 수 있다. 이 클래스는 전적으로 Observable에 독립적이며 Observable.toBlocking() 메서드로 받아온다. Observable의 블로킹 변종인 이 클래스에는 겉보기에 비슷해 보이는 single()이나 subscribe() 메서드가 있다. Observable의 비동기 특성을 받아들일 준비가 되어 있지 않다면 BlockingObservable이 블로킹 환경에서 훨씬 더 편리하다. 보통은 기저에 있는 Observable이 완료되기까지 BlockingObservable의 연산자는 블록(대기)된다. 이 모든 것이 비동기처럼 동작하고 느긋하며 즉석에서 처리되는 Observable의 주요 사상을 크게 위반한다. 예를 들어 Observable.forEach()는 Observable에서 이벤트가 오는 대로 비동기 수신하는 반면 BlockingObservable.forEach()는 모든 이벤트가 처리되고 스트림이 완료될 때까지 블록한다. 또한 예외를 더 이상 값(이벤트)으로 전파할 수 없으며 대신 호출 메서드로 던진다.

예제에서는 리팩터링 범위를 제한하기 위해 Observable<Person>을 다시 List<Person>으로 돌려놓고자 한다.

```
Observable<Person> peopleStream = personDao.listPeople();
Observable<List<Person>> peopleList = peopleStream.toList();
BlockingObservable<List<Person>> peopleBlocking = peopleList.toBlocking();
List<Person> people = peopleBlocking.single();
```

무슨 일이 벌어지는지 설명하기 위해 중간에 거쳐가는 자료형을 일부러 남겨 놓았다. Rx를 적용하는 리팩터링을 마치고 나면 예제의 API는 Observable<Person> peopleStream을 반환한다. 이 스트림은 잠재적으로 완전히 리액티브이며 비동기에 이벤트 주도 방식일 수 있지만 원하는 정적 List와는 전혀 맞지 않는다. 첫 번째 단계로 Observable<Person>을 Observable<List<Person>>으로 바꾼다. 이 느긋한 연산자는 onCompleted() 이벤트를 받을 때까지 모든 Person 이벤트를 메모리에 버퍼 처리한다. 완료 통지를 받으면 그 시점에 모든 이벤트를 포함하는 List<Person> 단일 이벤트로 방출하는데, 이를 구슬 도표로 나타내면 다음과 같다.

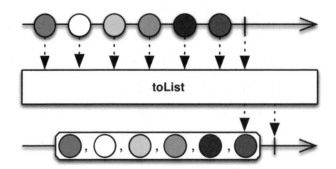

결과 스트림은 단일 List 항목을 방출한 직후 완료된다. 또한 이 연산자는 비동기라서 모든 이벤트가 도달할 때까지 기다리지 않고 대신에 모든 값을 느긋하게 버퍼 처리한다. 부자연스러워 보이는 Observable<List<Person>>

peopleList는 BlockingObservable<List<Person>> peopleBlocking으로 바뀐다. BlockingObservable은 다른 비동기 Observable의 정적 블로킹 뷰를 제공해야 할 때 적절한 방식이다. Observable.from(List<T>)는 보통의 끌어오기 방식인 컬렉션을 Observable로 바꿔 주고, toBlocking()은 이와 정반대로 동작한다. 어째서 블로킹과 논블로킹 연산자에 대한 두 가지 추상화가 필요한지 궁금할 것이다. RxJava 제작진은 기반 연산자들의 동기/비동기 특성을 JavaDoc에만 명시해 놓고 방치하기에는 너무나도 중요한 내용임을 깨달았다. 두 가지 서로 관계 없는 자료형을 사용하여 항상 적절한 자료 구조를 유지할 수 있다. 보통은 가능한 한 일반적인 Observable로 구성하고 연결하다가 최후의 수단으로 BlockingObservable을 사용하자. 그렇지만 연습 삼아 지금 바로 Observable을 벗어나도록 하자. 마지막 연산자 single()은 observable을 모두 걷어내고 BlockingObservable<T>에서 우리가 원하던 바로 그 항목 하나만을 뽑아낸다. 비슷한 연산자인 first()는 T 값을 반환하고 무엇이 남았건 나머지는 버린다. 반면에 single()은 기반 Observable을 종료하기 전에 남아있는 보류 이벤트가 없음을 확실히 확인한다. 즉, single()은 onCompleted() 콜백이 호출되기까지 블록된다. 전과 동일하지만 이번에는 모든 연산자를 연결했다.

```
List<Person> people = personDao
    .listPeople()
    .toList()
    .toBlocking()
    .single();
```

지금까지 Observable을 포장하고 다시 풀어내는 귀찮은 작업을 대체 왜 진행하고 있는지 궁금하겠지만 아직 걸음마 단계일 뿐이다. 다음 변경 작업은 약간의 느긋함을 도입한다. 우리가 작성한 코드는 query("...") 호출을 Observable로 포장한다. 이미 알겠지만 Observable(특히 차가운 Observable)은 정의대로 느긋하다. 아무도 구독하지 않으면 Observable은 값을 방출할 기회가 없고 그저 스트림을 의미할 뿐이다. Observable을 반환하는 메서드를 호출해도 구독하지 않으면 어떠한 일도 진행되지 않는다. Observable은 Future와 비슷한데 미래에 나타날 값을 약속하기 때문이다. 하지만 차가운 Observable은 요청하지 않으면 방출조차 시작하지 않는다. 이러한 관점에서, Observable은 요청할 때 T 값을 생성하는 java.util.function.Supplier<T> 쪽에 가깝다. 뜨거운 Observable은 다르다. 구독하건 말건 값을 방출하기 때문인데, 지금은 다루지 않겠다. Observable의 존재

자체로는 어떤 백그라운드 작업이나 부수 효과를 뜻하지 않는다. 이는 Future와 다른 점인데, Future는 대부분 어떤 작업을 실행중이라는 뜻이다.

느긋함 포용하기

그럼 어떻게 해야 Observable을 느긋하게 만들까? 조급한 Observable을 defer() 로 포장하는 방법이 가장 가장 간단하다.

```
public Observable<Person> listPeople() {
    return Observable.defer(() ->
        Observable.from(query("SELECT * FROM PEOPLE")));
}
```

Observable.defer()는 Observable을 만드는 (일종의 팩토리 형태인) 람다식 을 취한다. 기반 Observable은 조급하기 때문에 그 생성을 지연시키고자 한다. defer()는 누군가 실제로 구독하기까지 기다리면서 Observable의 실제 생성을 최대한 늦춘다. 이는 몇 가지 흥미로운 의미를 내포하고 있다. Observable은 느 긋하기 때문에 listPeople() 호출이 어떠한 부수 효과도 유발하지 않으며 성능 저하도 없다. 아직 데이터베이스 질의도 발생하지 않았다. Observable<Person> 을 프로미스(promise)로 취급할 수는 있겠지만, 아직은 어떠한 백그라운드 처리 도 발생하지 않는다. 이때 비동기 동작은 없음을 주목하자. 단지 느긋한 평가만 수행한다. 이것은 해스켈⁴에서 값을 취급하는 방식과 비슷하다. 정말로 필요할 때 느긋하게 평가한다.

함수형 언어를 한번도 접해보지 않았다면 느긋함이 왜 그토록 중요하면서도 획기적인지 무척 혼란스럽겠지만, 이러한 동작은 무척 유용할 뿐 아니라 구현 품질과 자유도를 향상시킨다고 알려져 있다. 예를 들어 어떤 리소스를 언제, 어 떤 순서로 가져올지 더 이상 신경 쓰지 않아도 된다. RxJava는 정말로 필요할 때 리소스를 불러온다. 예제로 여러 번 살펴본 대체 메커니즘을 살펴보자.

```
void bestBookFor(Person person) {
    Book book;
    try {
        book = recommend(person);
    } catch (Exception e) {
        book = bestSeller();
    }
```

---

4 *https://www.haskell.org*

```
        display(book.getTitle());
    }

    void display(String title) {
        //...
    }
```

이렇게 만들어도 별로 문제가 없다고 생각할 수 있겠다. 이 예제에서는 대상에게 적합한 책 추천을 시도하다가 실패하면 베스트셀러를 보여준다. 베스트셀러 불러오기는 빠르면서도 캐싱이 가능하다고 가정하자. 그런데 선언적으로 오류처리를 더할 수 있다면, 그래서 try-catch 블록이 실제 로직을 방해하지 않는 방법이 있다면 어떨까?

```
    void bestBookFor(Person person) {
        Observable<Book> recommended = recommend(person);
        Observable<Book> bestSeller = bestSeller();
        Observable<Book> book = recommended.onErrorResumeNext(bestSeller);
        Observable<String> title = book.map(Book::getTitle);
        title.subscribe(this::display);
    }
```

지금까지는 RxJava만 다루느라 이런 중간 과정에 등장하는 값이나 자료형을 일부러 남겨놓았다. 실제 bestBookFor() 구현은 다음 형태와 비슷하다.

```
    void bestBookFor(Person person) {
        recommend(person)
                .onErrorResumeNext(bestSeller())
                .map(Book::getTitle)
                .subscribe(this::display);
    }
```

이 코드는 간결하고 가독성이 좋아 아름답기까지 하다. 우선 person을 위한 추천 도서를 찾는다. 오류가 발생하면 onErrorResumeNext로 처리하며 이때 베스트셀러도 함께 처리한다. 어떤 경우든 map은 책 이름을 추출하여 반환하고 표시한다. onErrorResumeNext()는 업스트림에서 발생하는 오류를 낚아채 삼킨 다음 제공된 백업 Observable을 구독하는 강력한 연산자이다. 이것이 Rx에서 try-catch를 구현하는 방식이다. 나중에 오류 처리를 위해 더 많은 시간을 들일 것이다 (276쪽 "선언적 표현으로 try-catch 교체하기" 참고), 당분간은 실제 베스트셀러 목록을 가져오는지의 여부는 신경 쓰지 말고 bestseller()를 느긋하게 호출하는 방법에만 집중하자.

Observable 구성하기

사실 SELECT * FROM PEOPLE은 깔끔한 질의가 아니다. 맹목적으로 모든 열을 가져오면 안되기도 하지만 모든 열을 다 가져오는 방식은 훨씬 더 해롭다. 구형 API는 페이지 분할 기능도 없이 그저 테이블의 일부분만을 본다. 전통적인 엔터프라이즈 애플리케이션에서는 어떨지 한번 찾아보면 아마도 다음과 같을 것이다.

```
List<Person> listPeople(int page) {
    return query(
            "SELECT * FROM PEOPLE ORDER BY id LIMIT ? OFFSET ?",
            PAGE_SIZE,
            page * PAGE_SIZE
    );
}
```

이 책의 주제는 SQL이 아니므로 상세한 구현 내용은 제쳐 놓자. 이 API를 만든 이는 무자비하다. 원하는 대로 결과값의 범위를 선택할 수 없고 단지 0을 기준으로 페이지 번호만 선택 가능하다. 그렇지만 RxJava에서는 느긋한 특성 덕분에 실질적으로 모든 데이터베이스 값을 주어진 페이지 번호부터 읽어올 수 있다.

```
import static rx.Observable.defer;
import static rx.Observable.from;


Observable<Person> allPeople(int initialPage) {
    return defer(() -> from(listPeople(initialPage)))
            .concatWith(defer(() ->
                    allPeople(initialPage + 1)));
}
```

위의 코드 예제에서는 데이터베이스에서 첫 페이지(예를 들어 10개 항목)를 느긋하게 읽어온다. 아무도 구독하지 않으면 첫 번째 질의조차 호출되지 않는다. 어떤 구독자가 초기값 중 몇 개(예: allPeople(0).take(3))만 소비한다면 RxJava는 알아서 스트림을 구독 해지하여 더 이상 질의 수행을 하지 않는다. 그럼 첫 번째 listPeople() 호출이 10개 항목만 반환하는데 11개의 항목을 요청하면 어떤 일이 벌어질까? RxJava는 초기 Observable이 고갈됐다고 생각하지만 소비자는 여전히 다음 항목을 기대한다. 다행스럽게도 concatWith() 연산자는 기본적으로 다음과 같이 나타난다. 왼쪽에 놓인 Observable이 완료되면, 구독자에게 완료 알림을 전파하지 않고 오른쪽의 Observable을 구독하여 마치 아무 일도 없었다는 듯이 동작을 계속한다. 다음 구슬 도표에서 이를 묘사했다.

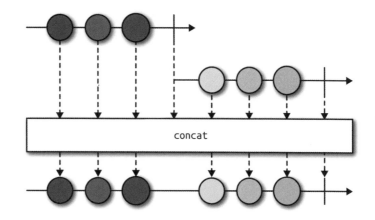

다시 말하자면 concatWith()는 두 개의 Observable을 하나로 모아 첫 번째가 끝나면 두 번째 Observable로 인계한다. a.concatWith(b).subscribe(...)에서 구독자는 a에서 모든 이벤트를 다 받으면 이어서 b에서 모든 이벤트를 받는다. 이 경우 구독자는 우선 처음 10개 항목을 받은 다음 이어서 그 뒤를 잇는 10개 항목을 받는다. 하지만 코드상에 구현된 무한 재귀 호출을 주의해서 살펴보기 바란다! allPeople(initialPage)는 아무런 종료 조건 없이 allPeople(initialPage + 1)을 호출한다. 이는 독자가 알고 있을 법한 대부분의 언어에서 StackOverflowError를 발생시키는 단골 사례인데, 여기서는 그렇지 않다. 다시 말해 allPeople() 호출은 항상 느긋하기 때문에 듣기를 중단하면(구독 해지) 재귀도 멈춘다. 엄밀히 말하자면 concatWith()는 여전히 StackOverflowError를 발생시킬 수 있다. 들어오는 값에 따라 변화하는 요구사항 처리 방법은 263쪽 "요청받은 데이터양을 존중하기"에서 배울 것이다.

데이터를 덩어리로 나눠 느긋하게 불러오는 기법은 무척 유용한데, 저수준 코드가 아닌 비즈니스 로직에 집중할 수 있도록 돕기 때문이다. 소규모의 코드에 RxJava를 적용할 때도 이점이 있음을 이미 살펴보았다. 항상 BlockingObservable과 자바 컬렉션으로 돌아가기 때문에 Rx를 고려한 API 설계가 전체 구조에 영향을 미치지는 않는다. 하지만 필요할 경우 조금 더 줄일 수 있도록 가능성을 열어두도록 하자.

느긋한 페이지 분할과 이어 붙이기

RxJava로 느긋하게 페이지를 분할 처리하는 방법은 여러 가지이다. 가장 간단한 분할 페이지 적재 방법은 전부를 가져온 다음 원하는 만큼 취하는 것이다. 어리

석어 보이지만 느긋함 덕분에 실현 가능하다. 우선 모든 가능한 페이지 번호를 만들어내고 개별로 각각 호출하여 모든 페이지를 요청한다.

```
Observable<List<Person>> allPages = Observable
        .range(0, Integer.MAX_VALUE)
        .map(this::listPeople)
        .takeWhile(list -> !list.isEmpty());
```

RxJava가 아니라면 이 프로그램은 기본적으로 데이터베이스를 모두 메모리에 올려야 하므로 막대한 시간과 메모리를 소모할 것이다. 그렇지만 Observable은 느긋하기 때문에 데이터베이스 질의는 아직 발생하지 않는다. 게다가 빈 페이지를 만나게 되면 나머지 페이지 또한 비었다(테이블 끝에 도달했다)는 뜻이다. 그러므로 filter()보다는 takeWhile()을 사용한다. allPages를 Observable<Person>으로 펼치기 위해 concatMap()을 사용한다(82쪽의 "concatMap()으로 순서 유지하기" 참조).

```
Observable<Person> people = allPages.concatMap(Observable::from);
```

concatMap()을 적용하려면 각 페이지별 List<Person>을 일일이 Observable<Person>으로 변환해야 한다. 대신에 concatMapIterable()을 적용할 수 있는데 이는 같은 일을 하지만 변환하려면 개별 업스트림 값은 Iterable<Person>을 반환해야 한다. 마침 업스트림 값이 이미 Iterable<Person>이다.

```
Observable<Person> people = allPages.concatMapIterable(page -> page);
```

어떤 접근 방식을 선택하건 Person 객체에 대한 모든 변환은 느긋하다. 처리를 원하는 레코드의 수를 제한하기만 한다면(예: people.take(15)) Observable<Person>은 가능한 한 listPeople()을 늦게 호출한다.

명령형 방식의 동시성

필자는 엔터프라이즈 애플리케이션에서 명시적인 동시성을 별로 본 일이 없다. 대부분 스레드 하나가 요청 하나를 처리한다. 이 스레드에서 하는 일은 다음과 같다.

- TCP/IP 연결 요청 수락
- HTTP 요청 해석

- 컨트롤러나 서블릿 호출

- 데이터베이스 요청을 하는 동안 블로킹

- 결과 처리

- 결과값을 (JSON 등으로) 인코딩

- 클라이언트에 바이트 패킷 전달

이 계층화된 모델은 백엔드에서 몇 가지 독립적인 데이터베이스 요청이 이루어지는 경우 대기 시간에 영향을 미치는데, 순차적으로 수행되지만 쉽게 병렬화할 수 있다. 또한 확장성에도 영향을 미친다. 예를 들면 톰캣은 요청을 처리하는 스레드 개수의 기본값이 200이다. 즉 200개가 넘는 접속은 동시에 처리할 수 없다는 뜻이다. 갑자기 짧은 순간에 요청이 몰리면 연결은 대기열에 쌓이고 서버 응답은 상당히 지연된다. 하지만 이런 상황을 영원히 지속할 수 없으므로 결국 톰캣은 들어오는 요청을 거부하기 시작한다. 다음 장(189쪽 "네티와 RxNetty로 구현하는 논블로킹 HTTP 서버" 참고)에서 많은 부분을 할애하여 이런 당혹스런 결점을 어떻게 처리하면 좋을지 이야기할 것이다. 당분간은 전통적인 아키텍처를 살펴보자. 요청을 처리하는 모든 단계를 스레드 하나에서 소화하는 방법에도 몇 가지 장점이 있다. 예를 들면 향상된 캐시 고립화라든가 낮은 동기화 오버헤드[5] 등이다. 불행히도 고전적인 애플리케이션에서 총 대기 시간은 계층별 대기 시간 각각의 총합이기 때문에, 오작동하는 구성 요소 하나가 총 대기 시간에 부정적인 영향을 미칠 수 있다.[6] 게다가 서로 독립적이어서 동시에 수행할 수 있는 단계도 간혹 있는데, 예를 들면 외부의 여러 API 호출이나 서로 독립적인 SQL 질의문 등이다.

JDK는 꽤 좋은 동시성 지원 기능을 포함하는데, 특히 자바 5부터 추가된 ExecutorService와 자바 8의 CompletableFuture가 대표적이다. 그럼에도 불구하고 생각만큼 그리 널리 쓰이고 있지는 않다. 동시성과 전혀 관계없는 다음 예제를 살펴보자.

```
Flight lookupFlight(String flightNo) {
    //...
}

Passenger findPassenger(long id) {
```

---

5   RxJava는 이벤트 루프 모델의 스레드 동질성(affinity)이 주는 이점을 취하기 위해 같은 스레드를 유지하려 한다.
6   329쪽 "격벽 패턴과 빠른 실패"도 살펴보자.

```
    //...
}

Ticket bookTicket(Flight flight, Passenger passenger) {
    //...
}

SmtpResponse sendEmail(Ticket ticket) {
    //...
}
```

그리고 클라이언트 쪽 코드이다.

```
Flight flight = lookupFlight("LOT 783");
Passenger passenger = findPassenger(42);
Ticket ticket = bookTicket(flight, passenger);
sendEmail(ticket);
```

수많은 애플리케이션에서 발견되는 전형적인 블로킹 코드이다. 지연 시간 측면을 염두에 두고 주의 깊게 살펴보자면 앞의 예제는 네 단계를 거친다. 그런데 처음 두 단계는 서로 관련이 없다. 세 번째 단계인 bookTicket()에서 lookupFlight()와 findPassenger()의 결과가 필요할 뿐이다. 명백하게 동시성의 장점을 취할 기회가 존재한다. 그러나 여전히 극소수의 개발자만이 이 길로 간다. 다루기 힘든 스레드 풀이나 Future, 콜백 등을 필요로 하기 때문이다. 그런데 만약 이 API가 이미 Rx와 호환된다면 어떨까? 이번 장 도입부에서처럼 기존의 블로킹 코드를 Observable로 간단하게 포장할 수 있음을 기억하자.

```
Observable<Flight> rxLookupFlight(String flightNo) {
    return Observable.defer(() ->
            Observable.just(lookupFlight(flightNo)));
}

Observable<Passenger> rxFindPassenger(long id) {
    return Observable.defer(() ->
            Observable.just(findPassenger(id)));
}
```

의미상 rx- 메서드는 같은 방식으로 정확히 같은 일을 한다. 즉, 기본적으로 블록된 형태다. 아직 아무것도 얻지 못했으나, 장황한 이 API에서 벗어나서 클라이언트 쪽에서 살펴보자.

```
Observable<Flight> flight = rxLookupFlight("LOT 783");
Observable<Passenger> passenger = rxFindPassenger(42);
Observable<Ticket> ticket =
```

```
        flight.zipWith(passenger, (f, p) -> bookTicket(f, p));
  ticket.subscribe(this::sendEmail);
```

전통적인 블로킹 방식 프로그램과 Observable로 만든 것 모두 정확히 같은 방식으로 동작한다. 기본적으로 느긋하지만 작동 순서는 근본적으로 같다. 우선 Observable<Flight>를 만들었는데 이미 아는 바와 같이 아무 일도 하지 않는다. 누군가 Flight에 요청하지 않으면 이 Observable은 그저 느긋한 플레이스홀더일 뿐이다. 이러한 차가운 Observable의 중요한 특성에 대해서는 이미 배웠다. Observable<Passenger>도 동일하다. Flight와 Passenger 두 가지 자료형의 플레이스홀더를 지니고 있지만 데이터베이스 질의나 웹 서비스 호출과 같은 어떤 부수 효과도 아직 발생하지 않는다. 여기서 작업을 멈춘다면 불필요한 작업 진행도 없다.

bookTicket()을 진행하려면 Flight와 Passenger라는 두 가지 구체적인 객체가 필요하다. toBlocking()을 사용해 이 두 가지 Observable을 블로킹 처리하고 싶지만 리소스(특히 메모리) 사용 시 가능한 한 블로킹 방식을 피하고 가급적 높은 동시성 수준을 허용하려 한다. 또 다른 형편없는 해법으로 flight와 passenger, Observable을 각각 .subscribe()로 구독하여 두 개의 콜백 수행을 마칠 때까지 기다리는 방법도 있다. Observable이 블로킹 방식이라면 정말로 간단하겠지만, 비동기 콜백인 경우 완료 결과를 기다리기 위해 전역 상태 처리 등을 하다 보면 상황은 곧 악몽으로 돌변한다. 또한 중첩된 subscribe()는 부자연스럽다. 대부분의 경우 하나의 메시지 흐름당 하나의 구독을 원할 것이다. 자바스크립트에서 콜백이 많이 쓰이는 유일한 이유는 단일 스레드이기 때문이다. 여러 Observable을 동시에 구독하는 자연스러운 방법은 zip이나 zipWith이다. zip은 두 개의 독립적인 스트림 데이터를 짝맞춰 묶어줄 때 사용하는 방법으로 알고 있을 텐데, 두 개의 단일 항목 Observable을 하나로 묶을 때 훨씬 더 자주 사용된다. ob1.zip(ob2).subscribe(...)는 결국 ob1과 ob2이 모두 완료됐을 때(각각 자신의 이벤트를 방출했을 때) 이벤트 하나를 받는다는 뜻이다. 그러므로 zip은 갈라진 (forked) 경로에서 두 개 이상의 Observable 실행을 모으는(join) 과정을 의미하는 경우가 많다. 즉, zip은 두 개 이상의 비동기 값을 기다리되 순서는 상관 없을 때 선택 가능한 방법이다.

다시 flight.zipWith(passenger, this::bookTicket)로 돌아가자(코드 예제에는 명시적인 람다식을 사용했지만 여기는 보다 짧은 메서드 레퍼런스를 적용했다). 간결한 표현식 연결을 마다한 채 자료형을 그대로 유지하는 이유는 반환되는 자료형을 봐야 할 필요가 있기 때문이다. flight.zipWith(passenger, ...) 는 flight와 passenger가 끝났다고 단순히 콜백을 호출하지 않는다. 대신 느긋 한 데이터 플레이스홀더로서 새로운 Observable을 반환한다는 사실을 깨달아 야 한다. 놀랍게도 지금까지 아무런 작업도 시작되지 않았다. 그저 몇몇 자료 구 조를 포장해서 모아뒀을 뿐, 어떠한 동작도 진행되지 않았다는 뜻이다. 누군가 Observable<Ticket>을 구독하지 않는 한 RxJava는 어떠한 백엔드 작업도 수행 하지 않는다. 결국 마지막 문장에서 ticket.subscribe()로 진행하는 명시적인 Ticket 요청이 일어난다.

> ### 💡 어디에서 구독하는가?
>
> 도메인 코드에서 subscribe()가 어디를 바라보는지 잘 살펴보자. 때로는 비즈니스 로직 이 Observable을 단순히 구성하여 일종의 프레임워크나 중간 계층으로 반환하는 경우가 있다. 실제 구독은 웹 프레임워크의 기반 영역이나 접착제 코드 부분에서 이루어진다. 직접 호출하는 subscribe()도 나쁘지는 않지만, 가급적 멀리 피하도록 해보자.

실행 과정을 이해하려면 상향식으로 살펴볼 필요가 있다. ticket을 구독했으니 RxJava는 flight와 passenger 또한 구독해야 한다. 이 부분에서 실제 작업이 수행 된다. 둘 다 차가운 Observable이기 때문에 아직 어떠한 동시성도 관여하지 않으 며, flight를 처음으로 구독할 때 해당 스레드에서 lookupFlight() 블로킹 메서드 를 호출한다. lookupFlight() 실행이 끝나면 RxJava는 passenger를 구독할 수 있 다. 그런데 동기 방식 flight에서 이미 Flight 객체를 받았다. rxFindPassenger() 는 findPassenger()를 블로킹 방식으로 호출하여 Passenger 객체를 받는다. 이 순 간 값이 다운스트림으로 흘러간다. 람다식이 Flight와 Passenger를 bookTicket 으로 묶어서 ticket.subscribe()로 보낸다.

맨 처음의 블로킹 코드와 마찬가지로 동작 과정 중 수많은 상황을 고려해야 할 것 같다. 그러나 어떠한 로직도 바꾸지 않고 선언적으로 동시성을 적용할 수 있다. 비즈니스 메서드가 Future<Flight>(혹은 CompletableFuture<Flight>라 해 도 별로 차이는 없다)를 반환할 경우, 두 가지를 결정해야만 한다.

- lookupFlight()는 이미 시작되었으니 느긋함이 개입할 여지가 없다. 이 메서 드 때문에 블록되지는 않겠지만 일은 이미 시작되었다.
- 동시성과 관련한 어떠한 제어도 할 수 없다. 요청당 스레드를 할당하여 Future 작업이 스레드 풀에서 동작하도록 메서드를 구현할 수 있을 뿐이다.

RxJava는 사용자에게 조금 더 통제권을 준다. Observable<Flight>가 동시성을 염두에 두고 만든 게 아니라고 해서 추후 동시성을 적용할 수 없다는 뜻은 아니다. 실세계의 Observable은 일반적으로 이미 비동기지만, 간혹 동시성을 더해야 할 때가 있다. API 자체가 아니라 실제 소비자 입장에서는 동기적인 Observable일 경우에 스레드 방식을 선택할 수 있다. 이 모든 것은 subscribeOn() 연산자를 사용하여 실현한다.

```
Observable<Flight> flight =
    rxLookupFlight("LOT 783").subscribeOn(Schedulers.io());
Observable<Passenger> passenger =
    rxFindPassenger(42).subscribeOn(Schedulers.io());
```

구독 이전에 어떤 시점에서든지 subscribeOn() 연산자 주입으로 Scheduler라 부르는 객체를 제공한다. 여기서는 Schedulers.io() 팩토리 메서드를 사용했지만, 맞춤형 ExecutorService를 Scheduler로 포장해서 쓸 수도 있다. 구독이 시작되면 Observable.create()에 보낸 람다식은 클라이언트 스레드가 아니라 제공된 Scheduler에서 실행된다. 아직은 필요하지 않지만 157쪽의 "Scheduler란 무엇인가?"에서 스케줄러에 대해 자세히 살펴볼 예정이다. 일단은 Scheduler를 스레드 풀이라 생각하자.

Scheduler는 어떻게 프로그램의 실행 시간 동작을 바꾸는가? zip() 연산자는 두 개 이상의 Observable을 구독한 다음 페어나 튜플을 기다린다는 사실을 상기하자. 구독이 비동기적으로 진행될 경우, 모든 업스트림 Observable은 기저의 블로킹 코드를 동시에 호출할 수 있다. 이제 프로그램을 구동하면 ticket.subscribe()가 호출되는 즉시 lookupFlight()와 findPassenger()가 동시에 시작된다. 이후 앞서 언급한 Observable 중 느린 쪽이 값을 방출하자마자 bookTicket()이 수행된다.

지체되는 경우 주어진 Observable이 정해진 시간 내에 아무 값도 방출하지 않는다면 다음 예처럼 선언적 타임아웃 적용도 가능하다.

```
rxLookupFlight("LOT 783")
    .subscribeOn(Schedulers.io())
    .timeout(100, TimeUnit.MILLISECONDS)
```

항상 그렇듯이, 오류가 발생하면 임의대로 던지는 대신 다운스트림으로 전파한다. 따라서 lookupFlight() 메서드가 100ms 이상 지체된다면 다운스트림의 모든 구독자에게 방출값 대신 TimeoutException을 보낸다. timeout() 연산자는 280쪽의 "이벤트가 발생하지 않으면 시한 만료시키기"에서 자세히 설명하겠다.

기존 API가 Rx 기반이라는 가정하에, 큰 수고 없이 두 개의 메서드를 동시에 구동할 수 있게 됐다. 그런데 bookTicket()이 여전히 Ticket을 반환한다고 살짝 속였는데, 엄밀히 말하면 아직도 블로킹 방식이라는 뜻이다. bookTicket()이 아주 빠르다고 하더라도 API를 개선하기 쉽게 선언할 필요가 있다. 개선이란 동시성을 더하거나 완전한 논블로킹 환경에서 사용한다는 뜻이다(5장을 볼 것). 논블로킹 API는 toBlocking() 호출만으로 매우 쉽게 블로킹으로 바꿀 수 있었다는 사실을 떠올려 보자. 그 반대의 경우는 난관이 많고 수많은 추가 자원을 필요로 한다. 또한 rxBookTicket() 같은 메서드가 네트워크나 파일 시스템을 건드리는 경우라면 개선 방향을 예측하기가 무척 어렵다. 데이터베이스는 말할 것도 없다. 그래서 자료형 수준에서 지연 기능성을 표시할 수 있는 Observable로 포장해 놓는 것이 좋다.

```
Observable<Ticket> rxBookTicket(Flight flight, Passenger passenger) {
    //...
}
```

그러나 zipWith()는 처리하기 곤란한 Observable<Observable<Ticket>>을 반환하므로 코드가 컴파일되지 않는다. 경험상 이중으로 둘러싸인 자료형(예: Optional<Optional<...>>)을 보았다면 어딘가에 flatMap() 호출을 빠뜨렸다는 이야기다. 이 경우가 바로 그렇다. zipWith()는 이벤트 페어, 더 일반적으로는 튜플을 취해서 해당 이벤트들을 인자로 받는 함수를 적용한 다음, 그 결과를 있는 그대로 다운스트림 Observable로 보낸다. 이 내용이 어째서 처음에 Observable<Ticket>을 보았는데 지금은 Observable<Observable<Ticket>>인지 설명해 준다. Observable<Ticket>이 제공 함수의 결과이기 때문이다. 이를 극복하기 위한 두 가지 방법이 있다. 하나는 zipWith에서 반환되는 중간 결과물인 Pair를 사용하는 방법이다.

```
import org.apache.commons.lang3.tuple.Pair;

Observable<Ticket> ticket = flight
        .zipWith(passenger, (Flight f, Passenger p) -> Pair.of(f, p))
        .flatMap(pair -> rxBookTicket(pair.getLeft(), pair.getRight()));
```

명시적으로 서드파티 라이브러리의 Pair를 사용한다 해도 흐름에 방해가 되지는 않으며, Pair::of 메서드 레퍼런스도 실제로 잘 작동할 것이다. 어쨌든 코드를 만든 시간보다 읽는 데 훨씬 많은 시간을 들이고 있기 때문에 여기서도 코드 몇 글자를 줄이느니 명확하게 자료형이 보이는 편이 더 낫다고 판단했다. 두 번째 방법은 중간 과정에 Pair를 사용하는 대신 flatMap에 항등 함수를 넣는 것이다.

```
Observable<Ticket> ticket = flight
        .zipWith(passenger, this::rxBookTicket)
        .flatMap(obs -> obs);
```

obs -> obs 람다식은 map() 연산자를 적용한 정도일 뿐 아무 일도 하지 않는 것처럼 보인다. 그렇지만 flatMap()이 Observable안의 개별 값에 함수를 적용한다는 사실을 기억한다면, 여기에서 이 항등 함수는 Observable<Ticket>을 인자로 취한다는 사실을 알게 된다. 나중에 결과는 map()을 사용했을 때와는 달리 결과 스트림에 직접 배치되지 않는다. 대신 Observable<T> 자료형의 반환값을 '펼쳐서', Observable<Observable<T>>가 아니라 Observable<T>로 이어진다. flatMap() 연산자는 스케줄러와 함께 사용하면 더욱 강력하다. flatMap() 사용을 그저 중첩된 Observable<Observable<...>> 문제를 회피하기 위한 구문상의 기법이라고 짐작했겠지만, 그보다는 훨씬 더 근본적인 무엇인가가 있다.

✅ **Observable.subscribeOn() 용례**

RxJava에서 동시성을 달성하는 수단으로 subscribeOn()이 적합하다고 생각하기 쉽다. 물론 작동하겠지만 subscribeOn()이 (그리고 따로 이야기할 observeOn() 또한) 눈에 자주 띄면 안 된다. 실전에서는 Observable이 비동기적인 근원에서 발생하기 때문에 맞춤형 스케줄링이 전혀 필요 없다. 이번 장에서는 리액티브 원칙을 선별적으로 사용하여 기존 애플리케이션을 개선해 나가는 과정을 분명하게 보여주기 위해 subscribeOn()을 사용했다. 실제로는 Scheduler와 subscribeOn()은 마지막 수단이므로 자주 보이는 내용은 아니다.

---

flatMap()을 비동기 체이닝 연산자처럼

이제는 예제에서 이메일로 Ticket 목록을 발송할 차례다. 이때 다음을 고려해야 한다.

1. 목록은 매우 길 수도 있다.

2. 메일 하나 보내는 데 수 ms가 필요하며, 심지어 몇 초가 걸릴 수도 있다.

3. 실패하는 경우에도 애플리케이션은 계속해서 깔끔하게 실행되어야 하며, 실패한 티켓은 재발송 대상으로 보고해야 한다.

마지막 요구사항 때문에 단순한 tickets.forEach(this::sendEmail)은 배제해야 한다. 이 구현은 바로 예외를 던지기 때문에 아직 발송하지 않은 표를 더 이상 전송할 수 없기 때문이다. 실제로 예외란 타입 시스템에서 끔찍한 백도어일 뿐 아니라 콜백과 마찬가지로 보다 견고한 방식으로 관리하려는 경우에 전혀 적합하지 않다. 그래서 RxJava에서는 예외를 명시적인 특별한 알림으로 설계했는데, 이 내용은 이후에 나오니 조금만 기다리도록 하자. 오류 처리 요구사항을 고려하면 우리의 구현은 아마도 다음과 비슷할 것이다.

```
List<Ticket> failures = new ArrayList<>();
for(Ticket ticket: tickets) {
    try {
        sendEmail(ticket);
    } catch (Exception e) {
        log.warn("Failed to send {}", ticket, e);
        failures.add(ticket);
    }
}
```

그러나 이렇게 하면 처음 두 개의 요구사항과 지침은 반영되지 않는다. 단일 스레드에서 순차적으로 이메일을 보내야 할 아무런 이유가 없다. 전통적으로 개별 이메일을 분리된 작업으로 삼아 ExecutorService 스레드 풀을 사용할 수 있다.

```
List<Pair<Ticket, Future<SmtpResponse>>> tasks = tickets
    .stream()
    .map(ticket -> Pair.of(ticket, sendEmailAsync(ticket)))
    .collect(toList());

List<Ticket> failures = tasks.stream()
    .flatMap(pair -> {
        try {
            Future<SmtpResponse> future = pair.getRight();
            future.get(1, TimeUnit.SECONDS);
            return Stream.empty();
        } catch (Exception e) {
            Ticket ticket = pair.getLeft();
            log.warn("Failed to send {}", ticket, e);
            return Stream.of(ticket);
        }
    })
```

```
        .collect(toList());

  //-----------------------------------

  private Future<SmtpResponse> sendEmailAsync(Ticket ticket) {
      return pool.submit(() -> sendEmail(ticket));
  }
```

자바 프로그래머라면 익숙할 만한 적당량의 코드다. 또한 매우 장황하여 뜻하지 않게 복잡하다. 우선, tickets 목록을 순회하며 스레드 풀에 집어넣는다. 더 정확히 말하자면 sendEmail()을 스레드 풀에 넣고 실행하기 위해 Callable <SmtpResponse>로 포장한 sendEmailAsync() 도우미 메서드를 호출한다. 더 정확히 이야기하면 Callable 객체는 스레드 풀에 할당되기 전에 크기 제한이 없는 대기열에 할당된다. 제시간 이내에 처리할 수 없는 경우 너무 빠른 작업 유입량을 늦추는 메커니즘이 없기 때문에 리액티브 스트림과 배압 작업으로 이어지게 된다.(252쪽의 "배압" 참조).

실패할 경우 Ticket 객체가 필요하기 때문에 어떤 Future가 무슨 Ticket을 담당하는지 Pair를 사용해 계속 추적해야 한다. 실제 제품 코드라면 더 의미있는 전용 컨테이너로 TicketAsyncTask 같은 값 객체를 고려해야만 한다. 이를 모아서 다음 반복 단계를 진행하자. 여기서 스레드 풀은 우리가 바라던 대로 다수의 sendEmail()을 동시에 실행 중이다. 두 번째 반복문에서 모든 Future를 훑어가며 블로킹 get() 호출로 역참조를 시도하고 완료할 때까지 대기한다. get()이 정상 응답을 하면 해당하는 Ticket은 거른다. 예외가 발생하면 해당 작업과 관련된 Ticket 객체를 반환한다. 실패하면 그 사실을 추후 보고하려 한다. Stream.flatMap()은 0개 또는 한 개의 값을 반환할 수 있다(실제로는 반환하는 개수의 제약은 없다). 이에 비해 Stream.map()은 항상 반환 값 하나를 필요로 한다. 어째서 다음과 같이 단 하나의 반복문이 아니라 두 개의 반복문을 사용했는지 의아할 것이다.

```
// 주의: 스레드 풀을 사용했지만 순차 실행이다
List<Ticket> failures = tickets
    .stream()
    .map(ticket -> Pair.of(ticket, sendEmailAsync(ticket)))
    .flatMap(pair -> {
        //...
    })
    .collect(toList());
```

자바 8에서 Stream이 어떻게 동작하는지 이해하지 못하면 정말로 찾기 어려운 재난난 버그이다. 스트림은 Observable과 마찬가지로 느긋하여 collect(toList())와 같은 마무리 연산을 요청 받은 경우에만 입력된 컬렉션 요소를 한 번에 하나씩 평가한다. 즉 백그라운드 작업을 시작하는 map() 연산은 모든 개별 티켓마다 즉시 실행되는 것이 아니라 한 번에 하나씩, flatMap() 연산을 사용해 번갈아 가며 처리한다. 게다가, 실제로 하나의 Future를 가동하면 블록된 채 끝날 때까지 기다려야 하고 두 번째 Future가 시작되면 또 기다려야 하며, 이 과정을 계속 반복한다. 중간 단계에 있는 컬렉션은 평가를 강제하기 위한 것이지 가독성을 높이기 위함이 아니다. 결국 List<Pair<Ticket, Future<SmtpResponse>>> 자료형은 더욱 읽기가 어려워진다.

해야 할 작업이 넘쳐나고 실수할 가능성이 높기 때문에 개발자들이 일상적인 동시성 코드 구현을 꺼리는 것이 당연하다. 때로는 비동기 작업이 완료되는 대로 처리하기 위해 ExecutorCompletionService를 사용하기도 하는데 이는 JDK에서 잘 알려지지 않은 부분이다.[7] 또한 자바 8은 CompletableFuture를 도입했는데, 이는 논블로킹 방식인 동시에 리액티브 유형이다(215쪽의 "CompletableFuture와 스트림" 참고). 그런데 RxJava는 여기서 어떤 도움을 주는가? 우선, 이메일을 보내기 위한 API에 이미 RxJava를 적용했다고 가정해 보자.

```
import static rx.Observable.fromCallable;

Observable<SmtpResponse> rxSendEmail(Ticket ticket) {
    // 보편적이지 않은 동기 방식 Observable
    return fromCallable(() -> sendEmail())
}
```

어떠한 동시성도 없이 단순히 Observable 안에서 sendEmail()을 포장했을 뿐이다. 이는 보기 드문 Observable로서 보통은 Observable이 기본적으로 비동기가 되도록 구현할 때 subscribeOn()을 사용한다. 전과 마찬가지로 모든 티켓을 순회할 수 있다.

```
List<Ticket> failures = Observable.from(tickets)
    .flatMap(ticket ->
        rxSendEmail(ticket)
            .flatMap(response -> Observable.<Ticket>empty())
            .doOnError(e -> log.warn("Failed to send {}", ticket, e))
            .onErrorReturn(err -> ticket))
    .toList()
```

---

7 *http://docs.oracle.com/javase/8/docs/api/java/util/concurrent/ExecutorCompletionService.html*

```
.toBlocking()
.single();
```

✅ **Observable.ignoreElements()**

예제에서 내부의 flatMap()이 응답을 무시한 채 빈 스트림을 반환하는 모습을 쉽게 발견할 수 있다. 이런 경우라면 flatMap()은 과잉이며 ignoreElements() 연산자가 훨씬 더 효과적이다. ignoreElements()는 단순히 모든 방출값을 무시한 다음 onCompleted()나 onError() 알림을 전달하는데 실제로 응답을 무시한 채 오류만 다루기를 원하므로, ignoreElements()가 여기에 적합하다.

우리가 원하는 모든 것이 바깥쪽의 flatMap()에 들어있다. flatMap(this:: rxSendEmail)만으로도 코드는 동작하겠지만, rxSendEmail에서 오류가 발생하면 전체 스트림이 중단된다. 모든 오류 방출을 '잡아낸' 다음, 나중에 소비하기 위해 모아두려고 한다. Stream.flatMap()에 비슷한 기법을 사용하여 response가 성공적으로 방출되면 이를 빈 Observable로 바꾸자. 기본적으로 성공한 티켓은 버리겠다는 뜻이다. 하지만 실패하면 예외를 일으킨 ticket을 받는다. 여러분의 doOnError() 콜백으로 예외 로그를 남길 수 있다. 물론 onErrorReturn() 연산자에 로그를 남길 수도 있었지만, 관심사를 분리했을 때 더 유용하다고 생각했다.

앞선 구현과 호환을 위해 Observable을 단계적으로 Observable<List<Ticket>>과 BlockingObservable<List<Ticket>>으로 변환한 다음, 마지막으로 single()을 적용하여 List<Ticket>을 얻는다. 흥미롭게도 BlockingObservable조차도 느긋하게 남아 있다. toBlocking() 연산자 자체로는 기반 스트림 구독을 통한 평가를 강제하지 않으며 심지어 블록하지도 않는다. 구독, 즉 반복을 통한 이메일 발송은 single()을 호출할 때까지 미룬다.

만약 바깥의 flatMap()을 concatMap()(107쪽 "스트림을 결합하는 방법: concat()과 merge(), switchOnNext()"와 82쪽의 "concatMap()으로 순서 유지하기" 참조)으로 바꾸면, JDK의 Stream에서 언급한 내용과 비슷한 버그를 만나게 된다. flatMap()(또는 merge())이 모든 내부 스트림을 즉시 구독하는 반면, concatMap()(또는 concat())은 내부 Observable을 차례대로 구독한다. 한편 아무도 Observable을 구독하지 않는 한, 어떤 일도 시작되지 않는다.

지금까지 단순한 for 반복문과 try-catch 구문을 읽기 힘들고 훨씬 복잡한 Observable로 바꾸었다. 하지만 순차 실행 코드를 멀티 스레드 연산으로 바꾸기 위해서는 다음과 같이 연산자를 하나만 추가하면 된다.

```
Observable
    .from(tickets)
    .flatMap(ticket ->
        rxSendEmail(ticket)
            .ignoreElements()
            .doOnError(e -> log.warn("Failed to send {}", ticket, e))
            .onErrorReturn(err -> ticket)
            .subscribeOn(Schedulers.io()))
```

상당히 비침습적(noninvasive)이라 찾기 어려웠을 것이다. 여러분의 subscribe
On() 연산자는 개별 rxSendMail()이 지정된 Scheduler(이 경우에는 io())에서 작
동하도록 한다. 이는 RxJava의 강점 중 하나로 스레드와 관련해서 강제성을 띄
지 않으며, 기본적으로 동기 방식으로 실행하지만 끊김 없는 명료한 멀티 스레
딩이 가능하다. 물론 이것이 임의의 위치에 안전하게 스케줄러를 주입할 수 있
다는 뜻은 아니다. 하지만 최소한 API가 간결해지며 고수준으로 향상된다. 155
쪽 "RxJava의 멀티 스레딩"에서 스케줄러에 대해 더욱 자세히 살펴볼 것이다. 지
금은 Observable이 기본적으로 동기 방식이라는 사실을 기억하자. 그러나 쉽게
바꿀 수 있고 예상치 못한 곳에서 동시성을 적용할 수 있다. 이러한 점 때문에
힘들이지 않고 최적화가 가능해서 기존의 애플리케이션에서 특히 유용하다.

정리하자면 처음부터 Observable로 구현할 경우, 기본적으로 비동기로 만드는
것이 보다 자연스럽다. 즉, subscribeOn()을 외부가 아닌 rxSendEmail()에 직접
배치한다는 뜻이다. 그렇지 않을 경우 이미 비동기인 스트림을 또 다른 스케줄러
계층과 함께 사용할 위험이 있다. 물론 Observable 이면의 생산자가 이미 비동기
라면, 스트림이 어떤 특정 스레드에 묶이지 않을 테니 더 좋다. 또한 Observable
을 구독하는 시점을 가능한 한 늦춰야 하는데, 그 시점은 일반적으로 외부 세계
의 웹 프레임워크에 가깝다. 이는 여러분의 사고 체계를 뚜렷하게 바꿔놓을 것이
다. 전체 비즈니스 로직은 누군가 실제로 결과를 보고자 할 때까지 느긋하게
남아 있다.[8]

스트림으로 콜백 대체하기

전통적인 API는 대부분 블로킹 방식이라서 결과를 받기까지 동기적으로 기다려
야만 한다. 이러한 접근 방식은 상대적으로 잘 작동하지만 어디까지나 RxJava를
알기 전의 이야기다. 블로킹 API는 API 생산자에서 소비자로 데이터를 밀어내

---

8   해스켈 표현식의 느긋한 평가와 비교해 보자.

야 할 때 특히 문제가 많은데 이런 경우 RxJava가 빛을 발한다. 이런 예는 수없이 많으며 API 설계자에 따라 다양한 접근 방법이 있다. 보통 API를 호출하기 위해서는 이벤트 리스너라 부르는 모종의 콜백을 제공해야 한다. 대표적인 경우가 자바 메시지 서비스(JMS)이다.[9] JMS를 사용하기 위해서는 일반적으로 서버나 컨테이너로 들어오는 모든 메시지를 통지하는 클래스 구현이 필요하다. 이러한 리스너보다 상대적으로 쉬우면서 구성하기 좋은 Observable로 교체가 가능하다. 이 Observable은 훨씬 더 견고할 뿐 아니라 기능이 많다. 전통적인 리스너는 다음과 같은 모습인데, 여기서는 스프링 프레임워크의 JMS 지원[10]을 사용했지만 개선 결과는 특정 기술과 무관하다.

```
@Component
class JmsConsumer {

    @JmsListener(destination = "orders")
    public void newOrder(Message message) {
        //...
    }
}
```

JmsConsumer 클래스는 JMS 메시지를 받으면 해당 메시지로 무엇을 할지 정해야 한다. 보통은 메시지 소비자 내부에서 어떤 비즈니스 로직을 호출한다. 새로운 컴포넌트가 해당 메시지의 알림을 받기 원한다면 JmsConsumer를 적절히 수정해야 한다. 반면에 누구나 구독할 수 있는 Observable<Message>를 가정해보자. 게다가 RxJava 연산자를 사용할 수 있기 때문에, 매핑이나 필터링 결합 능력도 사용이 가능하다. 밀어내기 방식의 콜백 기반 API를 Observable로 바꾸는 가장 쉬운 방법은 Subject이다. 매번 새로운 JMS 메시지를 발송할 때마다 이 메시지를 PublishSubject로 밀어내는데, 마치 외부에 있는 보통의 뜨거운 Observable처럼 보인다.

```
private final PublishSubject<Message> subject = PublishSubject.create();

@JmsListener(destination = "orders", concurrency="1")
public void newOrder(Message msg) {
    subject.onNext(msg);
}

Observable<Message> observe() {
```

---

9 http://docs.oracle.com/javaee/6/tutorial/doc/bncdq.html
10 http://docs.spring.io/spring/docs/current/spring-framework-reference/html/jms.html

```
        return subject;
    }
```

Observable<Message>가 뜨겁다는 사실을 명심하자. Observable<Message>는 JMS 메시지를 받자마자 바로 방출한다. 아무도 구독하지 않으면 메시지는 그냥 버려진다. 대안으로 쓸 수 있는 ReplaySubject는 애플리케이션 시작부터 모든 이벤트를 캐시하므로 장기간 수행 작업에는 적합하지 않다. 절대적으로 모든 메시지를 받아야 하는 구독자가 있다면, JMS 메시지 리스너 초기화 이전에 반드시 구독해야 한다. 또한 메시지 리스너에 concurrency="1" 매개 변수를 넣어 Subject가 복수의 스레드에서 호출되지 않도록 해야 한다. Subject.toSerialized()를 대신 사용할 수도 있다.

참고로 Subject는 시작할 때는 쉽지만 결국에는 문제가 많다고 알려져 있다. 이런 특별한 경우에 Subject 대신 create()를 직접 사용하여 보다 자연스럽게 RxJava Observable로 바꿀 수 있다.

```java
public Observable<Message> observe(
    ConnectionFactory connectionFactory,
    Topic topic) {
    return Observable.create(subscriber -> {
        try {
            subscribeThrowing(subscriber, connectionFactory, topic);
        } catch (JMSException e) {
            subscriber.onError(e);
        }
    });
}

private void subscribeThrowing(
        Subscriber<? super Message> subscriber,
        ConnectionFactory connectionFactory,
        Topic orders) throws JMSException {
    Connection connection = connectionFactory.createConnection();
    Session session = connection.createSession(true, AUTO_ACKNOWLEDGE);
    MessageConsumer consumer = session.createConsumer(orders);
    consumer.setMessageListener(subscriber::onNext);
    subscriber.add(onUnsubscribe(connection));
    connection.start();
}

private Subscription onUnsubscribe(Connection connection) {
    return Subscriptions.create(() -> {
        try {
            connection.close();
        } catch (Exception e) {
            log.error("Can't close", e);
```

```
            }
        });
    }
```

이 JMS API는 중개자에게 메시지를 받는 두 가지 방법을 제공한다. receive() 블로킹 메서드를 사용하는 동기적인 방법과 MessageListener를 사용하는 논블로킹 방법이다. 논블로킹 API는 여러 면에서 유용하다. 예를 들면 스레드나 스택메모리 같은 리소스를 적게 차지한다. 또한 Rx 프로그래밍 방식과 매우 아름답게 잘 맞아 떨어진다. MessageListener 객체를 만들어 이 안에서 구독자를 호출하는 대신 다음처럼 짤막한 메서드 레퍼런스 문법을 사용하자.

```
consumer.setMessageListener(subscriber::onNext)
```

또한, 리소스 정리와 적절한 오류 처리도 신경 써야 한다. 이 작은 변환 계층은 API 내부를 생각할 필요 없이 손쉽게 JMS 메시지를 소비할 수 있도록 해준다. 여기서는 널리 쓰이는 ActiveMQ 메시지 브로커[11]를 사용했다.

```
import org.apache.activemq.ActiveMQConnectionFactory;
import org.apache.activemq.command.ActiveMQTopic;

ConnectionFactory connectionFactory =
    new ActiveMQConnectionFactory("tcp://localhost:61616");
Observable<String> txtMessages =
        observe(connectionFactory, new ActiveMQTopic("orders"))
        .cast(TextMessage.class)
        .flatMap(m -> {
            try {
                return Observable.just(m.getText());
            } catch (JMSException e) {
                return Observable.error(e);
            }
        });
```

JMS는 JDBC와 마찬가지로 명시적 예외인 JMSException을 과도하게 사용하기로 명성이 자자하다. 심지어 TextMessage에서 getText()를 호출할 때도 사용한다. 오류를 적절히 제어하려면 flatMap()을 사용해 오류를 포장해야 한다 (더 자세한 내용은 271쪽 "오류 처리"에서 다룬다). 이러한 관점에서, 흘러가는 JMS 메시지를 여느 비동기 논블로킹 스트림과 마찬가지로 다룰 수 있다. 아무튼 cast() 연산자를 써서 업스트림 이벤트를 낙관적으로 형변환하고 실패할

---

11 *http://activemq.apache.org*

경우에는 onError()를 적용한다. cast()는 특화된 map() 연산자로서 map(x ->
(TextMessage)x)와 같은 식으로 작동한다.

주기적으로 변경 사항을 폴링하기

최악의 블로킹 API로 작업하려면 변경 사항을 폴링(polling)해야 한다. 콜백이나
무기한 블로킹을 사용하더라도 변경 사항을 직접 밀어낼 방법이 없다. 이 API가
제공하는 유일한 방법은 현재 상태를 묻는 것뿐이며, 그것이 이전 상태와 다른
지 여부는 사용자가 결정해야 한다. RxJava에는 주어진 API를 Rx 스타일로 개조
하는 데 사용할 수 있는 몇 가지 강력한 연산자가 있다. 우선 생각해 볼 것은 상
태를 나타내는 단일 값을 전달하는 간단한 메서드로 long getOrderBookLength()
같은 것을 예로 들 수 있다. 변경 사항을 추적하려면 이 메서드를 충분히 자주
호출하여 차이점을 잡아내야 한다. RxJava에서는 아주 기본적인 연산자 구성으
로 이를 달성할 수 있다.

```
Observable
        .interval(10, TimeUnit.MILLISECONDS)
        .map(x -> getOrderBookLength())
        .distinctUntilChanged()
```

10ms마다 인위적으로 long 값을 만들어 간단한 카운터로 사용하고 10ms마다
getOrderBookLength()를 호출한다. 그러나 앞서 언급한 메서드는 자주 바뀌지
않기 때문에 구독자가 이런 무의미한 값을 계속 받지 않도록 하고 싶다. 운 좋
게도 간단하게 distinctUntilChanged()를 사용할 수 있기 때문에 RxJava에서는
getOrderBookLength() 호출 값이 이전 호출 값과 같은 경우 이를 건너뛸 수 있
다. 이를 구슬 도표로 표현하면 다음과 같다.

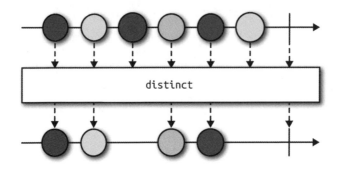

이러한 패턴을 더 발전시켜 적용할 수도 있다. 파일 시스템이나 데이터베이스 테이블 변경 사항을 지켜본다고 가정하자. 파일이나 데이터베이스 레코드의 현재 스냅샷 가져오기가 유일한 처리 방법이다. 모든 새 항목을 클라이언트에게 알리는 API를 작성 중이라면 당연히 `java.nio.file.WatchService`나 데이터베이스 트리거를 사용할 수 있겠지만 학습을 위해 주기적으로 현재 상태의 스냅샷을 작성한다.

```
Observable<Item> observeNewItems() {
    return Observable
            .interval(1, TimeUnit.SECONDS)
            .flatMapIterable(x -> query())
            .distinct();
}

List<Item> query() {
    // 파일 시스템의 디렉터리나
    // 데이터베이스 테이블의 스냅샷을 취한다
}
```

`distinct()` 연산자는 거쳐간 모든 항목의 기록을 유지하므로 동일한 항목이 또 나타나면 무시한다(102쪽의 "distinct()와 distinctUntilChanged()로 중복 제거하기" 참조). 그래서 매초 동일한 `Item` 목록을 밀어낼 수 있다. 처음에는 다운스트림에 있는 모든 구독자에게 밀어낸다. 그러나 1초 이후에 완전히 동일한 목록이 나타나면 이미 봤던 내용이므로 버린다. 어느 시점에 `query()`에서 반환한 목록이 여분의 `Item`을 포함한다면 `distinct()`는 이를 내버려 두겠지만 다음번에는 버린다. 이 간단한 패턴을 사용하면 수많은 `Thread.sleep()` 호출과 수동으로 캐싱하는 구현을 주기적 폴링으로 대체할 수 있다. 이를 FTP[12] 폴링이나 웹 스크래핑 등 많은 곳에 적용할 수 있다.

RxJava의 멀티 스레딩

블로킹 방식의 서드파티 API에 대해서는 할 수 있는 일이 별로 없다. 소스코드도 없고 다시 만들기엔 위험 요소가 많다. 이런 경우에는 블로킹 코드와 씨름하기보다는 어떻게 다루는지를 배워야 한다.

RxJava의 특징 중 하나는 명령형 동시성이 아닌 선언적 동시성이다. 수동으로 스레드를 생성하고 관리하는 방법은 고리타분하다(369쪽 "커넥션 스레드 풀"과

---

12 *https://en.wikipedia.org/wiki/File_Transfer_Protocol*

비교해 보자). 지금은 대부분 `ExecutorService` 같은 관리 가능한 스레드 풀을 사용하고 있다. 그런데 RxJava는 여기서 한 걸음 더 나아간다. `Observable`은 자바 8의 `CompletableFuture`처럼 논블로킹이기도 하지만, 이들과는 다르게 느긋하기까지 하다(215쪽 "CompletableFuture와 스트림" 참조). 잘 만든 `Observable`은 구독하지 않는 한 어떠한 동작도 수행하지 않는다. 그러나 `Observable`의 힘은 이를 더욱 넘어선다.

비동기 `Observable`은 별도의 스레드에서 `onNext()` 같은 `Subscriber`의 콜백 메서드를 호출한다. 38쪽 "Observable.create() 정복"에서 알림이 도달하기까지 `subscribe()`가 블록되던 내용을 떠올려보자. 실제로 대부분의 `Observable`은 그 본질상 비동기적인 출처로부터 나온다. 5장은 전적으로 이러한 `Observable`을 다룬다. 심지어 150쪽의 "스트림으로 콜백 대체하기"에서 이야기한 단순한 JMS 예제조차도 JMS 명세서에 내장된 논블로킹 API를 사용한다(`MessageListener` 인터페이스). 이는 자료형 체계(type system)에서 강제하거나 권장하는 내용은 아니라 해도 많은 `Observable`이 애초부터 비동기이기 때문에 이런 상황을 가정해야 한다. 블로킹 `subscribe()` 메서드는 `Observable.create()` 안의 람다식이 비동기 절차를 따르지 않았거나 스트림으로 뒷받침되지 않았을 때 정도에나 매우 드물게 등장한다. 그렇지만 기본적으로는 `create()`를 사용했을 때 모든 것이 (구독 대상인) 클라이언트 스레드에서 이루어진다. `create()` 콜백 내부에서 `onNext()`로 직접 호출해도 멀티 스레드나 동시성을 수반하지 않는다.

이런 흔치 않은 `Observable`을 만나면 값을 방출할 때 사용하는 일명 `Scheduler`를 선언적으로 선택할 수 있다. `CompletableFuture` 같은 경우에는 기반 스레드를 통제할 방법이 없기 때문에 API가 결정하며, 최악의 경우 재정의할 수도 없다. RxJava 혼자서 그러한 결정을 내리는 경우는 거의 없으며, 안전한 기본값인 클라이언트 스레드를 선택하기 때문에 멀티 스레드는 관련되지 않는다. 이번 장의 목적을 달성하기 위해, 프로그램을 시작한 이후 현재 스레드와 `System.currentTimeMillis()`를 사용하여 가동 시간을 ms 단위로 출력하는 아주 간단한 로깅 '라이브러리'[13]를 사용할 것이다.

```
void log(Object label) {
    System.out.println(
        System.currentTimeMillis() - start + "\t| " +
```

---

13 물론 실제 프로젝트라면 로그백(*http://logback.qos.ch*)이나 Log4J 2(*http://logging.apache.org/log4j/2.x*) 같은 로그 전용 라이브러리를 사용해야 한다.

```
        Thread.currentThread().getName()   + "\t| " +
        label);
    }
}
```

Scheduler란 무엇인가?

RxJava는 동시성과 무관하고 자체적으로 동시성을 도입하지 않는다. 그렇지만 몇몇 추상화는 스레드를 다루므로 최종 사용자에게 이를 노출한다. 또한 어떤 연산자는 동시성 없이는 제대로 동작하지 않는다(181쪽 "Scheduler의 다른 사용법" 참고). 다행스럽게도 주의를 기울여야 하는 유일한 대상인 Scheduler 클래스는 상당히 단순하다. 원론적으로는 java.util.concurrent의 ScheduledExecutorService와 비슷하게 동작하는데, 미래의 가능한 시점에 임의의 코드 블록을 실행한다. 하지만 Scheduler는 Rx 규약을 맞추기 위해 잘 정제된 추상화를 제시하는데 이에 대해서는 163쪽의 "Scheduler 세부 구현 내용 살펴보기"에서 살펴보도록 하자.

스케줄러는 특정 유형의 Observable을 만들 때 subscribeOn()과 observeOn() 연산자를 함께 사용한다. 스케줄러는 코드 스케줄링과 실행을 담당하는 Worker 객체만 생성한다. RxJava에서 어떤 코드를 스케줄링해야 한다면 우선 Scheduler에 Worker를 제공하라고 요청하고 Worker를 사용해서 후속 작업을 스케줄링한다. 나중에 이 API의 예제를 찾을 수 있겠지만 지금은 사용 가능한 내장 스케줄러에 익숙해져야 한다.

Schedulers.newThread()

이 스케줄러는 subscribeOn()이나 observeOn()으로 요청을 받을 때마다 새로운 스레드를 시작한다. newThread()는 스레드를 시작할 때 지연이 일어날 뿐만 아니라, 스레드를 재사용할 수도 없기 때문에 별로 좋은 선택이 아니다. 미리 스택 공간을 할당해야 하며(보통 약 1MB 정도이며, JVM의 -Xss 인자로 조절한다), 운영 체제는 고유한 스레드를 생성해야 한다. Worker 작업이 끝나면 스레드는 그대로 종료한다. 이 스케줄러는 작업들이 큰 단위(coarse-grained)인 경우에나 유용하다. 완료하기까지 시간이 오래 걸리지만 이런 경우는 매우 드물기 때문에 스레드는 전혀 재사용되지 않을 것이다. 367쪽의 "연결당 스레드"도 참고하자. 실제로는 바로 다음에 이야기할 Schedulers.io()를 사용하는 편이 좋다.

Schedulers.io()

이 스케줄러는 newThread()와 비슷하지만, 이미 시작된 스레드를 재사용하기 때문에 향후에 발생할 요청도 다룰 수 있다. 이 구현은 풀 크기의 제한이 없는 java.util.concurrent의 ThreadPoolExecutor와 비슷한 모습으로 동작한다. 매번 새로운 Worker를 요청하면, 새로운 스레드를 시작하거나(그리고 일정 기간 대기 상태를 유지한다) 대기 중인 스레드를 재사용한다.

io()라는 이름은 임의로 지은 것이 아니다. CPU 리소스가 거의 필요 없는 I/O 바운드 작업에 이 스케줄러를 사용한다고 생각해 보자. 하지만 이 작업들을 수행하려면 네트워크나 디스크를 기다리느라 다소 시간이 걸린다. 그래서 상대적으로 커다란 스레드 풀을 사용하는 것이 좋겠다. 물론 어떤 자원이건 무분별한 소모를 조심해야 한다. 웹 서비스와 같이 느리거나 반응이 없는 외부 의존성인 경우, io() 스케줄러는 엄청난 숫자의 스레드를 시작할 수 있는데 이는 애플리케이션 자체의 응답성을 저해하는 원인이 된다. 324쪽의 "히스트릭스로 장애 관리하기"에서 이러한 문제와 어떻게 맞서는지 자세히 알아보겠다.

Schedulers.computation()

작업이 전적으로 CPU 기반이라면 이 스케줄러를 사용해야 한다. 즉 이것은 계산 능력이 필요하고 디스크에서 읽기, 네트워크, 잠금 대기 같은 블로킹 코드가 없는 상황이다. 이 스케줄러에서 실행되는 개별 작업은 CPU 코어 하나를 완전히 점유하리라 가정하기 때문에 가용 코어 숫자보다 더 많은 작업을 병렬로 실행해 봤자 별로 이득이 없다. 따라서 computation() 스케줄러는 기본적으로 병렬 실행되는 스레드의 갯수를 Runtime.getRuntime() 유틸리티 클래스의 availableProcessors() 반환값으로 제한한다.

만약 어떤 이유로 기본값과 다른 스레드 숫자가 필요하다면 시스템 속성인 rx.scheduler.max-computation-threads를 사용하면 된다. 스레드 숫자를 제한하여 하나 이상의 CPU를 확실하게 유휴 상태로 만들어 두면, computation() 스레드 풀은 과부하 상태라 해도 서버를 포화시키지 않는다. 코어 숫자보다 더 많은 계산 스레드는 불가능하다.

computation() 스케줄러는 모든 스레드 앞에 제한을 두지 않은 큐를 놓는데, 작업이 스케줄링되었지만 모든 코어가 사용되고 있다면 해당 작업은 큐에 쌓인다. 부하가 절정에 달하면 이 스케줄러는 제한된 스레드 숫자를 유지한다. 그렇지만, 개별 스레드 앞에 놓인 큐의 크기는 계속 커진다.

다행히도, 177쪽의 "observeOn()으로 선언적 동시성 처리하기"에 등장하는 내장 연산자인 observeOn()을 사용하면 이 Scheduler에 과부하가 걸리지 않도록 조절할 수 있다.

Schedulers.from(Executor executor)

Scheduler는 내부적으로 java.util.concurrent의 Executor보다 더 복잡하기 때문에 별도의 추상화가 필요하다. 하지만 개념적으로는 무척 비슷하기 때문에 Executor를 from() 팩토리 메서드로 포장하여 Scheduler로 만들 수 있다.

```java
import com.google.common.util.concurrent.ThreadFactoryBuilder;
import rx.Scheduler;
import rx.schedulers.Schedulers;

import java.util.concurrent.ExecutorService;
import java.util.concurrent.LinkedBlockingQueue;
import java.util.concurrent.ThreadFactory;
import java.util.concurrent.ThreadPoolExecutor;

//...

ThreadFactory threadFactory = new ThreadFactoryBuilder()
    .setNameFormat("MyPool-%d")
    .build();
Executor executor = new ThreadPoolExecutor(
    10, //corePoolSize
    10, //maximumPoolSize
    0L, TimeUnit.MILLISECONDS, //keepAliveTime, unit
    new LinkedBlockingQueue<>(1000), //workQueue
    threadFactory
);
Scheduler scheduler = Schedulers.from(executor);
```

간결한 구현 대신 일부러 장황한 문법을 사용하여 ExecutorService를 생성해 보았다.

```java
import java.util.concurrent.Executors;

//...

ExecutorService executor = Executors.newFixedThreadPool(10);
```

구미가 당기기는 해도 Executors 팩토리 클래스는 몇몇 기본값을 하드코딩하고 있어 실용적이지 않으며, 심지어 엔터프라이즈 애플리케이션에서는 위험하기까지 하다. 예를 들면 제한을 두지 않은 LinkedBlockingQueue를 사용하고 있어서 이것이 무한히 커질 수 있으므로, 수많은 미해결 작업이 쌓이면

OutOfMemoryError가 발생한다. 또한, 기본 ThreadFactory는 pool-5-thread-3 같은 의미 없는 스레드 이름을 사용한다. 스레드 이름을 제대로 붙이면 스레드 덤프를 프로파일링하거나 분석할 때 매우 유용하다. ThreadFactory를 써서 처음부터 만들어나가는 과정은 매우 번거로우니 구아바(Guava)[14]에서 제공하는 ThreadFactoryBuilder를 사용한다. 만약 스레드 풀을 조금 더 조절하거나 제대로 활용하고 싶다면 369쪽의 "커넥션 스레드 풀"과 324쪽의 "히스트릭스로 장애 관리하기"를 참고하자. 의식적으로 설정한 Executor에서 스케줄러를 생성하는 방식은 높은 부하를 처리하는 프로젝트일 때나 권장한다. 그렇지만 RxJava는 Executor 내부에서 생성되는 독립적인 스레드에 대한 제어는 할 수 없기 때문에 스레드를 고정할 수 없다. 즉, 캐시 지역성(locality)을 향상시키기 위해 같은 작업을 같은 스레드에서 처리할 수 없다는 뜻이다. 이 Scheduler는 기껏해야 하나의 Scheduler.Worker가 이벤트를 순차적으로 처리하도록 보장할 뿐이다(163쪽 "Scheduler 세부 구현 내용 살펴보기" 참조).

Schedulers.immediate()

비동기 방식이 아닌 클라이언트 스레드에서 블로킹 방식으로 작업을 진행하는 특별한 스케줄러이다. API에서 명시적으로 요구하는 경우가 아니라면 스케줄러를 사용할 일은 없다. 스레드가 전혀 관여되지 않은 상태의 Observable 기본 동작만으로도 충분하다. 사실 immediate() Scheduler로 Observable을 구독하면 구독할 때 어떤 스케줄러도 사용하지 않은 것과 동일한 효과가 나타난다. 보통은 이 스케줄러 사용을 피해야 한다. 호출 스레드를 블로킹하므로 용도가 제한적이다.

Schedulers.trampoline()

trampoline()은 immediate()와 매우 비슷하다. 같은 스레드에서 작업을 수행하므로 사실상 블로킹하기 때문이다. 그렇지만 immediate()와는 다르게 곧 이어질 작업은 앞서 스케줄링된 모든 작업이 끝났을 때 시작한다. immediate()는 주어진 작업을 즉시 시작하는 반면 trampoline()은 현재 작업이 끝날 때까지 기다린다. 트램펄린(trampoline)은 함수형 프로그래밍 패턴 중 하나로 호출 스택의 무한한 증가 없이도 재귀를 구현 가능하게 한다. 예제에서 이를 잘 보여주고 있으며, 처음에는 immediate()를 수반한다. 그런데 직

---

14 *https://github.com/google/guava*

접 Scheduler 객체와 상호 작용하지 않으며 처음에는 Worker를 생성한다. 163
쪽의 "Scheduler 세부 구현 내용 살펴보기"를 보면 이해하게 될 것이다.

```
Scheduler scheduler = Schedulers.immediate();
Scheduler.Worker worker = scheduler.createWorker();

log("Main start");
worker.schedule(() -> {
    log(" Outer start");
    sleepOneSecond();
    worker.schedule(() -> {
        log("  Inner start");
        sleepOneSecond();
        log("  Inner end");
    });
    log(" Outer end");
});
log("Main end");
worker.unsubscribe();
```

출력은 예상대로이다. 실제로 schedule()을 단순한 메서드 호출로 대체했다.

```
1044    | main   | Main start
1094    | main   |  Outer start
2097    | main   |   Inner start
3097    | main   |   Inner end
3100    | main   |  Outer end
3100    | main   | Main end
```

Outer 블록의 안쪽에서 Inner 블록을 schedule()로 즉시 호출하여 Outer 작업
중에 끼어들었다. Inner를 마치면 제어권은 다시 Outer로 넘어온다. 즉, 이는
immediate() Scheduler를 간접적으로 거쳐 블로킹 방식으로 작업을 호출하는
복잡한 방법이다. 그럼 Schedulers.immediate()을 Schedulers.trampoline()
으로 바꾸면 어떻게 될까? 출력 내용은 상당히 다르다.

```
1030    | main   | Main start
1096    | main   |  Outer start
2101    | main   |  Outer end
2101    | main   |   Inner start
3101    | main   |   Inner end
3101    | main   | Main end
```

Inner를 시작하기 전에 Outer를 종료하는 모습을 볼 수 있다. Inner 작업이 이
미 Outer 작업이 점유 중인 trampoline() Scheduler에 대기열로 들어서기 때
문이다. Outer가 끝나면 대기열의 첫 번째 작업인 Inner가 시작된다. 이 차이
를 제대로 이해하기 위해 조금 더 살펴보자.

```
log("Main start");
worker.schedule(() -> {
    log(" Outer start");
    sleepOneSecond();
    worker.schedule(() -> {
        log("  Middle start");
        sleepOneSecond();
        worker.schedule(() -> {
            log("   Inner start");
            sleepOneSecond();
            log("   Inner end");
        });
        log("  Middle end");
    });
    log(" Outer end");
});
log("Main end");
```

immediate() Scheduler의 Worker 출력 결과는 다음과 같다.

```
1029  | main | Main start
1091  | main |  Outer start
2093  | main |   Middle start
3095  | main |    Inner start
4096  | main |    Inner end
4099  | main |   Middle end
4099  | main |  Outer end
4099  | main | Main end
```

반면에 trampoline()의 작업 결과는 다음과 같다.

```
1041  | main | Main start
1095  | main |  Outer start
2099  | main |  Outer end
2099  | main |   Middle start
3101  | main |   Middle end
3101  | main |    Inner start
4102  | main |    Inner end
4102  | main | Main end
```

Schedulers.test()

이 Scheduler는 단지 테스트 목적으로 만들었으므로, 실제 코드에서는 전혀 볼 일이 없다. 가장 큰 장점이라면 임의로 시계를 돌려 시간의 흐름을 시뮬레이션할 수 있다. TestScheduler는 291쪽 "단위 테스트에서의 Scheduler"에서 자세하게 설명한다. Scheduler 단독으로는 별로 흥미롭지 않다. 어떻게 작동하는지 알고 싶거나 자체적으로 제작하고 싶다면, 다음 절을 참조하기 바란다.

Scheduler 세부 구현 내용 살펴보기

 이 절은 전적으로 선택 사항이라 구현 상세 내용에 관심이 없다면 167쪽의 "subscribeOn()을 사용한 선언적 구독"으로 넘어가도 괜찮다.

Scheduler는 작업과 그 실행을 (일반적으로 서로 다른 스레드상에서 실행하는 형태로) 분리할 뿐만 아니라 시간도 추상화하는데, 이 내용은 288쪽의 "가상시간"에서 알아볼 것이다. 예를 들어 ScheduledExecutorService와 비교하자면 Scheduler가 조금 더 단순하다.

```
abstract class Scheduler {
    abstract Worker createWorker();

    long now();

    abstract static class Worker implements Subscription {

        abstract Subscription schedule(Action0 action);

        abstract Subscription schedule(Action0 action,
                            long delayTime, TimeUnit unit);

        long now();
    }
}
```

RxJava에서 작업을 스케줄링하려면, 아마도 백그라운드 실행은 아닐 수도 있지만 우선 Worker 객체에 요청해야 한다. 바로 이 Worker가 해당 작업을 지연 없이 스케줄링하거나 특정 시점에 스케줄링하도록 처리한다. Scheduler와 Worker 모두 재정의 가능한 시간 기준인 now() 메서드를 지니고 있는데, 이는 주어진 작업을 언제 시작할지 결정할 때 사용된다. 대충 보자면 Scheduler는 마치 스레드 풀과 같고 Worker는 이 풀 내부의 스레드와 같다고 생각할 수 있다.

몇 가지 Rx 규약을 쉽게 구현하기 위해 Scheduler와 Worker를 구분할 필요가 있는데, 이를테면 Subscriber의 메서드를 동시에 호출하지 않고 순차적으로 호출하는 것이다. Worker 규약은 그저 동일한 Worker에 스케줄링된 두 개의 작업이 절대로 동시에 수행되지 않도록 제한할 뿐이다. 하지만 같은 Scheduler라도 서로 다른 Worker라면 동시에 작업을 수행해도 괜찮다.

API를 그대로 따라가기보다는 기존 Scheduler의 소스 코드를 분석해보자. 즉, RxAndroid[15]의 HandlerScheduler이다. 이 Scheduler는 그저 스케줄링된 모든 작업을 안드로이드 UI 스레드에서 실행시킬 뿐이다. UI 갱신은 메인 스레드에서만 허용된다(309쪽 "RxJava를 활용한 안드로이드 개발"에서 자세히 다룬다). 이는 스윙에서도 찾을 수 있는 EDT(Event Dispatch Thread, 이벤트 디스패치 스레드)[16]와 비슷한데, 윈도우나 컴포넌트를 갱신하는 작업은 전용 스레드에서만 수행해야 한다. 당연히 이를 위한 RxSwing[17] 프로젝트도 있다.

다음 코드는 예를 들기 위해 RxAndroid의 해당 클래스 중 일부 내용을 생략했다.

```java
package rx.android.schedulers;

import android.os.Handler;
import android.os.Looper;
import rx.Scheduler;
import rx.Subscription;
import rx.functions.Action0;
import rx.internal.schedulers.ScheduledAction;
import rx.subscriptions.Subscriptions;

import java.util.concurrent.TimeUnit;

public final class SimplifiedHandlerScheduler extends Scheduler {

    @Override
    public Worker createWorker() {
        return new HandlerWorker();
    }

    static class HandlerWorker extends Worker {

        private final Handler handler = new Handler(Looper.getMainLooper());

        @Override
        public void unsubscribe() {
            // 조만간 구현할 예정
        }

        @Override
        public boolean isUnsubscribed() {
            // 조만간 구현할 예정
            return false;
        }
```

---

15 *https://github.com/ReactiveX/RxAndroid*

16 *http://docs.oracle.com/javase/tutorial/uiswing/concurrency/dispatch.html*

17 *https://github.com/ReactiveX/RxSwing*

```
        @Override
        public Subscription schedule(final Action0 action) {
            return schedule(action, 0, TimeUnit.MILLISECONDS);
        }

        @Override
        public Subscription schedule(
        Action0 action, long delayTime, TimeUnit unit) {
            ScheduledAction scheduledAction = new ScheduledAction(action);
            handler.postDelayed(scheduledAction, unit.toMillis(delayTime));

            scheduledAction.add(Subscriptions.create(() ->
                    handler.removeCallbacks(scheduledAction)));

            return scheduledAction;
        }
    }
}
```

여기서 안드로이드 API의 상세 내용은 중요하지 않다. HandlerWorker에서 무엇
인가를 스케줄링할 때마다, 특별한 postDelayed() 메서드로 전달되는 코드 블록
이 안드로이드의 전용 스레드에서 실행된다. 해당 스레드는 단 하나뿐이라서 이
벤트는 내부뿐 아니라 Worker들 사이에서도 직렬화된다.

실행될 action을 전달하기 전에 이를 Runnable과 Subscription을 상속
(implements)한 ScheduledAction으로 포장한다. RxJava는 가능하다면 언제
나 느긋한 방식을 취하고 스케줄링 작업 또한 마찬가지다. 어떤 이유에서든 주
어진 action을 결국 실행하지 않기로 정하면(action을 즉시 수행하지 않고 미
래에 실행하려는 경우에 타당하다), schedule()에서 반환하는 Subscription의
unsubscribe()를 실행한다. Worker는 구독 해지를 정확히 처리해야 할(적어도 최
선의 노력을 해야 할) 책임이 있다.

클라이언트 코드는 또한 Worker의 unsubscribe()를 호출하여 Worker 전체를
취소할 수도 있다. 그러면 해당 Worker 대기열의 모든 작업들을 구독 해지해야
할 뿐 아니라 Worker도 해제하여 기반 스레드를 향후에 재사용할 수 있도록 해야
한다. 다음은 Worker 구독 해지 과정을 추가하여 SimplifiedHandlerScheduler를
개선한 코드이다(고친 메서드만 포함).

```
private final CompositeSubscription compositeSubscription =
    new CompositeSubscription();

@Override
public void unsubscribe() {
    compositeSubscription.unsubscribe();
```

```
    }

    @Override
    public boolean isUnsubscribed() {
        return compositeSubscription.isUnsubscribed();
    }

    @Override
    public Subscription schedule(Action0 action, long delayTime, TimeUnit unit)
    {
        if (compositeSubscription.isUnsubscribed()) {
            return Subscriptions.unsubscribed();
        }

        final ScheduledAction scheduledAction = new ScheduledAction(action);
        scheduledAction.addParent(compositeSubscription);
        compositeSubscription.add(scheduledAction);

        handler.postDelayed(scheduledAction, unit.toMillis(delayTime));

        scheduledAction.add(Subscriptions.create(() ->
                handler.removeCallbacks(scheduledAction)));

        return scheduledAction;
    }
```

35쪽의 "Subscription과 Subscriber〈T〉로 리스너 제어하기"에서, Subscription 인
터페이스를 살펴봤지만 구현 상세 내용은 제대로 살펴보지 않았다. Composite
Subscription은 사용 가능한 수많은 구현 중 하나로, 그 자체는 자식 Subscription
의 컨테이너일 뿐이다(컴포지트 디자인 패턴). CompositeSubscription에서 구독을
해지하면 모든 자식도 구독을 해지한다는 뜻이다. 또한 CompositeSubscription으
로 자식 추가나 제거를 통제할 수 있다.

우리의 맞춤형 Scheduler에서, 이전 schedule() 호출의 모든 Subscription
을 추적하는 데 CompositeSubscription을 사용한다(compositeSubscription.
add(scheduledAction) 참조). 반면에 자식 ScheduledAction은 action이 완료되
거나 취소될 때 자신을 제거할 수 있으려면 부모를 알아야 한다(addParent() 참
조). 그렇지 않으면 Worker는 오래된 자식 Subscription을 영원히 쌓아두게 된
다. 클라이언트 코드가 더 이상 HandlerWorker 객체가 필요하지 않다고 결정
하면 구독을 해지한다. 이 구독 해지는 모든 미해결된 자식(하나라도 있다면)
Subscription으로 전파된다.

지금까지 RxJava의 Scheduler에 대해 간략하게 알아봤다. 일상적인 작업에
서는 내부 구조의 세부 사항이 별로 유용하지 않을 것이다. 사실 이들은 RxJava

를 보다 직관적이고 예측 가능한 방식으로 사용하도록 설계했다. 말 나온 김에, Scheduler가 Rx에서 다양한 동시성 문제를 어떻게 해결하는지 바로 살펴보자.

subscribeOn()을 사용한 선언적 구독

38쪽의 "Observable.create() 정복"에서 subscribe()가 기본적으로 클라이언트 스레드를 사용하는 모습을 보았다. 요약 차원에서 별도 스레드가 전혀 관여되지 않는 간단한 구독 예제를 살펴보자.

```java
Observable<String> simple() {
    return Observable.create(subscriber -> {
        log("Subscribed");
        subscriber.onNext("A");
        subscriber.onNext("B");
        subscriber.onCompleted();
    });
}

//...

log("Starting");
final Observable<String> obs = simple();
log("Created");
final Observable<String> obs2 = obs
        .map(x -> x)
        .filter(x -> true);
log("Transformed");
obs2.subscribe(
        x -> log("Got " + x),
        Throwable::printStackTrace,
        () -> log("Completed")
);
log("Exiting");
```

어디서 로그를 출력하는지, 출력 내용은 어떤지 주의 깊게 살펴보기 바란다. 특히 출력 내용에 어떤 스레드가 나타나는지 확인하자.

```
 33 | main | Starting
120 | main | Created
128 | main | Transformed
133 | main | Subscribed
133 | main | Got A
133 | main | Got B
133 | main | Completed
134 | main | Exiting
```

주목하자. 구문 실행 순서를 확실히 예측할 수 있다. 첫째, 앞선 예제의 모든 행은 main 스레드에서 실행되며 어떠한 스레드 풀이나 비동기 이벤트 방출도 관련되어 있지 않다. 둘째, 처음에 보았을 때는 실행 순서가 그리 명확해 보이지 않을 수도 있다.

프로그램을 시작하면 Starting이 출력되는데, 이해할 만하다. Observable <String> 객체를 생성하면 Created 로그가 보인다. 실제로 구독한 다음에 Subscribed가 나타난다. subscribe() 호출을 하지 않으면 Observable.create() 안의 내용은 전혀 수행되지 않는다. 게다가 map()과 filter() 연산자에서 어떠한 눈에 띄는 부수 효과도 없지만, Subscribed 로그가 나오기도 전에 Transformed 로그가 나오는 모습에 주목하기 바란다.

이후 모든 방출 이벤트를 받고 완료 알림을 받은 뒤 마침내 Exiting 로그가 나오고 프로그램 수행을 마친다. 이러한 모습은 흥미로운데 subscribe()는 보통 비동기적으로 나타나는 이벤트를 처리하는 콜백을 등록하는 역할을 수행하기 때문이다. subscribe()는 비동기적으로 동작한다고 간주해야 한다. 하지만 이 경우는 어떠한 스레드 관련 처리도 없고 subscribe()는 블로킹 방식으로 동작한다. 어떻게 이렇게 된 걸까?

subscribe()와 create() 사이에는 내재된 숨은 연결이 존재한다. Observable의 subscribe()를 호출할 때마다 해당 Observable의 (create()에 전달한 람다식을 포장한) OnSubscribe 콜백 메서드를 호출한다. 이때 인자로서 Subscriber를 취한다. 기본적으로 이 일은 같은 스레드에서 진행되며 블로킹 방식이라서 create() 안에서 진행하는 어떤 일이건 subscribe()를 블록한다. create() 메서드가 몇 초간 잠들면 subscribe()는 블록된다. 게다가 Observable.create()와 (콜백으로 동작할 람다식인) Subscriber 사이에 연산자가 있을 경우, 모든 연산자는 subscribe()를 호출한 스레드에서 호출된다. RxJava는 Observable과 Subscriber 사이에 어떠한 동시성 기능도 주입하지 않는다. 왜냐하면 Observable은 이벤트 루프나 맞춤형 스레드 같은 다른 동시성 구조에 기대는 경향이 있으며, Rx는 어떠한 관습을 강요하기보다는 완전한 제어를 허용하기 때문이다.

지금까지 살펴본 내용 덕분에 subscribeOn() 연산자의 새로운 지평을 열었다. 원본 Observable과 subscribe() 사이의 어딘가에 subscribeOn()을 삽입하여 OnSubscribe 콜백 메서드가 수행될 Scheduler를 선언적으로 선택한다. create() 안에서 무엇을 하든 독립적인 Scheduler로 작업을 옮기므로 subscribe() 호출은 더 이상 블록되지 않는다.

```
log("Starting");
final Observable<String> obs = simple();
log("Created");
obs
        .subscribeOn(schedulerA)
        .subscribe(
                x -> log("Got " + x),
                Throwable::printStackTrace,
                () -> log("Completed")
        );
log("Exiting");
```

```
35  | main  | Starting
112 | main  | Created
123 | main  | Exiting
123 | Sched-A-0 | Subscribed
124 | Sched-A-0 | Got A
124 | Sched-A-0 | Got B
124 | Sched-A-0 | Completed
```

Observable이 값 방출을 시작하기도 전에 main 스레드에서 빠져나가는 모습이 보이는가? 기술적으로는 스레드 두 개가 동시에 실행 중이라 로그 출력 순서는 더 이상 예측 가능하지 않다. 스레드는 각각 구독한 이후 빠져나가기 원하는 main과, 누군가 구독하면 즉시 이벤트를 방출하는 Sched-A-0이다. schedulerA 혹은 Sched-A-0 스레드는 설명을 위해 만든 다음 예제에서 취한 내용이다.

```
import static java.util.concurrent.Executors.newFixedThreadPool;

ExecutorService poolA = newFixedThreadPool(10, threadFactory("Sched-A-%d"));
Scheduler schedulerA = Schedulers.from(poolA);

ExecutorService poolB = newFixedThreadPool(10, threadFactory("Sched-B-%d"));
Scheduler schedulerB = Schedulers.from(poolB);

ExecutorService poolC = newFixedThreadPool(10, threadFactory("Sched-C-%d"));
Scheduler schedulerC = Schedulers.from(poolC);

private ThreadFactory threadFactory(String pattern) {
    return new ThreadFactoryBuilder()
        .setNameFormat(pattern)
        .build();
}
```

이 스케줄러는 모든 예제에 걸쳐 사용하는데, 정말 기억하기 쉬운 편이다. 세 가지 독립적인 스케줄러는 ExecutorService에서 각각 10개의 스레드를 관리한다. 깔끔한 출력을 위해 각각의 스레드 풀에 서로 다른 이름 형식을 적용했다.

시작하기 전에, 실제 애플리케이션에서 Rx를 채택하면 subscribeOn()을 거의 사용하지 않는다는 사실을 이해해야 한다. 보통은 Observable이 원래부터 비동기이거나(189쪽 "네티와 RxNetty를 사용한 논블로킹 HTTP 서버"에서 살펴볼 RxNetty의 경우) 자체적으로 스케줄링을 적용한다(324쪽 "히스트릭스로 장애 관리하기"에서 살펴볼 히스트릭스의 경우). 기저의 Observable이 동기 방식(create()가 블로킹 방식)인 특별한 경우에만 subscribeOn()을 취급해야 한다. 그렇지만 subscribeOn()은 create() 안에서 직접 만든 스레드를 사용하는 방법보다는 여전히 더 나은 해법이다.

```
// 이렇게 하지 말자
Observable<String> obs = Observable.create(subscriber -> {
    log("Subscribed");
    Runnable code = () -> {
        subscriber.onNext("A");
        subscriber.onNext("B");
        subscriber.onCompleted();
    };
    new Thread(code, "Async").start();
});
```

위의 코드 예제는 이벤트 생성과 동시성 선택 전략이라는 두 가지 개념을 뒤섞었다. Observable은 생산 과정만 담당해야 하며, 반면에 동시성에 대해 현명한 결정을 내릴 수 있는 주체는 전적으로 클라이언트 코드여야 한다. Observable은 느긋하지만 또한 불변이라는 점도 기억하자. subscribeOn()은 다운스트림의 구독자에게만 영향을 미치기 때문에 설령 누군가가 그 사이에 subscribeOn() 없이 똑같은 Observable을 구독한다 해도 동시성을 기본으로 포함하지 않는다.

이번 장에서는 기존 애플리케이션에 중점을 두고 점진적으로 RxJava를 소개한다. subscribeOn() 연산자는 이런 상황에서 매우 유용하다. 그렇지만 리액티브 익스텐션 기능을 파악하고 대규모 시스템에 사용하기 시작하면 subscribeOn()의 가치는 줄어든다. 넷플릭스 사례 같은 완전한 리액티브 소프트웨어 스택에서는 subscribeOn()이 거의 사용되지 않으며, 모든 Observable은 비동기식이다. 대부분의 Observable은 비동기 형태로 만들어지며 따라서 자연스럽게 비동기 개체로 취급된다. 따라서 subscribeOn() 사용은 매우 제한적이며 대부분 기존 API나 라이브러리를 개조할 때 사용한다. 5장에서 명시적 subscribeOn()과 Scheduler 없이 진정한 비동기 애플리케이션을 제작할 것이다.

subscribeOn()의 동시성과 동작 방식

subscribeOn()의 작동 방식에 몇 가지 미묘한 차이가 있다. Observable과 subscribe() 사이에 subscribeOn()이 두 번 나타나면 어떤 일이 벌어질까? 답은 간단하다. 원래 Observable에 가장 가까운 subscribeOn()이 이긴다. 여기에는 중요하면서 실용적인 의미가 있다. API를 설계할 때 내부에 subscribeOn()을 사용했다면, 클라이언트 코드는 그렇게 선택한 Scheduler를 재정의(override)할 방법이 없다. 이것이 의도적인 설계 방침일 수도 있다. 어쨌든 API 설계자는 어떤 Scheduler가 가장 적합한지 잘 알고 있겠지만, 선택된 Scheduler를 재정의할 수 있도록 상기 API의 중복 정의 버전을 제공하는 편이 좋겠다.

subscribeOn()이 어떻게 동작하는지 살펴보자.

```
log("Starting");
Observable<String> obs = simple();
log("Created");
obs
        .subscribeOn(schedulerA)
        // 수많은 연산자
        .subscribeOn(schedulerB)
        .subscribe(
                x -> log("Got " + x),
                Throwable::printStackTrace,
                () -> log("Completed")
        );
log("Exiting");
```

출력 내용에는 schedulerA의 스레드만 보인다.

```
17 | main | Starting
73 | main | Created
83 | main | Exiting
84 | Sched-A-0 | Subscribed
84 | Sched-A-0 | Got A
84 | Sched-A-0 | Got B
84 | Sched-A-0 | Completed
```

재밌게도 schedulerA가 사용된다고 해서 schedulerB 구독이 완전히 무시되지는 않는다. schedulerB는 짧은 순간이나마 사용되기는 하지만, 그저 모든 일을 수행하는 schedulerA의 새로운 action을 스케줄링할 뿐이다. 따라서 여러 개의 subscribeOn()은 무시될 뿐만 아니라 약간의 오버헤드까지 유발한다.

연산자 측면에서는 제공된 스케줄러(있는 경우) 내에서 새로운 Subscriber가 실행될 때 create() 메서드를 사용한다고 이야기했다. 그런데 create()와

subscribe() 사이에서 일어나는 모든 변환을 어떤 스레드가 실행하는가? 기본적으로 아무런 동시성이 개입되지 않으므로, 모든 연산자를 기본적으로 같은 스레드(스케줄러)에서 실행한다는 사실을 이미 알고 있다.

```
log("Starting");
final Observable<String> obs = simple();
log("Created");
obs
        .doOnNext(this::log)
        .map(x -> x + '1')
        .doOnNext(this::log)
        .map(x -> x + '2')
        .subscribeOn(schedulerA)
        .doOnNext(this::log)
        .subscribe(
                x -> log("Got " + x),
                Throwable::printStackTrace,
                () -> log("Completed")
        );
log("Exiting");
```

해당 시점에 어떤 스레드가 통제하는지 살펴보기 위해 연산자 파이프라인에 doOnNext()를 뿌려 놓았다. subscribeOn()의 위치는 Observable 바로 뒤나 subscribe() 앞이나 어디든 상관없다. 출력 결과는 별로 놀랍지 않다.

```
20  | main    | Starting
104 | main    | Created
123 | main    | Exiting
124 | Sched-A-0 | Subscribed
124 | Sched-A-0 | A
124 | Sched-A-0 | A1
124 | Sched-A-0 | A12
124 | Sched-A-0 | Got A12
124 | Sched-A-0 | B
124 | Sched-A-0 | B1
124 | Sched-A-0 | B12
125 | Sched-A-0 | Got B12
```

create()가 어떻게 호출되며, A 이벤트와 B 이벤트는 어떻게 만들어지는지 살펴보자. 이들은 스케줄러 스레드를 따라 순차적으로 이동하여 마침내 Subscriber에 도달한다. RxJava를 처음 접하는 대부분의 사람은 수많은 스레드로 구성된 Scheduler를 사용하면 자동으로 이벤트를 분기하여 동시에 처리하고 마지막에 모든 결과를 함께 결합한다고 생각하는데, 그렇지 않다. RxJava는 전체 파이프라인에 대해 하나의 Worker 객체를 만들고(163쪽 "Scheduler 세부 구현 내용 살펴보기" 참조), 주로 이벤트의 순차 처리를 보장한다.

즉, 연산자 중 하나가 특히 느린 경우(예: 지나가는 이벤트를 변환하기 위해 디스크에서 값을 읽는 map()) 값비싼 작업은 같은 스레드에서 호출된다. 고장난 연산자 하나가 생산에서 소비까지 전체 파이프라인 속도를 늦출 수 있다. 이는 RxJava 안티 패턴인데 연산자는 논블로킹에 빨라야 하며 또한 가급적 순수 함수여야 한다.

또 다시 flatMap()이 구조하러 등장한다. map() 안에서 블로킹하는 대신 flatMap()을 호출하여 모든 결과를 비동기적으로 모을 수 있다. 그러므로 flatMap()과 merge()가 진정한 병렬 처리를 달성하기 위한 연산자이다. 하지만 flatMap()조차도 확실하지 않다. 상품 구매 API를 제공하는 식료품점('RxGroceries'라 부르자)을 상상해 보자.

```java
class RxGroceries {

    Observable<BigDecimal> purchase(String productName, int quantity) {
        return Observable.fromCallable(() ->
            doPurchase(productName, quantity));
    }

    BigDecimal doPurchase(String productName, int quantity) {
        log("Purchasing " + quantity + " " + productName);
        // 실제 로직은 여기에
        log("Done " + quantity + " " + productName);
        return priceForProduct;
    }
}
```

doPurchase() 구현은 무의미하지만 어쨌든 완료하기까지 약간의 시간과 리소스가 필요하다고 생각하자. 인위적인 1초의 수면 시간을 추가하여 비즈니스 로직을 흉내 냈는데, quantity 값이 클수록 약간 더 느려진다. 위와 같이 purchase()에서 Observable을 반환할 때 블로킹하는 구현 방식은 실제 애플리케이션에서는 일반적이지 않지만 학습 목적상 사용하도록 한다. 몇 가지 상품을 구매하기 위해 가능한 한 병렬로 처리하고자 하며 총액은 나중에 한꺼번에 구하려고 한다. 첫 번째 시도는 성과가 없다.

```java
Observable<BigDecimal> totalPrice = Observable
        .just("bread", "butter", "milk", "tomato", "cheese")
        .subscribeOn(schedulerA) // 잘못됐다!!!
        .map(prod -> rxGroceries.doPurchase(prod, 1))
        .reduce(BigDecimal::add)
        .single();
```

결과는 맞다. 하나의 값만 가진 Observable이다. 총액은 reduce()로 계산했다. 제품 개별로 quantity에 1을 넣고 doPurchase()를 호출했다. 그런데 10개의 스레드를 사용하는 schedulerA를 사용하는데도 불구하고 실행은 완전히 순차적이다.

```
144  | Sched-A-0 | Purchasing 1 bread
1144 | Sched-A-0 | Done 1 bread
1146 | Sched-A-0 | Purchasing 1 butter
2146 | Sched-A-0 | Done 1 butter
2146 | Sched-A-0 | Purchasing 1 milk
3147 | Sched-A-0 | Done 1 milk
3147 | Sched-A-0 | Purchasing 1 tomato
4147 | Sched-A-0 | Done 1 tomato
4147 | Sched-A-0 | Purchasing 1 cheese
5148 | Sched-A-0 | Done 1 cheese
```

각각의 제품이 후속 작업 처리를 블로킹하는 모습에 유의하자. 빵 구매를 마치면 바로 버터 구매를 시작하지만 더 일찍 시작하지는 않는다. 이상하게도 map()을 flatMap()으로 바꿔 봤자 별 도움이 되지 않고 출력도 정확히 똑같다.

```
Observable
        .just("bread", "butter", "milk", "tomato", "cheese")
        .subscribeOn(schedulerA)
        .flatMap(prod -> rxGroceries.purchase(prod, 1))
        .reduce(BigDecimal::add)
        .single();
```

코드가 동시에 작동하지 않는데, 이벤트 흐름이 하나뿐이고 순차적으로 실행되도록 설계했기 때문이다. 동시에 진행되는 이벤트 흐름을 허용한다면 Subscriber가 (onNext()나 onComplete() 등에) 동시에 통지하는 상황을 고려해야 하기 때문에 순차적으로 실행되도록 한 결정은 공정한 절충안이다. 다행히도 자연스런 해결책은 매우 가까이 있다. 제품을 방출하는 주 Observable은 병렬 처리할 수 없다. 그렇지만 개별 제품을 purchase()에서 반환된 것과 같이 새로운 독립적 Observable로 만들 수 있다. 서로 독립적이므로 동시에 각각 안전하게 스케줄링할 수 있다.

```
Observable<BigDecimal> totalPrice = Observable
        .just("bread", "butter", "milk", "tomato", "cheese")
        .flatMap(prod ->
                rxGroceries
                        .purchase(prod, 1)
                        .subscribeOn(schedulerA))
        .reduce(BigDecimal::add)
        .single();
```

subscribeOn()이 어디 있는지 알겠는가? 메인 Observable은 실제로 아무것도 하지 않기 때문에 특별한 스레드 풀이 필요 없다. 그렇지만 flatMap() 안에서 생성된 개별 부속 스트림에 schedulerA를 제공한다. Scheduler가 subscribeOn()을 사용하여 새로운 Worker를 반환할 때마다 별개의 스레드에서 다음과 같이 수행된다(출력 결과는 약간 단순화했다).

```
113  | Sched-A-1 | Purchasing 1 butter
114  | Sched-A-0 | Purchasing 1 bread
125  | Sched-A-2 | Purchasing 1 milk
125  | Sched-A-3 | Purchasing 1 tomato
126  | Sched-A-4 | Purchasing 1 cheese
1126 | Sched-A-2 | Done 1 milk
1126 | Sched-A-0 | Done 1 bread
1126 | Sched-A-1 | Done 1 butter
1128 | Sched-A-3 | Done 1 tomato
1128 | Sched-A-4 | Done 1 cheese
```

마침내 진정한 동시성을 달성했다. 각각의 구매 행위는 동시에 시작되고 결국에는 모두 완료된다. 모든 독립적인 스트림이 이벤트를 수집하고 순차적으로 다운스트림에 밀어내도록 flatMap() 연산자를 신중하게 설계하고 구현했다. 하지만 이미 80쪽 "flatMap() 이후 이벤트 순서"에서 배웠듯이 더 이상 다운스트림의 이벤트 순서에 의지할 수 없다. 방출 당시와 같은 순서로 시작하거나 끝나지 않는다(원래 순서는 bread부터 시작했다). 이벤트가 reduce() 연산자에 도달하면 이벤트는 이미 순차적이기 때문에 잘 동작한다.

이제는 고전적인 Thread 방식에서 차츰 벗어나 Scheduler의 작동 방식을 이해해야 한다. 어렵다고 생각한다면 여기 간단한 비유가 있다.

- Scheduler 없는 Observable은 블로킹 메서드 호출이 서로 값을 전달하는 단일 스레드 프로그램처럼 동작한다.
- 단일 subscribeOn()을 갖는 Observable은 마치 백그라운드 Thread에서 하나의 큰 작업을 시작하는 것과 같다. 해당 Thread 내의 프로그램은 여전히 순차적이지만, 적어도 실행 위치는 백그라운드이다.
- flatMap() 내부의 Observable 각각에 subscribeOn()이 적용된 경우는 마치 java.util.concurrent의 ForkJoinPool처럼 동작한다. 각각의 서브스트림은 분기(fork) 실행되고 flatMap()은 안전한 결합(join) 단계이다.

물론 앞선 조언은 블로킹 Observable에만 적용되므로 실제 애플리케이션에서는 거의 볼 수 없다. 기저의 Observable이 이미 비동기라면 동시성 달성은 결합 방법과 구독 시점에 대한 이해의 문제이다. 예를 들어 두 스트림의 merge()는 이들을 동시에 구독하는 반면, concat() 연산자는 첫 번째 스트림이 끝날 때까지 기다렸다가 두 번째 스트림을 구독한다.

groupBy()로 요청을 일괄 처리하기

RxGroceries.purchase()가 인자로 productName과 quantity를 받는데 이 중 quantity는 항상 1이었다는 사실을 알고 있는지? 식료품 목록 중 어떤 제품은 수요가 더 많다는 의미로 요청이 여러 번 있었다면 어떻게 될까? 처음의 단순한 구현은 같은 요청을 보낸다. 예를 들어 달걀을 여러 개 요청하면 개당 한 번씩 여러 번 호출한다. 다행히도 groupBy()를 사용하면 이런 요청을 선언적으로 일괄 처리할 수 있다. 그리고 이는 여전히 선언적 동시성 하에 작동한다.

```
import org.apache.commons.lang3.tuple.Pair;

Observable<BigDecimal> totalPrice = Observable
    .just("bread", "butter", "egg", "milk", "tomato",
      "cheese", "tomato", "egg", "egg")
    .groupBy(prod -> prod)
    .flatMap(grouped -> grouped
        .count()
        .map(quantity -> {
            String productName = grouped.getKey();
            return Pair.of(productName, quantity);
        }))
    .flatMap(order -> store
        .purchase(order.getKey(), order.getValue())
        .subscribeOn(schedulerA))
    .reduce(BigDecimal::add)
    .single();
```

코드가 무척 복잡하므로 출력을 표시하기 전에 재빨리 살펴보겠다. 우선 제품들을 그저 이름으로 무리짓기 위해 prod -> prod 항등 함수를 사용했다. 그 대가로 어색한 Observable<GroupedObservable<String, String>>를 얻는다. 여기까지는 아무런 문제가 없다. 다음으로 flatMap()이 각각 이름이 같은 모든 제품을 나타내는 GroupedObservable<String, String>을 받는다. 예를 들면 키가 "egg"인 Observable ["egg", "egg", "egg"]가 있을 것이다. 만약 groupBy()가 prod.length() 같은 다른 키 함수를 사용했다면 동일한 순열은 키가 3이 된다.

이 시점에서, flatMap() 내부에 고유한 제품과 그 수량을 나타내는 Pair<String, Integer> Observable을 생성해야 한다. count()와 map() 모두 Observable을 반환하기 때문에 모든 것이 완벽하게 맞아 들어간다.

두 번째 flatMap()은 Pair<String, Integer> 주문을 받아 구매를 하며, 이때 quantity는 큰 값일 수 있다. 출력은 완벽해 보인다. 주문 수량이 클수록 약간 더 느리지만 반복 요청보다는 여전히 빠르다.

```
164  | Sched-A-0 | Purchasing 1 bread
165  | Sched-A-1 | Purchasing 1 butter
166  | Sched-A-2 | Purchasing 3 egg
166  | Sched-A-3 | Purchasing 1 milk
166  | Sched-A-4 | Purchasing 2 tomato
166  | Sched-A-5 | Purchasing 1 cheese
1151 | Sched-A-0 | Done 1 bread
1178 | Sched-A-1 | Done 1 butter
1180 | Sched-A-5 | Done 1 cheese
1183 | Sched-A-3 | Done 1 milk
1253 | Sched-A-4 | Done 2 tomato
1354 | Sched-A-2 | Done 3 egg
```

이러한 방식이나 혹은 다른 방식으로 일괄 처리를 하여 시스템이 이득을 얻을 수 있다고 생각한다면, 332쪽의 "커맨드 일괄 처리와 응축"을 확인하자.

observeOn()으로 선언적 동시성 처리하기

RxJava에서의 동시성은 앞서 언급한 subscribeOn()과 observeOn() 두 개의 연산자로 설명할 수 있다. 두 개가 매우 비슷해 보여서 초심자에게는 혼란스럽겠지만 이들의 의미는 실제로 매우 명확하고 합리적이다.

subscribeOn()은 OnSubscribe(create() 안의 람다식)를 호출할 때 어떤 Scheduler를 사용할지 선택하게 해준다. 그러므로 create() 내부의 어떤 코드건 다른 스레드로 밀어낼 수 있다. 메인 스레드 블로킹을 피하기 위한 스케줄러 사용이 한 가지 예다. 반면에 observeOn()은 observeOn() 이후에 발생하는 다운스트림 Subscriber를 호출할 때 어떤 Scheduler를 사용할 것인지를 제어한다. 예를 들어 create() 호출은 UI 블로킹을 피하기 위해 (subscribeOn(io())를 통해) io() Scheduler에서 진행한다. 그렇지만 UI 위젯 갱신은 UI 스레드에서 진행해야 한다(스윙과 안드로이드 모두 이러한 제약 조건을 따른다). 따라서 연산자나 구독자가 UI를 바꾸기 전에 AndroidSchedulers.mainThread()와 함께 observeOn()을 사용한다. 이런 방법으로 Scheduler 하나는 create()와 첫 번째 observeOn()까지 모든 연산자를 처리하고 나머지 다른 Scheduler는 변환을 적용하는 데 사용한다. 다음 예제가 이 내용을 잘 보여준다.

```
log("Starting");
final Observable<String> obs = simple();
log("Created");
obs
        .doOnNext(x -> log("Found 1: " + x))
        .observeOn(schedulerA)
        .doOnNext(x -> log("Found 2: " + x))
        .subscribe(
                x -> log("Got 1: " + x),
                Throwable::printStackTrace,
                () -> log("Completed")
        );
log("Exiting");
```

observeOn()은 파이프라인 연결 어딘가에서 발생하는데, 이번에는 subscribeOn()
과는 다르게 observeOn()의 위치가 매우 중요하다. 어떤 Scheduler가 observeOn()
(있는 경우) 위쪽의 연산자를 실행하건 상관없이, 아래의 모든 것은 observeOn()에
제공된 Scheduler를 사용한다. 이 예제에서는 subscribeOn()이 없으므로 기본값
이 적용된다(동시성 없음).

```
23  | main      | Starting
136 | main      | Created
163 | main      | Subscribed
163 | main      | Found 1: A
163 | main      | Found 1: B
163 | main      | Exiting
163 | Sched-A-0 | Found 2: A
164 | Sched-A-0 | Got 1: A
164 | Sched-A-0 | Found 2: B
164 | Sched-A-0 | Got 1: B
164 | Sched-A-0 | Completed
```

observeOn() 위쪽의 모든 연산자는 클라이언트 스레드 안에서 수행되며, 이
는 바로 RxJava의 기본 사항이다. 그러나 observeOn() 아래부터 연산자는 제
공된 Scheduler에서 수행된다. 파이프라인 내에서 subscribeOn()과 여러 개의
observeOn()을 함께 사용했을 때 이 내용은 더욱 분명해진다.

```
log("Starting");
final Observable<String> obs = simple();
log("Created");
obs
        .doOnNext(x -> log("Found 1: " + x))
        .observeOn(schedulerB)
        .doOnNext(x -> log("Found 2: " + x))
        .observeOn(schedulerC)
        .doOnNext(x -> log("Found 3: " + x))
        .subscribeOn(schedulerA)
```

```
        .subscribe(
                x -> log("Got 1: " + x),
                Throwable::printStackTrace,
                () -> log("Completed")
        );
    log("Exiting");
```

출력 결과를 예상할 수 있겠는가? observeOn() 아래부터는 모든 것이 제공된 Scheduler에서 실행된다는 사실을 명심하자. 물론 다른 observeOn()을 만나기 전까지다. 또한 subscribeOn()은 Observable과 subscribe() 사이 어디든 놓일 수 있지만, 이번에는 첫 번째 observeOn() 이전의 연산자까지만 영향을 미친다.

```
21  | main     | Starting
98  | main     | Created
108 | main     | Exiting
129 | Sched-A-0 | Subscribed
129 | Sched-A-0 | Found 1: A
129 | Sched-A-0 | Found 1: B
130 | Sched-B-0 | Found 2: A
130 | Sched-B-0 | Found 2: B
130 | Sched-C-0 | Found 3: A
130 | Sched-C-0 | Got 1: A
130 | Sched-C-0 | Found 3: B
130 | Sched-C-0 | Got 1: B
130 | Sched-C-0 | Completed
```

구독은 schedulerA에서 발생하는데 왜냐하면 schedulerA를 subscribeOn()에 명시했기 때문이다. "Found 1" 연산자 또한 schedulerA에서 실행되는데 아직 첫 번째 observeOn() 이전이기 때문이다. 나중에 이 상황은 더욱 흥미로워진다. observeOn()은 현재 Scheduler를 schedulerB로 바꾸고, "Found 2"가 이를 사용한다. 마지막 observeOn(schedulerC)는 "Found 3" 연산자와 Subscriber 모두에게 영향을 미친다. Subscriber는 마지막으로 만난 Scheduler 환경 내에서 작동한다는 점을 기억하자.

　subscribeOn()과 observeOn()은 생산자(Observable.create())와 소비자(Subscriber)를 물리적으로 분리하고자 할 때 정말 잘 작동한다. 기본적으로 이러한 분리는 존재하지 않으며 RxJava는 동일한 스레드를 사용한다. subscribeOn()만으로는 충분하지 않기 때문에 다른 스레드를 선택한다. observeOn()이 더 좋지만 동기 Observables인 경우 클라이언트 스레드를 블로킹한다. 대부분의 연산자는 논블로킹이며 연산자 안에서 사용하는 람다식은 짧고 비용이 낮은 편이기 때문에 일반적으로 연산자 파이프라인에는 subscribeOn()과 observeOn()이 하나

· 씩만 있다. subscribeOn()은 가독성을 높이기 위해 원본 Observable에 가까이 둘
수 있고, 반면 observeOn()은 subscribe()에 가까이 두어 Subscriber만이 이 특
수한 Scheduler를 사용하도록 하고 다른 연산자는 subscribeOn()의 Scheduler에
의존하도록 한다.

다음은 이 두 연산자를 이용하는 보다 발전된 프로그램이다.

```
log("Starting");
Observable<String> obs = Observable.create(subscriber -> {
    log("Subscribed");
    subscriber.onNext("A");
    subscriber.onNext("B");
    subscriber.onNext("C");
    subscriber.onNext("D");
    subscriber.onCompleted();
});
log("Created");
obs
    .subscribeOn(schedulerA)
    .flatMap(record -> store(record).subscribeOn(schedulerB))
    .observeOn(schedulerC)
    .subscribe(
            x -> log("Got: " + x),
            Throwable::printStackTrace,
            () -> log("Completed")
    );
log("Exiting");
```

여기서 store()는 다음과 같이 단순한 중첩 연산이다.

```
Observable<UUID> store(String s) {
    return Observable.create(subscriber -> {
        log("Storing " + s);
        // 힘든 일
        subscriber.onNext(UUID.randomUUID());
        subscriber.onCompleted();
    });
}
```

이벤트는 schedulerA에서 발생하지만, 개별 이벤트는 동시성 향상을 위해 171쪽
의 "subscribeOn()의 동시성과 동작 방식"에서 배운 기법대로 schedulerB를 사용
하여 독립적으로 처리한다. 결국 구독은 또 다른 schedulerC에서 발생한다. 이제
는 어떤 Scheduler/스레드가 어떤 action을 실행하는지 이해했으리라 생각하지
만, 혹시 모르니 다음 예제를 보자(명확히 하기 위해 빈 줄을 추가했다).

```
26   | main  | Starting
93   | main  | Created
```

```
121  | main  | Exiting

122  | Sched-A-0 | Subscribed
124  | Sched-B-0 | Storing A
124  | Sched-B-1 | Storing B
124  | Sched-B-2 | Storing C
124  | Sched-B-3 | Storing D

1136 | Sched-C-1 | Got: 44b8b999-e687-485f-b17a-a11f6a4bb9ce
1136 | Sched-C-1 | Got: 532ed720-eb35-4764-844e-690327ac4fe8
1136 | Sched-C-1 | Got: 13ddf253-c720-48fa-b248-4737579a2c2a
1136 | Sched-C-1 | Got: 0eced01d-3fa7-45ec-96fb-572ff1e33587
1137 | Sched-C-1 | Completed
```

observeOn()은 UI 이벤트 디스패치 스레드를 차단하고 싶지 않은 UI가 있는 애플리케이션에서 특히 중요하다. 안드로이드(309쪽 "RxJava를 활용한 안드로이드 개발" 참조)나 스윙에서 UI를 갱신하는 등의 특정 작업은 특정 스레드 안에서 실행되어야 한다. 그렇지만 해당 스레드 안에서 너무 많은 작업을 하면 UI 렌더링 응답성이 떨어진다. 이런 경우 observeOn()을 subscribe() 가까이 끼워 넣어 구독 내부의 코드가 특정 Scheduler 환경(UI 스레드 같은) 안에서 수행되도록 처리한다. 그러나 다른 변환은 아무리 비용이 낮다 해도 UI 스레드 외부에서 실행해야 한다. 서버에서는 observeOn()을 거의 사용하지 않는데 왜냐하면 동시성의 실제 근원은 대부분의 Observable에 내장되어 있기 때문이다. 이는 재미있는 결론으로 이어진다. RxJava는 동시성을 단 두 개의 연산자(subscribeOn()과 observeOn())로 제어하지만 리액티브 익스텐션을 쓰면 쓸수록 실제 코드상에서 동시성 제어 연산자를 볼 일이 점점 줄어든다.

Scheduler의 다른 사용법

기본적으로 일부 Scheduler를 사용하는 수많은 연산자가 있다. 일반적으로 아무것도 제공되지 않으면 Schedulers.computation()를 사용하는데, JavaDoc에 항상 이 내용을 명시하고 있다. 예를 들어 delay() 연산자는 업스트림 이벤트를 취해 주어진 시간 이후 다운스트림으로 밀어낸다. 당연히 그 기간 동안 원래의 스레드를 점유하고 있을 수 없기 때문에 다른 Scheduler를 사용해야만 한다.

```java
Observable
        .just('A', 'B')
        .delay(1, SECONDS, schedulerA)
        .subscribe(this::log);
```

맞춤형 schedulerA를 공급하지 않으면 delay() 아래의 모든 연산자는 computation() Scheduler를 사용한다. 본질적으로 잘못된 것은 없다. 그러나 Subscriber가 I/O에서 블록되면 전역적으로 공유되는 computation() 스케줄러에서 Worker를 소비하게 되므로 전체 시스템에 영향을 미칠 수도 있다. 맞춤형 Scheduler를 지원하는 중요 연산자로는 interval()과 range(), timer(), repeat(), skip(), take(), timeout() 등이 있으며, 아직 소개하지 않은 몇 가지가 더 있다. 이런 연산자에 스케줄러를 제공하지 않으면 computation() Scheduler를 사용하는데 대부분의 경우에는 안전한 기본값이다.

RxJava로 확장성 있고 안전한 코드를 작성하려면 스케줄러 정복이 필수다. subscribeOn()과 observeOn()의 차이에 대한 이해는 높은 부하가 걸린 상태에서도 기대하는 대로 정확히 작업이 수행되어야 할 때 특히 중요하다. 진정한 리액티브 애플리케이션은 모든 장기 실행 작업이 비동기 방식이고 스레드가 거의 없으므로 Scheduler가 필요하다. 그렇지만 언제나 블로킹 코드를 필요로 하는 API나 의존성이 존재한다.

마지막으로, 업스트림 Scheduler에서 생성된 부하를 다운스트림에서 사용하는 Scheduler에서 따라잡을 수 있는지 확인해야 한다. 이 위험성은 6장에서 자세히 다루겠다.

요약

이번 장에서는 RxJava로 대체할 수 있는 전통적인 애플리케이션의 몇 가지 유형을 설명했다. 이제는 초단타매매(High-Frequency Trading)나 소셜 미디어 포스트 스트리밍 처리가 RxJava의 유일한 사용처가 아님을 이해했을 것이다. 사실 거의 모든 API를 Observable로 매끄럽게 대체할 수 있다. 지금은 리액티브 익스텐션으로 얻을 수 있는 혜택의 필요성을 느끼지 못할 수도 있다. 하지만 Rx는 하위 호환성을 유지하면서 구현을 개선할 수 있도록 한다. 게다가 느긋함이나 선언적 동시성, 연쇄적 비동기 처리 같은 RxJava가 주는 가능성을 누리는 주체는 결국 클라이언트다. 더 좋은 점은 Observable에서 BlockingObservable로 매끄럽게 바꿀 수 있기 때문에 전통적인 클라이언트에서도 원하는 대로 API를 사용할 수 있고, 언제든지 간단한 연결 계층을 제공할 수 있다.

기존 시스템에 적용할 때도 RxJava에 대한 자신감을 가지고, 얻을 수 있는 이점을 명확히 이해해야 한다. 물론 리액티브 Observable로 진행하는 작업은 더 어려울 뿐 아니라 가파른 학습 곡선을 극복해야 할 때도 있다. 그러나 성장 잠재력과 장점을 단순히 과장한 것이 아니다. 모든 API와 인터페이스, 외부 시스템 연동을 제어해야 하는 신규 프로젝트와 같이 애플리케이션의 처음부터 끝까지 모든 부분에 리액티브 익스텐션을 사용하여 만들 수 있겠는가? 5장에서는 이러한 애플리케이션을 어떻게 만들어야 하는지, 그리고 그 의미는 무엇인지 설명하겠다.

5장

철저하게 리액티브로

토마스 누르키비치

"모든 것이 스트림"이라는 문장은 RxJava에서 선문답(zen)처럼 자주 인용된다. 4장에서는 기존 코드에 RxJava를 적용하는 방법을 배웠다. 그렇지만 진정한 리액티브 애플리케이션이려면 전반적으로 스트림을 사용해야 한다는 사실을 깨달았을 것이다. 이 접근 방식은 추론을 단순화하며 애플리케이션을 매우 일관되게 만든다. 논블로킹 애플리케이션은 최소한의 하드웨어에서도 뛰어난 성능과 처리력을 보여준다. 스레드 개수를 제한함으로써 수 GB의 메모리를 소모하지 않으면서도 CPU를 완전히 활용할 수 있다.

자바의 확장성 제한 요소 중 하나는 입출력(I/O) 방식이다. java.io는 수많은 Input/OutputStream과 Reader/Writer 구현이 서로 장식하고 포장하면서 한 번에 기능 하나씩만 더하도록 잘 설계된 패키지이다. 관심사를 무척이나 우아하게 잘 분리한 이 설계를 좋아하지만, 자바의 표준 I/O는 전적으로 블로킹이라서 Socket이나 File을 읽고 쓰려는 스레드는 결과를 받기까지 한없이 기다려야 한다. 게다가 느린 네트워크나 디스크 회전으로 인해 막혀버린 I/O 연산은 중단하기도 어려워 더 좋지 않다. 블로킹 자체는 문제가 아니다. 스레드 하나가 블록되더라도 다른 스레드가 여전히 열린 Socket과 상호 작용할 수 있다. 그렇지만 스레드 생성과 관리를 위해 많은 비용이 들며, 스레드 간 전환에 시간이 걸린다. 자바 애플리케이션은 수만 개의 동시 접속을 완벽하게 다룰 수 있지만, 신중하게 설계해야 한다. 최신 이벤트 기반 라이브러리나 프레임워크에 RxJava를 결합하면 이러한 설계 노력이 크게 줄어든다.

C10k 문제 해결하기

C10k 문제는 단일 서버에서 1만 개의 동시 접속 처리와 최적화 연구 영역이었다. 오늘날에도 전통적인 자바 기반 도구로 이 기술 과제를 해결하려는 시도는 어려운 일이다. C10k를 쉽게 달성하는 수많은 리액티브 접근 방식이 있으며, RxJava로도 이를 무척 쉽게 달성할 수 있다. 이번 장에서는 확장성을 몇 단계 끌어올릴 수 있는 몇 가지 구현 기술을 살펴보겠다. 이들 모두는 리액티브 프로그래밍 개념에 중점을 둔다. 운 좋게도 신규 프로젝트라면 처음부터 끝까지 리액티브로 구현하는 방법도 고려해볼 만하다. 이러한 애플리케이션에서는 어떠한 계산이나 작업도 절대로 동기적으로 기다려서는 안 된다. 블로킹을 피하려면 아키텍처가 전적으로 이벤트 기반이거나 비동기여야 한다. 몇 가지 간단한 HTTP 서버 예제를 살펴보고 설계 방식에 따라 동작이 어떻게 변하는지 관찰해 보자. 물론 성능과 확장성에는 복잡함이란 가격표가 붙어 있다. 그렇지만 RxJava와 함께라면 추가적인 복잡성은 뚜렷하게 줄어든다.

고전적인 연결당 스레드 방식은 C10k 문제를 해결하기 위해 고군분투했다. 1만 개의 스레드로 다음을 수행한다.

- 스택 공간에 수 GB의 메모리를 사용한다.
- 가비지 컬렉션 메커니즘에 높은 압박을 가하지만 그럼에도 불구하고 스택 공간이 제대로 정리되지 않는다(수많은 GC 루트와 살아 있는 객체).
- 서로 다른 스레드 수행을 위해 단순히 코어를 전환하는 데 상당량의 CPU 시간을 낭비한다(컨텍스트 전환).

전통적인 Socket당 스레드 모델은 정말 도움이 되고 지금도 수많은 애플리케이션에서 상당히 잘 작동한다. 그렇지만 특정 수준의 동시성에 도달하면 해당 스레드의 숫자는 위험해진다. 단일 서버에서 처리하는 수천 개의 동시 연결은 매우 보편적인데, 특히 Keep-Alive 헤더가 붙은 HTTP나 서버 전송 이벤트, 웹소켓 같이 오래 지속되는 TCP/IP 연결인 경우 더욱 그렇다. 그렇지만, 개별 스레드는 무엇인가 계산하거나 값을 기다리는 여부에 관계없이 약간의 메모리(스택 공간이라고 부른다)를 점유한다.

확장성에 대한 두 가지 독립적인 접근 방식이 있다. 수평과 수직이다. 더 많은 동시 접속을 처리하려면 단순히 서버를 더 많이 가동하고 각각의 서버가 부하를 분담하게 하면 된다. 이렇게 하려면 로드밸런서가 필요하며 단 하나의 서버를 요구하는 원래의 C10k 문제는 해결되지 않는다. 반면 수직 확장은 보다 성능이 좋은 서버 구매를 의미한다. 그렇지만 블로킹 I/O를 처리하려면 높은 CPU 사용률보다는 많은 메모리가 필요하다. 엔터프라이즈 서버가 수십만 개의 동시 연결을 (높은 비용을 들여) 처리할 수 있다 해도, C10M(1,000만 동시 접속) 문제 해결과는 거리가 멀다. 이 숫자는 그냥 말한 것이 아니다. 몇 년 전에 제대로 설계된 자바 애플리케이션이 일반적인 서버에서 이 엄청난 수준에 도달했다.[1]

이번 장에서는 단일 스레드 서버에서 시작하여 스레드 풀 방식과 이벤트 주도 설계까지, HTTP 서버를 구현하는 다양한 방법을 설명한다. 이 시도는 각각의 구현 방식이 그 복잡도에 비해 성능과 처리량에 어떤 차이가 있는지 비교해 보기 위한 것이다. 결국 RxJava를 사용한 방식이 상대적으로 단순하면서도 뛰어난 성능을 발휘한다는 사실을 알게 될 것이다.

전통적인 스레드 기반 HTTP 서버

이번 절에서는 높은 부하에서 블로킹 방식 서버들의 동작 방식을 비교하려 한다. 지금까지 학습 과정에서 겪은 생짜 소켓으로 서버 프로그램을 작성할 것이다. 모든 요청에 대해 200 OK를 응답하는 매우 단순한 HTTP 서버를 작성한다. 단순하게 하기 위해 모든 요청을 무시할 것이다.

단일 스레드 서버

가장 단순한 구현은 그저 ServerSocket을 열어서 접속 요청이 오는 대로 처리하는 방법이다. 하나의 요청을 대응하고 있는 동안 다른 요청은 모두 대기열에 늘어선다. 코드 예제는 실제로 매우 간단하다.

```
class SingleThread {

    public static final byte[] RESPONSE = (
        "HTTP/1.1 200 OK\r\n" +
            "Content-length: 2\r\n" +
            "\r\n" +
            "OK").getBytes();

    public static void main(String[] args) throws IOException {
        final ServerSocket serverSocket = new ServerSocket(8080, 100);
        while (!Thread.currentThread().isInterrupted()) {
            final Socket client = serverSocket.accept();
            handle(client);
```

---

[1] *http://mrotaru.wordpress.com/2013/06/20/12-million-concurrent-connections-with-migratorydata-websocket-server*

```
        }
    }

    private static void handle(Socket client) {
        try {
            while (!Thread.currentThread().isInterrupted()) {
                readFullRequest(client);
                client.getOutputStream().write(RESPONSE);
            }
        } catch (Exception e) {
            e.printStackTrace();
            IOUtils.closeQuietly(client);
        }
    }

    private static void readFullRequest(Socket client) throws IOException {
        BufferedReader reader = new BufferedReader(
                new InputStreamReader(client.getInputStream()));
        String line = reader.readLine();
        while (line != null && !line.isEmpty()) {
            line = reader.readLine();
        }
    }

}
```

이런 초보적인 구현은 학교 밖에서는 보기 어렵지만 어쨌든 동작한다. 요청 내용은 무시하고 200 OK를 반환하는데 브라우저에서 `localhost:8080`를 열면 OK라는 문자 응답으로 이어진다. 클래스 이름이 `SingleThread`인 이유가 있다. `ServerSocket.accept()`는 클라이언트가 접속을 맺을 때까지 블록하다가 접속이 이루어지면 클라이언트 Socket을 반환한다. 해당 Socket과 상호 작용(읽고 쓰기)하는 동안 여전히 들어오는 연결을 기다리지만, 스레드가 처음 요청을 처리하느라 연결 요청 중 어떤 것도 선택하지 않는다. 이는 마치 의사가 진료하는 모습과 같다. 환자 한 명이 진찰받는 동안 다른 환자들은 기다려야 한다. 8080 뒤에 붙은 인자 100을 보았는가? 대기열에서 기다리는 연결의 최대 수치이다(기본값은 50). 이 수치를 넘어서는 요청은 거부한다. 상황을 더 악화시키기 위해 영구 접속을 맺는 HTTP/1.1 연결을 가장했는데, 클라이언트가 접속을 끊지 않는한 TCP/IP 연결을 열어놓은 채로 유지하며 새로운 클라이언트를 블록한다.

　다시 클라이언트 연결로 돌아와서 전체 요청을 읽은 다음 응답을 작성한다. 이러한 작업은 모두 잠재적인 네트워크 지연과 혼잡으로 인해 블로킹된다. 클라이언트 하나가 접속을 맺고 요청을 보내기까지 몇 초 동안 대기할 때 다른 모든 클라이언트도 대기해야 한다. 들어오는 모든 요청을 단일 스레드로 처리하는 방법은 너무 확장성이 떨어지며 간신히 C1(하나의 동시 접속) 문제를 해결할 뿐이다.

부록 A에서 다른 블로킹 방식 서버의 소스코드와 논의를 다뤘다. 확장성 없는 블로킹 구현 설계 분석은 그만 멈추고 벤치마킹과 단계별 비교를 빨리 진행할 수 있도록 이를 간략히 요약하겠다.

365쪽의 "C 언어의 fork() 프로시저"에서 C 언어의 fork()를 사용해 만든 간단한 서버 코드를 확인할 수 있다. 피상적인 단순함에도 불구하고 접속별로 매우 짧은 수명의 새로운 프로세스를 생성하면 OS에 큰 부담을 준다. 각각의 프로세스가 어느 정도의 메모리를 필요로 하며 초기 시작에 약간의 시간이 걸린다. 또한 프로세스 수천 개를 시작하고 멈추는 과정에 불필요한 시스템 자원을 차지한다.

ThreadPerConnection은 클라이언트 연결 하나하나마다 스레드를 생성하는 블로킹 서버를 만드는 방법을 보여준다(367쪽 "연결당 스레드" 참조). 이것도 나름대로 확장성이 있지만, C에서 fork()를 사용해 만든 구현과 같은 문제를 겪는다. 새로 스레드를 시작하려면 어느 정도 시간과 자원을 소모하며, 생명 주기가 짧은 연결일 경우 특히 더 낭비다. 게다가 동시에 실행되는 최대 클라이언트 스레드 개수에 제한이 없다. 시스템에 일정한 제한을 두지 않으면 원치 않는 최악의 상황에 문제가 나타날 것이다. 예를 들어 수천 개의 동시 연결은 프로그램을 불안정하게 만들며 결국에는 OutOfMemoryError와 함께 중단된다.

ThreadPool도 연결마다 스레드를 사용하지만, 클라이언트가 연결을 끊으면 스레드는 재사용되어 클라이언트마다 스레드를 예열하는 비용이 필요없다(369쪽 "커넥션 스레드 풀" 참조). 이는 톰캣이나 제티(Jetty) 같은 유명한 서블릿 컨테이너들이 택한 방법과 비슷하며, 기본적으로 풀에서 100~200개의 스레드를 관리한다. 톰캣은 소위 NIO 커넥터라고 부르는, 소켓 연결을 비동기로 처리하는 기능을 갖췄지만 서블릿이나 프레임워크에서 진행되는 실제 작업은 여전히 블록된다. 즉, 전통적인 애플리케이션은 본질적으로 수천 개의 연결로 제한된다는 뜻이며 심지어 최신 서블릿 컨테이너 위에 구축했다 하더라도 다르지 않다.

네티와 RxNetty를 사용한 논블로킹 HTTP 서버

이제 이벤트 주도 방식으로 HTTP 서버를 만드는 방법을 살펴보려고 하는데 이쪽이 확장성 측면에서 훨씬 더 유망하다. 요청마다 스레드를 포함하는 블로킹 처리 방식은 확장성이 떨어진다. 소수의 스레드만으로 여러 개의 연결을 관리할 수 있는 방법의 장점은 다음과 같다.

- 메모리 소비 감소
- 더 나은 CPU와 CPU 캐시 활용
- 단일 노드에서 크게 향상된 확장성

대신 단순함과 명료함을 포기해야 한다는 사실은 알아두자. 스레드는 어떠한 작업도 블록할 수 없으며, 회선을 통해 데이터를 주고받는 작업이 더 이상 보편적인 메서드 호출과 동일하다고 가장할 수도 없다. 지연 속도는 예측 불가능하며 응답 시간 단위는 아예 자리수가 다르다. 이것을 읽고 있는 동안 아마도 여전히 돌고 있는 하드디스크가 몇 개 있을 터인데, LAN 속도보다도 느릴 것이다. 이번 절에서는 네티 프레임워크로 자그마한 이벤트 기반 애플리케이션을 만들고 나중에 RxNetty[2]를 사용하도록 리팩터링할 것이다. 마지막에 이 모든 해법 간의 벤치마크를 통해 결론을 맺으려 한다.

네티[3]는 전적으로 이벤트 주도적이다. 데이터를 주고받을 때 절대로 블로킹하지 않는다. 대신 ByteBuf 인스턴스 형태의 생짜 바이트를 전송 처리 파이프라인으로 밀어낸다. TCP/IP는 컴퓨터 두 대의 연결을 유지하면서 바이트 단위로 데이터를 흘려보낸다. 그러나 실제로 TCP/IP는 IP 위에 구축되어 패킷이라 알려진 데이터 청크를 그대로 전송할 뿐이다. 이를 올바른 순서로 조합하여 마치 스트림처럼 보이게 하는 역할은 운영체제의 몫이다. 네티는 이 추상화를 제거하고 스트림이 아닌 바이트 시퀀스 계층에서 작동한다. 애플리케이션에 몇 바이트 단위로 도착할 때마다 네티는 핸들러에 이를 알리며, 사용자는 몇 바이트를 보낼 때마다 블로킹 없이 ChannelFuture를 받는다(ChannelFuture가 무엇인지는 잠시 후 설명하겠다).

논블로킹 HTTP 서버 예제는 세 가지 컴포넌트로 구성된다. 첫 번째는 서버를 가동하고 환경을 설정한다.

```java
import io.netty.bootstrap.ServerBootstrap;
import io.netty.channel.*;
import io.netty.channel.nio.NioEventLoopGroup;
import io.netty.channel.socket.nio.NioServerSocketChannel;

class HttpTcpNettyServer {

    public static void main(String[] args) throws Exception {
        EventLoopGroup bossGroup = new NioEventLoopGroup(1);
        EventLoopGroup workerGroup = new NioEventLoopGroup();
```

---

2 *https://github.com/ReactiveX/RxNetty*

3 *http://netty.io*

```
    try {
        new ServerBootstrap()
                .option(ChannelOption.SO_BACKLOG, 50_000)
                .group(bossGroup, workerGroup)
                .channel(NioServerSocketChannel.class)
                .childHandler(new HttpInitializer())
                .bind(8080)
                .sync()
                .channel()
                .closeFuture()
                .sync();
    } finally {
        bossGroup.shutdownGracefully();
        workerGroup.shutdownGracefully();
    }
    }
}
```

네티에서 가장 기본적인 HTTP 서버이다. 중요한 부분은 들어오는 연결을 받아들이는 bossGroup 풀과 이벤트를 처리하는 workerGroup 풀이다. 풀 규모는 그다지 크지 않다. 하나는 bossGroup을 위한 것이고 CPU 코어 개수와 비슷한 나머지는 workerGroup을 위한 것인데, 잘 만든 네티 서버라면 이 정도로 충분하다. 8080 포트에서 대기하고 있는 상황과는 별개로 아직 이 서버가 무엇을 해야 할지 정한 바는 없는데 이는 다음 예제에서 보는 바와 같이 ChannelInitializer로 설정한다.

```
import io.netty.channel.ChannelInitializer;
import io.netty.channel.socket.SocketChannel;
import io.netty.handler.codec.http.HttpServerCodec;

class HttpInitializer extends ChannelInitializer<SocketChannel> {

    private final HttpHandler httpHandler = new HttpHandler();

    @Override
    public void initChannel(SocketChannel ch) {
        ch
                .pipeline()
                .addLast(new HttpServerCodec())
                .addLast(httpHandler);
    }
}
```

연결을 처리하는 단일 함수를 제공하는 대신 ByteBuf 객체가 도착하는 대로 처리하는 파이프라인을 구축한다. 파이프라인의 첫 단계는 도착한 원시 바이트를 더 높은 단계의 HTTP 요청 객체로 디코딩하는 것이다. 이 핸들러는 내장되어 있으며 이는 HTTP 응답을 다시 원시 바이트로 인코딩할 때에도 사용된다. 보다 견고한 애플리케이션에서는 더 작은 기능에 초점을 맞춘 더 많은 핸들러를 볼 수 있다. 예를 들면 프레임 디코딩이나 프로토콜 디코딩 보안 처리기 등이다. 모든 데이터와 알림이 이 파이프라인을 통해 흐른다.

RxJava와 유사한 면이 보일 것이다. 파이프라인의 두 번째 단계는 요청을 가로채거나 보강하기보다는 요청을 실제로 처리하는 비즈니스 로직 컴포넌트이다. HttpServerCodec이 본질적으로는 상태를 갖지만(들어오는 패킷을 고수준의 HttpRequest 객체로 변환), 사용자 정의 HttpHandler는 상태 없는 싱글턴일 수도 있다.

```java
import io.netty.channel.*;
import io.netty.handler.codec.http.*;

@Sharable
class HttpHandler extends ChannelInboundHandlerAdapter {

    @Override
    public void channelReadComplete(ChannelHandlerContext ctx) {
        ctx.flush();
    }

    @Override
    public void channelRead(ChannelHandlerContext ctx, Object msg) {
        if (msg instanceof HttpRequest) {
            sendResponse(ctx);
        }
    }

    private void sendResponse(ChannelHandlerContext ctx) {
        final DefaultFullHttpResponse response =
        new DefaultFullHttpResponse(
                HTTP_1_1,
                HttpResponseStatus.OK,
                Unpooled.wrappedBuffer("OK".getBytes(UTF_8)));
        response.headers().add("Content-length", 2);
        ctx.writeAndFlush(response);
    }

    @Override
    public void exceptionCaught(ChannelHandlerContext ctx, Throwable cause) {
        log.error("Error", cause);
        ctx.close();
    }
}
```

응답 객체를 생성한 후 write()로 DefaultFullHttpResponse를 반환한다. 그러나 write()는 보편적인 소켓처럼 블로킹 방식이 아니다. 대신 addListener()를 통해 구독할 수 있고 비동기적으로 채널을 닫을 수 있는 ChannelFuture를 반환한다.

```
ctx
    .writeAndFlush(response)
    .addListener(ChannelFutureListener.CLOSE);
```

채널은 예를 들면 HTTP 같은 통신 연결상의 추상화이다. 따라서 채널을 닫으면 연결도 닫힌다. 그러나 영구 접속을 구현해야 하므로 이렇게 하고 싶지는 않다.

네티는 수천 개의 연결을 처리하기 위해 단지 몇 개의 스레드를 사용한다. 각 연결마다 무거운 자료 구조나 스레드를 유지하지 않는다. 이는 실제로 본질적인 모습과 매우 가깝다. 컴퓨터가 IP 패킷을 수신하고 대상 포트에서 수신 대기하는 프로세스를 깨운다. TCP/IP 연결은 스레드를 사용하여 구현되는 추상화에 불과하다. 그러나 애플리케이션이 부하나 연결 개수 측면에서 훨씬 까다롭다면 패킷 수준에서 직접 운영하는 편이 훨씬 강력하다. 하지만 여전히 상태 값을 갖는 핸들러가 있는 채널(스레드의 경량 표현)과 파이프라인을 가지고 있다.

RxNetty를 사용한 Observable 서버

네티는 아카(Akka)[4]나 엘라스틱서치(Elasticsearch)[5], 호넷Q[6], 플레이 프레임워크[7], 랫팩(ratpack)[8], Vert.x[9] 등 성공적인 제품이나 프레임워크의 뼈대를 구성하는 중요한 요소이다. RxNetty는 RxJava와 네티 API를 연결하는 얇은 래퍼(wrapper)이다. 논블로킹 네티 서버를 재작성하여 RxNetty[10]로 바꾸자. 우선 API에 익숙해지도록 단순한 환율 서버로 시작한다.

```
import io.netty.handler.codec.LineBasedFrameDecoder;
import io.netty.handler.codec.string.StringDecoder;
import io.reactivex.netty.protocol.tcp.server.TcpServer;

class EurUsdCurrencyTcpServer {

    private static final BigDecimal RATE = new BigDecimal("1.06448");

    public static void main(final String[] args) {
```

---

4   *http://akka.io*
5   *https://www.elastic.co*
6   *http://hornetq.jboss.org*
7   *https://www.playframework.com*
8   *http://ratpack.io*
9   *http://vertx.io*
10 *https://github.com/ReactiveX/RxNetty*

```
TcpServer
    .newServer(8080)
    .<String, String>pipelineConfigurator(pipeline -> {
        pipeline.addLast(new LineBasedFrameDecoder(1024));
        pipeline.addLast(new StringDecoder(UTF_8));
    })
    .start(connection -> {
        Observable<String> output = connection
            .getInput()
            .map(BigDecimal::new)
            .flatMap(eur -> eurToUsd(eur));
        return connection.writeAndFlushOnEach(output);
    })
    .awaitShutdown();
}

static Observable<String> eurToUsd(BigDecimal eur) {
    return Observable
        .just(eur.multiply(RATE))
        .map(amount -> eur + " EUR is " + amount + " USD\n")
        .delay(1, TimeUnit.SECONDS);
}
}
```

RxNetty로 작성한 독립 실행형 TCP/IP 서버이다. 이 코드의 주요 부분을 대략 이 해해야 한다. 첫째, 8080포트를 통하는 새로운 TCP/IP를 작성했다. 네티는 파이프 라인을 통해 비교적 저수준의 추상화인 ByteBuf 메시지를 흘려보낸다. 이러한 파 이프라인 역시 설정해야 한다. 첫 번째 핸들러는 내장된 LineBasedFrameDecoder 를 사용해서 ByteBuf 순열을 재정렬하여 여러 줄로 이루어진 목록으로 바꾼다. 둘째, 디코더는 ByteBuf를 포함하는 줄 전체를 실제 String 객체로 변환한다. 여 기부터는 오직 String만으로 작업한다.

매번 새로운 연결이 도착할 때마다 콜백을 실행한다. connection 객체는 비동 기적인 데이터 송수신을 허용한다. 우선 connection.getInput()으로 시작한다. 이 객체는 Observable<String> 형이며 클라이언트 요청의 새로운 행이 서버에 나타날 때마다 값을 방출한다. getInput() Observable은 새로운 입력값을 비동 기적으로 알린다. 그 다음 String을 BigDecimal로 바꾸고 eurToUsd() 헬퍼 메서 드를 사용하여 환율 변환 서비스 호출을 가장한다. 예제를 보다 현실적으로 만 들기 위해 인위적으로 delay()를 적용하여 응답을 받기까지 약간 기다리도록 했 다. 명백히 delay()는 비동기이며 수면 상태를 수반하지도 않으므로 계속해서 요청을 받고 변환한다.

이 모든 변환 이후 Observable 출력은 writeAndFlushOnEach()에 직접 입력된 다. 일련의 입력을 받아 변환하고, 변환된 순열을 출력 순열로 사용하는 과정을 충분히 이해했으리라 믿는다. 이제 **telnet**으로 이 서버와 통신한다. 가짜 환율 변환 서버의 지연 시간으로 인해 몇 개의 요청을 소비한 다음에야 응답이 나타나는 사실에 유의하자.

```
$ telnet localhost 8080
Trying 127.0.0.1...
Connected to localhost.
Escape character is '^]'.
2.5
2.5 EUR is 2.661200 USD
0.99
0.99 EUR is 1.0538352 USD
0.94
0.94 EUR is 1.0006112 USD
20
30
40
20 EUR is 21.28960 USD
30 EUR is 31.93440 USD
40 EUR is 42.57920 USD
```

서버를 마치 요청 값을 응답 값으로 바꿔주는 함수처럼 취급한다. TCP/IP 연결은 단순한 기능이 아니라 때로는 상호 의존적인 데이터 청크의 스트림이기 때문에 RxJava는 이 과정에서 놀랍도록 잘 작동한다. 풍부한 연산자 집합 덕분에 중요한 부분에서 입력을 출력으로 쉽게 변환할 수 있다. 물론 출력 스트림이 입력을 기반으로 할 필요는 없다. 예를 들어 서버 전송 이벤트를 구현할 때 서버는 들어오는 데이터에 관계없이 단순히 데이터를 게시한다.

EurUsdCurrencyTcpServer는 값이 들어올 때만 작동하므로 리액티브이다. 개별 클라이언트마다 전용 스레드를 두지 않았다. 이 구현은 수천 개의 동시 연결도 쉽게 견딜 수 있으며, 수직 확장성은 유휴 커넥션 개수가 아니라 처리해야 하는 트래픽의 양에 좌우된다.

RxNetty가 작동하는 방식을 이해했다면 **OK** 응답을 반환하는 원래의 HTTP 서버로 돌아가 보자. RxNetty는 HTTP 클라이언트와 서버를 기본적으로 지원하지만 보편적인 TCP/IP 기반 구현부터 시작하겠다.

```
import io.netty.handler.codec.LineBasedFrameDecoder;
import io.netty.handler.codec.string.StringDecoder;
import io.reactivex.netty.examples.AbstractServerExample;
import io.reactivex.netty.protocol.tcp.server.TcpServer;

import static java.nio.charset.StandardCharsets.UTF_8;
```

```
class HttpTcpRxNettyServer {

    public static final Observable<String> RESPONSE = Observable.just(
        "HTTP/1.1 200 OK\r\n" +
        "Content-length: 2\r\n" +
        "\r\n" +
        "OK");

    public static void main(final String[] args) {
        TcpServer
            .newServer(8080)
            .<String, String>pipelineConfigurator(pipeline -> {
                pipeline.addLast(new LineBasedFrameDecoder(128));
                pipeline.addLast(new StringDecoder(UTF_8));
            })
            .start(connection -> {
                Observable<String> output = connection
                    .getInput()
                    .flatMap(line -> {
                        if (line.isEmpty()) {
                            return RESPONSE;
                        } else {
                            return Observable.empty();
                        }
                    });
                return connection.writeAndFlushOnEach(output);
            })
            .awaitShutdown();
    }
}
```

EurUsdCurrencyTcpServer를 염두에 두고 살펴보면 HttpTcpRxNettyServer 이해
는 그리 어렵지 않다. 교육용이라 항상 정적인 200 OK 응답만 하기 때문에 요청
처리를 하지 않는다. 그렇지만 제대로 동작하는 서버라면 요청을 읽기 전에 응
답을 보내면 안 된다. 그러므로 HTTP 요청의 끝을 표시하는 getInput()에서 빈
줄을 찾는 것부터 시작하자. 그래야만 200 OK를 표시하는 줄을 만든다. 이렇게
생성된 output Observable은 connection.writeString()에 전달된다. 다시 말해
요청에 첫 번째 빈 줄이 포함되는 즉시 클라이언트에 응답이 전송된다.

  TCP/IP를 사용한 HTTP 서버 구현은 HTTP의 복잡성을 이해하는 데 도움이
되는 재미있는 연습이다. 다행히도 항상 반드시 TCP/IP 추상화를 거쳐 HTTP나
RESTful 웹 서비스를 구현할 필요는 없다. 네티와 비슷하게 RxNetty 또한 HTTP
를 제공하는 여러 가지 기본 구성 요소를 포함한다.

```
import io.reactivex.netty.protocol.http.server.HttpServer;

class RxNettyHttpServer {
```

```
    private static final Observable<String> RESPONSE_OK =
        Observable.just("OK");

    public static void main(String[] args) {
        HttpServer
            .newServer(8086)
            .start((req, resp) ->
                resp
                    .setHeader(CONTENT_LENGTH, 2)
                    .writeStringAndFlushOnEach(RESPONSE_OK)
            ).awaitShutdown();
    }
}
```

200 OK만 반환하는 것이 따분하다면 환전 기능에 상대적으로 쉬운 논블로킹
RESTful 웹 서비스를 덧붙이자.

```
class RestCurrencyServer {

    private static final BigDecimal RATE = new BigDecimal("1.06448");

    public static void main(final String[] args) {
        HttpServer
                .newServer(8080)
                .start((req, resp) -> {
                    String amountStr = req.getDecodedPath().substring(1);
                    BigDecimal amount = new BigDecimal(amountStr);
                    Observable<String> response = Observable
                            .just(amount)
                            .map(eur -> eur.multiply(RATE))
                            .map(usd ->
                                    "{\"EUR\": " + amount + ", " +
                                    "\"USD\": " + usd + "}");
                    return resp.writeString(response);
                })
                .awaitShutdown();
    }
}
```

웹 브라우저나 curl로 이 서버와 상호 작용할 수 있다. substring(1)은 요청 값
앞부분의 슬래시(/) 부호를 떼어내기 위해 필요하다.

```
$ curl -v localhost:8080/10.99

> GET /10.99 HTTP/1.1
> User-Agent: curl/7.35.0
> Host: localhost:8080
> Accept: */*
>
```

```
< HTTP/1.1 200 OK
< transfer-encoding: chunked
<

{"EUR": 10.99, "USD": 11.6986352}
```

간단하게 구현한 HTTP 서버 몇 가지로 성능과 확장성, 처리량을 비교해 보려 한다. 이것이 친숙한 스레드 기반 모델을 포기하고 RxJava와 비동기 API를 사용하기 시작하게 된 이유이다.

블로킹 서버와 리액티브 서버 벤치마킹

논블로킹이며 리액티브인 HTTP 서버 구축이 어째서 가치 있고 비용도 절감하는지 묘사하기 위해 각각의 구현을 대상으로 몇 가지 벤치마크를 수행하겠다. 흥미롭게도 여기서 사용하는 벤치마킹 도구인 wrk[11] 또한 논블로킹인데, 그렇지 않았다면 1만 개의 동시 접속에 상응하는 부하를 만들어내다 실패했을 것이다. 또 다른 흥미로운 대안은 아카를 기반으로 만든 개틀링(Gatling)[12]이다. 전통적인 스레드 기반 부하 테스트 도구인 JMeter나 ab[13]는 이런 과도한 부하 생성에 실패하여 도구 자체가 병목이 된다.

모든 JVM 기반 구현[14]은 1만, 2만, 5만 개의 HTTP 클라이언트, 즉 TCP/IP 동시 접속에 대해 벤치마킹했다. 초당 요청 수, 즉 처리량뿐 아니라 중간값, 그리고 99번째 백분위수의 응답 시간에 관심을 둔다. 중간값이란 요청 중 50%는 빠르고 99번째 백분위수는 요청 중 1%가 주어진 숫자보다 느리다는 뜻이다.

✓ **벤치마크 환경**

모든 벤치마크는 인텔 2.4 GHz i7 CPU와 8GB 램, SSD 사양에 리눅스 커널 3.13.0–62–generic을 설치한 가정용 랩톱에서 진행했다. 클라이언트 기기에는 순정 wrk를 실행했고, 서버 장비는 하나의 기가비트 이더넷 라우터를 통해 개틀링과 JMeter로 연결했다. 클라이언트와 서버 간 평균 ping 값은 289µs(편차 42µs, 최소 160µs)이다.

모든 벤치마크는 JDK 1.8.0_66에서 30초의 예열 시간 이후 최소 1분간 실행했다. RxJava는 1.0.14, RxNetty는 0.5.1, 그리고 네티는 4.0.32.Final이다. 시스템 부하는 htop을 사용해서 측정했다.

---

11 *https://github.com/wg/wrk*
12 *http://gatling.io*
13 *http://httpd.apache.org/docs/2.4/programs/ab.html*
14 C로 작성한 프로그램과 Node.js 같은 다른 리액티브 플랫폼도 제외했다.

벤치마크는 다음 명령어로 실행했다(매개 변수 -c의 수치가 동시 접속 숫자를
나타낸다).

```
wrk -t6 -c10000 -d60s --timeout 10s --latency http://server:8080
```

200 OK를 반환하는 보통 서버

첫 번째 벤치마크는 다양한 구현이 아무런 백엔드 작업 없이 단순히 200 OK를
반환할 때 나타내는 성능을 비교했다. 비현실적인 벤치마크지만 서버와 이더넷
장비의 한계치에 대한 개념을 제공한다. 후속 테스트에서는 모든 서버 구현 내
부에 임의의 수면 시간을 추가하겠다.

다음 그래프는 각각의 구현에 대해 초당 요청 숫자를 보여준다(로그 눈금에
유의하자).

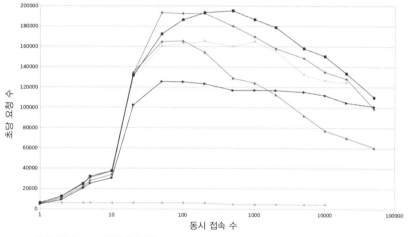

이 벤치마크는 서버 안에서 어떤 작업을 처리하는 실제 상황 이전의 단순한 예
열 과정일 뿐이다. 그렇지만 이미 몇 가지 흥미로운 추이를 보았다.

- TCP/IP를 직접 사용하는 네티와 RxNetty 기반 구현이 가장 나은 처리량을 보
  이며, 초당 요청 처리 숫자가 거의 200,000에 육박한다.
- 당연한 얘기인데 SingleThread 구현은 현저하게 느리고 동시성 수준과 관계
  없이 초당 약 6,000건의 요청을 처리한다.
- 그렇지만 단 하나의 클라이언트만 있다면 SingleThread가 가장 빠른 구현이
  다. 스레드 풀 방식이나 이벤트 기반 (Rx)Netty, 그리고 다른 구현들의 오버헤

드가 보인다. 그러나 이 장점은 클라이언트 숫자가 증가함에 따라 급격히 사라진다. 게다가 서버 처리량은 클라이언트의 성능에 크게 좌우된다.

- ThreadPool 방식은 정말 잘 작동하지만 높은 부하에서 불안정하며(wrk에서 수많은 오류를 보고한다), 50,000개의 동시 접속 클라이언트에 직면하면 완전히 실패한다(10초 제한 시간 도달).
- ThreadPerConnection 방식 또한 잘 작동하지만 스레드 숫자가 100~200개를 넘어서면 처리량이 급격히 떨어진다. 스레드가 50,000개 정도에 이르면 JVM에 큰 부담을 주고, 특히 몇 GB의 스택 공간은 문제를 일으킨다.

인위적인 이 벤치마크에 많은 시간을 들이지는 않겠다. 결국 이 모든 서버는 응답을 거의 반환하지 않는다. 대신 우리는 각 요청에 따라 일어나는 일을 시뮬레이션하고자 한다.

서버 작업 시뮬레이션

서버 작업을 시뮬레이션하기 위해, 단순히 요청과 응답 사이에 sleep()을 삽입해 보자. 서버에서 요청을 처리할 때 CPU를 별로 사용하지 않는 경우도 있기 때문에 타당한 방법이다. 전통적인 서버는 외부 자원 처리 시 블록되며 스레드 하나를 소모한다. 반면에 리액티브 서버는 단순히 외부 신호(응답을 포함한 이벤트나 메시지)를 기다리면서, 그동안 기저의 자원을 풀어놓는다.

이런 이유로 블록되는 구현에서는 단순히 sleep()을 추가했지만 논블로킹 서버에서는 다음 예제처럼 외부 서비스의 느린 응답을 흉내내기 위해 Observable.delay()를 사용한다.

```
public static final Observable<String> RESPONSE = Observable.just(
        "HTTP/1.1 200 OK\r\n" +
        "Content-length: 2\r\n" +
        "\r\n" +
        "OK")
    .delay(100, MILLISECONDS);
```

블로킹 구현에서 논블로킹 지연을 사용해도 여전히 응답을 기다려야 하기 때문에 아무런 문제가 없다. 기반 구현 방식이 논블로킹이라 해도 마찬가지다. 요청마다 100ms 지연을 두어 서버와 상호 작용할 때 최소 1/10초가 걸린다고 하자. 벤치마크는 이보다 훨씬 현실적이고 흥미롭다. 다음 그래프는 초당 요청 개수에 따른 클라이언트 연결 숫자를 나타낸다.

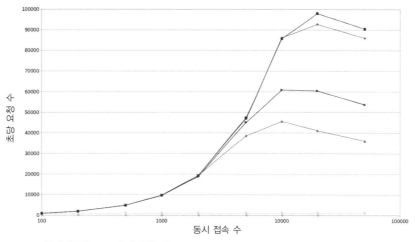

이 그래프는 현실 세계에서 있음직한 결과에 좀 더 가깝다. 위쪽에 보이는 두 개의 네티 기반 구현(HttpTcpNettyServer와 HttpTcpRxNettyServer)이 가장 빠르며, 초당 90,000건의 요청(RPS)에 쉽게 도달한다. 실제로 약 10,000개의 동시 접속 클라이언트까지 서버 확장은 선형적인 모습을 보인다. 증명은 간단하다. 클라이언트 하나는 약 10 RPS를 만들어낸다. 각각의 요청은 100ms가 걸리고, 따라서 10개를 요청할 때 걸리는 시간은 1초이다. 두 개의 클라이언트는 20 RPS를 만들어 내고, 5개면 50 RPS를 만들어낸다. 동시 연결이 약 10,000개라면 100,000 RPS를 예상할 수 있는데 이런 이론적 한계치에 가까운 결과(90,000 PRS)를 얻었다.

그래프 밑부분에는 SingleThread와 ThreadPool 서버 결과가 보인다. 이들이 보여주는 성능은 매우 비참하지만 놀라운 결과는 아니다. 요청을 처리하는 스레드 하나로는 요청 하나당 최소 100ms가 걸리기 때문에 명백히 10 RPS 이상은 처리하기 어렵다. ThreadPool이 훨씬 낫다. 100개의 스레드라면 각각 10 RPS이므로 총 1,000 RPS이다. 이 결과는 리액티브 네티나 RxJava 구현에 비하면 몇 배나 더 좋지 않은 수치다. 게다가 SingleThread 구현은 높은 부하에서 거의 모든 요청을 거부했다. 약 50,000개의 동시 연결에서 요청 한계를 수용하기는 했지만 wrk가 만들어낸 10초 제한 시간 요건은 거의 충족하지 못했다.

ThreadPool 크기를 100개로 제한하는 이유는 무엇일까? 이 숫자는 유명한 HTTP 서블릿 컨테이너들이 사용하는 기본값과 비슷한데, 물론 더 큰 값을 할당할 수도 있다. 모든 연결은 지속되며 전체 연결 기간 동안 풀에서 스레드를 유지하기 때문에, ThreadPerConnection를 무한 개의 스레드를 가진 스레드 풀이라고 볼 수 있다. 놀랍게도 이러한 구현은 JVM에서 개별 스레드가 연결 하나를 나타내는 50,000개의 스레드를 동시에 관리해야 하는 경우에도 매우 잘 동작한다. 사실 ThreadPerConnection은 RxNettyHttpServer에 비해 그리 나쁘지 않다. RPS로 측정한 처리량만으로는 충분하지 않음이 드러났으니 단일 요청별 응답 시간도 확인해야 한다. 요구사항에 따라 다르겠지만 일반적으로 서버 활용도를 높이려면 처리량을 늘리면서도 응답 시간을 단축해야 체감 성능이 높아진다.

평균 응답 시간은 좋은 지표가 되기 어렵다. 평균은 아웃라이어(적지만 받아들이기 어려울 정도로 느린 요청)를 숨기기도 하지만, 다른 한편으로는 아웃라이어 때문에 (대부분의 클라이언트에서 관측되는) 일반적인 응답 시간이 평균치보다 작은 것처럼 보인다. 백분위수가 특정 값의 분포를 훨씬 더 효과적으로 묘사한다는 사실이 증명됐다. 다음 그래프는 각 구현에 대한 응답 시간의 99번째 백분위 수에 따른 동시 연결(클라이언트) 수를 보여준다. Y축의 값은 요청 중 99%가 주어진 값보다 빠르다는 사실을 나타낸다. 명백하게 다음 차트에 묘사한 바와 같이 이 숫자들을 가능한 한 작게 유지하기를 원하며(그러나 모의 지연 시간인 100ms보다 작을 수는 없다) 부하가 증가하더라도 이 값의 증가율 또한 낮게 유지하기를 원한다.

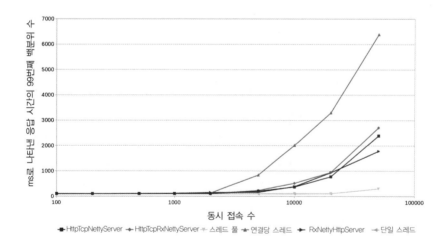

ThreadPerConnection 구현은 나쁜 쪽으로 부각된다. 1,000개의 동시 접속까지는 모든 구현이 비슷비슷하다. 그러나 어느 순간 ThreadPerConnection은 다른 구현에 비해 응답이 몇 배나 느려진다. 이렇게 되는 몇 가지 이유가 있다. 우선 수천 개 스레드 사이에 과도한 컨텍스트 전환이 발생해서 보다 빈번한 가비지 컬렉션이 발생한다. 기본적으로 JVM은 가비지 컬렉션에 많은 시간을 소모하며 이때 실제 작업을 위한 여유는 거의 없기 때문에 동시 연결 수천 개가 유휴 상태에 진입하여 차례를 기다리게 된다.

그렇다면 ThreadPool 구현은 어째서 99번째 백분위 수를 능가할까? ThreadPool은 높은 부하에서조차 다른 모든 구현을 능가하며 안정적인 상태를 유지한다. ThreadPool 구현이 어떻게 생겼는지 간단히 요약해 보자.

```
BlockingQueue<Runnable> workQueue = new ArrayBlockingQueue<>(1000);
executor = new ThreadPoolExecutor(100, 100, 0L, MILLISECONDS, workQueue,
    (r, ex) -> {
        ((ClientConnection) r).serviceUnavailable();
    });
```

Executors를 사용하지 않고 ThreadPoolExecutor를 직접 써서 workQueue와 RejectedExecutionHandler를 제어했다. workQueue 공간이 부족할 때 람다식이 실행된다. 기본적으로 신속하게 처리할 수 없는 요청은 즉시 거부하여 서버 과부하를 방지하도록 했다. '빠른 실패(fail-fast)'라고도 부르는 유사한 안전 기능이 다른 구현에는 없다. 324쪽의 "히스트릭스로 장애 관리하기"에서 빠른 실패를 간략히 다루겠지만, 당분간 아래 보이는 바와 같이 ThreadPool의 응답성과 오류 비율에 집중하자.

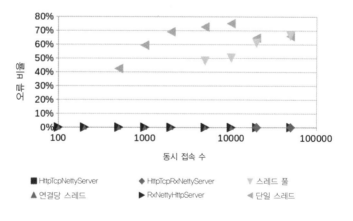

wrk 부하 테스트 도구에 의해 보고된 오류는 SingleThread와 ThreadPool을 제외한 모든 구현에서 거의 보이지 않는다. 이는 매우 흥미로운 절충점이다. ThreadPool은 다른 구현에 비하면 가능한 한 항상 빠른 응답을 하지만 주체할 수 없는 경우에는 즉시 요청을 거부하려는 특성을 보인다. 물론 네티/RxJava를 사용한 구현에서도 비슷한 작동 방식을 적용할 수 있다.

요약하자면 스레드 풀과 독립적인 스레드로는 더 이상 리액티브 구현에서 쉽게 충족되는 처리량과 응답 시간 요구사항을 따라갈 수 없다.

리액티브 HTTP 서버 둘러보기

TCP/IP와 HTTP는 본질적으로 이벤트 중심적이다. 입력과 출력 파이프라는 환상을 제공함에도 불구하고, 밑바탕에 깔려 있는 비동기 패킷과 비동기로 도착하는 데이터가 보인다. 컴퓨터 과학의 거의 모든 추상화와 마찬가지로 네트워크 스택을 바이트의 블록된 스트림으로 취급하다 보면 허점이 드러난다. 특히 하드웨어의 장점을 최대한 활용하고자 할 때 더욱 그렇다.

네트워크에 대한 전통적인 접근법은 중간 정도의 부하에서는 훌륭하다. 그렇지만 기존 자바 애플리케이션에서 겪어보지 못했던 한계 영역까지 확장하려면 리액티브로 가야만 한다. 네티가 리액티브 애플리케이션이나 이벤트 기반 애플리케이션을 만들기 위한 훌륭한 프레임워크이기는 하지만 직접 사용하는 경우는 거의 없다. 대신에 RxNetty를 포함하여 각종 라이브러리나 프레임워크에 널리 쓰이고 있다. 특히 RxNetty는 이벤트 기반 네트워킹의 강력함과 RxJava 연산자의 단순함을 결합했기 때문에 흥미롭다. 여전히 네트워크 통신을 메시지(패킷)의 흐름으로 취급하겠지만 Observable<ByteBuf>로 추상화한다.

186쪽의 "C10k 문제 해결하기"에서 10,000개의 동시 연결 문제를 어떻게 정의했는지 기억하는가? 수많은 네티와 RxNetty 구현체를 사용하여 이 문제를 해결할 수 있었다. 사실 우리는 50,000개의 지속적인 동시 HTTP 연결을 처리하는, C50k를 견디는 서버를 구현했다. 클라이언트 하드웨어를 더 늘리고(서버는 잘 작동했으므로) 회선을 통한 요청을 줄여서 몇십 줄에 불과한 동일한 구현으로 C100k 이상에서도 쉽게 살아남을 수 있다.

당연하게도 서버 쪽 HTTP(혹은 주어진 문제에 해당하는 프로토콜. HTTP는 보편적이라서 택했다) 구현은 이 이야기의 일부분에 지나지 않는다. 대부분의 경우 다른 서버 관점에서는 클라이언트 역할을 하므로 클라이언트도 서버가 하는 일만큼 중요하다. 지금까지 이번 장에서는 리액티브이면서 논블로킹인 HTTP 서버에 중점을 두었다. 합리적인 선택이었지만 블로킹 코드가 몰래 들어올 수 있을 만한 여러 곳, 때로는 놀랄 만한 곳이 있다. 우선 서버 쪽에 많은 주의를 기울이느라 클라이언트 쪽은 완전히 건너뛰었다. 그렇지만 최신 서버 환경, 특히 대규모 분산 시스템에서는 클라이언트로서 역할도 담당하며 수많은 하위 서버에 데이터를 요청하거나 밀어낸다. 일반적인 검색 엔진에 대한 단일 요청 처리는 수백 또는 수천 개의 하위 구성 요소에 걸쳐 있을 가능성이 있으므로 수많은 클라이언트 요청을 한다고 가정해야 안전하다. 이러한 요청들이 블로킹 이며 순차적일 경우 검색 엔진의 응답 시간이 참을 수 없을 정도로 느릴 것이 뻔 하다.

아무리 완벽하게 서버 인프라 코드를 구현하더라도, 여전히 블로킹 API에 대 응해야 한다면 벤치마크에서 본 바와 같이 확장성에 악영향을 끼칠 것이다. 특 히 자바 진영에는 몇 가지 블로킹 코드가 있는데 이를 간략히 살펴보겠다.

HTTP 클라이언트 코드

하위 서비스에 여러 요청을 하고 응답을 모으는 일이 새삼스러운 내용은 아니 다. 실제로 수많은 스타트업이 여러 가지 유용한 데이터 소스를 모아서 가치 있 는 서비스를 제공하고 있다. 오늘날의 API는 대부분 RESTful이며 SOAP은 점차 감소하는 추세지만 이들 모두 널리 사용중인 HTTP를 기반으로 한다.

단 하나의 블록된 요청으로도 서버 장애를 일으킬 수 있으며 성능 또한 크게 저하된다. 다행히도 시중에는 성숙한 논블로킹 HTTP 클라이언트가 많이 있으 며 그중 한가지인 네티를 앞에서 살펴보았다. 다음과 같이 논블로킹 HTTP 클라 이언트가 해결하고자 하는 두 가지 유형의 문제가 있다.

- 각각 몇 개씩 서드파티 API를 호출해야 하는 다량의 동시 요청. 이는 하나의 요청이 여러 서비스에 걸쳐 있는 전형적인 SOA(Service-oriented Architectures) 의 모습이다.
- 서버 하나가 일괄 처리 작업과 같은 수많은 HTTP 클라이언트 요청을 하는 경 우. 수천 개의 연결을 끊임없이 맺어두는 웹 크롤러 또는 색인 서비스를 떠올 려 보자.

서버 특성과 관계 없이 문제는 같다. 수십만 개 이상의 HTTP 연결을 유지하려면 상당한 오버헤드가 발생한다. 연결 대상 서비스가 느려서 오랫동안 자원을 점유 해야 하는 경우 더욱 고통스럽다.

반면에 TCP/IP 연결은 무척 가볍다. 운영 체제는 열려 있는 각 연결(약 1KB) 에 대한 소켓 디스크립터(descriptor)를 유지해야 하지만 이 정도면 충분하다. 패킷(메시지)이 도달하면 커널은 이를 JVM과 같은 적절한 프로세스로 분배한 다. 1KB는 소켓을 블록하는 개별 스레드가 소모하는 약 1MB의 스택과 비교하면 매우 작은 양이다. 즉, 고성능 서버를 원한다면 연결 하나에 스레드를 사용하는 고전적인 방식은 확장이 어려우므로 블로킹 코드를 사용하지 말고 기본 네트워크 모델을 포용해야 한다. 운좋게도 RxJava + 네티는 훨씬 나은 추상화를 제공하면서도 이러한 본질에 훨씬 더 가깝다.

RxNetty를 사용한 논블로킹 HTTP 클라이언트

네티를 적용한 RxJava는 네트워크가 작동하는 방식에 충분히 근접한 추상화를 제공한다. HTTP 요청은 JVM 내부의 일반적인 메서드 호출과 거의 비슷하지만 비동기성을 포함한다. 게다가 더 이상 HTTP를 단순한 요청 – 응답 프로토콜일 뿐이라고 간주할 수가 없다. 서버 전송 이벤트(단일 요청, 복수 응답)나 웹소켓(full-duplex 통신), HTTP/2(동일한 회선상에서 서로 겹치는 여러 병렬 요청과 응답)는 HTTP의 다양한 사용 방식을 보여준다.

클라이언트 측의 RxNetty는 단순한 사용 사례에 대해 매우 간결한 API를 제공한다. 구성이 용이한 Observable로 요청과 응답을 쉽게 처리할 수 있다.

```
Observable<ByteBuf> response = HttpClient
        .newClient("example.com", 80)
        .createGet("/")
        .flatMap(HttpClientResponse::getContent);
response
        .map(bb -> bb.toString(UTF_8))
        .subscribe(System.out::println);
```

createGet()을 호출하면 Observable<HttpClientResponse>의 하위 클래스를 반환한다. 클라이언트는 응답을 기다리는 동안 블록하지 않으므로 Observable은 좋은 선택으로 보인다. 하지만 아직 시작에 불과하다. HttpClientResponse 자체가 Observable<ByteBuf>를 반환하는 getContent() 메서드를 갖고 있다. 189쪽의 "네티와 RxNetty를 사용한 논블로킹 HTTP 서버"에 따르면 ByteBuf는 회선을 통해 수신하는 데이터 청크의 추상화이다. 클라이언트 관점에서 이는 응답의 일부다. 맞는 말이다. RxNetty는 다른 논블로킹 HTTP 클라이언트에 비해 조금 더 나아가며 응답 전체를 받았을 때 단순히 통지하지 않는다. 대신에 ByteBuf 메시지 스트림을 받으며 서버가 연결을 끊기로 결정할 때 선택적으로 Observable 완료가 이어진다.

이러한 모델은 TCP/IP 스택이 동작하는 방식에 보다 가까우며 사용성 측면에서도 확장하기 쉽다. 단순한 요청-응답 흐름뿐 아니라 복잡한 스트림을 사용할 때에도 사용할 수 있다. 그러나 단일 응답일 경우에도(예: 하나의 HTML) 대부분 여러 개의 청크로 나뉘어 도착한다는 사실을 명심하기 바란다. 물론 RxJava는 이를 다시 조합하는 Observable.toList()나 Observable.reduce() 등 수많은 방법을 제공한다. 그러나 이는 하나의 선택사항일 뿐이며 작은 비트 단위의 데이터가 오는 대로 사용하고자 한다면 그것도 가능하다. 이를 통해 보자면 RxNetty는 상당히 저수준 처리가 가능한데, 추상화가 과도한 버퍼링이나 블로킹 같은 주요 성능 병목 현상을 더하지 않기 때문에 확장성이 뛰어나다. 리액티브면서 강력하지만 조금 더 고수준의 HTTP 클라이언트를 찾는다면 312쪽의 "RxJava 지원을 포함하는 레트로핏"을 참고하자.

콜백 기반의 리액티브 API와는 다르게 RxNetty는 다른 Observable과도 잘 작동하며 작업을 쉽게 병렬화하거나 결합하고 분할할 수 있다. 예를 들어 실시간으로 연결을 맺은 다음 데이터를 처리해야 하는 URL 스트림을 생각해 보자. 단순한 List<URL>로 만든 고정적인 스트림이거나 항상 새로운 URL이 등장하는 동적인 스트림일 수 있다. 이러한 원본을 모두 통과하는 꾸준한 패킷 스트림을 원한다면 간단히 flatMap()을 적용하면 된다.

```
Observable<URL> sources = //...

Observable<ByteBuf> packets =
    sources
    .flatMap(url -> HttpClient
        .newClient(url.getHost(), url.getPort())
        .createGet(url.getPath()))
    .flatMap(HttpClientResponse::getContent);
```

각기 출처가 다른 ByteBuf 메시지를 함께 뒤섞는 약간 인위적인 예제이지만 의도는 파악할 수 있을 것이다. 상류 Observable의 개별 URL에 대해 ByteByf 비동기 스트림을 만들어낸다. 데이터 청크를 단일 이벤트로 결합하여 들어오는 데이터를 먼저 변환하려는 경우 reduce() 등으로 쉽게 처리할 수 있다. 결론적으로 말해서 데이터 수신 여부에 관계 없이 수천 개의 HTTP 연결을 쉽게 유지할 수 있다. 더 이상 메모리가 제약 사항이 아니며 CPU와 네트워크 대역폭의 처리 능력이 한계를 좌우한다. JVM은 합리적인 수의 트랜잭션을 처리하기 위해 GB 단위의 메모리를 소비할 필요가 없다.

HTTP API는 최신 애플리케이션의 주요 병목 지점 중 하나이다. CPU 측면에서는 비용이 많이 들지 않지만 블로킹 HTTP가 보통의 절차적인 호출처럼 동작하면 확장성이 크게 제한된다. 신중하게 블로킹 HTTP를 제거하더라도 동기 방식 코드는 예기치 않게 나타날 수 있다. java.net.URL의 equals() 메서드가 대표적인 예다. 호출 시 네트워크 요청을 수행하는 함정이 숨어 있는데 두 개의 URL 객체를 비교해 보면 겉보기에는 빨라 보이지만 네트워크 통신이 수행된다.

```
java.net.URL.equals(URL.java)
java.net.URLStreamHandler.equals(URLStreamHandler.java)
java.net.URLStreamHandler.sameFile(URLStreamHandler.java)
java.net.URLStreamHandler.hostsEqual(URLStreamHandler.java)
java.net.URLStreamHandler.getHostAddress(URLStreamHandler.java)
java.net.InetAddress.getByName(InetAddress.java)
java.net.InetAddress.getAllByName(InetAddress.java)
java.net.InetAddress.getAllByName0(InetAddress.java)
java.net.InetAddress.getAddressesFromNameService(InetAddress.java)
java.net.InetAddress$2.lookupAllHostAddr(InetAddress.java)
[native code]
```

두 URL이 같은지 확인하기 위해 JVM은 lookupAllHostAddr()을 호출하는데, 이때 (native 코드에서) DNS 서버에 동기 방식으로 요청할 가능성이 높은 gethostbyname(또는 이와 유사하게 동기 방식으로 구현된 기능)을 호출한다. 소수의 스레드만 있었는데 그중 일부가 예기치 않게 블록된다면 비참한 결과로 이어질 수도 있다. 많아야 수십 개의 스레드만 사용했던 RxNetty 기반 서버를 기억하는가? Set<URL> 같은 곳에서 URL.equals()가 빈번하게 사용되면 또 다른 재앙이 발생할 수 있다. 이러한 URL의 예상치 못한 동작은 URL의 equals()가 실제로 인터넷 연결 상태에 따라 다른 결과를 나타낼 수 있다는 점과 함께 잘 알려져 있다.

완전한 리액티브 애플리케이션을 작성하는 일이 얼마나 어렵고 함정에 빠지기 쉬운지 설명하기 위해 이런 예를 들었다. 다음 절에서는 또 다른 명백한 블로킹의 근원인 데이터베이스 접근에 대해 살펴보겠다.

관계형 데이터베이스에 접근하기

앞선 절에서 모든 서버는 결국 다른 서비스의 클라이언트가 된다고 결론 내렸다. 다른 흥미로운 관찰 내용은 우리가 사용할 가능성이 있는 꽤 많은 시스템이 분산되어 있다는 점이다. 네트워크 케이블로 분리된 두 대의 기기가 서로 통신해야 한다면, 이미 공간적으로는 분산 환경이다. 극단적으로는 모든 컴퓨터를 분산 시스템으로 간주할 수 있으며 개별 CPU 코어의 캐시는 항상 일관적이지 않기 때문에 메시지 전달 프로토콜을 통해 서로 동기화해야 한다. 그렇지만 애플리케이션 서버와 데이터베이스 서버의 구조에 집중하자.

Java에서 관계형 데이터베이스 접근을 위해 오랫동안 존재해온 표준을 JDBC(Java Database Connectivity)라고 부른다. 사용자 관점에서 보면 JDBC는 PostgreSQL이나 Oracle, 그 밖에 다양한 관계형 데이터베이스와 통신하기 위한 API를 제공한다. 핵심 추상화는 Connection(TCP/IP, 회선 연결)과 Statement(데이터베이스 질의), ResultSet(뷰를 통한 데이터베이스 결과)이다. 요즈음에는 스프링 프레임워크의 경량 JdbcTemplate나 jOOQ[15]와 같은 코드 생성 라이브러리, JPA와 같은 ORM에 이르기까지 다양한 사용자 친화적인 추상화가 존재하기 때문에 이 API를 직접 사용하는 경우는 거의 없다. JDBC는 명시적 예외와 결부된 어려운 오류 처리로 악명이 높다(그나마 자바 7부터는 try-with-resources를 사용하면 훨씬 간결하다).

```
import java.sql.*;

try (
        Connection conn = DriverManager.getConnection("jdbc:h2:mem:");
        Statement stat = conn.createStatement();
        ResultSet rs = stat.executeQuery("SELECT 2 + 2 AS total")
) {
    if (rs.next()) {
        System.out.println(rs.getInt("total"));
        assert rs.getInt("total") == 4;
    }
}
```

앞의 예제는 통합 테스트 시 종종 사용되는 H2 데이터베이스를 사용했다. 그러나 실제 환경에서는 애플리케이션과 동일한 시스템에서 실행되는 데이터베이스를 거의 볼 수 없다. 데이터베이스를 통하는 모든 상호 작용은 네트워크 왕복이 필요하다. JDBC의 핵심 부분은 데이터베이스 공급 업체가 구현해야 하는 API이다.

JDBC API에 새로운 Connection을 요구할 때 해당 구현은 클라이언트 소켓을 열고 권한을 부여하는 등의 방법으로 데이터베이스에 물리적으로 연결해야 한다. 데이터베이스는 각기 다른 와이어 프로토콜(거의 보편적으로 바이너리)과 JDBC 구현(Driver라고도 하는)에 대한 책임을 지며, 이러한 저수준 네트워크 프로토콜을 일관된 API로 변환한다. 이는 꽤 잘 작동하는데(서로 다른 SQL 방언은

---

15 http://www.jooq.org

논외로 하자), 불행히도 1997년경에 JDK 1.1에서 JDBC 표준이 발표되었을 무렵에는 20년 후에 리액티브이면서 비동기적인 프로그래밍이 상당히 중요하게 부각되리라는 사실을 아무도 예측할 수 없었다. 확실히 JDBC API는 여러 번 개정을 거쳤지만 본질적으로 블로킹 방식이기 때문에 개별 데이터베이스 작업이 완료될 때까지 대기한다.

이는 HTTP와 똑같은 문제이다. 작동 중인 데이터베이스 질의 개수만큼 스레드가 있어야 한다. JDBC는 다양한 관계형 데이터베이스에 간단하게 접근할 수 있는 유일한 표준이다(계속해서 SQL 방언은 논외로 한다). 몇 년 전에 서블릿 3.0에서 `HttpServletRequest.startAsync()` 메서드를 도입하여 사양이 크게 개선되었는데 JDBC 표준은 아직도 고전적인 모습에 머물러 있어서 아쉽다.

JDBC를 여전히 블로킹 방식으로 유지하는 데에는 이유가 있다. 예를 들어 작은 데이터 비트를 가끔 스트리밍하는 경우라면 웹 서버는 수십만 개의 열린 연결을 쉽게 처리할 수 있다. 반면에 데이터베이스 시스템은 각 클라이언트 질의 시 몇 가지 단계를 수행한다.

1. **질의 구문 분석**은 질의를 포함하는 `String`을 구문 분석 트리로 변환한다(CPU 기반).
2. **옵티마이저**는 다양한 규칙과 통계에 대해 질의를 평가하고 실행 계획을 수립한다(CPU 기반).
3. **질의 실행기**는 데이터베이스 저장소를 탐색하고 반환할 적절한 튜플을 찾는다(I/O 기반).
4. **결과 집합**을 직렬화하여 클라이언트에 되돌려준다(네트워크 기반).

분명히 모든 데이터베이스는 질의를 수행할 때 많은 리소스가 필요하다. 일반적으로 대부분의 시간은 질의를 실행하는 데 소요되며 저장 장치(하드디스크 또는 SSD) 설계는 병렬 방식이 아니다. 따라서 데이터베이스 시스템이 포화 상태가 되기까지 수행 가능한 동시 질의 수에는 한계가 있다. 이 제약은 사용 중인 실제 데이터베이스 엔진과 실행 중인 하드웨어에 따라 크게 달라진다. 또한 잠금이나 컨텍스트 전환, CPU 캐시 고갈 같은 덜 분명한 고려사항도 산재한다. 초당 약 수백 개의 질의 정도밖에 기대할 수 없다. 수십만 개의 열린 HTTP 연결과 비교하면 매우 적은 숫자이며 논블로킹 API로 쉽게 달성할 수 있는 수치다.

데이터베이스의 처리량이 하드웨어에 따라 심각하게 제한된다는 사실을 인지한다면, 결국 완전한 리액티브 드라이버란 그다지 의미가 없다. 기술적으로 네티 또는 RxNetty를 사용하여 와이어 프로토콜을 구현할 수 있으며 클라이언트 스레드를 블로킹하지 않는다. 실제로, 비표준이지만 독자적으로 개발된 접근 방식도 많이 있다. postgresql-async[16]나 postgres-async-driver[17], adbcj[18], finagle-mysql[19] 등인데, 모두 논블로킹 네트워크 스택을 사용하여 특정 데이터베이스의 저수준 프로토콜을 구현했다. 그러나 JVM이 큰 번거로움 없이 수백에서 수천 개의 스레드를 처리할 수 있다는 사실 또한 알고 있기 때문에(367쪽의 "연결당 스레드" 참조), 잘 구축된 JDBC API를 처음부터 다시 작성해서 얻을 이득은 별로 없어 보인다. 일반적으로 사용되는 Lightbend 사의 리액티브 라이브러리인 Slick[20]조차도 아카(Akka)를 썼지만 밑바탕에는 결국 JDBC를 사용한다. 한편 RxJava와 JDBC 사이를 연결하는 rxjava-jdbc[21] 같은 커뮤니티 주도 프로젝트도 있다.

관계형 데이터베이스와 상호 작용에 대한 조언이라면 기껏해야 적절한 스레드 풀을 생성하고 블로킹 코드를 분리하라는 정도다. 애플리케이션의 나머지 부분에서 소수의 스레드만으로 높은 리액티브 처리를 수행할 수 있겠지만 실용적인 관점에서 보자면 JDBC를 보다 반응적인 것으로 대체하려고 시도하다가 명백한 이득도 없이 고통만 겪을 수 있기 때문에 그냥 JDBC를 다루고자 한다. 고전적인 소프트웨어 스택에서 JDBC와 상호 작용하는 방법은 이미 130쪽 "컬렉션에서 Observable로"에서 몇 가지 힌트를 제공했다. 블로킹 JDBC 기반이라도 여전히 RxJava로 약간의 실험을 해볼 여지가 있다.

PostgreSQL에서 NOTIFY와 LISTEN 사례 연구

PostgreSQL은 LISTEN과 NOTIFY라는 SQL 구문을 확장한 특별한 내장 메시징 기능을 지니고 있다. 모든 PostgreSQL 클라이언트는 다음과 같이 가상의 채널에 SQL 문을 사용한 알림을 보낼 수 있다.

```
NOTIFY my_channel;
NOTIFY my_channel, '{"answer": 42}';
```

---

16 *http://github.com/mauricio/postgresql-async*
17 *http://github.com/alaisi/postgres-async-driver*
18 *https://github.com/mheath/adbcj*
19 *http://twitter.github.io/finagle/guide/Protocols.html#mysql*
20 *http://www.lightbend.com/community/core-tools/slick*
21 *http://github.com/davidmoten/rxjava-jdbc*

이 예제에서 my_channel이라는 이름을 지닌 채널에 빈 알림을 보낸 다음 임의의 문자열(JSON이나 XML, 혹은 인코딩된 데이터)을 보낸다. 채널은 기본적으로 PostgreSQL 데이터베이스 엔진 내부에서 관리되는 대기열(queue)이다. 흥미롭게도 알림 발송은 트랜잭션의 일부라서 커밋 이후에 전달이 이루어지며, 롤백하는 경우에는 메시지를 폐기한다.

특정 채널에서 알림을 받으려면 우선 해당 채널을 청취(LISTEN)해야 한다. 주어진 연결상에서 청취를 시작하면 알림을 받는 유일한 방법은 getNotifications() 메서드를 사용한 주기적인 폴링뿐이다. 이는 무작위한 지연과 불필요한 CPU 부하, 콘텍스트 전환을 야기한다. 다음은 완전한 블로킹 예제이다.

```java
try (Connection connection =
        DriverManager.getConnection("jdbc:postgresql:db")) {
    try (Statement statement = connection.createStatement()) {
        statement.execute("LISTEN my_channel");
    }
    Jdbc4Connection pgConn = (Jdbc4Connection) connection;
    pollForNotifications(pgConn);
    }
}

//...

void pollForNotifications(Jdbc4Connection pgConn) throws Exception {
    while (!Thread.currentThread().isInterrupted()) {
        final PGNotification[] notifications = pgConn.getNotifications();
        if (notifications != null) {
            for (final PGNotification notification : notifications) {
                System.out.println(
                        notification.getName() + ": " +
                        notification.getParameter());
            }
        }
        TimeUnit.MILLISECONDS.sleep(100);
    }
}
```

클라이언트 스레드를 블록할 뿐 아니라, 청취를 특정 연결 하나에 묶어놓기 위해 JDBC 연결 하나를 계속 열어놓아야 한다. 적어도 동시에 여러 채널을 청취할 수 있기는 하다. 앞선 코드는 상당히 장황하지만 직관적이다. LISTEN을 호출한 다음, 새로운 알림을 확인하기 위해 무한 반복문을 수행한다. getNotifications() 호출은 소멸성이다. 즉, 반환된 알림을 버리기 때문에 두 번 호출하면 같은 이벤트를 반환하지 않는다는 뜻이다. getName()은 채널 이름(예: my_cahnnel)이고 getParameter()는 JSON 페이로드와 같은 선택적 이벤트 내용을 반환한다.

API는 끔찍하게 구식이라서 보류 중인 알림이 없음을 나타내기 위해 null을 사용하며 컬렉션이 아닌 배열을 사용한다. 이를 Rx 친화적으로 만들어 보자. 밀어내기 기반의 통지 구조가 없으면 논블로킹 interval() 연산자를 사용하여 폴링을 다시 구현해야 한다. 사용자 정의 Observable이 제대로 동작할 수 있게 해주는 수많은 세부 사항들이 있는데, 다음 예제(아직 완성되지 않았다) 이후에 더 논의하겠다.

```java
Observable<PGNotification> observe(String channel, long pollingPeriod) {
    return Observable.<PGNotification>create(subscriber -> {
        try {
            Connection connection = DriverManager
                    .getConnection("jdbc:postgresql:db");
            subscriber.add(Subscriptions.create(() ->
                    closeQuietly(connection)));
            listenOn(connection, channel);
            Jdbc4Connection pgConn = (Jdbc4Connection) connection;
            pollForNotifications(pollingPeriod, pgConn)
                    .subscribe(Subscribers.wrap(subscriber);
        } catch (Exception e) {
            subscriber.onError(e);
        }
    }).share();
}

void listenOn(Connection connection, String channel) throws SQLException {
    try (Statement statement = connection.createStatement()) {
        statement.execute("LISTEN " + channel);
    }
}

void closeQuietly(Connection connection) {
    try {
        connection.close();
    } catch (SQLException e) {
        e.printStackTrace();
    }
}
```

이 예제에서 SQLException이 없다면 얼마나 짧아지는지 놀랄 것이다. 신경 쓰지 말자. 목표는 견고한 Observable<PGNotification> 작성이다. 우선 누군가 실제로 구독할 때까지 데이터베이스 연결을 미루고 커넥션 누출(JDBC를 직접 처리하는 모든 애플리케이션의 심각한 문제)을 피하기 위해 Subscriber가 구독을 해지하면 연결이 끊어지도록 보장한다. 또한, 스트림에 오류가 발생해도 구독을 해지하며 연결을 닫는다.

이제 listenOn()을 호출하여 열린 연결을 통해 알림을 받을 준비가 되었다. 명령문을 실행할 때 예외가 발생하면 해당 예외를 잡아 subscriber.onError(e)를 호출하여 처리한다. 구독자에게 오류를 원활하게 전달할 뿐만 아니라 연결 또한 강제로 종료한다. 그러나 LISTEN 요청이 이어지면 getNotifications()의 다음 호출은 이후에 전송된 모든 이벤트를 반환한다.

어떤 스레드도 블록되지 않기를 원하므로 pollForNotifications() 안에서 interval()을 사용하여 내부 Observable을 생성한다. Observable을 동일한 Subscriber로 구독하지만 Subscriber에서 onStart()가 두 번 실행되지 않도록 하기 위해 Subscribers.wrap()으로 둘러싼다.

```
Observable<PGNotification> pollForNotifications(
            long pollingPeriod,
            AbstractJdbc2Connection pgConn) {
    return Observable
            .interval(0, pollingPeriod, TimeUnit.MILLISECONDS)
            .flatMap(x -> tryGetNotification(pgConn))
            .filter(arr -> arr != null)
            .flatMapIterable(Arrays::asList);
}

Observable<PGNotification[]> tryGetNotification(
            AbstractJdbc2Connection pgConn) {
    try {
        return Observable.just(pgConn.getNotifications());
    } catch (SQLException e) {
        return Observable.error(e);
    }
}
```

주기적으로 getNotifications()의 내용을 우선 다루기 힘든 Observable <PGNotification[]>으로 포장하여 살펴보자. 반환된 배열 PGNotification[]은 null일 수도 있기 때문에 null을 filter()로 제거하고 Arrays::asList를 사용하여 List<PGNotification>으로 변환한 다음 flatMapIterable()로 배열을 풀어헤친다. 중간 단계의 Observable 자료형을 추적하면서 모든 단계를 주의 깊게 짚어나가기를 권장한다. closeQuietly()와 tryGetNotification()의 유일한 이유는 명시적 예외인 SQLException을 다루기 위해서이다. closeQuietly()에서 이 예외를 삼켜버리는 이유는 더 이상 아무것도 할 수 없는 환경에서 발생하기 때문인데, 예를 들면 누군가가 방금 구독을 취소해서 도저히 전달할 방법이 없는 경우다.

마지막으로 첫 번째 메서드의 끝부분에 publish()와 refCount()를 넣는 짧막한 구현이 남았다. 이 두 가지 메서드를 사용하면 여러 구독자 간에 단일

JDBC 연결을 공유할 수 있다. 이게 없으면 모든 신규 구독자가 새로운 연결을 열고 청취하기 때문에 상당한 낭비다. 또한 refCount()는 구독자 수를 추적하다가 마지막 구독자가 구독을 취소하면 물리적으로 데이터베이스 연결을 닫는다. publish()와 refCount()에 대한 보다 자세한 내용은 59쪽의 "publish(). refCount()로 구독 하나만 유지하기"를 참조하자. 특히 Observable.create() 내부에서 람다식의 동작을 어떻게 바꾸는지 설명한다.

하나의 연결로 여러 채널에서 청취할 수 있음을 기억하자. 연습 삼아 observe()를 구현하여 모든 구독자와 관심이 있는 모든 채널 간에 동일한 연결을 재사용하도록 해보자. 현재 구현은 observe()를 한 번 호출하고 여러 번 구독했을 경우 연결을 공유하지만, 다른 채널에 관심이 있는 구독자인 경우에도 동일한 연결을 항상 쉽게 재사용할 수도 있다.

PostgreSQL의 LISTEN과 NOTIFY를 살펴볼 실제적인 이유는 없다. 시중에는 얼마든지 더 빠르고 더 견고하며 안정적인 메시지 큐가 많이 있다. 그러나 이 사례 연구는 비록 약간의 블로킹 또는 폴링 처리를 요구하기는 해도 보다 리액티브한 시나리오로 JDBC를 활용하는 방법을 보여준다.

CompletableFuture와 스트림

Java 8은 람다식 이외에도 새로운 java.time API를 비롯하여 여러 가지 작은 추가사항과 CompletableFuture 클래스를 제공한다. 이 유틸리티는 Java 5부터 존재한 Future 인터페이스를 뚜렷하게 향상시켰다. 순수한 Future는 백그라운드에서 실행되는 비동기 작업을 나타내며 일반적으로 ExecutorService에서 가져온다. 그러나 Future API는 지나치게 단순하여 Future.get()을 호출할 때면 거의 항상 블록되도록 강요한다. 바쁜 가운데 대기하지 않고 효과적으로 첫 번째 Future를 기다리는 구현은 불가능하다. Future를 구성하는 다른 선택지는 존재하지 않는다. 다음 절에서는 CompletableFuture가 어떻게 작동하는지 간단히 설명하겠다. 나중에 CompletableFuture와 Observable 사이에 가벼운 상호 운용 계층을 구현할 것이다.

간략한 CompletableFuture 소개

CompletableFuture는 수많은 유용한 메서드를 제공함으로써 그 격차를 성공적으로 메워주는데, 거의 대부분이 논블로킹 방식이며 구성도 가능하다. 우리는 이미 map()을 사용하여 입력 이벤트를 비동기적으로 변환하는 데 익숙해졌다. 게다가 Observable.flatMap()은 비동기 체이닝 작업을 통해 단일 이벤트를 다른 Observable로 대체할 수 있도록 한다. CompletableFuture로 비슷한 작업이 가능하다. 서로 관련이 없는 두 가지 정보, 즉 User와 GeoLocation이 필요한 서비스를 상상해 보자. 이 두 가지를 바탕으로 여러 여행사에 Flight을 찾아달라고 요청한 뒤, 먼저 응답한 곳에서 Ticket을 예약한다. 이때 가장 빠르면서 반응성이 좋은 것을 찾는다. 특히 마지막 요구사항은 구현하기가 어려운데 Java 8 이전에는 효과적으로 가장 빠른 작업을 찾으려면 ExecutorCompletionService가 필요했다.

```java
User findById(long id) {
    //...
}

GeoLocation locate() {
    //...
}

Ticket book(Flight flight) {
    //...
}

interface TravelAgency {
    Flight search(User user, GeoLocation location);
}
```

사용법은 다음과 같다.

```java
ExecutorService pool = Executors.newFixedThreadPool(10);
List<TravelAgency> agencies = //...

User user = findById(id);
GeoLocation location = locate();
ExecutorCompletionService<Flight> ecs =
    new ExecutorCompletionService<>(pool);
agencies.forEach(agency ->
    ecs.submit(() ->
        agency.search(user, location)));
Future<Flight> firstFlight = ecs.poll(5, SECONDS);
Flight flight = firstFlight.get();
book(flight);
```

ExecutorCompletionService는 자바 개발자 사이에서 인기가 별로 없었고 CompletableFuture를 쓰면 더 이상 필요하지도 않다. 하지만 먼저 ExecutorService를 ExecutorCompletionService로 래핑하는 방법을 살펴보자. 이렇게 하면 추후 완료된 작업을 도착하는 대로 폴링(poll)할 수 있다. 순수한 ExecutorService를 사용하면 무엇이 먼저 완료될지 모르는 Future를 잔뜩 받는다. 그래서 Executor CompletionService가 유용하다. 그러나 여전히 스레드 하나를 추가로 희생시켜 TravelAgencies 응답을 기다려야 한다. 또한 동시성을 쓸 수 있는데도 그 장점을 사용할 수 없다(User와 GeoLocation을 동시 적재).

리팩터링을 통해 모든 메서드를 비동기식 메서드로 바꾸고 나중에 Completable Future를 적절하게 합친다. 이 방법으로 코드를 (메인 스레드는 거의 즉시 완료되는) 완전한 논블로킹 방식으로 바꿔 최대한 병렬로 처리한다.

```
CompletableFuture<User> findByIdAsync(long id) {
    return CompletableFuture.supplyAsync(() -> findById(id));
}

CompletableFuture<GeoLocation> locateAsync() {
    return CompletableFuture.supplyAsync(this::locate);
}

CompletableFuture<Ticket> bookAsync(Flight flight) {
    return CompletableFuture.supplyAsync(() -> book(flight));
}

@Override
public CompletableFuture<Flight> searchAsync(User user, GeoLocation loc) {
    return CompletableFuture.supplyAsync(() -> search(user, loc));
}
```

블로킹 메서드를 간단하게 비동기 CompletableFuture로 포장했다. supplyAsync() 메서드는 선택적으로 Executor를 인자로 받을 수 있다. 따로 지정하지 않으면 ForkJoinPool.commonPool()에 전역 정의된 스레드 풀을 사용한다. 항상 사용자 정의 Executor를 사용하는 것이 좋지만 이 예제의 목적에 맞게 기본값을 사용한다. 모든 CompletableFuture와 병렬 스트림(346쪽 "자바 8의 스트림과 CompletableFuture" 참조), 그리고 덜 분명한 몇몇 부분에서 기본값인 이 스레드 풀을 공유한다는 사실을 명심하자.

```
import static java.util.function.Function.identity;


List<TravelAgency> agencies = //...
CompletableFuture<User> user = findByIdAsync(id);
CompletableFuture<GeoLocation> location = locateAsync();

CompletableFuture<Ticket> ticketFuture = user
    .thenCombine(location, (User us, GeoLocation loc) -> agencies
        .stream()
```

```
            .map(agency -> agency.searchAsync(us, loc))
            .reduce((f1, f2) ->
                f1.applyToEither(f2, identity())
            )
            .get()
        )
        .thenCompose(identity())
        .thenCompose(this::bookAsync);
```

앞의 예제에서 꽤 많은 일이 벌어진다. CompletableFuture 전체를 설명하려면 책의 범위를 벗어나지만 일부 API는 RxJava 맥락에서도 유용하다. 먼저 비동기적으로 User와 GeoLocation을 불러오기 시작한다. 이 두 작업은 독립적이라 동시에 실행할 수 있다. 그러나 계속 진행하려면 결과 두 개가 모두 필요하다. 물론 클라이언트 스레드를 블록하거나 낭비하지 않아도 된다. 이것이 바로 thenCombine()이 하는 일로, 두 개의 CompletableFuture(user와 location)를 취한 뒤 두 함수가 모두 완료되면 비동기적으로 콜백을 호출한다. 흥미롭게도 이 콜백은 다음과 같이 결과 CompletableFuture의 새로운 내용이 되는 값을 반환할 수 있다.

```
CompletableFuture<Long> timeFuture = //...
CompletableFuture<ZoneId> zoneFuture = //...

CompletableFuture<Instant> instantFuture = timeFuture
        .thenApply(time -> Instant.ofEpochMilli(time));

CompletableFuture<ZonedDateTime> zdtFuture = instantFuture
        .thenCombine(zoneFuture, (instant, zoneId) ->
                ZonedDateTime.ofInstant(instant, zoneId));
```

CompletableFuture는 Observable과 매우 비슷하다. thenApply()는 Observable.map()과 비슷하게 Future가 무엇을 가져오든 즉석에서 변환을 수행한다. 예제에서 Long을 Instant로 바꾸는 함수(Instant::ofEpochMilli)를 제공하여 CompletableFuture<Long>을 CompletableFuture<Instant>로 변환한다. 나중에 우리는 두 개의 Future(instantFutur와 zoneFuture)를 취해 이 값을 변환한다. 다시 말해 instant와 ZoneId에 thenCombine() 메서드를 사용한다는 뜻이다. 이 변환은 ZoneDateTime을 반환하지만 CompletableFuture 연산자의 대부분이 논블로킹이기 때문에 CompletableFuture<ZonedDateTime>을 반환한다. 마치 Observable의 zip()과 매우 유사하다.

항공권 예약 예제로 돌아가보자. 다음 코드 조각은 아마도 약간 모호해 보일지도 모른다.

```
List<TravelAgency> agencies = //...

agencies
    .stream()
    .map(agency -> agency.searchAsync(us, loc))
    .reduce((f1, f2) ->
            f1.applyToEither(f2, identity())
    )
    .get()
```

searchAsync()를 호출하여 각 TravelAgency마다 비동기 작업을 시작해야 한
다. 곧바로 List<CompletableFuture<Flight>>를 돌려받는다. 첫 번째 Future
만 필요로 한다면 이는 매우 불편한 자료 구조다. CompletableFuture.allOf()와
CompletableFuture.anyOf() 같은 메서드가 있는데, 후자가 의미론적 관점에서
여기에 적합하다. CompletableFuture.anyOf()는 CompletableFuture를 받은 다
음 완료되는 첫 번째를 반환하고 나머지는 모두 버린다. 이는 Observable.amb()
와 매우 비슷하다(91쪽 "스트림이 서로 조화를 이루지 못할 때: combineLatest()
와 withLatestFrom(), amb()" 참조). 불행히도 anyOf() 문법은 매우 어색한데 밑
바탕의 Future가 Flight 형인데도 불구하고 이게 아니라 배열(varargs)을 받아서
무조건 CompletableFuture<Object>를 반환한다. 사용할 수는 있겠지만 꽤 지저
분해진다.

```
.thenCombine(location, (User us, GeoLocation loc) -> {
    List<CompletableFuture<Flight>> fs = agencies
        .stream()
        .map(agency -> agency.searchAsync(us, loc))
        .collect(toList());
    CompletableFuture[] futuresArr = new CompletableFuture[fs.size()];
    fs.toArray(futuresArr);
    return CompletableFuture
        .anyOf(futuresArr)
        .thenApply(x -> ((Flight) x));
})
```

Stream.reduce()를 사용하는 기법은 다음과 같다. CompletableFuture.apply
ToEither() 연산자는 두 개의 CompletableFuture를 받아 주어진 변환을 첫 번째
완료된 것에 적용한다. applyToEither() 변환은 두 개의 동종 작업 중 먼저 완료
되는 작업에만 관심이 있을 때 매우 유용하다. 다음 예제에서는 두 개의 다른 서
버, 즉 주 서버와 보조 서버에서 User를 요청한다. 무엇이 먼저 끝나든 사용자의
생일을 뽑아내는 간단한 변환을 적용한다. 두 번째 CompletableFuture는 중단되
지 않지만 결과는 버려진다. 최종 결과는 CompletableFuture<LocalDate>이다.

```
CompletableFuture<User> primaryFuture = //...
CompletableFuture<User> secondaryFuture = //...

CompletableFuture<LocalDate> ageFuture =
    primaryFuture
        .applyToEither(secondaryFuture,
            user -> user.getBirth());
```

applyToEither()로는 두 개의 CompletableFuture만 쓸 수 있는 반면 특이한 anyOf()는 임의의 개수를 취할 수 있다. 다행스럽게도 처음 두 개의 Future에 대해 applyToEither()를 호출하고 (첫 번째 두 개 중 빠른) 결과를 취해 업스트림의 세 번째 Future(처음 세 개 중 가장 빠른)에 적용할 수 있다. 반복적으로 applyTo Either()를 호출하여 개중 가장 빠른 CompletableFuture를 얻는다. reduce() 연산자를 사용하면 이 유용한 기법을 효율적으로 구현할 수 있다. 마지막 통고 절차는 Function의 identity() 메서드다. 이는 applyToEither()의 요구사항으로, 도착할 첫 번째 결과를 다루는 변환을 제공해야 한다. 결과를 그대로 유지해야 한다면, f -> f 또는 (Flight f) -> f라고 표현하는 항등 함수를 사용할 수 있다.

드디어 비동기 TravelAgency 중 가장 빠른 것이 응답할 때 완료되는 CompletableFuture<Flight>를 구현했다. thenCombine()의 결과에는 여전히 사소한 문제가 남아있다. thenCombine()에 전달된 변환이 무엇이든 CompletableFuture로 반환값을 다시 포장한다. 여기서는 CompletableFuture<Flight>를 반환하므로 thenCombine()의 결과 자료형은 CompletableFuture<CompletableFuture<Flight>>이다. 이중 포장은 Observable에서도 흔히 볼 수 있는 문제인데, 두 경우 모두 같은 기법을 써서 수정할 수 있다. 바로 flatMap()을 쓰면 된다(74쪽의 "flatMap() 으로 마무리하기" 참조)! 그러나 map()이 Future의 thenApply()에 해당하듯이 flatMap()은 thenCompose()에 해당한다는 사실을 기억하자.

```
Observable<Observable<String>> badStream = //...
Observable<String> goodStream = badStream.flatMap(x -> x);

CompletableFuture<CompletableFuture<String>> badFuture = //...
CompletableFuture<String> goodFuture = badFuture.thenCompose(x -> x);
```

일반적으로는 flatMap()/thenCompose()를 써서 비동기 연산을 연결하지만, 여기서는 그냥 잘못된 자료형을 풀어헤친다. thenCompose()는 제공된 변환의 반환 유형이 CompletableFuture이기를 기대한다. 그러나 내부 자료형은 이미 Future 이기 때문에 identity() 함수 또는 단순히 x -> x를 사용하여 내부 Future를 풀어헤쳐(unwrap) 자료형을 수정한다.

마지막으로 CompletableFuture<Flight>(줄여서 flightFuture)를 가져올 때 Flight를 인자로 받는 bookAsync()를 호출할 수 있다.

```
CompletableFuture<Ticket> ticketFuture = flightFuture
    .thenCompose(flight -> bookAsync(flight));
```

이번에는 bookAsync()를 호출할 때 thenCompose()를 보다 자연스럽게 사용했다. 이 메서드는 CompletableFuture<Ticket>을 반환하기 때문에 이중 포장을 피하기 위해 thenApply() 대신 thenCompose()를 선택했다.

CompletableFuture와 Observable 상호 변환

Observable<T>를 반환하는 Observable.from(Future<T>) 팩토리 메서드가 이미 존재한다. 그러나 오래된 Future<T> API의 한계 때문에 몇 가지 단점이 있는데 가장 큰 단점은 내부적으로 블로킹 방식을 사용하는 Future.get()이다. 고전적 인 Future<T> 구현은 콜백을 등록하고 비동기 처리하는 방법이 없으므로 리액티 브 애플리케이션에서는 별로 쓸모가 없다.

반면에 CompletableFuture는 완전히 얘기가 다르다. 의미상으로는 Completable Future를 다음과 같은 특징을 가진 Observable처럼 처리할 수 있다.

뜨겁다

누군가 thenApply()와 같은 콜백을 등록했는지 여부에 관계없이 Completable Future 이면의 연산은 조급하게 시작된다.

캐시된다

CompletableFuture 이면의 백그라운드 연산을 일단 조급하게 수행하면 등록 된 모든 콜백으로 결과를 전달한다. 심지어 수행이 완료된 후에 콜백을 등록 해도 완료된 값(또는 예외)으로 즉시 호출한다.

정확히 하나의 값이나 예외만 방출한다

원칙적으로 Future<T>는 T형 값이나 예외를 정확히 한 번 수행하고 완료한다 (혹은 전혀 수행하지 않는다). 이는 Observable 규약과 일치한다.

CompletableFuture를 단일 항목 Observable로 바꾸기

CompletableFuture<T>를 받아 제대로 동작하는 Observable<T>를 반환하는 유틸
리티 함수를 만들고자 한다.

```
class Util {
    static <T> Observable<T> observe(CompletableFuture<T> future) {
        return Observable.create(subscriber -> {
            future.whenComplete((value, exception) -> {
                if (exception != null) {
                    subscriber.onError(exception);
                } else {
                    subscriber.onNext(value);
                    subscriber.onCompleted();
                }
            });
        });
    }
}
```

성공이나 실패 완료 알림을 받기 위해 CompletableFuture.whenComplete() 메서
드를 사용하는데, 상호 배타적인 두 개의 매개변수를 받는다. exception이 null
이 성공적인 value를 받으며 null이 아니면 실패한 Future를 뜻한다. 두 경우 모
두 들어오는 subscriber에 알린다. CompletableFuture 완료 후에 구독이 나타나
면 (한 방향이건 다른 방향이건) 즉시 콜백이 실행된다. CompletableFuture는 완
료되는 즉시 결과를 캐시해서 나중에 등록된 콜백도 호출 스레드 내에서 즉시
수행하도록 한다.

구독을 해지하면 CompletableFuture를 취소하는 구독 해지 핸들러를 등록한
다고 생각하기 쉽다.

```
// 이렇게 하지 말 것!
subscriber.add(Subscriptions.create(
        () -> future.cancel(true)));
```

좋지 않은 생각이다. CompletableFuture 하나로 여러 개의 Observable을 만들 수
있으며, 모든 Observable은 여러 개의 Subscriber를 가질 수 있다. Subscriber 중
하나라도 Future가 완성되기 전에 구독 해지를 결정하면, 다른 모든 구독자에게
영향을 미친다.

Rx 용어로 이야기하자면, CompletableFuture는 뜨거우며 캐시되는 특성이 있
음을 기억하자. CompletableFuture는 즉시 연산을 시작하는 반면 Observable은
누군가가 실제로 구독하기 전에는 연산을 시작하지 않는다. 이를 고려하면 다음

과 같은 식으로 API를 조금 더 개선할 수 있다.

```
Observable<User> rxFindById(long id) {
    return Util.observe(findByIdAsync(id));
}

Observable<GeoLocation> rxLocate() {
    return Util.observe(locateAsync());
}

Observable<Ticket> rxBook(Flight flight) {
    return Util.observe(bookAsync(flight));
}
```

사용할 API가 처음부터 Observable을 지원한다면 이 모든 추가 단계가 필요 없다. 그러나 CompletableFuture만 사용할 수 있다면 이를 Observable로 변환해야 효율적이면서도 안전하다. RxJava의 장점을 활용하면 처음의 문제를 훨씬 간결하게 구현할 수 있다.

```
Observable<TravelAgency> agencies = agencies();
Observable<User> user = rxFindById(id);
Observable<GeoLocation> location = rxLocate();

Observable<Ticket> ticket = user
    .zipWith(location, (us, loc) ->
        agencies
            .flatMap(agency -> agency.rxSearch(us, loc))
            .first()
    )
    .flatMap(x -> x)
    .flatMap(this::rxBook);
```

RxJava API를 사용한 코드는 지저분하지 않고 읽기 쉽다. Rx는 자연스럽게 스트림 형태로 '다중 값 퓨처(future)'를 지원한다. 여전히 flatMap() 안에 놓인 항등 변환 x -> x가 거슬린다면, 언제든지 zipWith()를 Pair로 나누면 된다.

```
import org.apache.commons.lang3.tuple.Pair;

//...
Observable<Ticket> ticket = user
        .zipWith(location, (usr, loc) -> Pair.of(usr, loc))
        .flatMap(pair -> agencies
                .flatMap(agency -> {
                    User usr = pair.getLeft();
                    GeoLocation loc = pair.getRight();
                    return agency.rxSearch(usr, loc);
                }))
        .first()
```

```
        .flatMap(this::rxBook);
```

여기서 왜 여분의 x -> x가 더 이상 필요하지 않은지 이해해야 한다. zipWith()
는 두 개의 독립적인 Observable을 가져와서 비동기적으로 기다린다. 자바는 페
어나 튜플을 내장하고 있지 않기 때문에, 양쪽 스트림에서 이벤트를 받아 하나
의 Observable<Pair<User, Location>> 객체로 결합하는 변환을 제공해야 한다.
이 객체는 다운스트림 Observable의 입력이 된다. 나중에 flatMap()을 사용하여
주어진 User와 Location으로 모든 여행사를 동시에 검색한다. flatMap()은 (구
문적 관점에서) 포장을 풀어내므로 결과 스트림은 간결한 Observable<Flight>
이다. 당연히 두 경우 모두 업스트림에서 발생하는 첫 번째 Flight(가장 빠른
TravelAgency)만 처리하기 위해 first()를 수행한다.

Observable에서 CompletableFuture로

경우에 따라 사용 중인 API가 CompletableFuture를 지원하지만 RxJava는 지
원하지 않을 수도 있다. 특히 전자는 JDK의 일부이며 후자는 라이브러리이
기 때문에 이러한 상황은 매우 일반적이다. 이런 상황에서는 Observable을
CompletableFuture로 변환해야 하는데, 두 가지 방법이 있다.

Observable<T>를 CompletableFuture<T>로

예를 들어 Rx가 메서드 호출이나 요청/응답 패턴을 포장할 때처럼, 스트림에
서 단일 항목만 방출할 때 사용한다. CompletableFuture<T>는 스트림이 정확
히 하나의 방출 값만으로 완료될 때 성공적으로 완료된다. future는 스트림이
그런 식으로 완료되지 않는 경우 예외를 내보낸다.

Observable<T>를 CompletableFuture<List<T>>로

업스트림 Observable의 모든 이벤트를 방출하고 스트림을 완료하면
CompletableFuture를 완료한다. 나중에 보겠지만 이는 첫 번째 변환의 특별
한 경우다.

다음 코드를 써서 첫 번째 경우를 쉽게 구현할 수 있다.

```
static <T> CompletableFuture<T> toFuture(Observable<T> observable) {
    CompletableFuture<T> promise = new CompletableFuture<>();
    observable
            .single()
            .subscribe(
```

```
                    promise::complete,
                    promise::completeExceptionally
            );
        return promise;
    }
```

구현을 시작하기 전에, 이 변환에서 다음과 같은 중요한 부수 효과가 있음을 명심해야 한다. Observable을 구독하면 차가운 Observable의 평가와 연산을 강제한다. 게다가 이 변환 코드의 개별 호출은 다시 구독되는데, 설계상 선택일 뿐이지만 알고 있어야 한다.

이것을 제외하더라도 이 구현은 무척 흥미롭다. 우선, single()을 사용하여 Observable이 정확히 하나의 요소만 방출하도록 강제하고, 그렇지 않은 경우 예외를 던지도록 한다. 단일 이벤트가 발생하고 스트림이 완료되면 CompletableFuture.complete()를 호출한다. 스레드 풀이나 비동기 작업 없이 처음부터 CompletableFuture를 생성할 수도 있다. 여전히 CompletableFuture이지만 완료후 등록된 모든 콜백에 알리는 유일한 방법은 명시적인 complete() 호출 뿐이다. RxJava를 사용할 수 없을 때 최소한 비동기적으로 데이터를 교환할 수 있는 효율적인 방법이다.

실패할 경우 CompletableFuture.completeExceptionally()를 호출하여 등록된 모든 콜백에서 오류를 촉발시킬 수 있다. 놀랍게도 이것이 전부다. toFuture에서 반환한 Future가 마치 백그라운드에 덧붙은 작업처럼 동작하지만 실제로는 작업을 명백하게 완료한다.

Observable<T>에서 CompletableFuture<List<T>>로 변환하는 과정은 당황스러울 정도로 간결하다.

```
static <T> CompletableFuture<List<T>> toFutureList(Observable<T> observable)
{
    return toFuture(observable.toList());
}
```

CompletableFuture와 Observable 사이의 상호 운용성은 매우 유용하다. 전자는 적절하게 설계되었지만 후자가 지닌 표현력과 풍부함이 부족하다. 따라서 RxJava 기반 애플리케이션에서 CompletableFuture를 처리해야 한다면, 가급적빨리 이런 간단한 변환을 적용하여 일관되고 예측 가능한 API를 제공하자. 조급한(뜨거운) Future와 근본적으로 느긋한 Observable의 차이를 이해해야 한다.

Observable과 Single

RxJava가 스트림 지향적으로 보이기 때문에 사람들이 RxJava를 두려워하는 모습을 간혹 보았다. Observable은 스트림이고 잠재적으로는 무한할 수도 있으며 모든 연산자는 스트림 관점에서 설명된다. 그러나 하나의 요소를 지닌 List<T>와 비슷하게 어떤 Observable<T>도 정의에 의해 항상 하나의 이벤트만 방출할 수 있다. 항상 정확히 하나의 요소를 유지하려고 List<T>를 사용하면 매우 혼란스러우니 이런 경우에는 그냥 T 또는 Optional<T>를 사용한다. RxJava에는 Observable이 정확히 하나의 요소를 방출하는 특별한 추상화가 있는데 이를 rx.Single<T>라 부른다.

Single<T>는 기본적으로 T 또는 Exception의 퓨처(future) 값을 담는 자료형이다. 그런 점에서는 Java 8의 CompletableFuture가 Single과 가장 가까운 사촌이다(215쪽 "CompletableFuture와 스트림" 참조). 그러나 CompletableFuture와는 달리 Single은 느긋하기 때문에 누군가가 실제로 구독하지 않으면 값을 만들지 않는다. Single은 전형적으로 단일 값을 비동기적으로 반환하는데 실패 확률이 높다고 알려진 API에 사용한다. 분명히 Single은 네트워크 호출과 같이 I/O를 포함하는 요청-응답 유형의 통신을 위한 훌륭한 후보다. 보통 일반적인 메서드 호출에 비해 대기 시간이 길며 실패는 불가피하다. 게다가 Single은 느긋한데다 비동기이므로 독립적인 행동을 동시에 호출하고 응답을 함께 결합하는 등 대기 시간과 회복성을 개선하기 위한 온갖 요령을 적용할 수 있다(229쪽의 "zip()을 사용하여 응답을 결합하기" 참조). Single은 자료형 수준(type-level)의 지침을 제공하여 그냥 Observable을 반환했을 경우에 발생하는 API의 혼동을 줄여준다.

```
Observable<Float> temperature() {
    //...
}
```

이 메서드의 규약을 예측하기는 어렵다. 온도 측정 하나만을 반환하고 완료할까? 아니면 무한한 온도 스트림일까?

상황에 따라 어떠한 이벤트도 없이 완료되는 최악의 경우가 생길 수도 있다. temperature()가 Single<Float>를 반환한다면, 예상되는 출력을 바로 알 수 있을 것이다.

Single을 만들고 사용하기

Single에서 지원하는 연산자는 Observable과 상당히 유사하므로 여기에 많은 시간을 할애하지 않겠다. 대신에 Observable과 대응하는 부분을 간단히 비교하고 Single의 사용 사례에 초점을 맞춘다. Single을 만드는 방법은 몇 가지 없는데, 우선 상수로 생성하는 just()와 error() 연산자부터 살펴보자.

```java
import rx.Single;


Single<String> single = Single.just("Hello, world!");
single.subscribe(System.out::println);

Single<Instant> error =
        Single.error(new RuntimeException("Opps!"));
error
        .observeOn(Schedulers.io())
        .subscribe(
                System.out::println,
                Throwable::printStackTrace
        );
```

Single은 정의에 따라 하나의 값만 가져야 하므로, 여러 값을 받는 오버로드된 just()는 없다. 또한 subscribe() 메서드는 3개가 아닌 2개의 인수를 받는다. Single은 값(첫 번째 콜백) 또는 예외(두 번째 콜백)로 완료되므로 onComplete() 콜백이 필요 없다. 단지 완료만 청취한다면 단일 값 구독과 동일하다. 또한 observeOn() 연산자도 포함시켰는데 이는 Observable과 정확히 동일하게 작동한다. subscribeOn() 또한 똑같이 적용된다(자세한 내용은 138쪽의 "명령형 방식의 동시성" 참조). 마지막으로, error() 연산자를 사용하여 항상 주어진 Exception으로 끝나는 Single을 생성할 수 있다.

HTTP 요청을 다루는 실제 시나리오를 구현해 보자. 206쪽의 "RxNetty를 사용한 논블로킹 HTTP 클라이언트"에서 RxNetty로 비동기 HTTP 클라이언트를 구축하는 방법을 배웠다. 이번에는 네티 기반의 async-http-client[22]도 사용한다. HTTP 요청 이후에 응답이나 오류가 발생할 때마다 비동기적으로 호출되는 콜백 구현을 제공할 수 있는데, 이는 Single이 생성되는 방식과 매우 잘 맞는다.

```java
import com.ning.http.client.AsyncCompletionHandler;
import com.ning.http.client.AsyncHttpClient;
import com.ning.http.client.Response;
```

---

22 *http://github.com/AsyncHttpClient/async-http-client*

```
AsyncHttpClient asyncHttpClient = new AsyncHttpClient();

Single<Response> fetch(String address) {
    return Single.create(subscriber ->
            asyncHttpClient
                    .prepareGet(address)
                    .execute(handler(subscriber)));
}

AsyncCompletionHandler handler(
        SingleSubscriber<? super Response> subscriber) {
    return new AsyncCompletionHandler() {
        public Response onCompleted(Response response) {
            subscriber.onSuccess(response);
            return response;
        }

        public void onThrowable(Throwable t) {
            subscriber.onError(t);
        }
    };
}
```

Single.create()는 Observable.create()와 유사하지만(38쪽의 "Observable.
create() 정복" 참조) 몇 가지 중요한 제약이 있는데, onSuccess() 또는 onError()
를 한 번 호출해야 한다. 기술적으로 결코 끝나지 않는 Single을 만들 수도
있지만 다중 onSuccess() 호출은 허용되지 않는다. 사실 Single.create()는
Callable<T>를 받아 Single<T>를 반환하는 Single.fromCallable()과 마찬가지
다. 그만큼 간단하다.

HTTP 클라이언트 예제로 돌아가서, 응답이 돌아오면 onSuccess()를 호출하여
구독자에게 알리고 비동기 오류 콜백인 경우 onError()를 사용하여 예외를 전파
한다. Observable과 비슷한 방식으로 Single을 사용할 수 있다.

```
Single<String> example =
    fetch("http://www.example.com")
        .flatMap(this::body);

String b = example.toBlocking().value();

//...

Single<String> body(Response response) {
    return Single.create(subscriber -> {
        try {
            subscriber.onSuccess(response.getResponseBody());
        } catch (IOException e) {
            subscriber.onError(e);
        }
```

```
        });
    }

    // body()와 같은 기능:
    Single<String> body2(Response response) {
        return Single.fromCallable(() ->
            response.getResponseBody());
    }
```

불행히도 Response.getResponseBody()는 IOException을 던지므로 단순히 map(Response::getResponseBody)라고 하면 안된다. 그러나 적어도 Single. flatMap()이 어떻게 작동하는지는 알 수 있다. 잠재적으로 위험한 getResponse Body() 메서드를 Single<String>으로 포장하여 잠재된 실패를 캡슐화한 뒤 자료형 체계를 명확하게 표현할 수 있다. Observable.flatMap()에 대해 아는 바와 같이 Single.flatMap()은 예상대로 작동하여, 계산 단계 중 두 번째(이 경우 this::body)가 실패하면 전체 Single 또한 실패한다. 흥미롭게도 Single 에 map()과 flatMap()은 있지만 filter()는 없다. 왜 그런지 알겠는가? filter() 는 특정 Predicate<T>를 만족하지 못하면 Single<T>의 내용을 걸러낼 수 있다. Single<T>는 반드시 하나의 항목을 포함하고 있어야 하는데 filter()는 아무것도 없는 Single을 만들어낼 가능성이 있다.

BlockingObservable(131쪽의 "BlockingObservable: 리액티브 세상에서 벗어나기" 참조)과 마찬가지로 Single은 Single.toBlocking()으로 생성된 자체 BlockingSingle을 지닌다. 비슷하게 BlockingSingle<T>를 만들어도 아직은 블록되지 않는다. 그러나 value()를 호출하면 T형 값(이 예에서는 응답 본문을 포함하는 String)을 사용할 수 있을 때까지 블록된다. 예외가 발생하면 value() 메서드에서 다시 예외를 던진다.

zip()을 사용하여 응답을 결합하기

구성 가능한 연산자를 제공하지 않는다면 rx.Single은 쓸모 없을 것이다. 가장 중요한 연산자는 Observable.zip()과 똑같이 작동하는 Single.zip()인데(87쪽의 "zip()과 zipWith()으로 짝을 맞춰 합성하기" 참조) 의미상으로는 더 간단하다. Single은 항상 정확히 하나의 값(또는 예외)을 출력하므로 Single.zip()(또는 인스턴스 메서드인 Single.zipWith())의 결과는 항상 정확히 하나의 페어/튜플이다. 근본적으로 zip()이란 두 개의 Single이 완료되면 세 번째 Single을 만드는

방법이다.[23]

웹 사이트에 글을 표시하기 위해 렌더링한다고 가정하자. 요청을 수행하려면 세 가지 독립적인 작업을 수행해야 하는데, 각각의 데이터베이스에서 기사 내용을 읽어오기, 여러 가지 소셜 미디어 웹 사이트에 지금까지 수집된 '좋아요' 수를 요청하기, 조회 수 갱신이다. 어리숙한 구현 방식을 사용하면 이 세 가지 동작을 순차적으로 수행할 뿐만 아니라, 어떤 단계가 느려지면 참기 힘든 대기 시간이 발생할 수 있다. 다음과 같이 Single을 사용하여 모든 단계를 별도로 구축하자.

```
import org.springframework.jdbc.core.JdbcTemplate;

//...

Single<String> content(int id) {
    return Single.fromCallable(() -> jdbcTemplate
        .queryForObject(
            "SELECT content FROM articles WHERE id = ?",
            String.class, id))
        .subscribeOn(Schedulers.io());
}

Single<Integer> likes(int id) {
    // 소셜 미디어 웹 사이트를 향한 비동기 HTTP 요청
}

Single<Void> updateReadCount() {
    // 그저 부수 효과일 뿐이며 Single의 반환 값은 없다
}
```

앞의 예는 fromCallable()에 람다식을 전달하여 Single을 생성하는 방법을 보여준다. 이 유틸리티는 오류 처리를 관리해 주기 때문에 매우 유용하다(272쪽의 "예외는 어디에?" 참조). content() 메서드는 스프링 프레임워크의 JdbcTemplate을 사용하여 데이터베이스에서 글 내용을 조용히 불러온다. JDBC는 API를 블록하기 때문에 Single을 비동기로 만들기 위해 명시적으로 subscribeOn()을 호출한다. likes()와 updateReadCount()의 구현은 생략했지만 likes() 구현은 비동기 RxNetty를 사용한 HTTP 요청으로 몇몇 API를 불러온다고 가정하자(206쪽 "RxNetty를 사용한 논블로킹 HTTP 클라이언트" 참조). updateReadCount()는 흥미롭게도 반환형이 Single<Void>이다. 반환 값은 없지만 상당한 대기 시간을 수반하는 부수 효과가 뒤따르고 있음을 암시한다. 그러나 여전히 비동기적으로 발생하는 실패 알림을 받고자 할 수도 있다. RxJava에는 이런 경우에 사용할 수 있

---

23 CompletableFuture에서는 thenCombine()이 이 연산자에 해당한다.

는 특별한 자료형인 Completable이 있는데 결과 없이 완료하거나 비동기적으로 예외를 발생하도록 지정한다.

이 세 가지 작업을 zip으로 매우 간단히 결합할 수 있다.

```
Single<Document> doc = Single.zip(
        content(123),
        likes(123),
        updateReadCount(),
        (con, lks, vod) -> buildHtml(con, lks)
);

//...

Document buildHtml(String content, int likes) {
    //...
}
```

Single.zip()은 세 개의 Single을 받으며(2~9개의 객체를 받는 오버로드된 메서드도 있다) 세 가지 모두 완료되면 사용자 정의 함수를 호출한다. 이 사용자 정의 함수의 결과는 Single<Document> 형이기 때문에 계속해서 추가적인 변환도 가능하다. 다만 Void 결과는 변환에 사용하지 않으니 주의하자. 즉 update ReadCount()가 끝날 때까지 기다린다는 뜻이나, (비어있는) 결과가 필요하지는 않다. 이는 요구사항일 수도 있겠지만 가능한 최적화를 제안할 수도 있는데, updateReadCount()가 비동기적으로 실행될 경우 완료 또는 실패할 때까지 기다리지 않고 HTML 문서를 작성하면 보다 효과적이다.

이제 likes() 호출이 실패하거나 완료할 때까지 참을 수 없을 정도로 오랜 시간이 걸린다면(실제로는 훨씬 더 나쁜 상황일 것이다) 어떻게 될지 상상해 보자. 리액티브 익스텐션을 사용하지 않고 HTML을 렌더링한다면 완전히 실패하거나 무척 오랜 시간이 걸리는데, 그런 점에서 이 구현은 별로 좋지 않다. Single은 회복력과 오류 처리를 향상시키는 timeout()이나 onErrorReturn(), onErrorResumeNext() 같은 다양한 연산자를 지원한다. 이 모든 연산자는 각각 Observable의 연산자와 동일하게 동작한다.

Observable과 Single의 상호 변환

자료형 체계 관점에서 보자면 Observable과 Single은 서로 관련이 없다. 즉, 기본적으로 Observable이 필요한 곳에 Single을 사용할 수 없음을 의미하며 그 반대도 마찬가지다. 그러나 둘 사이의 변환이 의미 있는 두 가지 상황이 있다.

- 값 하나를 방출하고 완료 알림(또는 오류 알림)을 보내는 Observable로서 Single을 사용할 때
- Observable에서 사용 가능한 특정 연산자가 Single에는 없을 때. cache()가 이러한 예라고 볼 수 있다.[24]

두 번째 이유는 예를 통해 살펴보자.

```
Single<String> single = Single.create(subscriber -> {
    System.out.println("Subscribing");
    subscriber.onSuccess("42");
});

Single<String> cachedSingle = single
        .toObservable()
        .cache()
        .toSingle();

cachedSingle.subscribe(System.out::println);
cachedSingle.subscribe(System.out::println);
```

Single은 첫 번째 구독자가 "42"를 한 번만 생성하도록 cache()연산자를 사용한다. Single.toObservable()은 따로 설명이 필요 없을 정도로 안전하며 이해하기 쉬운 연산자인데, Single<T>를 Observable<T>로 변환하여 하나의 요소를 방출하고 연이어 완료 알림(또는 오류 알림)을 표시한다. 반대로 Observable.toSingle()(single() 연산자와 혼동하지 말 것. 102쪽 "single()을 사용하여 Observable이 정확히 항목 하나만 갖는다고 단언하기" 참조)은 주의를 기울여야 한다. toSingle()은 single()처럼 기저의 Observable이 하나를 초과하는 원소를 방출한다면 *Observable emitted too many elements*라는 예외를 던진다. 마찬가지로 Observable이 비었다면 *Observable emitted no items*라는 예외를 던진다.

```
Single<Integer> emptySingle =
        Observable.<Integer>empty().toSingle();
Single<Integer> doubleSingle =
        Observable.just(1, 2).toSingle();
```

toObservable()로 변환했다가 다시 toSingle()로 변환하거나 혹은 그 반대 과정을 밟았을 때 원래 자료형으로 변환하기에 안전하다고 생각할 수 있다. 하지만

---

24 이 글을 쓰는 시점의 RxJava 1.1.6 버전에 해당하는 이야기다. 사용 가능한 연산자 집합이 빠르게 성장하고 있기 때문에 최신판을 사용한다면 다시 확인하기 바란다.

반드시 그렇지는 않다. 예를 들어 중간 과정에 놓인 Observable에서 Single이 방출한 이벤트를 복사하거나 버릴 수 있다.

```
Single<Integer> ignored = Single
        .just(1)
        .toObservable()
        .ignoreElements()    // 문제 원인
        .toSingle();
```

앞의 예제에서 Observable의 ignoreElements()는 단순히 Single에서 나온 단일 값을 버린다. 따라서 toSingle() 연산자를 사용하면 볼 수 있는 전부라고는 그저 아무런 값도 없이 완료되는 Observable뿐이다. toSingle() 연산자는 지금까지 살펴본 다른 모든 연산자와 마찬가지로 느긋하다는 사실을 명심해야 한다. Single이 정확히 하나의 이벤트를 방출하지 않을 경우와 관련한 예외는 실제로 누군가 구독해야 나타난다.

언제 Single을 사용해야 하는가?

Observable과 Single이란 두 가지 추상화를 구별하고 어떤 경우에 어느 것을 사용해야 하는지를 이해하는 것이 중요하다. 데이터 구조와 마찬가지로 만병통치약이란 없는 법이다. 다음 상황에서만 Single을 사용해야 한다.

- 연산을 특정 값 또는 예외로 완료해야 할 때. 예를 들어 웹 서비스 호출은 항상 외부 서버의 응답 또는 일종의 예외로 귀결된다.
- 문제 영역에서 스트림 비슷한 내용을 눈 씻고 찾아봐도 없다면, Observable 사용은 오해를 불러일으킬 수 있으며 과잉 적용일 수도 있다.
- 특정 문제에서는 Observable은 너무 무거웠던 반면 측정 결과 Single이 더 빨랐다.

반면에 다음 상황에서는 Observable을 쓰는 편이 좋다.

- 정의에 따라 여러 번 발생하거나 혹은 무한한 일종의 이벤트(메시지, GUI 이벤트)를 설계할 때.
- 또는 완전히 반대로, 값이 발생하는지 여부를 따지지 않을 때.

두 번째 경우가 무척 흥미롭다. 어떤 저장소의 findById(int) 메서드가 반환하는 값으로 Record나 Observable<Record>가 아닌 Single<Record>가 적절하다고 생각하는가? 나름 합리적으로 들리니 ID로 항목을 찾아보자(해당하는 Record가 하나만 있음을 암시). 그러나 제공하는 모든 ID별로 Record가 존재한다는 보장은 없다. 결국 해당하는 메서드는 '아무것도' 반환하지 않을 수도 있으므로 null이나 Optional<Record>, 혹은 Observable<Record>로 모델링할 수 있다. Observable은 빈 스트림 뒤에 완료 알림을 받는 상황도 완벽하게 처리할 수 있기 때문이다. 하지만 Single은 어떨까? 단일 값(Record)이나 예외로 완료해야 한다. 존재하지 않는 Record를 예외로 모델링할 수도 있겠지만, 좋지 않은 설계 방식이다. 어떤 ID에 해당하는 Record가 누락된 경우가 정말로 '예외적인' 상황인지 여부를 결정하는 역할은 저장소 계층의 책임이 아니다.

요약

2장과 3장에서는 RxJava의 개요와 느낌을 설명했다. 이번 장에서는 완전한 리액티브 애플리케이션 설계와 관련하여 상당히 고급스런 주제를 살펴 보았다. 우발적인 복잡성을 야기하지 않고 이벤트 중심 시스템을 구현하기 위한 실제 기술을 보여주는, 보다 고도화된 내용이었다. RxJava가 네티와 같은 논블로킹 네트워크 스택과 동급임을 입증하는 몇 가지 벤치마크를 보았는데, 이러한 고급 라이브러리를 강제로 사용해야 할 필요는 없겠지만 상용 서버에서 최대한의 처리량을 얻고자 노력한다면 확실히 도움이 된다.

6장

흐름 제어와 배압

토마스 누르키비치

그동안 진행한 학습으로 RxJava의 밀어내기 기반 특성에 대해 매우 익숙해졌다. 이벤트는 업스트림의 어딘가에서 생성되며 나중에 모든 구독자가 소비한다. 지금까지는 Observer가 느려서 Observable.create() 내부에서 방출되는 이벤트를 따라가지 못할 때 어떤 일이 일어나는지 별로 관심이 없었지만 이번 장에서 이 문제를 알아볼 것이다.

RxJava에는 구독자보다 더 활동적인 생산자를 다루는 두 가지 방법이 있다.

- 내장된 연산자를 사용한 샘플링이나 일괄 처리와 같은 다양한 흐름 제어 방식을 구현한다.
- 구독자는 배압(backpressure)이라 부르는 피드백 채널을 사용하여 처리할 수 있는 만큼 항목을 요청하고 이를 전파할 수 있다

이 두 가지 작동 방식을 이번 장에서 살펴보려고 한다.

흐름 제어

RxJava가 배압을 구현하기 전에는(252쪽의 "배압" 참조), 소비자(Observer)를 압도하는 생산자(Observable)를 다루기란 어려운 작업이었다. 너무 많은 이벤트를 밀어내는 생산자를 취급하기 위해 고안한 연산자가 제법 있는데, 그 자체만으로도 무척 흥미롭다. 몇몇은 일괄 처리 이벤트를 다룰 때 유용하다. 나머지는 일부

이벤트를 버린다. 이 단원에서는 이러한 연산자 중 몇 가지를 예와 함께 설명하겠다.

주기적인 샘플링과 스로틀링

업스트림 Observable에서 밀어낸 모든 단일 이벤트를 받아서 처리해야 하는 경우가 있다. 그러나 주기적인 샘플링이면 충분한 몇 가지 상황도 있다. 가장 명백한 예는 어떤 장치에서 온도와 같은 측정 값을 수신할 때이다(102쪽의 "distinct()와 distinctUntilChanged()로 중복 제거하기"와 비교해 보자). 장치가 새로운 측정 값을 산출하는 주기는 중요한 정보가 아니다. 특히 측정 값 빈도는 빈번하지만 측정 값이 서로 상당히 비슷할 때 더욱 그렇다. sample() 연산자는 업스트림 Observable을 주기적으로(예를 들면 1초마다) 살펴보다가 마지막으로 발생한 이벤트를 방출한다. 마지막 1초 동안 이벤트가 전혀 발생하지 않았다면, 다운스트림으로 이송되는 샘플은 없고 다음 1초 사이에 다른 샘플을 채취한다.

```
long startTime = System.currentTimeMillis();
Observable
    .interval(7, TimeUnit.MILLISECONDS)
    .timestamp()
    .sample(1, TimeUnit.SECONDS)
    .map(ts -> ts.getTimestampMillis() - startTime + "ms: " + ts.getValue())
    .take(5)
    .subscribe(System.out::println);
```

앞의 코드 예제는 다음과 비슷한 결과를 출력한다.

```
1088ms: 141
2089ms: 284
3090ms: 427
4084ms: 569
5085ms: 712
```

첫 번째 열은 구독부터 샘플 방출까지 상대적 시간을 보여준다. 첫 번째 샘플이 (sample() 연산자가 요청한 것처럼) 1초를 약간 지나 출현하고 이후의 샘플 사이 간격이 서로 대략 1초 정도임을 명확하게 볼 수 있다. 그보다 더 중요한 건 값이 어떠한지를 눈여겨보라. interval() 연산자는 7ms마다 0부터 시작하는 자연수를 순서대로 방출한다. 따라서 첫 번째 샘플을 채취할 때까지 약 142(1,000/7)개의 이벤트를 예상할 수 있는데 142번째 값은 141(0부터 시작)이다.

조금 더 복잡한 예제를 살펴보자. 다음과 같이 절대 지연 시간에 따라 이름 목록이 나타난다.

```
Observable<String> names = Observable
    .just("Mary", "Patricia", "Linda",
        "Barbara",
        "Elizabeth", "Jennifer", "Maria", "Susan",
        "Margaret", "Dorothy");

Observable<Long> absoluteDelayMillis = Observable
    .just(0.1, 0.6, 0.9,
        1.1,
        3.3, 3.4, 3.5, 3.6,
        4.4, 4.8)
    .map(d -> (long)(d * 1_000));

Observable<String> delayedNames = names
    .zipWith(absoluteDelayMillis,
        (n, d) -> Observable
                .just(n)
                .delay(d, MILLISECONDS))
    .flatMap(o -> o);

delayedNames
    .sample(1, SECONDS)
    .subscribe(System.out::println);
```

먼저 일련의 이름을 각각 절대 지연 시간(초 단위. 나중에 ms 단위로 바뀜) 이후에 하나씩 생성한다. zipWith() 연산자를 사용하여 이름의 발생 시간을 지연(delay())한다. 예를 들어 Mary는 구독 후 100ms 후에 나타나며, Dorothy는 4.8초 후에 나타난다. sample() 연산자는 주기적으로(매초) 마지막 순간에 스트림에서 마지막으로 본 이름을 선택한다. 그래서 첫 번째 1초 후에 Linda를 출력(println)하고 이어서 Barbara를 출력한다. 구독 이후 2,000 ~ 3,000ms 사이에는 이름이 없으므로, sample()은 아무것도 방출하지 않는다. Barbara가 방출된 지 2초 후에 Susan이 보인다. sample()은 마지막 구간을 버리고 완료(혹은 오류) 알림을 전달한다.[1] Dorothy도 나오게 하고 싶다면, 다음과 같이 인위적으로 완료 알림을 연기할 수도 있다.

```
static <T> Observable<T> delayedCompletion() {
    return Observable.<T>empty().delay(1, SECONDS);
}

//...
```

---

1 sample()은 마지막 구간에 발생한 이벤트를 버리는 식으로 동작했으나 RxJava 1.1.3부터는 원본 스트림을 종료하기 전 마지막 이벤트를 발생하도록 동작을 수정했나. RxJava 2는 마지막 이벤트를 방출하지 않다가 2.0.5부터 마지막 이벤트를 방출하기 위해 오버로드된 sample(long period, TimeUnit unit, boolean emitLast) 연산자를 (실험적으로) 제공하였으며, 2.1부터 정식으로 제공한다.

```
delayedNames
    .concatWith(delayedCompletion())
    .sample(1, SECONDS)
    .subscribe(System.out::println);
```

매개변수로 고정 주기가 아니라 Observable을 받는, 보다 진보된 sample() 변종
도 있다. 두 번째 Observable(샘플러라고도 함)은 기본적으로 업스트림 소스에
서 샘플을 가져오는 시기를 지정하는데, 샘플러가 어떤 값을 방출할 때마다 새
로운 샘플을 취한다(마지막 샘플 이후에 새로운 값이 나타난다면). 이 오버로드
된 sample()을 사용하여 동적으로 샘플 추출 속도를 바꾸거나 특정 시점에서만
샘플을 가져올 수도 있다. 예를 들어, 새로운 틀을 다시 그리거나 키를 누를 때
어떤 값의 스냅샷을 만든다. 간단하게 interval() 연산자를 사용하여 고정 구간
샘플러를 모방해 보겠다.

```
// 서로 동등하다:
obs.sample(1, SECONDS);
obs.sample(Observable.interval(1, SECONDS));
```

보다시피 sample()의 동작에 약간 미묘한 부분이 있다. 문서로 이해하거나 수동
검증에 의존하기보다는 자동화된 테스트를 권장한다. sample()과 같이 시간에
민감한 연산자를 테스트하는 방법은 288쪽의 "가상 시간" 절에서 다룬다.

sample()은 throttleLast()라는 별명으로도 사용할 수 있다. 이와 대칭인 연산
자로는 등장하는 구간마다 맨 처음 이벤트를 방출하는 throttleFirst()도 있다.
그래서 예제로 주어진 이름 스트림에 sample() 대신 throttleFirst()를 적용하
면 충분히 예상할 법한 결과가 나온다.

```
Observable<String> names = Observable
    .just("Mary", "Patricia", "Linda",
        "Barbara",
        "Elizabeth", "Jennifer", "Maria", "Susan",
        "Margaret", "Dorothy");

Observable<Long> absoluteDelayMillis = Observable
    .just(0.1, 0.6, 0.9,
        1.1,
        3.3, 3.4, 3.5, 3.6,
        4.4, 4.8)
    .map(d -> (long)(d * 1_000));

//...

delayedNames
    .throttleFirst(1, SECONDS)
    .subscribe(System.out::println);
```

결과는 다음과 같다.

```
Mary
Barbara
Elizabeth
Margaret
```

sample()(일명 throttleLast())과 마찬가지로, throttleFirst()도 Barbara와 Elizabeth 사이에 새 이름이 나타나지 않으면 어떠한 이벤트도 방출하지 않는다.

이벤트를 리스트에 버퍼링하기

버퍼링과 움직이는 윈도우(moving windows)는 RxJava가 제공하는 기본 제공 연산자 중 흥미로운 부류이다. 둘 다 어떤 윈도우(틀)를 통해 연속적인 요소를 포착하며 입력 스트림을 가로질러 진행한다. 한편으로는 업스트림 소스의 값을 일괄 처리하여 보다 효율적으로 다룰 수 있다. 실제로는 여러 가지 집계 처리를 즉시 수행할 수 있는 유연하면서도 다재 다능한 도구이다.

buffer() 연산자는 이벤트 묶음을 실시간으로 List에 집계한다. 그러나 buffer() 는 toList() 연산자처럼 모든 이벤트를 하나로 모아놓지 않고 몇 개의 후속 이벤트를 그룹화한 여러 목록을 내보낸다. 다음은 buffer() 형식 중 가장 간단한 모습으로, 상류 Observable 값을 같은 크기의 목록으로 무리 짓는다.

```
Observable
    .range(1, 7) // 1, 2, 3, ... 7
    .buffer(3)
    .subscribe((List<Integer> list) -> {
            System.out.println(list);
        }
    );
```

물론 subscribe(System.out::println)도 잘 동작하겠지만, 일부러 자료형 정보를 보여주기 위해 메서드 레퍼런스를 사용하지 않았다. 출력 내용은 buffer(3) 연산자에서 방출된 세 가지 이벤트를 보여준다.

```
[1, 2, 3]
[4, 5, 6]
[7]
```

buffer()는 업스트림 이벤트를 계속 수신하면서 버퍼 크기가 3이 될 때까지 내부적으로 버퍼링한다(연산자 이름은 여기서 유래했다). 버퍼 크기가 3이 되면 전체 버퍼(List<Integer>)를 다운스트림으로 밀어낸다. 완료 알림이 왔을 때 내

부 버퍼가 비어있지 않으면 (버퍼 크기가 3보다 작더라도) 다운스트림으로 밀어
낸다. 이것이 마지막에 요소 하나짜리 목록이 보이는 이유다.

buffer(int) 연산자를 사용하면 여러 개의 세분화된 이벤트를 더 큰 묶음으로
바꿔 개수를 줄일 수 있다. 예를 들어 다음 예제는 데이터베이스 부하를 줄이기
위해 일일이 따로 저장하던 이벤트를 묶어서 저장하도록 바꾸었다.

```
interface Repository {
    void store(Record record);
    void storeAll(List<Record> records);
}

//...

Observable<Record> events = //...

events
        .subscribe(repository::store);
// vs.
events
        .buffer(10)
        .subscribe(repository::storeAll);
```

후자를 구독하면 Repository의 storeAll을 호출해서 10개의 요소를 하나로 묶어
저장한다. 이렇게 하면 애플리케이션의 처리량이 잠재적으로 향상될 수 있다.

buffer()는 그 밖에도 여러 가지 오버로드된 변형이 있으며 좀 더 복잡한
buffer()는 목록을 다운스트림으로 밀어낼 때 내부 버퍼에서 가장 오래된 값을
몇 개나 삭제할지 설정할 수 있게 해준다. 복잡하게 들리겠지만 더 쉬운말로 풀
어보자면 일정 크기의 움직이는 윈도우를 통해 이벤트 스트림을 볼 수 있게 한
다는 얘기다.

```
Observable
        .range(1, 7)
        .buffer(3, 1)
        .subscribe(System.out::println);
```

이렇게 하면 여러 개의 중복 목록이 생긴다.

```
[1, 2, 3]
[2, 3, 4]
[3, 4, 5]
[4, 5, 6]
[5, 6, 7]
[6, 7]
[7]
```

일부 시계열 데이터의 구간 평균(moving average)을 계산하려면 buffer(N, 1)을 사용할 수 있다.[2] 다음 코드 예제에서는 정규 분포에서 임의의 값 1,000개를 생성한다. 나중에 100개 요소를 처리하는 이동 윈도우를 가져와서 (한 번에 하나의 요소를 진행시키며) 해당 윈도우에 포착된 값의 평균을 계산한다.[3] 이 프로그램을 직접 실행하여 이동 평균이 무작위 순서값보다 훨씬 더 고르게 분포된 모습을 확인하자.

```java
import java.util.Random;
import java.util.stream.Collectors;

//...

Random random = new Random();
Observable
        .defer(() -> just(random.nextGaussian()))
        .repeat(1000)
        .buffer(100, 1)
        .map(this::averageOfList)
        .subscribe(System.out::println);

//...

private double averageOfList(List<Double> list) {
    return list
            .stream()
            .collect(Collectors.averagingDouble(x -> x));
}
```

buffer(N)이 사실 buffer(N, N)과 같다고 생각할 수도 있을 것이다. 가장 간단한 형태의 buffer()는 내부 버퍼 전체가 가득 찼을 때 이를 버린다. 흥미롭게도 버퍼를 다운스트림으로 밀어낼 때 건너뛸 항목의 수를 지정하는 buffer(int, int)의 두 번째 매개 변수는 첫 번째 인수보다 더 클 수도 있기 때문에 일부 요소를 효과적으로 건너뛸 수 있다!

```java
Observable<List<Integer>> odd = Observable
        .range(1, 7)
        .buffer(1, 2);
odd.subscribe(System.out::println);
```

이렇게 설정하면 첫 번째 항목을 전달하지만 두 번째 항목은 건너뛴다. 그러고 나서 buffer()는 주기를 반복하여 세 번째 요소를 전달하지만 네 번째는 건너뛴

---

2 *https://en.wikipedia.org/wiki/Moving_average*
3 똑같은 항목을 여러 번 중복해서 더하기 때문에 별로 효율적인 알고리즘이 아니라는 사실을 알아두자.

다. 사실상 출력 결과는 [1] [3] [5] [7]인데 홀수 Observable의 각 요소는 실제로 항목 하나짜리 목록이다. flatMap() 또는 flatMapIterable()을 사용하여 단순한 Observable<Integer>를 얻는다.

```
Observable<Integer> odd = Observable
        .range(1, 7)
        .buffer(1, 2)
        .flatMapIterable(list -> list);
```

flatMapIterable()은 스트림의 개별 값(항목 하나짜리 List<Integer>)을 List로 변환하는 함수를 요구하는데, 항등 변환(list -> list)이면 충분하다.

시간 간격으로 버퍼링

buffer()는 실제로 적용 범위가 넓은 연산자이다. buffer()의 또 다른 변형은 (각각의 일괄 처리 크기가 동일하도록) 업스트림 이벤트를 크기에 따라 일괄 처리하는 대신 시간 간격에 따라 처리한다.

throttleFirst()와 throttleLast()가 각각 주어진 시간 내에 첫 번째와 마지막 이벤트를 취하는 반면, 오버로드된 buffer() 구현 중 하나는 각각의 시간 간격에서 모든 이벤트를 일괄 처리한다. 다시 이름 예제로 돌아가 보자.

```
Observable<String> names = just(
        "Mary",      "Patricia", "Linda", "Barbara", "Elizabeth",
        "Jennifer", "Maria",     "Susan", "Margaret", "Dorothy");
Observable<Long> absoluteDelays = just(
    0.1, 0.6, 0.9, 1.1, 3.3,
    3.4, 3.5, 3.6, 4.4, 4.8
).map(d -> (long) (d * 1_000));

Observable<String> delayedNames = Observable.zip(names,
        absoluteDelays,
        (n, d) -> just(n).delay(d, MILLISECONDS)
).flatMap(o -> o);

delayedNames
        .buffer(1, SECONDS)
        .subscribe(System.out::println);
```

시간 간격(앞선 예제에서는 1초)을 받는 오버로드된 buffer()는 해당 간격 내의 모든 업스트림 이벤트를 집계한다. 따라서 buffer()는 첫 번째, 두 번째 등으로 나눈 시간 간격에 따라 모든 이벤트를 수집한다.

```
[Mary, Patricia, Linda]
[Barbara]
[]
```

```
[Elizabeth, Jennifer, Maria, Susan]
[Margaret, Dorothy]
```

세 번째 List<String>은 해당 시간 간격에 이벤트가 없었기 때문에 비어 있다. buffer()의 사용 사례 중 하나는 각 시간 간격마다 이벤트 수를 세는 것인데, 예를 들면 초당 키 이벤트 수는 다음과 같다.

```
Observable<KeyEvent> keyEvents = //...

Observable<Integer> eventPerSecond = keyEvents
        .buffer(1, SECONDS)
        .map(List::size);
```

다행히 1초 동안 입력이 없더라도 빈 목록을 전달하기 때문에 측정 시 빈틈은 없지만 그다지 효율적인 방법은 아니다. 조만간 window() 연산자로 처리하는 방법을 살펴보자.

오버로드된 buffer() 중에서 가장 포괄적인 버전을 사용하면 연산자가 이벤트를 버퍼링하기 시작할 때와 버퍼가 다운스트림으로 흘러나가야 할 때를 완전히 제어할 수 있다. 달리 표현하면 업스트림 이벤트를 어느 기간에 그룹화할지 선택하는 것이다. 원격 측정 데이터를 매우 빈번하게 밀어내는 산업용 장치를 모니터링한다고 가정하자. 데이터 양이 압도적으로 많아서 계산 용량을 절약하기 위해 특정 샘플만 처리한다면 해당 알고리즘은 다음과 같다.

- 일과 시간(9:00~17:00) 동안 초당 100ms 간격의 스냅샷을 처리(약 10%의 데이터)
- 일과 시간 외에는 5초마다 200ms 간격의 스냅샷을 처리(4 %)

즉, 1초(또는 5초)마다 한 번씩 모든 이벤트를 100ms(또는 200ms) 동안 버퍼링하고 해당 기간 내의 모든 이벤트 목록을 내보내는데, 전체 예제를 보면 명확해진다. 첫째, 업스트림 이벤트 버퍼링(그룹화)을 시작할 때마다 값을 방출하는 Observable이 필요하다. 이 Observable은 타이밍만 문제일 뿐 어떤 유형의 값이든 밀어낼 수 있다. java.time 패키지에서 반환하는 Duration은 우연의 일치일 뿐 RxJava는 어떤 식으로든 이 값을 활용하지 않는다.

```
Observable<Duration> insideBusinessHours = Observable
    .interval(1, SECONDS)
    .filter(x -> isBusinessHour())
    .map(x -> Duration.ofMillis(100));
Observable<Duration> outsideBusinessHours = Observable
```

```
    .interval(5, SECONDS)
    .filter(x -> !isBusinessHour())
    .map(x -> Duration.ofMillis(200));

Observable<Duration> openings = Observable.merge(
    insideBusinessHours, outsideBusinessHours);
```

먼저 interval() 연산자를 사용하여 매 초마다 타이머 이벤트를 생성하지만 일과 시간이 아닌 경우는 제외한다. 이리하여 9시에서 17시까지 매 초마다 꾸준하게 똑딱거리는 시계를 획득했다. interval()은 Long형 자연수를 반환한다는 사실을 상기하되, 여기서는 이 값이 필요하지 않기 때문에 편의상 고정된 100ms로 대체한다. 대칭 코드는 17시부터 9시까지 5 초마다 꾸준히 이벤트를 생성한다. isBusinessHour()를 어떻게 구현했는지 궁금할 텐데 다음과 같이 java.time 패키지를 사용했다.

```
private static final LocalTime BUSINESS_START = LocalTime.of(9, 0);
private static final LocalTime BUSINESS_END = LocalTime.of(17, 0);

private boolean isBusinessHour() {
    ZoneId zone = ZoneId.of("Europe/Warsaw");
    ZonedDateTime zdt = ZonedDateTime.now(zone);
    LocalTime localTime = zdt.toLocalTime();
    return !localTime.isBefore(BUSINESS_START)
        && !localTime.isAfter(BUSINESS_END);
}
```

openings 스트림은 insideBusinessHours와 outsideBusinessHours 스트림을 병합한다. openings 스트림은 buffer() 연산자에게 업스트림의 샘플을 폐기하라고 하는 대신 언제 수집을 시작해야 하는지 지시하는 장치이다. openings 스트림에서 방출하는 값이 무엇이든 상관없다. 그러나 언제 이벤트 집계(버퍼링)를 중단하고 이를 하나의 묶음으로 List에 집어넣어 다운스트림에 방출할 것인지를 지정해야 한다. 가장 확실한 해결책은 openings 스트림에서 방출하는 개별 이벤트를 현재 일괄 처리를 중단하는 신호로 받아들여 다운스트림으로 방출한 다음 다른 일괄 처리를 시작하는 것이다.

```
Observable<TeleData> upstream = //...

Observable<List<TeleData>> samples = upstream
    .buffer(openings);
```

주의를 기울여 만든 openings 스트림을 buffer() 연산자에 어떻게 전달했는지 주목하자. 앞선 코드 예제는 TeleData 값이 모인 upstream 원본을 분할한다.

openings 스트림의 똑딱이 시계는 upstream에서 이벤트를 일괄 처리한다. 일과 중에는 매초 새로운 일괄 처리를 생성하며 일과 시간 외에는 5초 단위로 그룹 값을 일괄 처리한다. 여기에서 중요한 내용은 upstream의 모든 이벤트는 하나의 일괄 처리 또는 다른 일괄 처리에 할당되기 때문에 보존된다. 그러나 오버로드된 buffer() 연산자도 다음과 같이 일괄 처리의 끝을 표시할 수 있다.

```
Observable<List<TeleData>> samples = upstream
    .buffer(
        openings,
        duration -> empty()
            .delay(duration.toMillis(), MILLISECONDS));
```

우선 openings는 Observable<Duration>이었음을 상기하되 이벤트의 실제 값은 중요하지 않다. RxJava는 단순히 이 이벤트를 사용하여 TeleData 객체를 버퍼 처리한다. 그러나 이번에는 이 버퍼에서 버퍼 처리와 방출이 발생할 때 완전히 제어할 수 있다. 두 번째 매개 변수는 Observable을 반환하는 함수인데, 이 Observable은 샘플 채취를 중단하고자 할 때 완료되어야 한다. 이 두 번째 스트림의 완료는 주어진 일괄 처리의 끝을 표시한다. 주의 깊게 살펴보자. openings 스트림은 새로운 일괄 처리를 시작하려고 할 때마다 이벤트를 방출한다. openings에서 방출된 각 이벤트별로 미래의 어느 시점에 완료해야 하는 새로운 Observable을 반환한다. 예를 들어 openings 스트림이 Duation.ofMillis(100)이라는 이벤트를 만들어내면 100ms 후에 주어진 일괄 처리가 끝날 때 완료되는 Observable로 변환한다. 이 경우 일부 이벤트가 연이은 일괄 처리에 걸쳐 사라지거나 중복될 수 있다. 만일 일괄 처리의 끝을 알리는 두 번째 Observable이 다음 일괄 처리의 시작 이벤트 전에 완료되면, 이 시간 동안 buffer()가 틈새 이벤트를 버린다. 예제에서는 매초(또는 일과 시간 외 다른 시간 간격에) 이벤트를 버퍼링하기 시작하지만 100ms(또는 일과 시간 외에는 200ms) 후에 버퍼는 닫히고 다운스트림으로 전달된다. 대부분의 이벤트는 버퍼링 기간 사이에 있으므로 폐기된다.

　buffer() 연산자는 매우 유연하지만 꽤 복잡하다. 위의 예제를 조금이라도 실제로 실행해 보고 이해하도록 하자. buffer()는 그룹화, 샘플링 또는 이동 윈도우 기능을 달성하기 위해 업스트림 소스 이벤트를 깔끔하게 일괄 처리할 때 사용한다. 그러나 buffer()는 현재 버퍼를 닫고 다운스트림으로 전달할 때마다 임시 List를 생성해야 하기 때문에, 불필요한 가비지 컬렉션이나 메모리 사용을 유발할 가능성이 있다(352쪽 "메모리 소비와 누수" 참조). 그래서 window() 연산자를 만들었다.

움직이는 윈도우[4]

buffer()는 작업할 때 List 객체가 반복해서 생긴다. 왜 매번 임시 List를 만들어야 할까? 어떤 식으로든 그때그때 즉시 이벤트를 처리할 수 있다면 좋지 않을까? 바로 이런 경우에 window() 연산자가 유용하다. buffer()는 메모리 사용량 측면에서 window()보다 예측이 어렵기 때문에 가능한 한 window()를 사용하자. window() 연산자는 buffer()와 매우 비슷한데, 다음과 같은 중복 정의 구현 버전도 있다.

- int를 받아 원본에서 이벤트를 고정 크기 목록으로 그룹화한다.
- 시간 단위를 받아, 고정된 시간 간격 안에 이벤트를 그룹화한다.
- 개별 일괄 처리의 시작과 끝을 나타내는 사용자 정의 Observable을 받는다.

차이점이 무엇일까? 주어진 소스 스트림에서 초당 얼마나 많은 이벤트가 발생했는지 계산하는 예제를 기억하는가? 다시 한 번 살펴 보자.

```
Observable<KeyEvent> keyEvents = //...

Observable<Integer> eventPerSecond = keyEvents
    .buffer(1, SECONDS)
    .map(List::size);
```

매초마다 발생한 Observable<KeyEvent>의 모든 이벤트를 Observable<List<KeyEvent>>로 일괄 처리한다. 다음 단계에서는 List 각각의 크기를 size로 매핑한다. 엄청난 낭비다. 특히 초당 이벤트 수가 많은 경우 더더욱 낭비다.

```
Observable<Observable<KeyEvent>> windows = keyEvents.window(1, SECONDS);
Observable<Integer> eventPerSecond = windows
    .flatMap(eventsInSecond -> eventsInSecond.count());
```

window()는 buffer()와 다르게 Observable<Observable<KeyEvent>>를 반환한다. 한번 생각해 보자. 하나의 일괄 처리(또는 버퍼)를 포함한 고정 리스트를 받는 대신 스트림의 스트림을 받는다. 새 일괄 작업이 시작될 때마다(앞선 예제에서 1초마다) 새로운 Observable<KeyEvent> 값이 외부 스트림에 나타난다. 중복 포장된 모든 내부 스트림을 풀어헤쳐서 간결하게 바꾸기 위해 flatMap()을 사

---

4 (옮긴이) 이 단어는 원래 과학/경제 분야에서 사용하는 용어이다(*http://www.moneycontrol.com/glossary/trading-terms/moving-window_2580.html*). 어떤 순간에 특정 범위(창틀) 안에 놓인 값들을 포착할 때 사용하는 개념으로서 원서에는 moving windows와 sliding window 두 가지 표현이 등장하지만 문맥상 둘 다 같은 뜻이다. 이 책에서는 결국 해당 연산자를 지칭하기 위해 사용하므로 그냥 그대로 "(움직이는) 윈도우"라고 표기했다. 본문에도 있듯이 움직이는 기준은 시간이다.

용한다. flatMap()은 개별 버퍼인 Observable<KeyEvent>를 매개변수로 받아 다른 Observable을 반환한다고 가정하자. count() 연산자는 observable<T>를 단하나짜리 항목으로 이루어진 Observable<Integer>로 변환하는데 이 값은 원본 Observable에 있던 이벤트의 수를 나타낸다(104쪽 "skip(), takeWhile() 등을 사용해 잘게 쪼개거나 잘라내기" 참조). 따라서 매번 1초의 일괄 작업을 생성할 때마다 해당 범위 이내에서 이벤트 개수를 헤아리는데 내부 버퍼링은 없다. count() 연산자는 이벤트가 통과할 때 바로 이벤트를 센다.

debounce()로 낡은 이벤트 건너뛰기

buffer()와 window() 둘 다 몇 개의 이벤트를 묶어서 일괄적으로 처리한다. sample()은 임의의 이벤트를 선택한다. 이 연산자들은 이벤트 사이의 경과 시간을 고려하지 않는다. 그러나 많은 경우 바로 이어서 새로운 이벤트가 발생한다면 이전 이벤트를 무시할 수도 있다. 예를 들어 거래 플랫폼에서 유입되는 주가 스트림을 상상해 보자.

```
Observable<BigDecimal> prices = tradingPlatform.pricesOf("NFLX");
Observable<BigDecimal> debounced = prices.debounce(100, MILLISECONDS);
```

debounce()(별칭: throttleWithTimeout())는 특정 이벤트 직후에 뒤따르는 모든 이벤트를 버린다. 즉, 지정된 이벤트 이후 타임 윈도우 안에 다른 이벤트가 나타나지 않으면 해당 이벤트를 방출한다. 앞의 예에서 prices 스트림은 "NFLX" 주식 가격이 바뀔 때마다 이를 밀어낸다. 주가 정보는 매우 빈번하게 바뀌어서 때로는 초당 수십 번씩 바뀌기도 한다. 주가가 바뀔 때마다 제법 오래 걸리는 계산을 하고자 한다. 새로운 주가 정보가 도착하면 앞의 계산의 결과는 부적합하여 새로운 주가로 처음부터 다시 계산해야 한다. 따라서 곧바로 새로운 이벤트가 뒤따르면 직전 이벤트를 폐기하고자 한다(새로운 이벤트가 앞선 이벤트를 진압한다).

debounce()는 나중에 나타날 두 번째 이벤트를 위해 잠시 기다린다(앞선 예제는 100ms). 이 절차를 반복하여 두 번째 이벤트가 첫 번째 이벤트 다음 100ms 이내에 나타난다면, RxJava는 방출을 연기하고 제3의 이벤트가 나타나기를 기다린다. 이번에도 역시 이벤트별로 대기 시간을 유연하게 제어할 수 있는 선택지가 있다. 예를 들어 주가 변동 빈도가 100ms 미만인 경우 이를 무시할 수 있다. 그러나 주가가 $150를 상회하는 경우 주저 없이 다운스트림에 갱신 내용을 전달하고자 한다. 일부 유형의 이벤트는 즉시 처리해야 할 수도 있다. 예를 들어 훌륭한 시장 기회라든가 하는 경우일 수 있다. 이때 오버로드된 debounce()를 사용하면 쉽게 구현할 수 있다.

```
prices
    .debounce(x -> {
        boolean goodPrice = x.compareTo(BigDecimal.valueOf(150)) > 0;
        return Observable
            .empty()
            .delay(goodPrice? 10 : 100, MILLISECONDS);
    })
```

주가 x가 새로이 바뀔 때마다 정교한 수식(> $150)을 적용하여 주가가 만족스러운지 알아낸다. 그런 다음 각각의 변경 사항마다 고유한 Observable을 반환하는데, 이는 텅 비어 있다. 어떠한 항목도 방출할 필요가 없으며 완료 시점이 중요할 뿐이다. 가격이 만족스러우면 10ms 후에 완료 알림을 방출한다. 다른 가격이면 이 Observable은 100ms 후에 완료된다. debounce() 연산자는 각각의 이벤트별로 완료를 기다리는 Observable을 구독한다. 먼저 완료되면 이벤트가 다운스트림으로 전달된다. 그 사이에 최신 업스트림 이벤트가 나타나면 주기를 반복한다.

이 예제에서 주가 x가 $140이면, debounce() 연산자는 제공된 표현식을 통해 100ms 지연된 새로운 Observable을 생성한다. 이 이벤트가 완료되기 전에 어떠한 이벤트도 나타나지 않으면 $140 이벤트는 다운스트림으로 전달된다. 그러나 $151라는 또 다른 갱신된 주가 x가 등장했다고 상상해 보자. 이번에는 debounce() 연산자가 Observable(API에서 debounceSelector라고 부른다)을 제공하도록 요청하며, 10ms 후에 훨씬 더 빨리 완료되는 스트림을 반환한다. 따라서 가격이 만족스러울 때($150 이상)는 후속 갱신을 위해 10ms만 기다리고자 한다. debounce()가 어떻게 작동하는지 아직도 이해하기 힘들다면, 다음과 같은 주가 시뮬레이터를 시도해 보자.

```
Observable<BigDecimal> pricesOf(String ticker) {
    return Observable
            .interval(50, MILLISECONDS)
            .flatMap(this::randomDelay)
            .map(this::randomStockPrice)
            .map(BigDecimal::valueOf);
}

Observable<Long> randomDelay(long x) {
    return Observable
```

```
            .just(x)
            .delay((long) (Math.random() * 100), MILLISECONDS);
}

double randomStockPrice(long x) {
    return 100 + Math.random() * 10 +
            (Math.sin(x / 100.0)) * 60.0;
}
```

이 예제는 여러 스트림을 멋지게 구성한다. 먼저 고정된 50ms 간격으로 방출하는 long 형 순열을 만든다. 그런 다음 0부터 100ms 사이에서 임의의 값을 택해 개별 이벤트를 독립적으로 지연시킨다. 마지막으로, 무한히 커나가는 long 숫자를 무작위적인 잡음이 섞인 사인파(Math.sin()을 사용)에 적용하여 시간에 따른 주가 변동을 흉내낸다. 이 스트림에 debounce() 연산자를 적용했을 때 주가가 낮게 형성되면 100ms 동안 이어지는 이벤트를 기다리느라 전반적으로 이벤트 발생 빈도도 뜸해진다. 하지만 주가가 $150를 넘으면 debounce() 허용치는 10ms로 짧아지며, 따라서 좋은 가격 갱신 정보가 모두 효과적으로 다운스트림으로 전달된다.

debounce( )에서 이벤트 고갈 회피하기

이벤트가 한시도 잠잠할 새 없이 너무 자주 등장하기 때문에 debounce() 연산자가 모든 이벤트의 방출을 막아버리는 상황을 상상하기란 정말 쉽다.

```
Observable
    .interval(99, MILLISECONDS)
    .debounce(100, MILLISECONDS)
```

이러한 소스에서는 debounce()에서 최근 이벤트가 없음을 확실히 하기 위해 100ms 동안 기다리기 때문에 어떠한 이벤트도 방출되지 않는다. 불행하게도 타임아웃 1ms 직전에 debounce의 계시를 처음부터 시작하는 새로운 이벤트가 나타난다. 이벤트를 너무 자주 만들어내서 오히려 하나도 볼 수 없는 그런 Observable이 된다! 이 기능을 호출할 수도 있겠지만 실제로는 엄청나게 많은 이벤트 중에서 가끔씩 일부 이벤트만 보고 싶다. 이러한 상황을 방지하려면 조금 창의적이어야 한다.

우선, 오랫동안 새로운 이벤트가 나타나지 않는 상황을 찾아야 한다. 280쪽의 "이벤트가 발생하지 않으면 시한 만료시키기" 절에 등장하는 timeout() 연산자로 작업해보면 그 부분은 쉽게 알 수 있다.

```
Observable
        .interval(99, MILLISECONDS)
        .debounce(100, MILLISECONDS)
        .timeout(1, SECONDS);
```

이제 업스트림 소스에 신호를 보내는 예외가 발생했다. 기묘하게도 이는 뒤집힌 형태인데, 업스트림의 interval() 연산자가 너무 빈번하게 이벤트를 생성해서 debounce()는 결코 이를 다운스트림으로 흘려보낼 수 없다. 그러나 이는 주제를 벗어난 이야기이므로 넘어가자. 이벤트가 너무 자주 나타나면 잠시 침묵한 채 대기한다. 그러나 침묵이 너무 길면(1초 이상), 실패하여 TimeoutException을 던진다. 영구적 실패보다는 실제로 업스트림 Observable에서 임의의 값을 보면서 계속 진행하는 편이 좋다. 작업의 첫 번째 부분은 간단하다.

```
ConnectableObservable<Long> upstream = Observable
        .interval(99, MILLISECONDS)
        .publish();
upstream
        .debounce(100, MILLISECONDS)
        .timeout(1, SECONDS, upstream.take(1));
upstream.connect();
```

timeout() 연산자 중에 시한 만료를 대비한 Observable을 받는 오버로드된 버전이 있다. 불행히도 여기에 미묘한 버그가 있다. 타임아웃이 발생하면 업스트림에서 순조롭게 처음으로 발생한 항목을 취하고 완료한다. 정말로 원하는 바는 upstream에서 이벤트를 계속 내보내면서도 계속 debounce()를 지원하는 것이다.

✅ **ConnectableObservable**

차가운 Observable.interval()을 뜨거운 것으로 바꾸려면 publish(), connect() 쌍과 함께 ConnectableObservable이 필요하다(왜 interval()이 차가운지, 어떤 의미인지는 48쪽의 "뜨거운 Observable과 차가운 Observable" 절을 참조하자). publish() 다음에 connect()를 호출함으로써(61쪽의 "ConnectableObservable의 생명 주기" 절 참조) 아무도 구독하지 않아도 interval() 연산자가 즉시 이벤트를 생성하도록 강제한다. 수 초 후에 이러한 Observable을 구독한다면 중간부터 이벤트를 받기 시작하고 모든 구독자가 동시에 동일한 이벤트를 받는다는 뜻이다. 기본적으로 interval()은 차가운 Observable이라서, 각각의 구독자는 구독할 때마다 처음 값인 0부터 시작한다.

다른 접근법이 좀 더 나아 보인다.

```
upstream
    .debounce(100, MILLISECONDS)
```

```
      .timeout(1, SECONDS, upstream
        .take(1)
        .concatWith(
          upstream.debounce(100, MILLISECONDS)))
```

얼핏 보기에는 뭔가 좋아 보인다. debounce()를 적용한 후 원본이 시간 초과되었
다. 시간 제한을 초과하면 즉시 첫 번째 항목을 내보내고 동일한 소스 스트림에
debounce()연산자를 사용하여 계속 진행한다. 그러나 첫 번째 타임아웃 때 대체
Observable로 전환되어 더이상 timeout() 연산자가 적용될 수 없게 바뀐다. 약식
으로 근시안적인 수정을 했다.

```
upstream
    .debounce(100, MILLISECONDS)
    .timeout(1, SECONDS, upstream
        .take(1)
        .concatWith(
            upstream
                .debounce(100, MILLISECONDS)
                .timeout(1, SECONDS, upstream)))
```

또다시 내부의 timeout() 연산자에 대체 Observable 삽입을 잊었다. 이만하면
됐다. 이미 반복되는 패턴을 충분히 살펴봤다. 무한히 같은 형태로 반복되는
upstream → debounce → timeout () → upstream → ... 대신, 재귀를 사용하자!

```
import static rx.Observable.defer;


Observable<Long> timedDebounce(Observable<Long> upstream) {
    Observable<Long> onTimeout = upstream
            .take(1)
            .concatWith(defer(() -> timedDebounce(upstream)));
    return upstream
            .debounce(100, MILLISECONDS)
            .timeout(1, SECONDS, onTimeout);
}
```

timedDebounce에서 onTimeout을 대체하는 Observable을 정의하기란 까다로운
문제다. 우선 upstream(원본 소스)에서 하나의 샘플 이벤트를 취한 다음, 이어서
timedDebounce() 메서드를 재귀적으로 호출한다. 무한 재귀를 피하려면 defer()
연산자를 사용해야 한다. timedDebounce()의 나머지 부분은 기본적으로 원래
의 업스트림 소스를 사용하는데 debounce() 연산자를 적용하고 대비를 위해
onTimeout을 추가한다. 이 대체자는 똑같은 기능을 수행한다. 즉 debounce()를
적용하고 timeout()과 대체자를 재귀적으로 추가한다.

처음에 이해하기 힘들다고 우울해하지 말자. 여기서 다루는 내용은 느긋함과 재귀를 사용한 스트림 구성의 힘을 보여주는 상당히 복잡한 구성 사례다. 이 정도 수준의 복잡성이 필요한 경우는 거의 없지만 어떻게 작동하는지 일단 이해하면 무척 만족스러울 것이다. 이 코드를 가지고 놀면서 작은 변화에 따라 스트림 상호 작용 방식이 대폭 변경되는 모습을 관찰해보자.

배압

견고하면서도 응답성이 뛰어난 애플리케이션을 구축하려면 배압(Backpressure)이 아주 중요하다. 배압은 본질적으로 소비자가 생산자에게 피드백을 주는 채널이다. 소비자는 언제든지 데이터 처리량을 일정 수준으로 제어할 수 있다. 이를 통해 과부하 상태에서도 소비자 또는 메시징 미들웨어가 포화되거나 응답성이 나빠지는 상황을 막을 수 있는데, 소비자가 메시지를 더 적게 요청해서 생산자가 속도를 줄이는 방법을 결정하도록 한다.

메시지 전달(또는 이에 상응하는 이벤트)을 통해 데이터를 교환하는 모든 시스템에서 소비자가 생산자를 따라잡지 못하는 문제가 발생할 수 있는데 기반 구현 방식에 따라 다른 형태로 나타난다. 통신 채널이 어떻게든(예를 들어 ArrayBlockingQueue를 사용하여) 생산자와 소비자를 동기화하는 경우에 소비자가 부하를 견디지 못하면 생산자를 스로틀링(차단)한다. 이는 전적으로 독립적이어야 하는 생산자와 소비자 사이가 결합되는 상황이다. 메시지 전달은 일반적으로 비동기 처리를 의미하는데 생산자가 느닷없이 소비자를 기다려야 한다면 그러한 가정은 깨진다. 더 나쁜 상황은 생산자가 계층상 또 다른 생산자의 소비자일 수 있는 경우에는 단계별 대기 시간이 더욱 늘어난다는 것이다.

반대로 이 두 당사자 사이의 매개체에 제한이 없다면, 여전히 제한적이지만 통제할 수 있는 요소들로 묶여 있다. LinkedBlockingQueue 같은 무한 대기열은 생산자를 블록하지 않고서도 소비자보다 월등히 뛰어난 생산 속도를 허용한다. 물론 LinkedBlockingQueue가 모든 메모리를 소비하여 전체 애플리케이션을 중단시키기 전까지만이다. 매체가 영속적이면(예: JMS 메시지 브로커) 동일한 문제가 기술적으로 디스크 공간 같은 곳에서 발생할 수도 있지만 가능성은 낮다. 대부분의 경우 메시징 미들웨어에 쌓인 수백만 개의 메시지는커녕 수천 개의 메시지조차 관리하기 어려운 상황에 맞닥뜨린다. 카프카[5]와 같은 브로커는 지연되

---

5 *http://kafka.apache.org*

는 소비자가 메시지를 처리하기까지 수 억 개의 메시지를 기술적으로 저장할 수 있다. 그러나 이렇게 하면 메시지 생성과 소비 사이의 대기 시간이 엄청나게 늘어난다.

메시지 기반 시스템은 일반적으로 보다 강력하고 확장성이 뛰어나다고 알려졌지만, 너무 빠른 생산자 문제는 아직 해결되지 않았다. 그러나 이러한 연동 문제를 해결하기 위한 몇 가지 노력이 있다. 샘플링이나 스로틀링(sample() 등을 사용), 또는 일괄 처리(window(), buffer())는 RxJava에서 수동으로 생산자 부하를 줄이는 방법이다. Observable이 소비할 수 있는 이벤트를 더 많이 생성할 때 구독 처리량을 높이기 위해 샘플링이나 일괄 처리를 적용해도 된다. 그러나 보다 견고하고 체계적인 접근이 필요했고, 필연적으로 리액티브 스트림 발의[6]가 탄생했다. 배압이라 일컫는 이 작은 인터페이스와 의미 집합은 문제를 공식화하고 생산자-소비자 조정을 위한 체계적인 알고리즘 제공을 목표로 한다.

배압은 소비자가 한번에 소비할 수 있는 만큼 데이터를 요청하도록 허용하는 간단한 프로토콜이며 실질적으로는 생산자에게 피드백 채널을 제공한다. 생산자는 메시지 오버플로우를 피하면서 소비자로부터 요청을 받는다. 물론 이 알고리즘은 조절 능력이 있는 생산자에서만 동작하는데 예를 들면 끌어오기가 가능한 정적 컬렉션이나 Iterator 등을 사용한 경우이다. 생산자가 만들어내는 데이터의 빈도를 제어할 수 없는 경우(출처가 외부이거나 뜨겁다면), 배압은 별 도움이 안 된다.

RxJava의 배압

비록 리액티브 스트림이 기술에 구애 받지 않는 방식으로 매우 일반적인 문제를 해결한다 해도 여기서는 RxJava에서 배압 문제에 접근하는 방법에 초점을 맞추려고 한다. 이 단원에서는 작은 식당에서 끊임없이 설거지하는 예를 사용하는데 접시를 식별자를 가진 큰 개체로 모델링한다.[7]

```java
class Dish {
    private final byte[] oneKb = new byte[1_024];
    private final int id;

    Dish(int id) {
        this.id = id;
        System.out.println("Created: " + id);
```

---

6 *http://www.reactive-streams.org*
7 이 예제는 *https://www.lightbend.com/blog/7-ways-washing-dishes-and-message-driven-reactive-systems*를 참고했다.

```
    }

    public String toString() {
        return String.valueOf(id);
    }
}
```

oneKb 버퍼는 여분의 메모리 사용을 흉내 낸다. 종업원이 주방에 전달하는 접시
는 Observable로 묘사한다.

```
Observable<Dish> dishes = Observable
    .range(1, 1_000_000_000)
    .map(Dish::new);
```

range() 연산자는 가능한 한 빠르게 새로운 값을 만들어낸다. 설거지를 하기까
지 약간의 시간이 걸리는데 생산 속도보다 확연히 느리다면 어떻게 되겠는가?

```
Observable
    .range(1, 1_000_000_000)
    .map(Dish::new)
    .subscribe(x -> {
        System.out.println("Washing: " + x);
        sleepMillis(50);
    });
```

놀랍게도 그리 나쁘지 않다. 출력을 들여다보면 range()가 구독과 완벽하게 일
치한다.

```
Created: 1
Washing: 1
Created: 2
Washing: 2
Created: 3
Washing: 3
...
Created: 110
Washing: 110
...
```

그리 놀랄만한 일은 아닐 것이다. range() 연산자는 기본적으로 비동기가 아니
라서 생성하는 모든 항목은 동일한 스레드 환경 안에서 Subscriber에 직접 전달
된다. Subscriber가 느리면 Observable에서 더 많은 항목을 생산하지 않도록 한
다. range()는 앞선 구독자가 작업을 끝내기까지 Subscriber의 onNext()를 호출
할 수 없다. 이는 생산자와 소비자 모두 동일한 스레드에서 작업하며 명료하게
결합되기 때문에 가능하다. 어떤 면에서는 최대 용량이 1인 묵시적인 대기열과

비슷한데, 우리가 예상하지 못한 랑데부 알고리즘이다.[8] 주방에서 접시 하나를 씻고 있는 동안은 종업원이 새로 씻을 접시를 주방으로 전달할 수 없는 모습을 상상해 보자. 종업원이 접시 세척을 마치지 못하면 고객을 응대할 수 없다. 그리고 응대 직원이 없으면 새로운 고객이 레스토랑에 들어갈 수 없다. 하나의 블로킹 요소가 전체 시스템을 멈춰 서게 만든다. 그러나 실생활에서는 일반적으로 생산자와 소비자 사이에 스레드 경계가 있기 때문에 Observable이 어떤 스레드에서 이벤트를 생성하면 Subscriber는 다른 스레드에서 이벤트를 소비한다.

```
dishes
    .observeOn(Schedulers.io())
    .subscribe(x -> {
        System.out.println("Washing: " + x);
        sleepMillis(50);
    });
```

잠시 멈추고 실제로 코드를 컴파일하고 실행하기 전에 발생할 일을 예상해 보자. dishes는 range() 연산자로부터 매우 빠르게 이벤트를 생성하는 반면 Subscriber는 초당 20개의 접시만 처리할 정도로 상당히 느리기 때문에 재앙이 발생하리라 예상할 수도 있겠다. observeOn() 연산자는 지속적으로 빠르게 이벤트를 소비하지만 Subscriber의 소비 속도는 느리다. 그러므로 처리되지 않은 이벤트가 어딘가에 쌓여 있다면 OutOfMemoryError가 불가피하다는 결론으로 이어진다. 다행스럽게도 이 경우 배압이 위기를 모면하도록 하여 RxJava에서 어느 정도 보호해 준다. 프로그램의 결과는 다소 예상하지 못한 내용이다.

```
Created: 1
Created: 2
Created: 3
...
Created: 128

Washing: 1
Washing: 2
...
Washing: 128

Created: 129
...
Created: 223
Created: 224
```

---

8 (옮긴이) *https://en.wikipedia.org/wiki/Rendezvous-problem*

```
Washing: 129
Washing: 130
...
```

먼저 range()에 의해 접시 128개의 일괄 처리가 거의 즉시 생성된다. 이후에 접시를 하나씩 씻는 느린 과정이 있다. 어쨌든 range() 연산자는 유휴 상태가 된다. 이 128개의 접시 중 마지막을 씻어내면 range()가 또 다른 96개의 접시 묶음을 만들어내며, 느린 세척 과정이 이어진다.[9] range()가 너무 많은 이벤트를 만들어내지 않도록 구독자가 제어 가능한 영리한 메커니즘이 있어야 한다. 이러한 메커니즘이 배포되는 위치를 찾지 못하겠다면, 다음과 같이 직접 range()를 구현해 보자.

```
Observable<Integer> myRange(int from, int count) {
    return Observable.create(subscriber -> {
        int i = from;
        while (i < from + count) {
            if (!subscriber.isUnsubscribed()) {
                subscriber.onNext(i++);
            } else {
                return;
            }
        }
        subscriber.onCompleted();
    });
}
```

여기서는 같은 예제에서 observeOn()과 함께 myRange()를 사용했다.

```
myRange(1, 1_000_000_000)
        .map(Dish::new)
        .observeOn(Schedulers.io())
        .subscribe(x -> {
                System.out.println("Washing: " + x);
                sleepMillis(50);
            },
            Throwable::printStackTrace
        );
```

이는 재앙으로 이어지며 어떤 그릇도 씻어 내지 못한다.

```
Created: 1
Created: 2
Created: 3
...
Created: 7177
```

---

9 정확한 숫자에 너무 매달리지 말자. 중요한 것은 주기적으로 요청하는 일괄 처리다.

```
Created: 7178

rx.exceptions.MissingBackpressureException
    at rx.internal.operators...
    at rx.internal.operators...
```

MissingBackpressureException은 나중에 설명할 것이다. 다만 이 내용이 사용자 정의 range() 구현에서 무엇인가 부족한 기반 메커니즘이 있음을 확신하게 만들었으리라 생각한다.

내장 배압

앞선 몇 장에 걸쳐 이벤트가 어떻게 Observable 소스에서 다운스트림으로 흘러가는지 일련의 연산자를 통해 Subscriber로 이동하는 모습을 보았다. 구독 요청 이후에는 어떠한 피드백 채널도 없었다. (어떤 의미에서는 위쪽으로 전파되는) subscribe()를 호출하는 순간 모든 이벤트와 알림은 명백한 피드백 반복도 없이 내려갈 뿐이다. 이러한 피드백의 결여는 생산자(최상위 Observable)가 구독자를 압도하는 이벤트를 방출할 여지를 만든다. 결과적으로 애플리케이션이 OutOfMemoryError로 중단되거나 성능이 크게 저하된다.

배압은 최종단 구독자뿐만 아니라 모든 중간 연산자가 생산자에게 일정 수의 이벤트만 요청하도록 하는 장치다. 기본적으로 업스트림의 차가운 Observable은 가능한 한 빠르게 이벤트를 생성한다. 그러나 다운스트림에서 이러한 요청이 오면 어떤 식이건 '속도를 늦추고' 요청된 숫자를 정확하게 산출해야 한다. 이것이 observeOn()에서 보이는 매직 넘버 128의 이유다. 하지만, 우선 최종 구독자가 배압을 제어하는 방법을 살펴보자.

구독을 위해 onNext()나 onCompleted(), onError()를 구현할 수 있다(33쪽의 "Observable 알림 구독" 참조). 구현해야 할 다른 콜백 메서드로 onStart()가 있다.

```java
Observable
    .range(1, 10)
    .subscribe(new Subscriber<Integer>() {

        @Override
        public void onStart() {
            request(3);
        }

        // onNext, onCompleted, onError가 이어진다...
    });
```

onStart()가 아직 이벤트를 방출하거나 알림을 전달하기 전에 RxJava가 호출한다. 기술적으로는 onStart() 대신 Subscriber의 생성자를 사용할 수도 있지만 자바의 익명 내부 클래스에서는 생성자 모양이 무척 괴상하다.

```
.subscribe(new Subscriber<Integer>() {

    {{
        request(3);
    }}

    // onNext, onCompleted, onError 가 이어진다...
});
```

주제에서 벗어났으니 다시 돌아오자. Subscriber 안의 request(3) 호출은 처음에 얼마나 많은 항목을 받을지 업스트림 소스에 지시한다. 이 호출을 완전히 건너뛰면(혹은 request(Long.MAX_VALUE)를 호출) 가능한 한 많은 이벤트를 요청하는 것과 같다. 이것이 request()를 매우 이른 시점에 호출해야 하는 이유인데, 그렇지 않으면 스트림이 이벤트를 방출하기 시작하기 때문에 나중에 수요를 줄일 수 없다. 그러나 세 개의 이벤트만 요청하면 range() 연산자는 1, 2, 3을 밀어낸 후 이벤트를 일시적으로 얌전히 멈춘다. range() 연산자가 아직 완료되지 않았음에도 불구하고 onNext() 콜백 메서드는 3번째 호출 이후에 더 이상 호출되지 않는다. 그러나 Subscriber는 얼마나 많은 값을 받고 싶은지 결정할 모든 권한을 쥐고 있다. 예를 들어 항목을 개별적으로 요청할 수도 있다.

```
Observable
    .range(1, 10)
    .subscribe(new Subscriber<Integer>() {

        @Override
        public void onStart() {
            request(1);
        }

        @Override
        public void onNext(Integer integer) {
            request(1);
            log.info("Next {}", integer);
        }

        // onCompleted, onError...
    });
```

이 예제는 아무런 배압 기능도 없이 일반적인 Subscriber처럼 동작하기 때문에 약간 어설프지만 배압을 어떻게 사용할 수 있는지 보여주기에는 적합하다. 몇 개의 이벤트를 미리 버퍼 처리해 두었다가 편리하다고 판단하면 묶음으로 요청하는 Subscriber를 상상해 보자. 예를 들어 다운스트림 종속성에 대한 부담을 줄일 수 있다면 Subscriber는 유휴 상태를 감수하더라도 더 많은 이벤트를 받기 전에 조금 기다리기로 결정할 수 있다. 식당 예제에서 종업원은 새로운 지저분한 접시를 계속 밀어내는 Observable<Dish>이며, request(N)은 주방 직원이 특정 개수만큼 접시를 씻을 수 있다고 알려주는 지표다. 좋은 종업원이라면 주방 직원의 요청 없이 새로운 접시를 제공해서는 안 된다.

즉, 클라이언트 코드에서 request(N)을 직접 호출하는 경우는 드물다. 소스 스트림과 최종 Subscriber 사이에 들어가는 연산자 대부분은 배압을 사용하여 파이프라인에 얼마나 많은 데이터를 흘려 보낼지를 제어한다. 예를 들어 observeOn은 업스트림 Observable을 구독해야 하며 io()와 같은 특정 Scheduler에서 받은 각 이벤트의 일정을 맞춰야 한다. 그러나 업스트림의 기반 Scheduler에서 Subscriber가 더 이상 제어할 수 없는 속도로 이벤트를 생성하면 어떻게 될까? observeOn() 연산자가 생성하는 Subscriber는 배압 제어가 가능하므로, 여기에서 128개의 값만 요구한다.[10] 배압을 이해하는 업스트림 Observable은 일정 수의 이벤트만 내보내고 유휴 상태가 되는데, 이는 range()가 하는 일과 같다. observeOn()이 해당 일괄 이벤트가 다운스트림 Subscriber에서 잘 처리되었음을 발견하면 더 많이 요구한다. 이 방법은 비록 생산자와 소비자의 스레드 경계와 비동기성을 넘나들기는 하지만 소비자는 결코 이벤트로 폭주하지 않는다.

observeOn()만 배압 친화적인 연산자는 아니다. 사실 수많은 연산자에서 배압을 사용한다. 예를 들어 zip()은 각각의 기반 Observable에서 고정된 수의 이벤트만을 버퍼링한다. 덕분에 zip()은 대상 스트림 중 하나가 매우 활동적이라 해도 영향을 받지 않는다. 동일한 논리가 대부분의 연산자에 적용된다.

Producer와 누락된 배압

우리는 이미 range()의 사용자 정의 구현에서 MissingBackpressureException을 보았다. 그렇다면 그것이 실제로 무엇을 의미하며 이 예외를 어떻게 해석해야 하는가? 얼마나 많은 항목을 받고자 하는지 정확히 알고 있는 Subscriber(여러분이 만든, 그러나 대부분은 연산자가 만들어낸)를 상상해 보자. 예를 들면

---

10 이 값은 rx.ring-buffer.size 시스템 프로퍼티로 바꾼다.

buffer(N)이나 take(N)이 있겠다. 이러한 연산자의 또 다른 예제는 observeOn()이다. 업스트림의 Observable이 어떤 이유로 더 많은 항목을 밀어내면 observeOn() 내부의 버퍼가 넘쳐서 MissingBackpressureException이 발생하기 때문에 그런 점에서 매우 엄격해야 한다. 그런데 어째서 업스트림 Observable이 요청보다 더 많은 항목을 밀어낼 수 있는가? request() 호출을 무시하기 때문이다. 간단한 range() 구현을 다시 살펴 보자.

```java
Observable<Integer> myRange(int from, int count) {
    return Observable.create(subscriber -> {
        int i = from;
        while (i < from + count) {
            if (!subscriber.isUnsubscribed()) {
                subscriber.onNext(i++);
            } else {
                return;
            }
        }
        subscriber.onCompleted();
    });
}
```

이를 막을 수 있는 유일한 방법은 구독 취소지만 우리는 구독을 취소하려는 것이 아니라 그저 조금 늦추고 싶을 뿐이다. 다운스트림 연산자는 수신하려는 이벤트의 수를 정확하게 알고 있으나 소스 스트림은 이러한 요청을 무시한다. 요청된 이벤트 수를 존중하는 저수준 방식은 rx.Producer로 구현한다. 이 인터페이스는 create() 내부에서 연결된다. 요약하자면 OnSubscribeRange는 누군가가 이 Observable을 구독할 때마다 실행되는 콜백이다. 일반적으로 이 인터페이스 안에서 직접 onNext()를 호출하는 모습을 볼 수 있는데, 배압을 고려하는 경우에는 그렇지 않다.

```java
Observable<Integer> myRangeWithBackpressure(int from, int count) {
    return Observable.create(new OnSubscribeRange(from, count));
}

class OnSubscribeRange implements Observable.OnSubscribe<Integer> {

    // 생성자...

    @Override
    public void call(final Subscriber<? super Integer> child) {
        child.setProducer(new RangeProducer(child, start, end));
    }
```

```
}

class RangeProducer implements Producer {

    @Override
    public void request(long n) {
        // 여기에서 자식 구독자의 onNext()를 호출
    }
}
```

이 예제는 RxJava의 range() 구현에서 찾을 수 있는 코드의 골격이다. Producer 구현은 상당히 어려운 작업인데, 상태를 저장하지만 스레드에 안전해야 하며 게 다가 매우 빨라야 한다. 따라서 우리는 일반적으로 생산자를 직접 구현하지는 않지만 어떻게 작동하는지 이해해두면 좋다(배압을 직접 구현하는 자세한 방법은 263쪽의 "요청받은 데이터량을 존중하기" 절을 참조하자).[11] 배압은 내부적으로 Rx 원칙을 거꾸로 뒤집는다. range()(그리고 다른 수많은 내장 연산자)에 의해 생성된 Observable은 더 이상 데이터를 조급하게 Subscriber로 밀어내지 않는다. 대신에, 활성화된 이후에는 데이터 요청(Subscriber 안에서 request(N) 호출)에 반응하고 이벤트만 생성한다. 또한 요청 받은 것 이상을 생산하지 않는다.

자식 Subscriber에 Producer를 설정하는 방법을 보자. 이 Producer는 나중에 request()를 호출할 때마다 Subscriber 안에서 간접적으로 호출된다. 바로 이것이 Subscriber에서 Observable 소스로 피드백 채널을 설정하는 방법이다. Observable은 Subscriber에 일정량의 데이터를 요청하는 방법을 알려준다. 실질적으로 Observable은 밀어내기(push) 방식에서 끌어왔다 밀어내는(pull-push) 방식[12]으로 전환하며, 클라이언트는 제한된 수의 이벤트만 선택적으로 요청할 수 있다. 그렇다면 외부의 Observable이 그러한 채널을 설정하지 않았다면 어떻게 해야 할까? 배압을 지원하지 않는 소스 스트림을 만나면 RxJava는 언제든지 MissingBackpressureException으로 실패하면 된다. 그런데 어느 정도 배압을 흉내 낼 수 있는 onBackpressure*() 계열의 연산자가 있다.

가장 간단한 onBackpressureBuffer() 연산자는 무조건 모든 업스트림 이벤트를 버퍼링하고 요청받은 데이터만을 다운스트림 구독자에게 제공한다.

```
myRange(1, 1_000_000_000)
        .map(Dish::new)
```

---

11 *https://github.com/ReactiveX/RxJava/blob/1.x/src/main/java/rx/internal/operators/OnSubscribeRange.java*를 참조하자. 가장 간단한 생산자라 해도 얼마나 복잡하며 어떻게 최적화를 해야 하는지 감이 올 것이다.
12 (옮긴이) 배압이 관여되는 상황을 RxJava에서 묘사하는 아키텍처 스타일이다.

```
        .onBackpressureBuffer()
        .observeOn(Schedulers.io())
        .subscribe(x -> {
                System.out.println("Washing: " + x);
                sleepMillis(50);
        });
```

항상 그렇듯이 아래에서 위로 읽어보자. 우선 subscribe()는 observeOn() 연산자까지 전파된다. observeOn()도 구독해야 하지만 아무렇게나 이벤트를 소비하기 시작할 수는 없다. 따라서 io() Scheduler 대기열의 범람을 피하기 위해 처음에는 고정된 숫자(128)만 요청한다. onBackpressureBuffer() 연산자는 배압을 무시하는 소스로부터 보호하는 역할을 담당한다. 다운스트림의 Subscriber에서 request(128) 요청을 수신하면 이 요청을 업스트림으로 전달한 뒤 128개의 이벤트가 흘러가는 동안은 아무것도 하지 않는다. 그러나 요청을 무시한 채 배압에 관계없이 데이터를 밀어내는 Observable 이벤트에서는 onBackpressureBuffer()가 내부적으로 제한이 없는 버퍼를 유지한다. 다운스트림의 Subscriber에서 다른 요청이 오면 onBackpressureBuffer()는 먼저 내부 버퍼를 고갈시키고, 거의 비어있을 때에만 업스트림에 추가로 요청한다. 이 영리한 메커니즘은 myRange()가 observeOn()에 대해 마치 배압이 가능한 것처럼 동작하게 하는데, 실제로는 속도 조절을 수행하는 onBackpressureBuffer()이다. 불행히도 무한 내부 버퍼는 그리 가볍게 취급할 만한 대상이 아니다.

```
Created: 1
Created: 2
Created: 3
Created: 4
Created: 8
Created: 9
Washing: 1
Created: 10
Created: 11
...
Created: 26976
Created: 26977
Washing: 15
Exception in thread "main" java.lang.OutOfMemoryError: ...
Washing: 16
    at java.util.concurrent.ConcurrentLinkedQueue.offer...
    at rx.internal.operators.OperatorOnBackpressureBuffer...
...
```

물론 오류 발생 시점은 경우에 따라 다른데 이벤트가 적거나 메모리가 충분하다면 onBackpressureBuffer()는 기술적으로 작동할 수 있다. 그러나 실제로는 제한 없는 리소스에 의존하면 안 된다. 메모리도 SSD도 무한하지 않다. 다행히 최대 버퍼 크기를 받는 오버로드된 onBackpressureBuffer(N)가 있다.

```
.onBackpressureBuffer(1000, () -> log.warn("Buffer full"))
```

두 번째 매개 변수는 선택 사항인데 1,000개 항목으로 제한된 버퍼가 가득 차면 호출되는 콜백이다. 그러나 버퍼링에도 불구하고 Subscriber는 여전히 만족스러운 속도로 이벤트를 처리할 수 없다. 이는 어떠한 복구 작업도 허용하지 않으므로 경고 메시지 바로 다음에 MissingBackpressureException을 각오해야 한다. 최소한 버퍼를 제어할 수는 있지만 하드웨어나 OS의 한계를 제어할 수는 없다.

onBackpressureBuffer()의 대안은 onBackpressureDrop()인데 앞선 request() 없이 나타나는 모든 이벤트를 그냥 버린다. 주방에 새로운 접시를 계속 제공하는 식당의 종업원을 상상해 보자. onBackpressureBuffer()는 세척을 기다리는 접시가 놓인 유한/무한대의 테이블이다. 반면에 onBackpressureDrop()는 종업원이 당장 세척할 수 없다면 더러운 접시를 그냥 버린다. 현실이라면 지속 가능한 사업 모델은 아니겠지만 적어도 식당은 고객에게 계속 서비스를 제공할 수 있다.

```
.onBackpressureDrop(dish -> log.warn("Throw away {}", dish))
```

콜백은 선택 사항이며 이벤트가 요청되지 않아서 버려야 할 때마다 알려준다. 버린 이벤트 수를 추적해 두면 중요한 척도가 될 수 있다. 마지막으로 onBackpressureLatest()가 있는데 이것은 onBackpressureDrop()과 매우 유사하지만 가장 최근에 삭제된 요소의 참조를 유지하므로 다운스트림에서 뒤늦게 request()를 사용하면 업스트림에서 마지막으로 본 값을 제공한다.

onBackpressure*() 류는 연산자와 배압을 요구하는 구독자, 그리고 이를 지원하지 않는 Observable 사이를 연결하는 데 사용된다. 그러나 기본적으로 배압을 지원하는 소스 스트림을 사용하자.

요청받은 데이터양을 존중하기

다운스트림의 배압 요청을 지원하는 Observable을 작성하기 위한 많은 방법이 있다. 가장 쉬운 해결책은 range()나 from(Iterable<T>)와 같은 내장 팩토리 메서드를 사용하는 것이다. from(Iterable<T>)는 Iterable을 사용하여 소스를 만들지만 배압을 내장한다. 즉 Observable은 Iterable에서 한꺼번에 모든 값을 방출하지 않고, 대신 소비자로부터 요청이 오는 대로 서서히 방출한다. 그렇다고 (Iterable<T>를 확장한) List<T>에 모든 값을 우선 적재한다는 의미는 아니다. Iterable은 기본적으로 Iterator의 팩토리이기 때문에 그때그때 안전하게 값을 적재할 수 있다.

배압이 가능한 Observable의 흥미로운 예는 스트림으로 포장한 JDBC의 ResultSet 이다. ResultSet은 배압이 가능한 Observable처럼 끌어오기 기반이다. 그러나 Iterable이나 Iterator가 아니라서 우선 Iterator<Object[]>로 변환해야 한다. 여기서 Object[]는 데이터베이스에서 하나의 행을 느슨하게 형식화한 표현이다.

```java
public class ResultSetIterator implements Iterator<Object[]> {

    private final ResultSet rs;

    public ResultSetIterator(ResultSet rs) {
        this.rs = rs;
    }

    @Override
    public boolean hasNext() {
        return !rs.isLast();
    }

    @Override
    public Object[] next() {
        rs.next();
        return toArray(rs);
    }
}
```

앞의 변환기는 오류 처리 기능이 없는 매우 단순화된 버전인데, Apache Commons DbUtils 오픈 소스 라이브러리의 ResultSetIterator에서 추출했다.[13] 또한 이 클래스는 Iterable<Object[]>로 변환하는 단순한 방법을 제공한다.

```java
public static Iterable<Object[]> iterable(final ResultSet rs) {
    return new Iterable<Object[]>() {

        @Override
        public Iterator<Object[]> iterator() {
            return new ResultSetIterator(rs);
        }

    };
}
```

---

13 *https://commons.apache.org/proper/commons-dbutils/apidocs/org/apache/commons/dbutils/ResultSetIterator.html*

ResultSet 처리

Iterator(특히 Iterable)로 ResultSet을 처리하는 과정은 허점투성이 추상화임을 명심하자. 첫째, ResultSet은 파괴적(destructive)이라는 측면에서 Iterator와는 같지만 Iterable과는 다르다. Iterator는 단 한 번만 훑고 지나갈 수 있는데, 가끔은 ResultSet에 이를 적용할 때도 있다. 둘째, Iterable은 신선한 Iterator의 팩토리이며, 위의 변환기는 항상 같은 ResultSet을 바탕으로 하는 Iterator를 반환한다. iterator()를 두 번 호출해도 같은 값을 얻을 수 없다는 뜻인데, 두 반복자 모두 동일한 ResultSet으로 경쟁한다. 마지막으로, ResultSet은 완료될 때 닫아야 하지만 Iterator에는 그러한 생명주기가 없다. 마지막 정리 작업을 클라이언트 코드에 의존하여 Iterator 전체를 읽게 하는 방법은 지나치게 낙관적이다.

이 모든 변환기가 준비되었다면, 드디어 ResultSet을 기반으로 하면서 배압을 지원하는 Observable<Object[]>를 만들 수 있다.

```
Connection connection = //...
PreparedStatement statement =
        connection.prepareStatement("SELECT ...");
statement.setFetchSize(1000);
ResultSet rs = statement.executeQuery();
Observable<Object[]> result =
    Observable
        .from(ResultSetIterator.iterable(rs))
        .doAfterTerminate(() -> {
            try {
                rs.close();
                statement.close();
                connection.close();
            } catch (SQLException e) {
                log.warn("Unable to close", e);
            }
        });
```

result Observable은 내장된 from() 연산자가 지원하기 때문에 제대로 된 배압을 지원한다. 따라서 Subscriber의 처리량은 더 이상 관련이 없으며 Missing BackpressureException 또한 볼 수 없다. setFetchSize()가 필요함을 주목하자. 그렇지 않으면 어떤 JDBC 드라이버는 모든 레코드를 메모리에 적재하려고 시도할 수 있는데, 이런 경우 큰 결과 집합을 전달할 때 상당히 비효율적이다.

앞서 언급했듯이 배압을 지원하는 저수준 메커니즘은 Producer를 맞춤 구현한 것이다. 그러나 이 작업은 오류가 발생하기 쉽기 때문에 도우미 클래스인 SyncOnSubscribe를 만들었다. Observable.OnSubscribe 구현은 끌어오기 기반이며 배압을 명료하게 내장했다. 실제로는 거의 찾아보기 힘들지만 가장 간단한 상태 없는 Observable부터 시작하자. 이러한 유형의 Observable은 onNext() 호출 사이에 어떤 상태도 가지지 않는다. 그런데 가장 단순한 range() 또는 just() 조차도 이미 방출된 항목을 기억해야 한다. 상태가 없는 Observable 중 몇 안 되는 유용한 내용인 난수 발생기를 살펴보자.

```
import rx.observables.SyncOnSubscribe;


Observable.OnSubscribe<Double> onSubscribe =
    SyncOnSubscribe.createStateless(
        observer -> observer.onNext(Math.random())
    );

Observable<Double> rand = Observable.create(onSubscribe);
```

rand Observable은 일반적인 Observable로, 변환하거나 결합하고 구독할 수 있다. 그러나 밑바탕에 본격적인 배압 지원 기능을 포함한다. Subscriber 또는 파이프라인상의 다른 연산자가 제한된 수의 이벤트를 요청하면, 이 Observable은 정확하게 명령을 따른다. createStateless()에는 각 이벤트마다 호출할 람다식만 제공하면 된다. 그래서 만약 다운스트림에서 request(3)을 호출한다면 이 사용자 정의 표현식은 3번 호출되며 개별 호출은 하나의 이벤트만 방출한다고 가정하겠다. 호출 사이에는 컨텍스트(상태)가 없으므로 상태 없이 수행된다.

이제 상태가 있는 연산자를 만들어 보자. 이 SyncOnSubscribe 변형은 호출 사이에 전달되는 불변 상태 변수를 허용한다. 또한 각 호출은 새로운 상태값을 반환해야 한다. 여기서는 0부터 시작하는 무한 자연수 생성기를 예시로 만들어볼 것이다. 실제로 이러한 연산자는 단조 증가하는 자연수와 임의의 긴 순열을 zip으로 묶을 때 실제로 매우 유용하다. range()도 잘 동작하겠지만 항상 실용적인 것은 아니고 상한선도 제공해야 한다.

```
Observable.OnSubscribe<Long> onSubscribe =
        SyncOnSubscribe.createStateful(
                () -> 0L,
                (cur, observer) -> {
                    observer.onNext(cur);
                    return cur + 1;
                }
        );

Observable<Long> naturals = Observable.create(onSubscribe);
```

이번에는 createStateful() 팩토리 메서드에 두 개의 람다식을 제공한다. 첫 번째는 느긋하게 초기 상태를 만든다. 이 경우 0이다. 두 번째 표현식이 더 중요하다. 즉 현재 상태를 기반으로 하여 다운스트림으로 항목 하나를 밀어내고 새로운 상태값을 반환하게 된다. 상태는 불변이어야 하므로 이 메서드는 값을 바꾸지 않고 새로운 상태를 반환한다. naturals Observable을 손쉽게 재작성하여 BigInteger를 대신 반환하면서 오버플로우를 막을 수 있다. 이 Observable은 무한개의 자연수를 생성하면서 배압도 완벽하게 지원한다. 즉, Subscriber 환경 설정을 기반으로 이벤트 생성 속도를 조정할 수 있다는 뜻이다. 이를 다음의 어설픈 구현과 비교하면 아래 구현이 부정할 수 없을 정도로 훨씬 간단하지만 느린 Subcriber에서는 문제가 발생한다.

```
Observable<Long> naturals = Observable.create(subscriber -> {
    long cur = 0;
    while (!subscriber.isUnsubscribed()) {
        System.out.println("Produced: " + cur);
        subscriber.onNext(cur++);
    }
});
```

(JDBC의 ResultSet과 같이) 가로지르는 동안 값이 변하는 단일 상태 변수를 선호한다면 SyncOnSubscribe는 이를 위한 메서드도 제공한다. 다음 코드는 명시적 예외로 인해 컴파일되지 않지만 우선 전체적인 사용 패턴을 강조하고 싶다.

```
ResultSet resultSet = //...

Observable.OnSubscribe<Object[]> onSubscribe =
    SyncOnSubscribe.createSingleState(
        () -> resultSet,
        (rs, observer) -> {
            if (rs.next()) {
                observer.onNext(toArray(rs));
            } else {
                observer.onCompleted();
            }
            observer.onNext(toArray(rs));
        },
        ResultSet::close
);

Observable<Object[]> records = Observable.create(onSubscribe);
```

구현할 세 가지 콜백이 있다.

- 상태 생성기. 이 람다는 한 번 호출되어 상태 변수를 생성하며, 후속 표현식에 매개변수로 전달된다.
- 일반적으로 상태를 기반으로 다음 값을 생성하는 콜백. 이 콜백에 할당하는 첫 번째 매개변수에 따라 자유로이 상태를 바꿀 수 있다.
- 구독 해지 시 호출되는 세 번째 콜백. 여기가 ResultSet을 정리하는 곳이다.

오류 처리를 포함한 보다 완전한 구현은 다음과 같다. 구독 해지 중 발생하는 오류는 다운스트림에 제대로 전파하기가 어렵다는 점에 유의하자.

```
Observable.OnSubscribe<Object[]> onSubscribe =
        SyncOnSubscribe.createSingleState(
    () -> resultSet,
    (rs, observer) -> {
        try {
            rs.next();
            observer.onNext(toArray(rs)); } catch (SQLException e) {
            observer.onError(e);
        }
    },
    rs -> {
        try {
            // Statement, Connection 등을 닫는다
            rs.close();
        } catch (SQLException e) {
            log.warn("Unable to close", e);
        }
    }
);
```

SyncOnSubscribe는 배압이 가능한 Observable을 제작할 수 있게 도와주는 편리한 유틸리티이다.[14] Observable.create()에 비하면 약간 더 복잡하지만, 개별 Subscriber가 통제하는 배압이 주는 이점은 과소 평가하기 어렵다. create() 연산자를 직접 사용하지 말고 대신 from()이나 SyncOnSubscribe와 같은 내장 팩토리를 고려하자.

배압은 Observable의 속도 조절을 Subscriber가 통제하는 놀랍도록 강력한 메커니즘이다. 피드백 채널은 분명히 약간의 비용 증가를 수반하지만, 느슨한 결합으로도 생산자와 소비자를 관리할 수 있게 되어 생기는 이점은 실로 엄청나다. 배압은 종종 일괄 처리되므로 오버헤드가 최소화되는데 Subscriber가 정말로 느린 경우(비록 잠시 동안이라 해도), 이 느린 속도는 즉시 반영되기 때문에

---

[14] 좀 더 반응적인 툴킷이 필요하다면 원칙적으로 매우 유사한 AsyncOnSubscribe를 살펴보자. 하지만 Observer에 대한 다음 항목을 생성하는 콜백 또한 비동기적으로 허용된다.

전반적인 시스템 안정성은 유지된다. 배압이 없을 때 onBackpressure*() 계열을 사용하면 어느 정도 처리량 문제를 완화시킬 수는 있겠지만 장기적으로는 그렇지 않다.

Observable을 만들 때 올바른 배압 요청 처리를 생각해 보자. 결국 Subscriber의 처리량에 대한 통제권이 없다. 또 다른 기법은 Subscriber에서 무거운 작업을 피하고, 대신 flatMap()에 분담시키는 방법이다. 예를 들어 subscribe() 안에서 데이터베이스에 이벤트를 저장하는 처리를 구현하는 대신 다음과 같은 시도를 한다.

```
source.subscribe(this::store);
```

store를 좀 더 리액티브하게 만들고(저장된 레코드의 Observable<UUID>를 반환하도록 했다) 구독은 부수 효과만 유발하도록 한다.

```
source
    .flatMap(this::store)
    .subscribe(uuid -> log.debug("Stored: {}", uuid));
```

더 나아가서 로그 프레임워크의 오버헤드를 줄이기 위해 UUID를 일괄적으로 처리한다.

```
source
    .flatMap(this::store)
    .buffer(100)
    .subscribe(
        hundredUuids -> log.debug("Stored: {}", hundredUuids))
```

subscribe()에서 장시간 작업을 피함으로써 배압의 필요성을 줄였지만, 미리 고민해 보는 것이 더 좋다. 연산자가 배압을 지원하는지 여부를 파악하려면 JavaDoc을 참조하라. 그러한 정보가 누락되었다면 대개의 경우 해당 연산자는 map()과 같이 어떤 식으로든 배압에 영향을 받지 않는다.

요약

이번 장에서 다룬 중요한 내용은 Observable.create()를 피해 수동으로 이벤트를 방출하는 방법이다. Observable을 구현해야만 한다면 배압을 지원하는 수많은 팩토리 메서드부터 고려해 보자. 또한 대상 도메인에 주의를 기울여야 하는데 어쨌든 들어오는 이벤트를 안전하게 건너뛰거나 일괄 처리하여 소비 측면에서 전반적인 부하를 줄일 수 있다.

7장

R e a c t i v e   P r o g r a m m i n g   w i t h   **R x J a v a**

테스트와 트러블슈팅

토마스 누르키비치

지금쯤이면 리액티브 익스텐션을 사용하여 프로그래밍하는 기본 원칙을 이해했을 것이다. 구독과 자주 사용되는 연산자를 습득했고, 기존 애플리케이션에 RxJava를 적용했을 때 얻을 수 있는 장점도 이야기했으며 완전한 리액티브 소프트웨어 스택도 작성했다. 그러나 리액티브 프로그래밍을 최대한 활용하려면 조금 더 깊이 들어가야 한다. 이번 장에서는 몇 가지 매우 중요한 측면과 원칙에 중점을 두며, 다음 내용을 다룬다.

- 재시도를 포함한 선언적 오류 처리("오류 처리" 참조)
- 가상 시간과 테스트(288쪽 "가상 시간" 참조)
- Observable 스트림의 모니터링과 디버깅(302쪽 "모니터링과 디버깅" 참조)

라이브러리 또는 프레임워크를 이해했다고 해도 이를 제품에 성공적으로 적용하기에는 충분하지 않다. 견고하고 안정적이며 탄력적인 애플리케이션을 구축하려면 앞서 말한 부분이 매우 중요하다.

오류 처리

리액티브 선언[1]은 리액티브 시스템이 받아들여야 할 4가지 특성을 제시한다. 리액티브 시스템은 응답성과 탄력성, 유연성이 있어야 하며 메시지 중심적이어야 한다. 이 중 몇 가지를 살펴보자.

---

[1] *http://www.reactivemanifesto.org*

응답성

가능한 한 시스템이 적시에 응답한다. […] 응답성은 문제를 신속하게 탐지하고 효과적으로 처리할 수 있음을 의미한다. […] 신속하고 일관된 응답 시간, […] 오류 처리를 단순화한다."

탄력성

시스템은 장애가 발생해도 응답성을 유지한다. […] 시스템의 일부는 전체 시스템에 손상을 주지 않으면서도 실패하거나 복구할 수 있다. […] 구성 요소의 클라이언트에 오류를 처리하는 부담을 주지 않는다.

이번 절에서는 처음 두 가지, 응답성과 탄력성이 어째서 중요한지 설명하고 RxJava에서 어떻게 이를 달성하는지 살펴보겠다. Observable을 구독할 때 사용하는 onError() 콜백은 이미 익숙하다. 그러나 이는 빙산의 일각에 불과하며 때로는 오류를 처리하는 최선의 방법도 아니다.

예외는 어디에?

전통적으로 Java에서 오류는 예외를 사용하여 표시한다. 이 언어에는 두 가지 예외가 있다.

- 묵시적(unchecked) 예외: 메서드 선언에 명시할 필요가 없는 예외다. 메서드가 이러한 예외(예: NullPointerException)를 던지면 메서드 선언에 이를 나타낼 수는 있지만 의무사항은 아니다.
- 명시적(checked) 예외: 코드를 컴파일하려면 메서드에 명시적으로 선언하고 처리해야 한다. 기본적으로 RuntimeException 또는 Error를 상속하지 않은 Throwable 상속이며, 대표적인 예는 IOException 이다.

이러한 유형의 전통적인 오류 처리는 장단점이 있다. 묵시적 예외는 쉽게 추가할 수 있으며 컴파일 시 이전 버전과 호환성을 손상시키지 않는다. 또한 묵시적 예외를 사용하면 예외를 (명시적으로 처리할 수 있기는 해도) 처리할 필요가 없기 때문에 클라이언트 코드가 보다 명료해진다. 반면에 명시적 예외는 메서드에서 기대하는 결과가 보다 분명하다. 물론 모든 메서드는 어떠한 예외라도 던질 수 있지만 명시적 예외는 API의 일부로 간주되며 명시적으로 처리해야 하는 오류를 제시한다. 명시적 예외는 빠뜨릴 수 없기 때문에 오류가 없는 코드를 작성하는 측면에서 나아 보일 수 있지만, 실제로는 상당히 다루기 힘들고 애매하다고 알려져 있다. 공식 자바 API조차도 묵시적 예외로 바꾸고 있는데, 예를 들어 오래된 명시적인 JMSException은 JMS 2.0에서 새롭게 묵시적인 JMSRuntimeException으로 바뀌었다.

RxJava는 완전히 다른 접근 방식을 취한다. 우선 표준 자바에서 예외는 자료형 체계상 별개 차원이다. 메서드 반환 유형이 있으나 이와 완전히 직교하는 예외가 있다. 메서드가 File을 열면 InputStream을 반환하거나 FileNotFoundException을 던진다. 하지만 FileNotFoundException을 선언하지 않았다면 어떻게 될까? 아니면 예상한 다른 예외가 있는가? 실패가 예측 가능한 일상적인 작업 흐름 경로가 아니듯이 예외는 대체 실행 경로이다. 하지만 RxJava에서는 실패란 그저 다른 유형의 알림일 뿐이다. 모든 Observable<T>는 T형 이벤트로 구성된 순열이며 선택적인 완료 또는 오류 알림이 뒤따른다. 이것은 오류가 묵시적으로 모든 스트림의 일부라는 뜻인데 비록 이들을 다루어야 할 필요는 없지만 오류를 선언적으로 보다 우아하게 처리하는 연산자가 여럿 존재한다. 또한 try-catch로 Observable을 둘러싸도 오류를 잡아내지 않고 앞서 말한 오류 알림을 통해서만 전달된다.

그러나 오류를 선언적으로 처리하는 몇 가지 RxJava 연산자를 둘러보기 전에, 먼저 오류를 전혀 처리하지 않을 때 적용하는 경험적인 기법들을 이해해야 한다. 자바에서는 거의 모든 곳에서 예외가 발생할 수 있는데, 라이브러리 설계자는 이를 적절히 처리하든가 아니면 최소한 보고해야 한다. 가장 일반적인 문제는 onError 콜백을 정의하지 않은 subscribe()이다.

```
Observable
    .create(subscriber -> {
        try {
            subscriber.onNext(1 / 0);
        } catch (Exception e) {
            subscriber.onError(e);
        }
    })
    // 잘못된 구현: onError() 콜백이 없다
    .subscribe(System.out::println);
```

create() 안에서 강제로 ArithmeticException을 던지고 개별 구독자의 onError() 콜백을 호출한다. 불행히도 subscribe()는 onError() 구현을 제공하지 않는데 다행히 RxJava는 ArithmeticException을 포장한 OnErrorNotImplemented Exception을 던져서 궁지를 벗어나려 한다. 하지만 어떤 스레드가 이 예외를 던지는가? 어려운 질문이다. Observable이 (앞선 예와 같이) 동기 방식이면, 처리되지 않은 onError()의 경우 클라이언트 스레드가 간접적으로 create()를 호출하여 OnErrorNotImplementedException을 던진다. 이는 subscribe()를 호출한 스레드가 OnErrorNotImplementedException을 받는다는 뜻이다.

오류 구독을 잊어버렸는데 Observable이 비동기라면 상황은 더욱 복잡해진다. 이런 경우 OnErrorNotImplementedException을 던질 때 subscribe()를 호출한 스레드가 이미 사라지고 없을 수도 있다. 이때 onError() 콜백을 호출하려고 한 스레드에서 예외가 발생한다. 예외 발생 위치는 subscribeOn() 또는 마지막 observeOn()을 통해 선택된 Scheduler의 스레드일 수도 있다. Scheduler는 어떤 방식이든 원하는 대로 예상치 못한 예외를 자유롭게 관리할 수 있는데, 대부분의 경우 단순히 스택 트레이스를 표준 오류 스트림에 출력한다. 완벽한 처리는 아니라서 이러한 예외는 일반적인 로그 출력 코드를 우회하기 때문에 최악의 경우 눈에 띄지 않기도 한다. 그러므로 subscribe()에서 값만 처리하고 오류를 무시하고 있다면 좋은 징조가 아니며 오류를 놓칠 수 있다. 어떠한 예외도 발생하지 않는다고 기대하더라도(그런 일은 거의 없다), 최소한 로그 프레임워크와 연동한 오류 로그를 남기도록 하자.

```
private static final Logger log = LoggerFactory.getLogger(My.class);

//....

.subscribe(
        System.out::println,
        throwable -> log.error("That escalated quickly", throwable));
```

수많은 곳에 예외가 발생하거나 몰래 숨어들 수 있다. 무엇보다도 앞선 예제와 마찬가지로 create() 내부의 람다식을 try-catch() 구문으로 둘러싸는 방식은 좋은 습관이다.

```
Observable.create(subscriber -> {
    try {
        subscriber.onNext(1 / 0);
    } catch (Exception e) {
        subscriber.onError(e);
    }
});
```

그러나 try-catch를 잊어버려서 create()가 예외를 던지게 한다면, RxJava는 최선을 다해 onError() 알림과 비슷한 예외를 전달한다.

```
Observable.create(subscriber -> subscriber.onNext(1 / 0));
```

앞의 두 가지 코드 예제는 의미상 동등하다. create()에서 던지는 예외는 RxJava 가 내부적으로 잡아내어 오류 알림으로 바꾼다. 그러나 가능하다면 subscriber. onError()를 통해 명시적으로 전파하는 예외가 보다 좋으며, 더 나은 방법은 fromCallable()을 사용하는 것이다.

```
Observable.fromCallable(() -> 1 / 0);
```

예외가 일반적으로 발생할 수 있는 다른 장소는 사용자 코드를 받는 연산자다. 간단히 말하면 람다식을 인수로 받는 map(), filter(), zip()과 같은 연산자이며 그 밖에도 매우 많다. 이들 연산자는 업스트림의 Observable에서 오는 오류 알림 을 처리해야 할 뿐만 아니라 사용자 정의 매핑 함수 또는 술어에서 예외가 발생 하는 경우도 처리해야 한다. 다음은 고장난 매핑과 필터링의 예이다.

```
Observable
    .just(1, 0)
    .map(x -> 10 / x);

Observable
    .just("Lorem", null, "ipsum")
    .filter(String::isEmpty);
```

첫 번째 예제는 어떤 요소에 익숙한 ArithmeticException을 던진다. 두 번째 예 제는 filter() 안의 술어가 호출되는 동안 NullPointerException을 발생시킨다. map()이나 filter()와 같은 고차 함수에 전달된 모든 람다식은 순수해야 하는 반 면 예외 던지기는 불순한 부작용이다. 이때 RxJava는 예기치 않은 예외를 처리 하고자 최선을 다하며 그 동작은 예상과 정확히 일치한다. 파이프라인상의 연산 자가 예외를 던지면 오류 알림으로 바뀌고 다운스트림을 통과한다. RxJava가 깨 진 사용자 코드를 복구하려는 노력에도 불구하고 람다 표현식이 잠재적으로 예 외를 던질 것이 의심된다면 flatMap()을 사용하여 명시적으로 예외를 만들도록 하자.

```
Observable
    .just(1, 0)
    .flatMap(x -> (x == 0) ?
            Observable.error(new ArithmeticException("Zero :-(")) :
            Observable.just(10 / x)
);
```

flatMap()은 매우 다재다능한 연산자라서 비동기 연산의 다음 단계를 명시할 필 요가 없다. Observable은 값 또는 오류를 담는 그릇이기 때문에 오류가 발생할 수 있는 매우 빠른 계산을 선언적으로 표현하려면, 이를 포장하는 Observable도 좋은 선택이다.

선언적 표현으로 try-catch 교체하기

오류는 Observable 파이프라인을 통과하는 일반적인 이벤트와 무척 비슷하다. 이제는 오류가 어디서 왔는지 이해했으니, 오류를 선언적으로 다루는 법을 배워야 한다. 가장 빈번하게 작성하는 Observable 코드는 여러 연산자를 조합하는 업스트림 Observable이다. 몇 가지 데이터를 기반으로 보험 계약을 작성하는 간단한 예를 들어 보자.

```
Observable<Person> person = //...
Observable<InsuranceContract> insurance = //...
Observable<Health> health = person.flatMap(this::checkHealth);
Observable<Income> income = person.flatMap(this::determineIncome);
Observable<Score> score = Observable
    .zip(health, income, (h, i) -> asses(h, i))
    .map(this::translate);
Observable<Agreement> agreement = Observable.zip(
    insurance,
    score.filter(Score::isHigh),
    this::prepare);
Observable<TrackingId> mail = agreement
    .filter(Agreement::postalMailRequired)
    .flatMap(this::print)
    .flatMap(printHouse::deliver);
```

이 인위적인 예제는 업무 절차상 여러 단계를 보여주는데, Person을 불러오고 유효한 InsuranceContract을 조회한 다음 Person을 기반으로 Health와 Income을 동시에 분기 실행하여 결정한 뒤에 이 두 결과를 결합하여 Score를 계산하고 변경한다. 마지막으로 InsuranceContract를 Score와 합치고 우편 발송과 같은 후처리를 수행한다. 지금까지 아무런 처리도 진행되지 않았고 그저 작업을 수행하겠다고 선언했을 뿐이며 누군가가 구독하기 전에는 실행하지 않는다. 그러나 이러한 업스트림 소스 중 하나에서 오류 알림이 발생하면 어떻게 되겠는가? 여기에 오류 처리가 표시되지는 않지만 매우 적절하게 전달된다.

　지금까지 마주한 모든 연산자는 기본적으로 값을 사용해서 오류를 완전히 무시했다. 일반 연산자는 흘러가는 값을 변환하지만 완료 알림과 오류 알림을 건너뛴 채 다운스트림으로 흘러보내기 때문에 별 문제는 없다. 즉, 업스트림 Observable의 단일 오류가 모든 다운스트림 구독자에게 단계적으로 전파된다는 뜻이다. 비즈니스 로직상 절대적으로 모든 단계를 연결해야 하는 경우도 문제없다. 하지만 때로는 탈없이 오류를 무시하고 대체 값이나 보조 스트림으로 대체할 수도 있다.

onErrorReturn()을 사용하여 오류를 고정된 결과로 바꾸기

RxJava에서 가장 간단한 오류 처리 연산자는 onErrorReturn()인데, 오류가 발생하면 단순히 오류를 고정값으로 바꾼다.

```
Observable<Income> income = person
    .flatMap(this::determineIncome)
    .onErrorReturn(error -> Income.no())

//...

private Observable<Income> determineIncome(Person person) {
    return Observable.error(new RuntimeException("Foo"));
}

class Income {
    static Income no() {
        return new Income(0);
    }
}
```

onErrorReturn() 연산자는 설명하지 않아도 될 것 같다. 정상적으로 이벤트가 흐른다면 이 연산자는 아무것도 하지 않는다. 그러나 업스트림에서 오류 알림을 만나는 순간 이를 즉시 폐기하고 고정값으로 대체하는데, 이 예제에서는 Income.no()를 사용한다. onErrorReturn()을 사용한 구문은 try-catch 절을 사용했을 때와 비교하면 훨씬 읽기 편할 뿐만 아니라 즐겁기까지 하다.

```
try {
    return determineIncome(Person person)
} catch(Exception e) {
    return Income.no();
}
```

이 예제에서 catch 절이 원래 예외를 삼켜버리고 그냥 고정값을 반환하고 있음을 알아차렸는가? 의도적으로 이렇게 했지만 일반적으로는 예외가 발생했을 때 로그를 남겨야 한다. RxJava의 모든 오류 처리 연산자는 이러한 방식, 즉 어떤 예외를 선언적으로 처리하면 원래 예외는 삼키는 식으로 작동한다. 이 부분은 분명히 짚고 넘어가야 하는데, 로그 파일에는 어떠한 문제도 드러내지 않은 채 오작동하는 시스템은 정말 최악이다. onErrorReturn()은 오류를 인자로 넘기는데 그냥 무시하면 된다. onErrorReturn() 안에서 예외를 로그로 남기거나 좀 더 특화된 진단 연산자를 사용할 수도 있으며, 이는 302쪽의 "모니터링과 디버깅"에서 다룬다. 당분간 RxJava의 모든 오류 처리 연산자에서 예외를 로그로 남길지 모니터링할지는 각자 원하는 대로 선택하게 했음을 기억해두자.

onErrorResumeNext( )로 오류 대비책을 느긋하게 계산하기

onErrorReturn()으로 반환하는 고정된 스텁(stub) 결과가 때로는 좋은 접근법일 수도 있지만, 오류가 발생하면 어떤 대체값을 느긋하게 계산하고 싶을 때가 많다. 다음과 같은 두 가지 상황이 있다.

- 데이터 스트림을 생성하는 주된 방법이 실패하여 onError() 이벤트가 발생했고, 그래서 동급의 대체재로 전환했지만 어떤 이유로 이를 (더 느리고 더 비싼) 백업으로 간주한다.
- 오류가 발생하면, 실제 데이터를 비용이 낮고 보다 안정적이지만 오래되었을지도 모를 정보로 바꾸고 싶은 경우가 있다. 예를 들어 최신 데이터 검색에 실패하면 캐시에서 오래됐을 지도 모를 스트림을 가져와 대체한다. 또 다른 일반적인 예는 약간 낮은 수준의 사용자 경험 전달인데, 예를 들면 온라인 상점에서 사용자 맞춤 추천 사항이 아니라 베스트셀러 목록을 반환한다.

분명히 오류 발생 시 필요한 처리는 그 자체로 고비용일 뿐 아니라 또 다른 오류로 이어질 가능성도 있다. 따라서 어떻게든 대체 로직을 느긋하게, 가급적 비동기 포장재로 캡슐화해야 한다. 그게 무엇이겠는가? 당연히 Observable이다!

```
Observable<Person> person = //...
Observable<Income> income = person
    .flatMap(this::determineIncome)
    .onErrorResumeNext(person.flatMap(this::guessIncome));

//...

private Observable<Income> guessIncome(Person person) {
    //...
}
```

onErrorResumeNext() 연산자는 기본적으로 오류 알림을 다른 스트림으로 대체한다. onErrorResumeNext()로 보호하는 Observable을 구독했는데 실패하면 RxJava는 원본 Observable을 매개변수에서 지정한 대체재로 명료하게 전환한다. 이 예제에서 income 스트림이 실패하면 오류 알림을 포착한 다음 라이브러리는 자동으로 guessIncome() 스트림을 구독하는데, 다소 정밀함은 떨어지지만 보다 안정적이고 빠르며 저렴하다. determineIncome이 항상 정확히 하나의 값이나 오류를 방출한다면 흥미롭게도 onErrorResumeNext()를 concatWith() 연산자로 바꿀 수 있다.

```
Observable<Income> income = person
    .flatMap(this::determineIncome)
    .flatMap(
        Observable::just,
        th -> Observable.empty(),
        Observable::empty)
    .concatWith(person.flatMap(this::guessIncome))
    .first();
```

여기서 flatMap() 연산자의 낯선 모습을 볼 수 있는데 람다식을 하나가 아닌 3개를 받는다.

- 첫 번째 인수는 업스트림 Observable의 개별 요소를 새로운 Observable로 대체할 수 있는데, 이는 책 전체에서 지금까지 flatMap()을 사용한 방법과 정확히 일치한다.
- 두 번째 인수는 선택적 오류 알림을 다른 스트림으로 바꾼다. 업스트림에서 발생한 오류를 무시하고 단순히 빈 Observable로 바꾼다.
- 마지막으로 업스트림이 정상적으로 완료되면 완료 알림을 다른 스트림으로 바꿀 수 있다.

여기서 first() 연산자 사용이 매우 중요하다. first() 연산자를 적용하고 첫 번째 이벤트가 나타날 때까지 기다린다. 성공하면 determineIncome의 결과를 받으며 RxJava는 결코 guessIncome()의 결과를 구독하지 않는다. 그러나 실패하면 최초의 Observable은 본질적으로 이벤트를 발생시키지 않기 때문에 first() 연산자는 다른 항목을 요구하게 되고 이번에는 concatWith()에 인수로 전달된 대체 스트림을 구독한다.

이 예제에서는 concatWith()가 전혀 필요 없음을 깨달았기 바란다. 가장 복잡한 형태의 flatMap()만으로도 충분하다. first() 연산자조차 더 이상 필요하지 않다. 왜 그런지 생각해 보자.

```
Observable<Income> income = person
    .flatMap(this::determineIncome)
    .flatMap(
```

```
        Observable::just,
        th -> person.flatMap(this::guessIncome),
        Observable::empty);
```

앞의 예제는 흥미로운 특징이 있는데 Throwable 형인 th에 기반한 onError() 매핑에서 다른 Observable을 반환할 수 있다. 따라서, 이론적으로는 예외 메시지나 자료형을 기반으로 다른 대체 스트림을 반환할 수 있다. onErrorResumeNext() 연산자는 바로 이런 경우를 허용하는, 다음과 같은 오버로드된 버전을 포함한다.

```
Observable<Income> income = person
    .flatMap(this::determineIncome)
    .onErrorResumeNext(th -> {
        if (th instanceof NullPointerException) {
            return Observable.error(th);
        } else {
            return person.flatMap(this::guessIncome);
        }
    });
```

flatMap()은 융통성 있는 오류 처리를 제공할 만큼 충분히 다재다능하지만, onErrorResumeNext()가 보다 표현력이 풍부하고 읽기 쉽기 때문에 이쪽을 권장한다.

이벤트가 발생하지 않으면 시한 만료시키기

RxJava는 업스트림 Observable에서 예외 알림을 처리하는 연산자를 제공한다. 그런데 오류보다 더 나쁜 것이 있다. 바로 침묵이다. 연결할 시스템이 예외 때문에 실패한 경우라면 비교적 간단하게 예측해서 처리하거나 단위 테스트 수행 등을 할 수 있다. 그런데 Observable을 구독하여 즉각적인 결과를 기대할 수 있는 상황이지만 아무것도 방출하지 않는다면? 이 상황은 단순한 오류 발생보다 훨씬 나쁘다. 시스템의 대기 시간에 크게 영향을 주며, 로그에 명확한 표시도 없기 때문에 멈춘 듯이 보인다.

다행히도 RxJava는 업스트림 Observable을 수신하는 내장된 timeout() 연산자를 제공하는데, 마지막 이벤트 또는 구독 이후 경과 시간을 지속적으로 모니터링한다. 이어지는 이벤트 사이의 간격이 주어진 기간보다 길다면 timeout() 연산자는 TimeoutException을 포함한 오류 알림을 발행한다. timeout()이 어떻게 작동하는지 더 잘 이해하기 위해 특정 시간 이후에 하나의 이벤트를 방출하는 Observable을 생각해 보자. 이 예제의 목적을 달성하고자 100ms 후에 Confirmation 이벤트를 반환하는 Observable을 만들고, delay(100,

MILLISECONDS)를 추가하여 대기 시간을 흉내 낸다. 또한 이벤트와 완료 알림 사이에도 추가 대기 시간을 흉내 내고 싶은데, 이것이 empty()의 목적이며 보통은 순조롭게 즉시 완료하겠지만 여분의 delay()가 완료 시점을 약간 늦춘다. 이 두 스트림을 결합하면 다음과 같다.

```
Observable<Confirmation> confirmation() {
    Observable<Confirmation> delayBeforeCompletion =
        Observable
            .<Confirmation>empty()
            .delay(200, MILLISECONDS);
    return Observable
            .just(new Confirmation())
            .delay(100, MILLISECONDS)
            .concatWith(delayBeforeCompletion);
}
```

이제, timeout() 연산자 중 가장 단순한 오버로딩 버전을 시험해 보자.

```
import java.util.concurrent.TimeoutException;

//...

confirmation()
    .timeout(210, MILLISECONDS)
    .forEach(
        System.out::println,
        th -> {
            if (th instanceof TimeoutException) {
                System.out.println("Too long");
            } else {
                th.printStackTrace();
            }
        }
    );
```

210ms 시간 제한은 임의로 택한 값이 아니다. 구독부터 Confirmation 객체가 도착하기까지 시간 지연은 정확히 100ms인데, 시간 제한 임계값보다 작다. 또한 이 이벤트와 완료 알림 사이의 지연 시간은 200ms이며, 역시 210보다 작다. 따라서 이 예제에서 timeout() 연산자는 전체 메시지 흐름에 영향을 미치지 않는다. 그러나 timeout() 임계값을 200ms보다 약간 낮추면(예를 들어 190) 영향이 보인다. Confirmation이 나타나지만 완료 콜백 대신 TimeoutException이 포함된 오류 알림을 받는다. 첫 번째 이벤트는 200ms보다 이른 시간에 상당히 일찍 도착했지만 첫 번째 이벤트와 두 번째 이벤트 사이의 대기 시간(실제로 완료 알림)은 190ms를 초과했으며 대신 오류 알림이 다운스트림에 전파되었다. 물론 타임

아웃 임계값이 100ms 미만이면 첫 번째 이벤트도 나타나지 않는다.

이는 가장 간단한 timeout() 사용 방법으로서, 단일 응답 또는 복수 응답별 대기 시간을 제한하고자 할 때 유용하다. 그런데 고정된 시간 제한 임계값이 너무 엄격하여 런타임의 시간 제한을 조정하고 싶을 수도 있다. 일식을 예측하는 알고리즘을 구축했다고 가정해 보자. 이 알고리즘의 인터페이스는 이러한 종류의 미래 날짜 이벤트를 스트림하는 Observable<LocalDate>이다. 잠시 동안 이 알고리즘이 엄청난 계산을 요구한다고 가정할텐데, 이번에는 이를 interval() 연산자로 흉내 내며 interval()로 만든 저속 진행 스트림과 고정된 날짜 목록을 zipWith로 결합한다(47쪽 "타이밍: timer()와 interval()" 참조). interval(500, 50, MILLISECONDS) 덕분에 사용 가능한 첫 번째 날짜는 500ms 후에 나타나며, 이후 50ms마다 차례로 날짜가 나타난다. 실제 시스템에서는 매우 일반적인데, 응답 초기에는 연결 설정이나 SSL 핸드 셰이크, 쿼리 최적화 등 서버가 수행하는 작업 요인으로 인해 비교적 높은 대기 시간을 나타낸다. 그러나 이어지는 응답은 즉시 이용 가능하거나 쉽게 가져올 수 있으며, 그래서 이들 사이의 대기 시간은 훨씬 더 낮다.

```
Observable<LocalDate> nextSolarEclipse(LocalDate after) {
    return Observable
        .just(
            LocalDate.of(2016, MARCH, 9),
            LocalDate.of(2016, SEPTEMBER, 1),
            LocalDate.of(2017, FEBRUARY, 26),
            LocalDate.of(2017, AUGUST, 21),
            LocalDate.of(2018, FEBRUARY, 15),
            LocalDate.of(2018, JULY, 13),
            LocalDate.of(2018, AUGUST, 11),
            LocalDate.of(2019, JANUARY, 6),
            LocalDate.of(2019, JULY, 2),
            LocalDate.of(2019, DECEMBER, 26))
        .skipWhile(date -> !date.isAfter(after))
        .zipWith(
            Observable.interval(500, 50, MILLISECONDS),
            (date, x) -> date);
}
```

이러한 유형일 때 하나의 고정된 임계값만 사용하면 문제가 있다. 첫 번째 이벤트의 한계치는 비관적으로 잡아야 하며, 후속 이벤트 한계치는 더 공격적으로 가늠해야 한다. 오버로드된 timeout()은 다음과 같이 Observable의 팩토리 메서드 두 개를 사용하여 처리하는데, 하나는 첫 번째 이벤트의 시간 초과를 표시하고 다른 하나는 후속 요소의 시간 초과를 표시한다. 백문이 불여일견이니 예제를 보자.

```
nextSolarEclipse(LocalDate.of(2016, SEPTEMBER, 1))
    .timeout(
        () -> Observable.timer(1000, TimeUnit.MILLISECONDS),
        date -> Observable.timer(100, MILLISECONDS))
```

여기서 첫 번째 Observable은 1초 후 정확히 하나의 이벤트를 방출하는데, 첫 번째 이벤트에 대해 허용 가능한 대기 시간의 임계값이다. 두 번째 Observable은 스트림의 개별 이벤트에 대해 만들어지며 후속 이벤트의 시간 제한을 미세하게 조정할 수 있다. date 매개 변수는 사용하지 않았음을 주목하자. 어떤 의미에서 보면 순응하는 시간 제한을 상상할 수도 있는데, 예를 들어 앞선 이벤트가 평상시보다 컸다면 다음 이벤트는 조금 더 기다릴 수 있다. 또는 그 반대의 경우 구독자의 성능에 맞춰 개별 후속 이벤트의 시간 제한을 늦춘다.

시간 제한을 걸지 않더라도 개별 이벤트의 대기 시간을 추적하면 유용한 경우가 간혹 있다. 유용한 timeInterval() 연산자는 다음과 같이 T형의 각 이벤트를 TimeInterval<T>로 캡슐화하여 대체할 뿐만 아니라 이전 이벤트(또는 첫 번째 이벤트인 경우 구독자) 이후 경과한 시간도 보여준다.

```
Observable<TimeInterval<LocalDate>> intervals =
        nextSolarEclipse(LocalDate.of(2016, JANUARY, 1))
                .timeInterval();
```

TimeInterval<LocalDate>는 LocalDate를 반환하는 getValue() 외에도 getIntervalInMilliseconds()를 제공하지만 이 메서드의 동작 방식을 이해하려면 아래 실행 결과를 살펴보는 편이 보다 쉽다. 첫 번째 이벤트가 도착하기까지 533ms가 걸렸지만 이후에는 각각 50ms 정도가 걸린다.

```
TimeInterval [intervalInMilliseconds=533, value=2016-03-09]
TimeInterval [intervalInMilliseconds=49, value=2016-09-01]
TimeInterval [intervalInMilliseconds=50, value=2017-02-26]
TimeInterval [intervalInMilliseconds=50, value=2017-08-21]
TimeInterval [intervalInMilliseconds=50, value=2018-02-15]
TimeInterval [intervalInMilliseconds=50, value=2018-07-13]
TimeInterval [intervalInMilliseconds=50, value=2018-08-11]
TimeInterval [intervalInMilliseconds=50, value=2019-01-06]
TimeInterval [intervalInMilliseconds=51, value=2019-07-02]
TimeInterval [intervalInMilliseconds=49, value=2019-12-26]
```

timeout() 연산자 중에는 오류가 발생할 경우 원본을 대신할 Observable을 허용하는 또 다른 오버로드된 버전도 있다. 이는 onErrorResumeNext()와 매우 비슷하게 동작한다(278쪽의 "onErrorResumeNext()로 오류 대비책을 느긋하게 계산하기" 참조).

실패 후 재시도

onError 알림은 최종단이므로 해당 스트림에서 더 이상 다른 이벤트가 나타날 수 없다. 따라서 잠재적으로 치명적이지 않은 작업 조건을 알리고 싶다면 onError는 피해야 한다. 이는 프로그램 흐름을 제어할 때 예외를 사용하지 않는 일반적인 권장사항과 크게 다르지 않다. 대신에 Observable에서는 일반적인 이벤트와 더불어 여러 번 나타날 수 있는 오류를 함께 래핑한 특별한 유형의 이벤트 타입을 고려해야 한다. 예를 들어 거래 결과 스트림을 제공하는 와중에 자금 부족과 같은 사업상의 이유로 일부 거래가 실패할 수 있다면 onError 알림을 사용하지 말아야 한다. 대신 각각 성공 또는 실패를 나타내는 두 개의 구체적인 하위 클래스를 지닌 TransactionResult 추상 클래스 생성을 고려해 보자. 이런 스트림에서 onError 알림이란 대재앙이 일어나서 이후 어떠한 이벤트도 방출할 수 없이 무언가가 몹시 잘못되었다는 신호이다.

그렇긴 해도 onError는 외부 컴포넌트 또는 시스템의 일시적인 오류를 나타낼 수 있다. 놀랍게도 보통은 그냥 다시 한 번 시도하면 성공하기도 한다. 다른 시스템에서 짧은 부하 스파이크나 GC 일시 중지, 또는 재시작이 발생했을 수 있다. 재시도는 강력하면서 탄력적인 애플리케이션을 구축하려면 필수적인 장치다. RxJava는 재시도를 훌륭하게 지원한다.

가장 단순한 retry() 연산자는 계속 정상 이벤트를 생성하고자 하는 실패한 Onservable을 다시 구독한다. 학습을 위해 심각하게 이상 동작하는 Observable을 만들어보자.

```
Observable<String> risky() {
    return Observable.fromCallable(() -> {
        if (Math.random() < 0.1) {
            Thread.sleep((long) (Math.random() * 2000));
            return "OK";
        } else {
            throw new RuntimeException("Transient");
        }
    });
}
```

risky() 구독의 90%는 RuntimeException으로 이어진다. 이를 어떻게든 "OK" 분기로 실행하면 0~2초 사이의 인공적인 지연이 주입된다. 이 위험한 연산은 retry()를 시연하는 역할을 한다.

```
risky()
    .timeout(1, SECONDS)
    .doOnError(th -> log.warn("Will retry", th))
    .retry()
    .subscribe(log::info);
```

느린 시스템은 일반적으로 고장난 시스템과 구별하기 어려운데, 간혹 추가 대기 시간 때문에 더 악화된다. 때로는 시간 제한까지 걸어 재시도 방식을 더 공격적으로 적용해야 할 때도 있다. 물론 재시도는 부작용이 없는 멱등(idempotent) 연산이어야 한다. retry() 동작은 매우 간단하다. 모든 이벤트와 완료 통지를 다운스트림으로 밀어내지만 onError()는 밀어내지 않는다. 오류 알림을 삼키고 예외를 전혀 기록하지 않으니 doOnError() 콜백을 사용하자(302쪽 "doOn...() 콜백" 참조). retry()가 모의 RuntimeException 또는 TimeoutException과 마주치면 다시 구독을 시도한다.

만약 Observable이 캐시되었거나 항상 같은 순서로 항목을 반환하도록 보장한다면 retry()는 작동하지 않는다는 점에 주의하자.

```
risky().cached().retry() // 깨진 구현
```

risky()가 일단 오류를 방출하면 아무리 여러 번 다시 구독하더라도 계속해서 영원히 오류를 방출한다. 이 문제를 극복하기 위해 defer()를 사용하여 Observable의 생성을 조금 더 지연시킬 수 있다.

```
Observable
    .defer(() -> risky())
    .retry()
```

risky()가 반환한 Observable이 캐시된 경우에도 defer()는 risky()를 여러 번 호출하여 새로운 Observable을 매번 얻게 될 것이다.

delay()를 사용한 재시도와 재시도 횟수 제한

평범한 retry() 메서드가 유용하기는 하지만 속도 조절이나 횟수 제한 없이 맹목적으로 구독을 시도하는 것은 위험하다. CPU나 네트워크를 빠르게 포화시켜 높은 부하 상태를 만들 수 있기 때문이다. 기본적으로 매개변수 없는 retry()는

안에 try 블록을 품은 while 반복문이고 뒤이어 빈 catch가 나온다. 우선 시도 횟수를 제한해야 하는데 때마침 내장 연산자 retry()가 있다.

```
risky()
    .timeout(1, SECONDS)
    .retry(10)
```

retry()의 정수 인자는 재시도 횟수를 지시하는 것으로, retry(0)이면 전혀 재시도하지 않는다는 뜻이다. 만일 업스트림의 Observable이 10번 실패한다면 마지막으로 본 예외가 다운스트림으로 전파된다. 보다 유연한 retry() 구현은 다음과 같이 시도 횟수와 실제 예외에 따라 재시도 여부를 결정하도록 허용한다.

```
risky()
    .timeout(1, SECONDS)
    .retry((attempt, e) ->
        attempt <= 10 && !(e instanceof TimeoutException))
```

재구독 시도 횟수를 10회로 제한할 뿐만 아니라 예외가 TimeoutException일 경우 조기에 재시도를 중단한다.

장애가 일시적이라면 재구독을 시도하기 전에 잠시 기다리는 편이 낫다. retry() 연산자가 이러한 기능을 기본적으로 제공하지는 않지만 비교적 구현하기 쉽다. retryWhen()이라 부르는 보다 유연한 retry()는 실패로 이루어진 Observable을 받는 함수를 취한다. 업스트림에서 실패할 때마다 이 Observable은 Throwable을 방출한다. 우리의 책임은 이 Observable을 재시도할 때 임의의 이벤트를 방출하는 방식으로 변환하는 것이다.

```
risky()
    .timeout(1, SECONDS)
    .retryWhen(failures -> failures.delay(1, SECONDS))
```

앞의 retryWhen() 예제는 업스트림에서 실패할 때마다 Throwable을 방출하는 Observable을 받는다. 모든 이벤트를 각각 1초 미루어 1초 후에 결과 스트림에 나타나도록 했다. 이는 retryWhen()이 재시도를 해야 한다는 신호다. retryWhen(x -> x)와 같이 동일한 스트림을 반환하는 경우라면 retryWhen()은 retry()와 똑같이 동작하여 오류가 발생하는 즉시 다시 구독한다. retryWhen()을 사용하면 retry(10)을 쉽게 흉내 낼 수 있다(거의 그렇다는 뜻인데, 일단 계속 읽어나가자).

```
    .retryWhen(failures -> failures.take(10))
```

실패가 발생할 때마다 이벤트를 받는다. 반환되는 스트림은 재시도를 원할 때마다 임의의 이벤트를 방출한다고 가정한다. 따라서 단순히 처음 10개의 실패를 전달하여 개별 실패마다 즉시 재시도하도록 한다. 그러나 11번째 실패가 failures Observable에서 발생하면 어떻게 될까? 여기가 까다로운 부분이다. take(10) 연산자는 10번째 실패 직후 onComplete 이벤트를 방출한다. 따라서 10번째 재시도 후 retryWhen()은 완료 이벤트를 받는다. 이 완료 이벤트는 재시도를 중지하고 다운스트림을 닫으라는 신호로 해석된다. 10번의 시도가 실패하면 아무것도 방출하지 않고 완료한다는 뜻이다. 하지만 retryWhen()에 전달한 Observable이 오류를 발생하며 완료되면 이 오류는 다운스트림으로 전파된다.

다시 말해 retryWhen() 내부의 Observable에서 방출하는 이벤트는 모두 재시도 요청으로 해석된다. 그러나 완료 또는 오류 알림을 보내면 재시도가 중단되고 완료 또는 오류를 다운스트림에 전달한다. 단지 failures.take(10)이라 하면 10번은 재시도하겠지만 한 번 더 실패할 경우 마지막 오류를 전파하지 않고 성공적인 완료를 전달한다. 예제를 살펴보자.

```
static final int ATTEMPTS = 11;

//...
.retryWhen(failures -> failures
        .zipWith(Observable.range(1, ATTEMPTS), (err, attempt) ->
                attempt < ATTEMPTS ?
                        Observable.timer(1, SECONDS) :
                        Observable.error(err))
        .flatMap(x -> x)
)
```

꽤 복잡해 보이지만, 또한 매우 강력하다. 1~11 사이에서 발생하는 오류는 zip으로 묶고 재시도는 최대 10번만 하고 싶다. 그래서 시도 횟수가 11보다 작으면 timer(1, SECONDS)를 반환한다. retryWhen() 연산자는 이 이벤트를 포착하여 실패 후 1초가 지난 다음 다시 시도한다. 그러나 10번째 재시도가 실패로 끝나면 오류 Observable을 반환하며, 마지막으로 발생한 예외로 재시도 과정을 완료한다.

이러한 방법은 커다란 유연성을 제공한다. 특정 예외가 나타나거나 이미 너무 많이 재시도한 경우 재시도를 중지할 수 있다. 또 각 시도 사이의 지연 시간을 조정할 수도 있다! 예를 들어 첫 번째 재시도는 바로 수행하지만 이어서 재시도하기까지 지연 시간을 기하 급수적으로 증가시키고자 한다.[2]

---

2 *https://en.wikipedia.org/wiki/Exponential_backoff*

```
    .retryWhen(failures -> failures
        .zipWith(Observable.range(1, ATTEMPTS),
            this::handleRetryAttempt)
        .flatMap(x -> x)
)

//...

Observable<Long> handleRetryAttempt(Throwable err, int attempt) {
    switch (attempt) {
        case 1:
            return Observable.just(42L);
        case ATTEMPTS:
            return Observable.error(err);
        default:
            long expDelay = (long) Math.pow(2, attempt - 2);
            return Observable.timer(expDelay, SECONDS);
    }
}
```

첫 번째 재시도에서 임의의 이벤트를 즉각 방출하는 Observable을 반환했으므로 즉각 재시도를 수행한다. 반환하는 타입과 이벤트 값은 문제가 안된다. 따라서 42든 다른 값이든 상관 없다. 마지막으로 재시도할 때 마지막으로 나타난 실패를 다운스트림의 Subscriber에 그대로 전송한다. 그리고 2번째부터 10번째 시도까지는 다음 지수 공식을 사용하여 지연을 계산한다.

$$\text{지연(시도 횟수)} = \begin{cases} 0 & \text{만약 시도 횟수 } = 1\text{이면} \\ 2^{\text{시도 횟수} - 2} & \text{만약 시도 횟수가 } \{2, 3, 4 \cdots 10\}\text{이면} \end{cases}$$

테스트와 디버깅

특히 시간과 관련되면 스트림 구성이 어려울 수 있다. 다행히 RxJava는 훌륭한 단위 테스트 지원을 포함한다. TestSubscriber를 사용하여 방출된 이벤트를 단정할 수도 있겠지만 더 중요한 점은 RxJava가 가상 시간 개념을 지니고 있다는 사실이다. 본질적으로 시간에 의존하는 테스트가 빠르고 예측 가능하도록 시간 경과를 완전히 제어한다.

가상 시간

시간은 우리가 다루는 거의 모든 애플리케이션에서 중요한 요소인데도 대기 시간과 응답 시간을 언급하지 않았다. 모든 일은 어떤 시점에 발생하고 사건의 순서가 중요하며 미래의 특정 시점에 작업이 예약된다. 따라서 우리는 특정 날짜 또는 시간대에서만 발생하는 버그를 찾느라 많은 시간을 허비한다. 시간 관련 코드를 테스트하는 확립된 방법은 없는 듯하다. '프로퍼티 기반 테스트'라고 부르는 이 방법은 넓은 범위의 입력 인수를 테스트하기 위해 (때로는 임의적으로) 수백 가지의 테스트 케이스 생성을 목표로 한다. 예를 들어 매우 간단한 속성의 유효성을 검사해 보자. 주어진 날짜에 한 달을 더한 후 다시 빼면 동일한 날짜가 반환된다.

```
import spock.lang.Specification
import spock.lang.Unroll

import java.time.LocalDate
import java.time.Month

class PlusMinusMonthSpec extends Specification {

    static final LocalDate START_DATE =
        LocalDate.of(2016, Month.JANUARY, 1)

    @Unroll
    def '#date +/- 1 month gives back the same date'() {
        expect:
            date == date.plusMonths(1).minusMonths(1)
        where:
            date << (0..365).collect {
                day -> START_DATE.plusDays(day)
            }
    }
}
```

그루비(Groovy) 언어로 만든 Spock 프레임워크[3]를 사용하여 366개의 서로 다른 테스트 케이스를 순식간에 만들었다. where 블록에서 생성되는 값에 따라 expect 블록의 코드가 실행된다. where 블록에서 0에서 365까지의 정수를 반복하고 2016-01-01에서부터 2016-12-31까지 가능한 모든 날짜를 만들어낸다. 단정은 매우 명백하고 직설적이다. 어떤 날짜든 한 달을 더하고 다시 빼면 원래 날짜를 되돌려받아야 한다. 그러나 366개의 테스트 케이스 중 6개가 실패한다.

```
date == date.plusMonths(1).minusMonths(1)
 |    |   |     |              |
 |    |   |  2016-02-29     2016-01-29
 |    |  2016-01-30
 |   false
```

```
2016-01-30

date == date.plusMonths(1).minusMonths(1)
|   |   |   |                |
|   |   |   |   2016-02-29   2016-01-29
|   |   |   2016-01-31
|   |   2016-01-31
|   false
2016-01-31


date == date.plusMonths(1).minusMonths(1)
|   |   |   |                |
|   |   |   |   2016-04-30   2016-03-30
|   |   |   2016-03-31
|   |   2016-03-31
|   false
2016-03-31

...
```

여러분 스스로 실패한 다른 날짜 문제를 해결할 수 있을 것이다. 이 인위적인 예제를 보여주는 이유는 시간 영역이 얼마나 복잡한지를 깨닫게 하기 위함이다. 그러나 달력의 특성이 컴퓨터 시스템에서 시간을 다룰 때 겪는 두통의 근본 원인은 아니다. RxJava는 가능한 한 상태를 기피하고 순수 함수를 통해 동시성의 복잡성을 해결하고자 한다. '순수'란 함수(또는 연산자)가 모든 입력과 출력을 명시적으로 선언해야 한다는 뜻이다. 이렇게 하면 테스트가 훨씬 쉬워진다. 그런데 시간 의존성은 대부분 항상 숨어있거나 은폐된다. new Date()나 Instant.now(), System.currentTimeMillis() 등이 보이면 시간에 따라 바뀌는 외부값에 의존하고 있다는 뜻이다. 특히 테스트 용이성 측면에서 싱글톤 의존성이 설계상 좋지 않다는 사실을 알고 있다. 그러나 현재 시간 읽어오기는 실질적으로 시스템 전역적인 싱글톤에 의존한다.

보다 분명한 시간 의존 패턴 중 하나는 가짜 시스템 시계를 도입하는 방식이다. 이 패턴을 사용하려면 모든 프로그래머가 매우 엄격해야 하며 가짜로 만든 특별한 서비스에 시간 관련 코드를 위임해야 한다. 자바 8은 Clock 추상화를 도입하여 이 방법을 형식화했는데 이는 다음과 같이 요약된다.

```
public abstract class Clock {

    public static Clock system(ZoneId zone) { /* ... */ }

    public long millis() {
        return instant().toEpochMilli();
```

```
    }

    public abstract Instant instant();

}
```

흥미롭게도 RxJava는 이와 매우 비슷한 추상화를 제시한다. 이미 자세히 살펴본 바 있는 Scheduler이다(157쪽의 "Scheduler란 무엇인가?" 참조). Scheduler는 시간 경과와 어떤 관련이 있을까? RxJava에서 일어나는 모든 일은 즉시 발생하거나 미래의 어떤 시간에 예정되어 있다. RxJava에서 모든 개별 코드 단위를 언제 실행할지 완전한 제어권을 가진 주체는 Scheduler이다.

단위 테스트에서 Scheduler

io()나 computation()과 같은 다양한 Scheduler는 주어진 시점에 작업을 수행하는 역할 외에는 특별한 기능이 없다. 그러나 특별한 Scheduler인 test()에는 두 가지 흥미로운 메서드가 있는데 advanceTimeBy()와 advanceTimeTo()이다. TestScheduler의 이러한 메서드는 수동으로 시간을 앞당길 수 있으며 그렇지 않을 경우 영원히 멈춰설 것이다. 다시 말해 우리가 유용하다고 생각할 때 수동으로 시간을 앞당기지 않으면 이 Scheduler에서 설정된 미래의 작업이 실행되지 않는다는 뜻이다.

예를 들어 시간 경과에 따라 나타나는 일련의 이벤트를 살펴보자.

```
TestScheduler sched = Schedulers.test();
Observable<String> fast = Observable
    .interval(10, MILLISECONDS, sched)
    .map(x -> "F" + x)
    .take(3);
Observable<String> slow = Observable
    .interval(50, MILLISECONDS, sched)
    .map(x -> "S" + x);

Observable<String> stream = Observable.concat(fast, slow);
stream.subscribe(System.out::println);
System.out.println("Subscribed");
```

구독하면 10ms씩 지연된 세 개의 이벤트 F0과 F1, F2가 보여야 하며, 그 다음으로 50ms씩 지연된 S0, S1, ... 무한 이벤트가 이어진다. 어떻게 하면 스트림이 잘 합쳐졌는지, 개별 이벤트들이 정확한 순서대로 나오는지, 특히 정확한 시간에 나타나는지 테스트할 수 있을까? 여기서 핵심은 위 코드에서 가능한 곳마다 명시적으로 전달한 TestScheduler이다.

```
TimeUnit.SECONDS.sleep(1);
System.out.println("After one second");
sched.advanceTimeBy(25, MILLISECONDS);

TimeUnit.SECONDS.sleep(1);
System.out.println("After one more second");
sched.advanceTimeBy(75, MILLISECONDS);

TimeUnit.SECONDS.sleep(1);
System.out.println("...and one more");
sched.advanceTimeTo(200, MILLISECONDS);
```

기대할 수 있는 결과물은 절대적으로 예측 가능하고 반복 가능하다. 시스템 시간, 일시적인 부하, GC로 인한 일시 중지 등과 완전히 독립적이다.

```
Subscribed
After one second
F0
F1
After one more second
F2
S0
...and one more
S1
S2
```

그러면 다음과 같은 일이 발생한다.

1. stream Observable을 구독한 다음, F0 작업을 10ms 이후로 스케줄링하기 시작했다. 그렇지만 수동으로 시간을 앞당기지 않으면 절대적인 유휴 상태로 남아있는 TestScheduler를 사용한다.

2. 1초 수면은 그다지 큰 상관은 없어서 생략할 수 있는데 TestScheduler는 시스템 시간과 무관하므로 전혀 이벤트를 방출하지 않는다. 여기에 수면을 적용한 이유는 단지 TestScheduler가 작동한다는 사실을 증명하기 위해서일 뿐이다. TestScheduler가 아니라 보통 스케줄러(기본값)였다면, 지금까지 발생한 여러 이벤트가 콘솔에 표시된다고 예상할 수 있다.

3. advanceTimeBy(25ms)를 호출하면 25ms까지 예정된 모든 것이 강제로 시작되고 수행된다. 이로 인해 콘솔에 F0(10ms)와 F1(20ms) 이벤트가 표시된다.

4. 또 다른 수면 시간 동안 다른 어떤 작업도 발생하지 않는다. TestScheduler는 실제 시간을 무시한다. 그러나 advanceTimeBy(75ms)를 호출하면 논리적인 시간이 100ms가 되며 F2(30ms)와 S0(80ms)가 촉발된다. 더 이상 벌어지는 일은 없다.

5. 실제 시간이 1초 더 경과하면 시계를 절대값 200ms로 옮긴다(advanceTimeTo (200ms), advanceTimeBy()는 상대 시간을 사용). TestScheduler는 그 시간까지 S1(130ms)과 S2(180ms)가 발생했음을 깨닫는다. 그러나 영원히 기다린다 하더라도 더 이상 다른 어떤 사건도 발생하지 않는다.

보다시피 TestScheduler는 보통의 가짜 Clock 추상화보다 훨씬 영리하다. 현재 시간을 완전히 제어할 뿐만 아니라 모든 이벤트를 임의로 연기할 수도 있다. 한가지 주의할 점은 선택적으로 Scheduler 매개변수를 받는 모든 연산자에 반드시 TestScheduler를 반영해야 한다. 편의상 모든 연산자는 기본적으로 computation() Scheduler를 사용하지만 테스트 가능성의 관점에서 명시적으로 Scheduler를 전달해야 한다. 또한 의존성 주입을 고려하고 외부에서 Scheduler를 제공하자.

하지만 TestScheduler만으로는 충분하지 않다. 예측 가능성이 필수인 단위 테스트에서는 매우 잘 작동하지만 산발적으로 실패하는 플리커링 테스트[4]일 때는 결과가 매우 실망스럽다. 8장에서는 본질적으로 비동기인 Observable의 단위 테스트를 가능하게 하는 도구와 기술에 대해 설명할 것이다.

단위 테스트

테스트 가능한 코드 작성과 견고한 테스트 수행은 전혀 새로운 접근법이 아니라 오래전부터 필수였다. TDD 정신으로 테스트를 먼저 작성하든 빈둥대다가 나중에 소량의 통합 테스트로 가정을 확인하든 간에 자동화된 테스트는 익숙해져야 한다. 따라서 사용하는 도구(프레임워크나 라이브러리, 플랫폼)는 자동화된 테스트를 지원해야 하며 기술적인 결정을 내릴 때 이러한 능력도 고려해야 한다. RxJava는 비동기식 이벤트 기반 아키텍처라는 매우 복잡한 영역을 다루는데도 불구하고 훌륭하게 단위 테스트를 지원하고 있으니 두려워할 필요는 없다. 시간과 (함수형 프로그래밍에 기반한) 순수 함수, 함수 합성에 중점을 두면 테스트 경험이 크게 향상된다.

---

4 (옮긴이) 마치 모니터가 깜빡이듯 예측할 수 없는 순간에 실패하는 테스트를 말하며, 테스트 코드에 (통제할 수 없는) 외부 환경이나 제한된 자원으로 인한 테스트 수행 중 메모리 누수 가능성, 경쟁 조건 관련성이 있을 때 발생한다.

방출 이벤트 검증하기

우선 Observable을 테스트하기 위한 목표를 정의해야 한다. Observable을 반환하는 메서드에서 아마도 다음을 확인하고자 할 것이다.

- 이벤트가 올바른 순서로 방출되는가
- 오류가 제대로 전달되는가
- 다양한 연산자가 예상대로 구성되는가
- 이벤트가 적절한 순간에 표시되는가
- 배압이 지원되는가

그리고 기타 다른 항목들도 고려해야 한다. 처음 두 가지 요구사항은 간단해서 특별히 RxJava가 필요하지는 않다. 기본적으로 방출된 모든 것을 모은 다음 선호하는 라이브러리를 사용하여 단정을 실행하자.

```java
import org.junit.Test;
import static org.assertj.core.api.Assertions.assertThat;


@Test
public void shouldApplyConcatMapInOrder() throws Exception {
    List<String> list = Observable
        .range(1, 3)
        .concatMap(x -> Observable.just(x, -x))
        .map(Object::toString)
        .toList()
        .toBlocking()
        .single();

    assertThat(list).containsExactly("1", "-1", "2", "-2", "3", "-3");
}
```

위의 간단한 테스트 케이스는 잘 알려진 toList() → toBlocking() → single() 구문을 사용하여 Observable<Integer>를 List<Integer>로 변환한 것이다(131쪽 "BlockingObservable: 리액티브 세상에서 벗어나기" 참조). 일반적으로 Observable은 비동기 방식이므로, 예측 가능하고 빠른 테스트를 위해서 이러한 변환을 수행해야 한다. BlockingObservable을 사용하면 쉽게 onError() 통지를 단정할 수 있다. 구독할 때 단순히 예외를 다시 던진다. 명시적 예외를 RuntimeException으로 포장해 두었다는 사실에 주목하자. 잘 만든 테스트라면 이를 검증할 수 있다.

```java
import com.google.common.io.Files;
```

```
import static java.nio.charset.StandardCharsets.UTF_8;
import
    static org.assertj.core.api.Assertions.failBecauseExceptionWasNotThrown;


File file = new File("404.txt");
BlockingObservable<String> fileContents = Observable
    .fromCallable(() -> Files.toString(file, UTF_8))
    .toBlocking();

try {
    fileContents.single();
    failBecauseExceptionWasNotThrown(FileNotFoundException.class);
} catch (RuntimeException expected) {
    assertThat(expected)
        .hasCauseInstanceOf(FileNotFoundException.class);
}
```

fromCallable() 연산자는 단지 하나의 요소만을 방출하는 Observable을 느긋하게 생성하고자 할 때 편리하다. 게다가 이는 오류와 배압도 처리하므로 단일 요소 스트림이라면 Observable.create()보다 우선해야 한다. 다른 유형의 단위 테스트를 사용하여 다양한 연산자와 동작에 대한 이해를 증명할 수 있다. 예를 들어 concatMapDelayError() 연산자는 실제로 무엇을 하는 연산자일까? 그저 한번쯤 사용해 볼 수도 있겠지만 누구나 읽기 쉽고 빨리 파악 가능한 자동 테스트는 장점이 매우 크다.

```
import static rx.Observable.fromCallable;

Observable<Notification<Integer>> notifications = Observable
    .just(3, 0, 2, 0, 1, 0)
    .concatMapDelayError(x -> fromCallable(() -> 100 / x))
    .materialize();

List<Notification.Kind> kinds = notifications
    .map(Notification::getKind)
    .toList()
    .toBlocking()
    .single();

assertThat(kinds).containsExactly(OnNext, OnNext, OnNext, OnError);
```

표준 concatMap()을 사용하면 두 번째 0의 변환이 실패하고 전체 스트림이 종료된다. 그러나 최종 스트림에는 네 가지 항목이 있음을 분명히 알 수 있는데, 세 개의 OnNext 알림 뒤에 OnError가 이어진다. 또 다른 단정으로 최종값이 정말로 33(100 / 3)과 50, 100인지 실제로 보여줄 수도 있다. 이것은 concatMapDelayError()가 어떻게 작동하는지 잘 설명하는데, 변환하는 중에 오류가 발생하면 다운스트림으로 전달되지는 않지만 연산자는 계속 작동한다. 업스트림 소스가 완료되는 경우에만 이 과정 중 발견한 onError 알림을 대신 전달한다. 이 마지막 테스트 케이스에서 Observable을 더 이상 List로 변환할 수 없는데 왜냐하면 즉시 예외를 던지기 때문이다. materialize()는 각각의 이벤트(onNext와 onCompleted, onError)가 동종의 Notification 객체로 포장되는 경우에 유용하다. 이러한 객체는 나중에 검사할 수 있지만 지루할 뿐만 아니라 가독성도 떨어진다. 여기가 바로 TestSubscriber가 유용한 곳이다.

```
Observable<Integer> obs = Observable
        .just(3, 0, 2, 0, 1, 0)
        .concatMapDelayError(x -> Observable.fromCallable(() -> 100 / x));

TestSubscriber<Integer> ts = new TestSubscriber<>();
obs.subscribe(ts);

ts.assertValues(33, 50, 100);
ts.assertError(ArithmeticException.class);  // 실패한다(!)
```

TestSubscriber 클래스는 아주 간단하다. 내부적으로 받은 모든 이벤트와 알림을 저장하므로 나중에 질의할 수 있다. TestSubscriber는 또한 테스트 케이스에서 매우 유용한 단정 모음을 제공한다. 해야 할 일이란 그저 TestSubscriber 객체를 생성하여 테스트 대상 Observable을 구독하고 그 내용을 검사하면 된다. 이상하게도 앞선 테스트는 실제로 실패한다. assertError()는 스트림이 ArithmeticException으로 끝나기를 기대하기 때문에 실패하는데, 실제로는 과정을 따라 나타나는 세 가지 ArithmeticException을 모두 모은 CompositeException을 받는다. 실행과 자동 테스트를 통해 연산자를 헤집는 방법이 유용한 또 다른 이유다.

TestSubscriber는 TestScheduler와 함께 작업할 때 굉장히 효과적이다. 일반적인 과정은 시간에 따라 이벤트가 어떻게 흐르는지 관찰하기 위해 중간중간에 삽입되는(interleaving) 단정과 진행되는 시간을 포함한다. Observable을 반환하는 서비스가 있다고 가정해 보자. 세부 구현은 중요하지 않다.

```
interface MyService {
    Observable<LocalDate> externalCall();
}
```

서로 다른 관심사를 혼합하는 대신, MyService의 기반 구현이 무엇이든 간에 MyService 위에 시간 제한 기능을 추가하는 데코레이터를 구현하기로 결정했다. 지금 당장 추측할 수 있는 그 이유 때문에, timeout() 연산자가 사용하는 Scheduler를 외부에서 주입 가능하도록 구현을 추가한다.

```java
class MyServiceWithTimeout implements MyService {

    private final MyService delegate;
    private final Scheduler scheduler;

    MyServiceWithTimeout(MyService d, Scheduler s) {
        this.delegate = d;
        this.scheduler = s;
    }

    @Override
    public Observable<LocalDate> externalCall() {
        return delegate
                .externalCall()
                .timeout(1, TimeUnit.SECONDS,
                    Observable.empty(),
                    scheduler);
    }
}
```

MyServiceWithTimeout은 또 다른 MyService 객체를 포장하고 1초의 제한 시간과 제한 시간 초과 시 사용할 대체체를 추가한다. 매우 집중된 형태라서 구성이 쉬운 연산자와 마찬가지로 모든 클래스는 RxJava 정신에 따라 결합 가능한 하나의 책임만 지닌다. 시간 제한이 실제로 작동하는지 테스트한다고 가정하자. 단위 테스트는 이상적으로 매우 빨라야 한다. 288쪽의 "가상 시간" 도입부에서 본 PlusMinusMonthSpec을 기억하는가? 21세기에 가능한 모든 날(36,000가지가 넘는 테스트 케이스)을 호출하는데 약 1초가 걸렸다. 좋은 단위 테스트는 수행 시간이 수 ms를 넘지 않아야 한다.

1초 제한 시간은 별로 길어 보이지 않지만 수백 가지 경우가 있다면 영원이나 마찬가지다. 시간 제한을 외부로 뽑아내(좋은 생각이다) 단축할 수도 있는데, 예를 들어 단위 테스트에서는 100ms로 제한한다. 그러면 90ms 동안 수면 상태에 돌입할 수 있고 시한 만료 처리가 아직 시작되지 않았는지 검증한다. 그 다음 20ms 동안 더 잠들었다가 시한 만료에 의해 빈 Observable을 반환했는지 검증한다. 불행하게도 그러한 설정은 매우 취약하여 컨텍스트 전환이 발생하기 쉬울 뿐 아니라 가비지 컬렉션으로 인한 일시 중지나 시스템 부하 변동성 등 여러 문제가 결부된다. 간단히 말해서 테스트가 상대적으로 안정적일 수도 있고 상대적으로 빠를 수도 있다. 그러나 빠르게 만들수록 더 자주 실패할 것이다. 플리커링 테스트는 실망스러운 수준이라 테스트가 전혀 없는 상황보다 더 나쁘며 아무런 신뢰도 할 수 없어 결국 제거된다.

RxJava 접근법에서는 완전히 예측 가능한 인공 시계를 도입했다. 인위적으로 시간을 앞당기면 100% 정확하면서도 매우 빠른 테스트가 이루어진다. 먼저 (Mockito[5]를 사용하여) Observable을 반환할 수 있는 모의 MyService를 설정한다.

```
import static org.mockito.BDDMockito.given;
import static org.mockito.Mockito.mock;

private MyServiceWithTimeout mockReturning(
            Observable<LocalDate> result,
            TestScheduler testScheduler) {
    MyService mock = mock(MyService.class);
    given(mock.externalCall()).willReturn(result);
    return new MyServiceWithTimeout(mock, testScheduler);
}
```

이제 두 가지 단위 테스트를 작성하자. 첫 번째는 결코 끝나지 않는 externalCall()을 보장하는데 정확히 1초 후에 시한이 만료되기 때문에 다음과 같이 했다.

```
@Test
public void timeoutWhenServiceNeverCompletes() throws Exception {
    //given
    TestScheduler testScheduler = Schedulers.test();
    MyService mock = mockReturning(
            Observable.never(), testScheduler);
    TestSubscriber<LocalDate> ts = new TestSubscriber<>();

    //when
    mock.externalCall().subscribe(ts);

    //then
    testScheduler.advanceTimeBy(950, MILLISECONDS);
    ts.assertNoTerminalEvent();
    testScheduler.advanceTimeBy(100, MILLISECONDS);
    ts.assertCompleted();
    ts.assertNoValues();
}
```

never() 연산자는 결코 완료되지 않으면서 어떤 값도 방출하지 않는 Observable을 반환한다. 이렇게 해서 고통스럽도록 느린 MyService 호출을 흉내 낸다. 그런 다음 두 개의 단정을 만든다. 먼저, 시한 만료 임계값 직전인 950ms까지 시간을 보내고 TestSubscriber가 아직 완료하거나 실패하지 않았는지 확인한다. 100ms

---

5   http://mockito.org

가 지나면(즉, 시한 만료 임계값 이후) 스트림이 값 없이(assertNoValues()) 완료됐다고(assertCompleted()) 단정한다. 또한 assertError()를 이용할 수 있다.

두 번째 테스트에서는 제한 시간이 설정된 임계값보다 커지지 않도록 해야한다.

```
@Test
public void valueIsReturnedJustBeforeTimeout() throws Exception {
    //given
    TestScheduler testScheduler = Schedulers.test();
    Observable<LocalDate> slow = Observable
            .timer(950, MILLISECONDS, testScheduler)
            .map(x -> LocalDate.now());
    MyService myService = mockReturning(slow, testScheduler);
    TestSubscriber<LocalDate> ts = new TestSubscriber<>();

    //when
    myService.externalCall().subscribe(ts);

    //then
    testScheduler.advanceTimeBy(930, MILLISECONDS);
    ts.assertNotCompleted();
    ts.assertNoValues();
    testScheduler.advanceTimeBy(50, MILLISECONDS);
    ts.assertCompleted();
    ts.assertValueCount(1);
}
```

advanceTimeBy()는 테스트 수행 시 수면 상태와 비슷한데, 어떤 행동이 일어나기를 기다릴 뿐 실제로 잠들지 않는다. 꼼꼼하게 사용자 정의 Scheduler 통과를 허용하는 한 buffer(), sample()과 같은 모든 종류의 연산자를 테스트할 수 있다. 스케줄러에 대해서 말하자면 일반적인 스케줄러보다 Schedulers.immediate() (157쪽 "Scheduler란 무엇인가?" 참조)를 사용하고 싶은 유혹을 느낄 것이다. 이 Scheduler는 호출자 스레드의 컨텍스트에서 모든 행위를 호출하여 동시성을 피한다. 이러한 접근법은 어떤 시나리오에서는 작동하겠지만 일반적으로는 경우가 훨씬 더 다양하기 때문에 TestScheduler를 선택하는 편이 좋다.

의존성 주입 원리 수용이 매우 중요하다. 그렇지 않으면 다양한 Scheduler를 테스트용으로 대체할 수 없다. RxJava에는 라이브러리의 동작을 전역적으로 변경할 수 있는 일련의 플러그인이 있다. 예를 들어 RxJavaSchedulersHook는 표준 computation() Scheduler를 비롯한 몇 가지를 테스트 용도로 재정의할 수 있다.

```
private final TestScheduler testScheduler = new TestScheduler();

@Before
```

```
    public void alwaysUseTestScheduler() {
        RxJavaPlugins
            .getInstance()
            .registerSchedulersHook(new RxJavaSchedulersHook() {
                @Override
                public Scheduler getComputationScheduler() {
                    return testScheduler;
                }

                @Override
                public Scheduler getIOScheduler() {
                    return testScheduler;
                }

                @Override
                public Scheduler getNewThreadScheduler() {
                    return testScheduler;
                }
            });
    }
```

이러한 전역 접근 방식은 단점이 많다. JVM 전체에서 RxJavaSchedulersHook를 한 번만 등록할 수 있기 때문에 두 번째 호출하는 @Before 메서드는 실패한다. 이 문제를 해결할 수는 있지만 점점 더 복잡해진다. 또한 단위 테스트를 병렬로 실행하기가 불가능해진다(일반적으로 단위 테스트는 서로 독립적이므로 문제가 되지 않아야 한다). 따라서 시간을 제어하기 위한 유일한 확장성 있는 기법은 가능할 때마다 전달하는 명시적인 TestScheduler이다.

TestSubscriber로 연습할 수 있는 마지막은 배압이다. 263쪽의 "요청받은 데이터양을 존중하기"에서, 자연수를 만드는 무한 Observable의 두 가지 구현을 살펴보았다. 하나는 배압을 지원하지 않는 구닥다리 Observable.create()를 사용했다.

```
Observable<Long> naturals1() {
    return Observable.create(subscriber -> {
        long i = 0;
        while (!subscriber.isUnsubscribed()) {
            subscriber.onNext(i++);
        }
    });
}
```

보다 발전된 형태의 권장 구현은 배압을 완벽히 지원한다.

```
Observable<Long> naturals2() {
    return Observable.create(
        SyncOnSubscribe.createStateful(
            () -> 0L,
```

```
        (cur, observer) -> {
            observer.onNext(cur);
            return cur + 1;
        }
    ));
}
```

기능적 관점에서 이 둘은 동일하다. 둘 다 무한하지만, 부분집합만 선택하여 가져올 수 있을 뿐이다. 그러나 TestSubscriber를 사용하면 주어진 Observable이 배압도 지원하는지 쉽게 단위 테스트할 수 있다.

```
TestSubscriber<Long> ts = new TestSubscriber<>(0);

naturals1()
        .take(10)
        .subscribe(ts);

ts.assertNoValues();
ts.requestMore(100);
ts.assertValueCount(10);
ts.assertCompleted();
```

이 예제에서 중요한 부분은 TestSubscriber<>(0) 생성자이다. 이게 없으면 TestSubscriber는 단순히 소스에서 지정된 속도로 받는다. 하지만 구독하기 전에 값을 요청하지 않으면 TestSubscriber도 Observable에 값을 요청하지 않는다. 이것이 Observable 소스가 10개의 값을 방출하는데도 불구하고 assertNoValues()를 보게 되는 이유다. 나중에 우리는 (안전을 위해) 100개의 항목을 요구하는데 Observable 소스는 10개(생산할 수 있는 만큼)만 방출한다. 이 테스트는 naturals1에 대해 거의 즉시 실패하고 다음과 같은 메시지가 나타난다.

```
AssertionError: No onNext events expected yet some received: 10
```

우리의 어설픈 Observable은 무한한데도 불구하고 10을 받고 나서 이벤트를 방출을 멈출 줄 안다. take(10) 연산자는 조급하게 구독을 해지하여 내부 while 반복문을 마친다. 그러나 이 예제에서 naturals1은 TestSubscriber가 발행한 배압 요청을 무시하기 때문에, 전혀 원하지 않은 항목을 받게 된다. 소스 스트림을 naturals2로 대체하면 테스트를 통과한다. 이는 단순한 Observable.create()를 피하고 내장된 팩토리와 SyncOnSubscribe를 선호하는 또 다른 이유다.

TestSubscriber는 다른 많은 단정을 포함한다. 그들 중 일부는 블록 상태로 완료를 기다리기도 하는데 awaitTerminalEvent()가 한 가지 예다. 그러나 이들 대부분은 현시점에서 구독자 상태를 단정하고 우리는 시간에 따라 흘러가는 사건을 관찰하게 된다.

모니터링과 디버깅

RxJava에서 서로 상호 작용하는 다양한 스트림의 동작을 모니터링하다가 문제가 발생할 때 이를 해결하기란 어려운 주제다. 사실 모든 비동기 이벤트 기반 시스템은 본질적으로 블로킹 시스템보다 문제를 해결하기가 더 어렵다. 동기 작업이 실패하면 예외가 호출 스택 위로 모두 전달되어 이를 야기한 동작의 정확한 순서를 드러내는데 HTTP 서버, 거쳐간 모든 필터, 애스펙트(aspect), 비즈니스 로직 등을 포함한다. 비동기 시스템에서 호출 스택은 이벤트가 스레드 경계를 넘을 때 제한적으로 사용되기 때문에, 더 이상 원래 호출 스택을 사용할 수 없다. 분산 시스템 또한 마찬가지다. 이번 절에서는 RxJava를 사용하는 애플리케이션에서 모니터링과 디버깅을 쉽게 수행하는 몇 가지 팁을 제공한다.

doOn...() 콜백

모든 Observable에는 다음과 같이 여러 가지 이벤트를 엿볼 수 있는 콜백 메서드가 있다.

- doOnCompleted()
- doOnEach()
- doOnError()
- doOnNext()
- doOnRequest()
- doOnSubscribe()
- doOnTerminate()
- doOnUnsubscribe()

이들의 공통점은 어떤 식이건 Observable의 상태 변경을 허용하지 않으며, 또한 이들은 모두 같은 Observable을 반환하기 때문에 로그를 출력하는 이상적인 위치이다. 예를 들어 많은 RxJava 초심자들이 Observable.create() 내의 코드가 각각의 새로운 Subscriber에 대해 실행된다는 사실을 잊어버린다. 구독이 네트워크 호출과 같은 부수 효과를 일으킬 때 특히 중요한 내용이다. 이러한 문제를 감지하려면 중요한 소스 스트림이 구독되는 순간 모두 다 기록해야 한다.

```
Observable<Instant> timestamps = Observable
    .fromCallable(() -> dbQuery())
    .doOnSubscribe(() -> log.info("subscribe()"));

timestamps
    .zipWith(timestamps.skip(1), Duration::between)
    .map(Object::toString)
    .subscribe(log::info);
```

앞의 프로그램은 데이터베이스를 조회하고(dbQuery()) 시계열 값을 Observable
<Instant> 형태로 가져온다. (java.time 패키지의 Duration 클래스를 사용하여)
이 스트림을 조금 변경하고 이어진 두 Instant 쌍 사이의 간격 스트림을 만들고
자 한다. 이를 구현하는 방법 중 하나로 스트림의 요소를 하나씩 밀어서 자기 자
신과 zip() 처리하는 것이다. 그러면 첫 번째 요소와 두 번째 요소가 묶이고, 두
번째 요소와 세 번째 요소가 묶이고... 이런 식으로 끝까지 연결된다. 예상하지
못한 내용이라면 zipWith()는 실제로 모든 기반 스트림을 구독하는데 사실상 동
일한 Observable인 timestamps를 두 번 구독하게 된다. doOnSubscribe()가 두 번
호출되는 모습을 관찰함으로써 발견할 수 있는 문제점이다. 또한 이는 중복된
데이터베이스 질의로 이어지는데, 2장에서 방대하게 논의한 문제이다.

　zip()은 배압 덕분에 더 이상 빠른 스트림을 무제한으로 버퍼링하지 않으
며 느린 스트림이 이벤트를 방출할 때까지 기다린다. 대신 각각의 Observable
에서 값을 받아 규격화된 일괄 처리를 요구하며 더 많은 값을 받으면 Missing
BackpressureException을 던진다.

```
.doOnSubscribe(() -> log.info("subscribe()"))
.doOnRequest(c -> log.info("Requested {}", c))
.doOnNext(instant -> log.info("Got: {}", instant));
```

doOnRequest()는 zip 연산자가 선택한 값인 Requested 128을 로그로 남긴다. 소
스 스트림이 무한하거나 매우 큰 경우에도, 머지않아 잘 동작하는 Observable에
서 Got: ...과 같이 최대한 128개의 메시지를 보아야 한다. 이때 doOnNext()는
우리가 이용할 수 있는 또 하나의 콜백이다. 상당히 자주 사용하게 되는 또 다른
유용한 연산자는 doOnError()인데, 업스트림에서 오류 알림이 발생할 때마다 콜
백을 호출한다. 오류 처리에는 doOnError()를 사용할 수 없고 로깅 전용으로 사
용한다. 오류 알림을 소비하지 않고 계속 다운스트림으로 전파한다.

```
Observable<String> obs = Observable
    .<String>error(new RuntimeException("Swallowed"))
```

```
    .doOnError(th -> log.warn("onError", th))
    .onErrorReturn(th -> "Fallback");
```

onErrorReturn()은 메서드 이름처럼 깔끔하게 예외를 삼키기 쉽다. 대체값을 반
환하는 콜백 함수로 예외를 제공하기는 하지만 로그 처리는 각자의 책임이다. 기
능을 작고 구성 가능하게 유지하기 위해 doOnError()에서 먼저 오류를 로그로 남
긴 다음, 다음 줄에서 조용히 예외를 처리하면 좀 더 강력해진다. 예외 기록 누
락은 대부분 좋은 생각이 아니니 실수로 놓치지 말고 신중하게 결정해야 한다.

다른 연산자는 다음 두 개를 제외하면 따로 설명이 필요 없다.

doOnEach()

이것은 개별 Notification, 즉 onNext()와 onCompleted(), onError()에 대해 호
출된다. 개별 Notification 또는 Observer에 호출된 람다식 중 하나를 받아들
일 수 있다.

doOnTerminate()

onCompleted() 또는 onError()가 발생할 때 호출된다. 둘은 구별하기가 쉽지
않아서 doOnCompleted()와 doOnError()를 독립적으로 사용하는 편이 낫다.

측정과 모니터링

콜백은 로그를 남길 때뿐만 아니라 다른 경우에도 유용하다. 애플리케이션에 내
장된 다양한 원격 측정 탐지기(간단한 카운터, 타이머, 분포 막대 그래프 등)는
외부에서도 사용할 수 있으므로 문제 해결 시간이 크게 줄어들 뿐만 아니라 애
플리케이션이 수행하는 작업에 대한 큰 통찰력을 얻을 수 있다. 메트릭스 수집
과 게시를 단순화하는 많은 라이브러리가 있는데, 그중 하나는 드롭위저드 메트
릭스[6]이다. 이 라이브러리를 사용하기 전에 약간의 설정이 필요하다.

```java
import com.codahale.metrics.MetricRegistry;
import com.codahale.metrics.Slf4jReporter;
import org.slf4j.LoggerFactory;


MetricRegistry metricRegistry = new MetricRegistry();
Slf4jReporter reporter = Slf4jReporter
    .forRegistry(metricRegistry)
    .outputTo(LoggerFactory.getLogger(SomeClass.class))
```

---

6 *http://metrics.dropwizard.io*

```
        .build();
reporter.start(1, TimeUnit.SECONDS);
```

MetricRegistry는 다양한 지표를 위한 팩토리이다. 또한 현재 통계 스냅샷을 주어진 SLF4J 로거에 밀어내는 Slf4jReporter를 설정한다. 그래파이트(Graphite)[7]나 갱글리어(Ganglia)[8]에 게시하는 다른 도구도 사용할 수 있다. 이 기본 설정으로 스트림 모니터링을 시작하면 된다.

생각할 수 있는 가장 단순한 통계는 간단한 증감 Counter다. 이를 사용하여 스트림을 통과한 이벤트 수를 측정할 수 있다.

```
final Counter items = metricRegistry.counter("items");
observable
        .doOnNext(x -> items.inc())
        .subscribe(...);
```

이 Observable을 구독하면 Counter는 지금까지 생성된 항목 수를 보여주기 시작한다. 이 정보를 그래파이트와 같은 외부 모니터링 서버에 게시하고 시간이 지남에 따라 차트에 올리면 더욱 유용하다.

수집하려는 또 다른 중요한 측정 항목은 바로 이 순간 얼마나 많은 항목이 동시에 처리되고 있는가이다. 예를 들어 flatMap()은 수백 개 이상의 Observable을 동시에 쉽게 처리할 수 있고 이들 모두를 구독할 수 있다. 이러한 Observable이 얼마나 많이 있는지 안다면(활성화된 데이터베이스 연결, 웹 소켓 등을 떠올려보자) 시스템에 중요한 통찰력을 불어넣을 수 있다.

```
Observable<Long> makeNetworkCall(long x) {
    //...
}
```

```
Counter counter = metricRegistry.counter("counter");
observable
        .doOnNext(x -> counter.inc())
        .flatMap(this::makeNetworkCall)
        .doOnNext(x -> counter.dec())
        .subscribe(...);
```

업스트림에 이벤트가 나타나면 카운터를 증가시킨다. flatMap() 이후에 이벤트가 나타나면(이벤트를 방금 내보낸 비동기 작업 중 하나를 의미) 감소시킨다. 유

---

7 *http://graphite.readthedocs.org*
8 *http://ganglia.info*

휴 시스템에서 카운터는 항상 0이지만, 업스트림 observable에서 이벤트를 많이 만들고 makeNetworkCall()이 상대적으로 느린 경우 이 카운터는 급상승하여 병목 현상이 발생한 위치를 명확하게 나타낸다.

앞의 예제에서는 makeNetworkCall()이 항상 하나의 항목만을 반환하며 실패하지 않는다고 가정한다(onError()로 끝나지 않는다). 대신에 내부 Observable의 구독 시점(실제로 작업이 시작된 시점)과 완료 시점 사이의 시간을 측정하려고 한다면 간단하다.

```
observable
    .flatMap(x ->
        makeNetworkCall(x)
            .doOnSubscribe(counter::inc)
            .doOnTerminate(counter::dec)
    )
    .subscribe(...);
```

가장 복잡한 측정 항목은 두 지점 사이의 지속 시간을 측정하는 Timer이다. 이러한 측정 기준의 가치를 굳이 과장하지 않더라도 네트워크 호출 대기 시간이나 데이터베이스 질의 시간, 사용자 응답 시간 등 매우 많은 예가 있다. 일반적으로 시간을 측정하는 방법은 현재 시간의 스냅샷을 찍고 시간이 오래 걸리는 작업을 한 다음 경과 시간을 기록한다. 이는 다음과 같이 지표 관련 라이브러리에 캡슐화된다.

```
import com.codahale.metrics.Timer;

Timer timer = metricRegistry.timer("timer");
Timer.Context ctx = timer.time();
// 시간이 오래 걸리는 작업...
ctx.stop();
```

API는 연산 시작 시간을 Timer.Context에 캡슐화하고 벤치마킹 대상 코드가 블로킹 방식이라고 가정한다. 그런데 통제할 수 없는 Observable의 구독과 종료 사이의 시간을 측정하려면 어떻게 해야 할까? doOnSubscribe()와 doOnTerminate()는 이 사이에 Timer.Context를 전달할 수 없기 때문에 불충분하다. 다행히도 RxJava가 유연한 덕분에 단계 하나를 추가로 구성하여 이 문제를 해결할 수 있다.

```
Observable<Long> external = //...

Timer timer = metricRegistry.timer("timer");

Observable<Long> externalWithTimer = Observable
```

```
.defer(() -> Observable.just(timer.time())))
.flatMap(timerCtx ->
    external.doOnCompleted(timerCtx::stop));
```

여기서 약간의 트릭을 사용한다. 먼저 defer() 연산자의 도움으로 느긋하게 시작한다. 이렇게 하면 구독이 발생할 때 타이머가 정확히 시작된다. 나중에 Timer.Context 객체를 벤치마킹하려는 Observable(external)로 대체한다. 그러나 external Observable을 반환하기 전에 실행중인 타이머를 멈춘다. 이 기법을 사용하면 사용자가 제어할 수 없는 Observable의 구독부터 종료까지 시간을 측정할 수 있다.

모니터링 계층에 대해 보다 포괄적이면서 엔터프라이즈급 솔루션이 필요하다면 RxJava 기반의 히스트릭스 사용을 고려해 보자. 이 라이브러리는 8장에서 다룰 사례 연구 중 하나이다(324쪽의 "히스트릭스로 장애 관리하기" 참조).

요약

비동기적이고 이벤트 중심적인 특성으로 인해, 모든 리액티브 라이브러리 또는 프레임워크를 사용할 때는 디버깅이나 문제 해결과 관련하여 어려움을 겪는다. RxJava도 예외는 아니지만 개발자와 운영자가 보다 쉽게 활용할 수 있는 도구를 제공한다.

- 첫째, RxJava는 오류를 포용하여 다루기 쉽고 관리하기 쉽게 만든다.
- 둘째, 스트림을 실시간으로 모니터링하고 디버그하는 기능을 제공한다.
- 마지막으로, 우수한 단위 테스트 지원을 제공한다.

완전히 제어 가능한 시스템 시계는 시간에 민감한 연산자에 대단히 유용하다. 처음에는 RxJava로 문제를 해결하기 어려울 수도 있다. 하지만 RxJava는 표면적으로는 간단해 보이지만 경합 조건이 숨겨져 있고 처리량이 빈약한 블로킹 코드와는 달리 명확한 API와 엄격한 규약을 제공한다.

8장

사례 연구

토마스 누르키비치

이번 장에서는 실제 애플리케이션에서 채택한 RxJava의 사용 사례를 살펴보자. 리액티브 익스텐션의 API는 매우 강력하지만 어딘가에는 Observable 소스가 있어야 한다. 처음부터 Observable을 만들려면 배압뿐 아니라 Rx 규약 때문에 어려울 수 있다. 좋은 소식은 기본적으로 RxJava를 지원하는 많은 라이브러리와 프레임워크가 있다는 사실이다. 또한 RxJava는 본질적으로 비동기적인 일부 플랫폼에서 매우 유용한 것으로 알려져 있다.

이번 장에서 RxJava가 어떻게 디자인을 개선하고 기존 아키텍처의 기능을 향상시키는지 보게 될 것이다. 또한 메모리 누수와 같이 리액티브 애플리케이션을 실제 환경에 배포할 때 발생할 수 있는 보다 복잡한 주제를 살펴보게 된다. 이번 장을 마치면 RxJava는 실제적이고 현대적인 애플리케이션에서 다양한 경우를 구현할 수 있을 만큼 성숙하고 다재다능하다는 사실을 확신하게 될 것이다.

RxJava를 활용한 안드로이드 개발

RxJava는 안드로이드 개발자 사이에서 매우 인기가 높다. 첫째, 키를 누르거나 마우스를 움직이는 등의 다양한 동작에서 발생하는 이벤트에서 알 수 있듯 GUI는 본질적으로 이벤트 중심적이다. 둘째, 안드로이드는 스윙이나 기타 GUI 환경과 마찬가지로 스레드에 관해서 정말로 가차 없다. UI를 정지시키지 않으려면 안드로이드 메인 스레드를 블록하면 안되지만, 모든 UI 갱신 작업은 메인 스레드에서 이루어져야 한다. 이러한 문제는 318쪽의 "안드로이드에서 Scheduler 사용하기"에서 다룬다. 그러나 안드로이드에서 RxJava에 대해 배워야 할 단 한 가지를 선택하라면, 메모리 누수와 이를 쉽게 피하는 방법을 들 수 있는데 이것은 다음 절에서 자세히 설명한다.

액티비티에서 메모리 누수 피하기

안드로이드의 특징적인 위험요소 중 하나는 Activity와 관련한 메모리 누수다. Observer가 GUI 컴포넌트를 대상으로 강한 참조를 지닌 채 다시 이 컴포넌트가 전체 부모 Activity 객체를 참조하면 이러한 증상이 발생한다. 모바일 장치의 화면을 회전시키거나 뒤로 가기 버튼을 누르면, 안드로이드 운영체제는 현재 Activity를 종료하며 결국에는 가비지 컬렉션을 시도한다. 액티비티는 상당히 큰 객체라서 열심히 정리할 필요가 있다. 그러나 Observer가 그러한 Activity 참조를 보유하면 가비지 컬렉션이 결코 수행되지 않을 수도 있으며 결국은 메모리 누수로 이어져 기기에서 애플리케이션을 통째로 중단시킨다. 다음 코드를 보자.

```
public class MainActivity extends AppCompatActivity {

    private final byte[] blob = new byte[32 * 1024 * 1024];

    @Override
    protected void onCreate(Bundle savedInstanceState) {
        super.onCreate(savedInstanceState);
        TextView text = (TextView) findViewById(R.id.textView);
        Observable
                .interval(100, TimeUnit.MILLISECONDS)
                .observeOn(AndroidSchedulers.mainThread())
                .subscribe(x -> {
                    text.setText(Long.toString(x));
                });
    }

}
```

여기서 blob 필드는 메모리 누출 효과를 빠르게 하기 위해 넣었지만 그보다는 MainActivity가 꽤 복잡한 객체 트리라고 생각해보자. 이 간단한 애플리케이션은 표면적으로 그럴듯해 보인다. 100ms마다 텍스트 필드를 현재 카운터 값으로 갱신한다. 하지만 기기를 몇 번 회전시키면 OutOfMemoryError를 발생시키며 중단되는데, 다음과 같은 일이 벌어진다.

1. MainActivity가 생성되고, onCreate()에서 interval()을 구독한다.

2. 100ms마다 text가 현재 카운터 값으로 갱신된다. mainThread() Scheduler는 잠시 잊자. 318쪽 "안드로이드에서 Scheduler 사용하기"에서 설명할 것이다.

3. 장치의 방향이 바뀐다.

4. MainActivity가 종료되고 새로이 생성되며, onCreate()가 다시 실행된다.

5. 이제 Observable.interval() 두 개가 실행중이다. 첫 번째 구독을 해지하지 않았기 때문이다.

첫 번째 interval()이 종료된 Activity에 남아 동시에 두 개의 interval()이 실행되는데, 이보다 더한 문제도 있다. interval() 연산자는 (computation() Scheduler를 통해) 백그라운드 스레드를 사용하여 카운터 이벤트를 발생시킨다. 이 이벤트들은 이후에 Observer에 전파되는데 이 중 하나는 TextView에 대한 참조를 보유하고 있으며 결국은 이전 MainActivity에 대한 참조까지 내려간다. interval() 이벤트를 내보내는 스레드는 새로운 GC의 근원이 되므로, 직접 또는 간접적으로 참조하는 모든 항목은 가비지 컬렉션 대상이 아니다. 그런 이유로 첫 번째 MainActivity 인스턴스는 종료되었지만 가비지 컬렉션이 될 수는 없으며 blob 메모리 또한 회수할 수 없다. 방향을 변경할 때마다(또는 안드로이드가 특정 Activity를 종료하기로 결정할 때마다) 메모리 누수가 증가한다. 해결책은 간단하다. interval() 더 이상 필요하지 않을 때 이를 구독 해지하여 알리면 된다(35쪽의 "Subscription과 Subscriber〈T〉로 리스너 제어하기" 참조). onCreate() 처럼 안드로이드에는 onDestroy()라는 종료를 위한 콜백이 존재한다.

```java
private Subscription subscription;

@Override
protected void onCreate(Bundle savedInstanceState) {
    //...
    subscription = Observable
        .interval(100, TimeUnit.MILLISECONDS)
        .observeOn(AndroidSchedulers.mainThread())
        .subscribe(x -> {
            text.setText(Long.toString(x));
        });
}

@Override
protected void onDestroy() {
    super.onDestroy();
    subscription.unsubscribe();
}
```

이게 전부다. Observable이 Activity의 생명 주기 중 일부로 생성되었다면, Activity를 종료할 때 반드시 구독을 해지하자. unsusbcribe()를 호출하면 Observable에서 Observer를 분리하며 Observer는 이제 가비지 컬렉션 대상이 된다. Observer와 함께 MainActivity 전체도 가비지 컬렉션이 될 것이다. 또한 interval() 자체는 아무도 청취하지 않으므로 이벤트 발생을 멈춘다. 일석이조다.

Activity와 함께 Observable을 여러 개 만들 때 모든 Subscription에 대한 참조를 챙기기는 무척 지겨운 일이다. CompositeSubscription은 이런 경우에 편리한 컨테이너다. 각 Subscription은 간단히 CompositeSubscription에 집어넣을 수 있으며, 종료할 때는 다음과 같이 쉬운 단계 하나로 이들 모두를 해지할 수 있다.

```java
private final CompositeSubscription allSubscriptions = new
CompositeSubscription();

@Override
protected void onCreate(Bundle savedInstanceState) {
    //...
    Subscription subscription = Observable
        .interval(100, TimeUnit.MILLISECONDS)
        .observeOn(AndroidSchedulers.mainThread())
        .subscribe(x -> {
            text.setText(Long.toString(x));
        });
    allSubscriptions.add(subscription);
}

@Override
protected void onDestroy() {
    super.onDestroy();
    allSubscriptions.unsubscribe();
}
```

어떤 환경이든 더 이상 사용하지 않는 Observable의 구독 해지는 좋은 습관이다. 리소스가 제한적인 모바일 장치에서는 특히 중요하다. 안드로이드에서 메모리 관리의 함정을 알게 되었으니 이제 모바일 애플리케이션을 다시 설계해야 할 때다. 우선 레트로핏(Retrofit)이라는 모바일 환경에서 특히 많이 사용하는, RxJava 지원 기능을 내장한 HTTP 클라이언트를 살펴보자.

RxJava 지원을 포함하는 레트로핏

레트로핏[1]은 특히 안드로이드 진영에서 인기 있는 HTTP 라이브러리이지만, 안드로이드 전용은 아니며 유일한 HTTP 클라이언트도 아니다. 그러나 레트로핏

---

1 *http://square.github.io/retrofit/*

은 기본적으로 RxJava를 지원하기 때문에 RxJava를 염두에 두고 있으면서 HTTP 코드 또한 올바르게 처리하고자 한다면 모바일 애플리케이션에 적합한 선택이다. 네트워크 관련 코드에서 RxJava가 가져다 주는 주된 장점은 스레드 사이의 손쉬운 이동이다. 레트로핏을 실험하기 전에 다음과 같은 의존성이 필요하다. 라이브러리 자체와 RxJava용 어댑터, 그리고 잭슨(Jackson) JSON 처리용 변환기이다.

```
compile 'com.squareup.retrofit2:retrofit:2.0.1'
compile 'com.squareup.retrofit2:adapter-rxjava:2.0.1'
compile 'com.squareup.retrofit2:converter-jackson:2.0.1'
```

레트로핏은 구현 없이 자바 인터페이스 선언만으로 RESTful 서비스와 상호 작용하는 형식에 안전한(type-safe) 방법을 권장한다. 이 인터페이스는 나중에 HTTP 요청으로 명백하게 변환된다. 연습 삼아 모임을 위한 서비스인 밋업(Meetup) API[2]와 상호 작용해 보자. 종단점 중 하나가 주어진 위치 근처의 도시 목록을 반환한다.

```
import retrofit2.http.GET;
import retrofit2.http.Query;

public interface MeetupApi {

    @GET("/2/cities")
    Observable<Cities> listCities(
        @Query("lat") double lat,
        @Query("lon") double lon
    );

}
```

레트로핏은 listCities() 메서드 호출을 네트워크 호출로 변환한다. 뒷단에서 /2/cities?lat=...&lon=... 리소스로 HTTP GET 요청을 한다. 반환 유형을 확인하자. 우선 여기서 String 또는 맵 안의 맵보다는 강하게 형식화된 Cities를 사용한다. 그러나 더 중요한 사실은 Cities는 응답이 도착했을 때 이 객체를 방출하는 Observable에서 비롯된다는 점이다. Cities 클래스는 서버에서 받은 JSON에 있는 대부분의 필드를 매핑한다. getter와 setter는 생략했다.

```
public class Cities {
    private List<City> results;
```

---

2   *http://www.meetup.com/meetup_api*

```
    }

public class City {
    private String city;
    private String country;
    private Double distance;
    private Integer id;
    private Double lat;
    private String localizedCountryName;
    private Double lon;
    private Integer memberCount;
    private Integer ranking;
    private String zip;
}
```

이러한 접근 방식은 추상화(메서드 호출과 강하게 형식화된 응답과 같은 고급 개념 사용)와 낮은 수준의 세부 사항(네트워크 호출의 비동기 특성) 간의 적절한 균형을 제공한다. HTTP에는 정해진 요청-응답 형식이 있지만, HTTP가 허점투성이 블로킹 RPC의 추상화를 뒤에 숨기지 않도록 Observable을 사용해서 필연적인 대기 시간을 모델링한다. 불행히도 이 API와 상호 작용하기 위해 설정해야하는 접착제 코드의 양이 좀 많다. 상황에 따라 다르겠지만 JSON 응답을 올바르게 처리할 때 필요한 단계 확인이 중요하다.

```java
import com.fasterxml.jackson.databind.DeserializationFeature;
import com.fasterxml.jackson.databind.ObjectMapper;
import com.fasterxml.jackson.databind.PropertyNamingStrategy;
import retrofit2.Retrofit;
import retrofit2.adapter.rxjava.RxJavaCallAdapterFactory;
import retrofit2.converter.jackson.JacksonConverterFactory;


ObjectMapper objectMapper = new ObjectMapper()
objectMapper.setPropertyNamingStrategy(
    PropertyNamingStrategy.CAMEL_CASE_TO_LOWER_CASE_WITH_UNDERSCORES);
objectMapper.configure(
    DeserializationFeature.FAIL_ON_UNKNOWN_PROPERTIES, false);

Retrofit retrofit = new Retrofit.Builder()
        .baseUrl("https://api.meetup.com/")
        .addCallAdapterFactory(
            RxJavaCallAdapterFactory.create())
        .addConverterFactory(
            JacksonConverterFactory.create(objectMapper))
        .build();
```

첫째, 잭슨 라이브러리에서 ObjectMapper를 조정하여 언더바로 연결된 이름을 자바빈에서 사용하는 카멜케이스(camel-case) 규칙으로 깔끔하게 변환해야 한다. 예를 들어 JSON의 `localized_country_name`은 City 클래스에서`localized CountryName`이어야 한다. 둘째, 빈(bean) 클래스에 매핑되지 않은 필드는 피하고 싶다. 특히 JSON API는 이전 클라이언트에서는 지원하지 않던 새로운 속성을 추가하여 발전시키고 있다. 합당한 기본 방침이라면 그러한 속성을 무시하고 우리에게 의미 있는 항목만 사용한다. 따라서 서버는 기존 클라이언트를 손상시키지 않으면서도 시스템 진화에 따라 새로운 필드를 응답에 추가할 수 있다.

Retrofit 객체를 적용하면 마침내 클라이언트 코드 전체에서 사용할 `MeetupApi` 구현을 합성할 수 있다.

```
MeetupApi meetup = retrofit.create(MeetupApi.class);
```

마침내 우리의 `MeetupApi`를 통해 HTTP 요청을 수행하고 RxJava의 능력을 사용할 수 있게 되었다. 보다 광범위한 예를 만들어 보자. 밋업 API를 사용하여 우선 특정 위치 근처의 모든 도시와 마을 목록을 가져온다.

```
double warsawLat = 52.229841;
double warsawLon = 21.011736;
Observable<Cities> cities = meetup.listCities(warsawLat, warsawLon);
Observable<City> cityObs = cities
        .concatMapIterable(Cities::getResults);
Observable<String> map = cityObs
        .filter(city -> city.distanceTo(warsawLat, warsawLon) < 50)
        .map(City::getCity);
```

먼저 `concatMapIterable()`을 사용해서 항목이 하나뿐인 Observable `<Cities>`를 도시 하나당 항목 하나로 취급하는 Observable<City>로 확장한다. 그런 다음 처음 위치에서 50km 내에 있는 도시만 걸러낸다. 마지막으로 도시 이름을 추출한다. 다음 목표는 바르샤바 근교에 있는 각 도시의 인구를 찾아 반경 50km 내에 얼마나 많은 사람들이 살고 있는지 확인하는 것이다. 이를 달성하려면 GeoNames[3]가 제공하는 다른 API를 참조해야 한다. 한 가지 방법은 주어진 이름으로 위치를 검색하고, 다른 속성들 중에서 인구 수를 반환하는 것이다. 다시 레트로핏을 사용해 해당 API에 연결하자.

```
public interface GeoNames {

    @GET("/searchJSON")
    Observable<SearchResult> search(
```

---

3 *http://www.geonames.org/export/geonames-search.html*

```
                @Query("q") String query,
                @Query("maxRows") int maxRows,
                @Query("style") String style,
                @Query("username") String username);
    }
```

JSON 객체는 값 객체에 매핑되어야 한다(getter와 setter는 생략).

```
    class SearchResult {
        private List<Geoname> geonames = new ArrayList<>();
    }

    public class Geoname {
        private String lat;
        private String lng;
        private Integer geonameId;
        private Integer population;
        private String countryCode;
        private String name;
    }
```

GeoNames를 객체화하는 방법은 MeetupApi와 비슷하다.

```
    GeoNames geoNames = new Retrofit.Builder()
            .baseUrl("http://api.geonames.org")
            .addCallAdapterFactory(RxJavaCallAdapterFactory.create())
            .addConverterFactory(JacksonConverterFactory.create(objectMapper))
            .build()
            .create(GeoNames.class);
```

예제 애플리케이션은 갑자기 두 가지 서로 다른 API를 사용했지만 매우 균일하게 서로 섞인다. GeoNames API에서 각 도시 이름을 참조하고 인구를 추출하고자 한다.

```
    Observable<Long> totalPopulation = meetup
            .listCities(warsawLat, warsawLon)
            .concatMapIterable(Cities::getResults)
            .filter(city -> city.distanceTo(warsawLat, warsawLon) < 50)
            .map(City::getCity)
            .flatMap(geoNames::populationOf)
            .reduce(0L, (x, y) -> x + y);
```

잠시 생각해 보면, 앞의 프로그램은 간결한 형식으로 수많은 작업을 해낸다. 먼저 도시 목록을 가져오려고 MeetupApi를 사용하며 이어서 각 도시별 인구를 가져온다. (아마도 비동기적으로 도달하는) 인구 응답은 나중에 reduce()를 사용하여 합산한다. 결국 전체적인 연산 파이프라인은 Observable<Long>으로 귀결되고, 모든 도시의 인구가 누적될 때마다 하나의 long 값을 방출한다. 이를 통해 서로 다른 출처의 스트림을 원활하게 결합해주는 RxJava의 진정한 힘을 볼 수 있다. 예를 들어 populationOf() 메서드는 실제로 GeoNames에 HTTP 요청을 하고 도시 이름으로 인구를 추출하는 꽤 복잡한 연산자 사슬이다.

```java
public interface GeoNames {

    default Observable<Integer> populationOf(String query) {
        return search(query)
            .concatMapIterable(SearchResult::getGeonames)
            .map(Geoname::getPopulation)
            .filter(p -> p != null)
            .singleOrDefault(0)
            .doOnError(th ->
            log.warn("Falling back to 0 for {}", query, th))
            .onErrorReturn(th -> 0)
            .subscribeOn(Schedulers.io());
    }

    default Observable<SearchResult> search(String query) {
        return search(query, 1, "LONG", "some_user");
    }

    @GET("/searchJSON")
    Observable<SearchResult> search(
        @Query("q") String query,
        @Query("maxRows") int maxRows,
        @Query("style") String style,
        @Query("username") String username
    );

}
```

맨 아래에 있는 일반적인 search() 메서드는 사용하기 쉽도록 default 메서드를 사용하여 포장했다. JSON으로 감싼 SearchResult 객체를 받은 다음 모든 개별 검색 결과를 풀어헤치는데 응답에서 인구가 빠지지 않았는지 확인하고 오류가 발생하면 0을 반환한다. 마지막으로 더 나은 동시성을 위해 io() 스케줄러에서 개별 인구 요청이 호출되도록 한다. 여기서 실제로 subscribeOn()이 중요하다. 이를 빼면 각 도시별 인구 요청이 순차적으로 이루어지기 때문에 전반적인 대기 시간이 크게 증가한다. 그러나 각 도시별로 flatMap()이 populationOf() 메서드를 호출하고 필요할 때 이를 구독하므로 개별 도시 관련 값을 동시에 가져온다. 사실 개별 인구 요청에도 timeout() 연산자를 추가할 수 있는데 데이터가 불완전해지는 대가를 치러야 하지만 대신에 더 나은 응답 시간을 얻을 수 있다. RxJava가 없었다면 이 시나리오를 구현하기 위해 수많은 수동 스레드 풀 통합이 필요할 것이다. 심지어 CompletableFuture(215쪽의 "CompletableFuture와 스트림" 참조)를 사용해도 작업이 만만찮다. RxJava로 상호 간섭을 배제한 동시성을 얻고, 강력한 연산자를 사용하여 빠르고 이해하기 쉬우면서도 간결한 코드를 작성할 수 있다.

레트로핏을 이용한 두 가지 API의 결합은 기적처럼 성공했다. 그러나, 전적으로 관련이 없는 Observable 간의 결합은 아무도 막을 수 없는데 예를 들어 하나는 레트로핏에서, 다른 하나는 JDBC 호출에서 가져왔으며 또 다른 하나는 JMS 수신 메시지다. 지금까지 예를 든 사례는 추상화를 노출하거나 기본 스트림 구현의 특성에 대해 너무 많은 세부 정보를 제공하지 않았는데도 구현하기 수월했다.

안드로이드에서 Scheduler 사용하기

모든 안드로이드 개발자가 저지르는 실수 중 하나는 구현할 때 UI 스레드를 차단하는 것이다. 안드로이드에는 UI와 양방향으로 상호 작용하기 위해 지정된 하나의 메인 스레드가 있다. 네이티브 위젯의 콜백은 메인 스레드에서 핸들러를 호출하지만 위젯 갱신(레이블 변경, 드로잉) 또한 해당 쓰레드 내에서 해야 한다. 이 제한은 UI 내부 아키텍처를 크게 단순화하지만 심각한 단점도 있다.

- 콜백 처리 내에서 시간 소모적인 작업(일반적으로 블로킹 네트워크 호출)을 시도하는 경우 UI 이벤트는 다른 이벤트를 처리하지 못하도록 하여 UI가 멈추는 원인이 된다. 결국 운영체제는 이렇게 오작동하는 앱을 중단시킨다.
- UI 갱신(예를 들어, 블로킹 네트워크 호출이 완료된 이후)은 메인 스레드에서 진행해야 하므로 어떻게든 메인 스레드 내에서 내용을 갱신하도록 운영체제에 요청해야 한다.

놀랍게도 RxJava에는 이를 위한 두 가지 기본 메커니즘이 있다. subscribeOn()을 사용하여 백그라운드에서 부차적인 작업을 실행할 수 있으며, observeOn()을 사용하여 메인 스레드로 쉽게 돌아올 수 있다. 이 두 연산자는 167쪽의 "subscribeOn()을 사용한 선언적 구독"에서 설명했는데, 안드로이드와 완벽하게 맞아 떨어진다. 그리고 안드로이드 환경과 메인 스레드를 인식하는 특별한 Scheduler만 있으면 된다. 이 Scheduler는 이미 163쪽의 "Scheduler 세부 구현 내용 살펴보기"에서 부분적으로 구현했는데, 운 좋게도 여기서는 직접 구현할 필요가 없다. 이 작은 의존성을 추가하여 RxJava와 함께 안드로이드 여행을 시작하자.

```
compile 'io.reactivex:rxandroid:1.1.0'
```

이 작은 라이브러리는 클래스패스에 AndroidSchedulers 클래스를 추가하는
데, 안드로이드에서 RxJava로 동시성 구현을 하기 위한 필수 사항이다. Android
Schedulers 사용 방법은 예제로 살펴보는 편이 가장 좋겠다. 밋업 API를 호출하
여(312쪽의 "RxJava 지원을 포함하는 레트로핏" 참조), 주어진 위치 근처의 도시
목록을 가져와 표시한다.

```
button.setOnClickListener(new View.OnClickListener() {
    @Override
    public void onClick(View view) {
        meetup
            .listCities(52.229841, 21.011736)
            .concatMapIterable(extractCities())
            .map(toCityName())
            .toList()
            .subscribeOn(Schedulers.io())
            .observeOn(AndroidSchedulers.mainThread())
            .subscribe(
                    putOnListView(),
                    displayError());
    }

    //...

});
```

이번 장에서는 자바 8의 람다식을 사용하지 않는다. 이 글을 쓰는 시점에 안드
로이드는 자바 7을 지원하므로 클로저는 허용하지 않는다.[4] 대신 가독성을 높
이기 위해 익명의 내부 클래스를 추출하여 별도의 메서드로 만들었다. RxJava
를 사용하지 않는다 하더라도 이 구문이 너무 장황하다면 이전 버전의 자바에
람다를 백포트하여 안드로이드에서도 람다식을 쓸 수 있게 해주는 레트로람다
(Retrolambda)[5]를 적용해 보도록 하자. 순수한 안드로이드라면 모든 변환과 콜
백은 다음과 비슷할 것이다.

```
//Cities::getResults
Func1<Cities, Iterable<City>> extractCities() {
    return new Func1<Cities, Iterable<City>>() {
        @Override
        public Iterable<City> call(Cities cities) {
```

---

4   이 부분은 안드로이드 N 출시와 함께 바뀔 수 있다. 자세한 정보는 자바 8 기능(*http://bit.ly/2d5eAFw*)을 확인
    하자.

5   *http://github.com/orfjackal/retrolambda*

```
                return cities.getResults();
            }
        };
    }


    //City::getCity
    Func1<City, String> toCityName() {
        return new Func1<City, String>() {
            @Override
            public String call(City city) {
                return city.getCity();
            }
        };
    }


    //cities -> listView.setAdapter(...)
    Action1<List<String>> putOnListView() {
        return new Action1<List<String>>() {
            @Override
            public void call(List<String> cities) {
                listView.setAdapter(new ArrayAdapter(
                        MainActivity.this, R.layout.list, cities));
            }
        };
    }
    //throwable -> {...}
    Action1<Throwable> displayError() {
        return new Action1<Throwable>() {
            @Override
            public void call(Throwable throwable) {
                Log.e(TAG, "Error", throwable);
                Toast.makeText(MainActivity.this,
                               "Unable to load cities",
                               Toast.LENGTH_SHORT)
                     .show();
            }
        };
    }
```

무슨 일이 일어났는지 살펴보자. 버튼을 누르면(321쪽의 "UI 이벤트를 스트림처럼"에서 콜백을 제거할 예정이다), 레트로핏을 통해 HTTP 요청을 한다. 레트로핏은 관련 정보만 추출하여 추가로 변환할 Observable<Cities>를 만들어내며, 계속해서 근처의 도시를 나타내는 List<String>으로 바꾼다. 결국 이 목록을 화면에 표시한다.

두 개의 스케줄러 사용이 실제로 중요한 내용이다. subscribeOn()이 없다면 레트로핏은 호출자의 스레드를 사용하여 HTTP를 호출하기 때문에 Observable이 블록된다. HTTP 요청이 메인 안드로이드 스레드를 블록한다는 뜻인데 운영체제는 이를 즉시 감지하여 NetworkOnMainThreadException을 던지고 실패한다. 백그라운드에서 네트워크를 처리하는 전통적인 방법은 새로운 Thread 생성이나 AsyncTask 사용이다. subscribeOn()을 사용했을 때의 장점은 명백한데 코드는 훨씬 깔끔하고 스레드 상호 간섭이 보다 줄어들며 onError 알림을 통한 내장된 선언적 오류 처리 기능도 제공한다.

마찬가지로 observeOn() 호출도 중요하다. 모든 변환이 완료되면 메인 스레드에서 가능한 한 최소한의 작업만 수행하기 위해 메인 스레드에서는 UI 갱신만을 실행한다. 실행을 mainThread()로 옮기는 observeOn()이 없다면 Observable은 백그라운드 스레드에서 listView 갱신을 시도하는데, CalledFromWrong ThreadException이 발생하면서 즉시 실패한다. 게다가 observeOn()은 (바로 그 AndroidSchedulers.mainThread()가 내부에서 사용하는) android.os.Handler 클래스의 postDelayed()보다 훨씬 편리하다.

API의 간결함과 결합된 스케줄러의 유연성은 수많은 안드로이드 개발자에게 상당히 매력적이다. RxJava는 모바일 장치에서 동시성 구현의 복잡성을 해결하는, 보다 간단하고 깔끔하면서도 안전한 방법을 제공한다.

> **❗ 메모리 누수**
>
> 앞의 예제에는 메모리 누수로 이어질 수 있는 한 가지 중대한 결함이 있다. Observer는 안드로이드 Activity에 대한 참조를 유지한 채 그 바깥 영역에서 오랫동안 살아남을 수 있다. 이 문제는 310쪽의 "액티비티에서 메모리 누수 피하기"에서 설명했다.

UI 이벤트를 스트림처럼

구문 수준에서 바라보면 RxJava는 중첩 콜백을 선언적 변환으로 대체한 콜백 지옥 회피를 목표로 한다. 그러므로 앞선 예제에서 Observable을 감싼 setOn ClickListener()는 조금 거추장스럽게 보인다. 다행히 안드로이드 UI 이벤트를 스트림으로 변환하는 라이브러리가 있다[6]. 그냥 프로젝트에 다음 종속성을 추가하기만 하면 된다.

```
compile 'com.jakewharton.rxbinding:rxbinding:0.4.0'
```

여기서 우리는 명령형 콜백 등록 방식을 편리한 파이프라인으로 대체할 수 있다.

---

6   스윙에도 비슷한 라이브러리가 있다(*https://github.com/ReactiveX/RxSwing*).

```
RxView
        .clicks(button)
        .flatMap(listCities(52.229841, 21.011736))
        .delay(2, TimeUnit.SECONDS)
        .concatMapIterable(extractCities())
        .map(toCityName())
        .toList()
        .subscribeOn(Schedulers.io())
        .observeOn(AndroidSchedulers.mainThread())
        .subscribe(
                putOnListView(),
                displayError());

Func1<Void, Observable<Cities>> listCities(
        final double lat, final double lon) {
    return new Func1<Void, Observable<Cities>>() {
        @Override
        public Observable<Cities> call(Void aVoid) {
            return meetup.listCities(lat, lon);
        }
    };
}
```

국소적으로 Observable을 생성하고 변환하는 콜백을 등록하는 대신, 버튼 클릭을 나타내는 Observable<Void>로 시작한다. 버튼을 눌러도 아무런 정보가 전달되지 않으므로 Void이다. 각 클릭 이벤트는 Observable<Cities>를 반환하는 비동기 HTTP 요청을 시작한다. 다른 부분은 거의 동일하게 유지된다. 가독성이 향상되었다고 생각한다면 다른 GUI 이벤트에도 스트림 구성을 고려해 보자.

텍스트필드 두 개가 있다고 가정하자. 각각 위도와 경도를 입력하는 용도다. 둘 중 하나라도 바뀌면 해당 위치 주변의 모든 도시를 다시 검색하도록 HTTP 요청을 하고 싶다. 사용자가 계속 입력하는 동안 불필요한 네트워크 트래픽을 피하기 위해 일정한 지연 간격을 구현하고자 한다. 텍스트필드에 1초 동안 변경 사항이 발생하지 않은 경우에만 네트워크 요청이 시작된다. 과도한 네트워크 사용을 피하기 위해 약간의 지연을 넣은 자동 완성 텍스트필드와 매우 비슷한데 이경우는 두 개의 입력을 함께 고려해야 한다. RxJava와 RxBinding을 사용한 구현은 무척 우아하다.

```
import android.widget.EditText;
import com.jakewharton.rxbinding.widget.RxTextView;
import com.jakewharton.rxbinding.widget.TextViewAfterTextChangeEvent;


EditText latText = //...
EditText lonText = //...
```

```
Observable<Double> latChanges = RxTextView
    .afterTextChangeEvents(latText)
    .flatMap(toDouble());
Observable<Double> lonChanges = RxTextView
    .afterTextChangeEvents(lonText)
    .flatMap(toDouble());

Observable<Cities> cities = Observable
    .combineLatest(latChanges, lonChanges, toPair())
    .debounce(1, TimeUnit.SECONDS)
    .flatMap(listCitiesNear());
```

그리고 변환식은 다음과 같다(람다식을 사용하지 않았을 때 코드가 얼마나 장황
한지도 보자).

```
Func1<TextViewAfterTextChangeEvent, Observable<Double>> toDouble() {
    return new Func1<TextViewAfterTextChangeEvent, Observable<Double>>() {
        @Override
        public Observable<Double> call(TextViewAfterTextChangeEvent e) {
            String s = e.editable().toString();
            try {
                return Observable.just(Double.parseDouble(s));
            } catch (NumberFormatException e) {
                return Observable.empty();
            }
        }
    };
}


//return Pair::new
Func2<Double, Double, Pair<Double, Double>> toPair() {
    return new Func2<Double, Double, Pair<Double, Double>>() {
        @Override
        public Pair<Double, Double> call(Double lat, Double lon) {
            return new Pair<>(lat, lon);
        }
    };
}


//return latLon -> meetup.listCities(latLon.first, latLon.second)
Func1<Pair<Double, Double>, Observable<Cities>> listCitiesNear() {
    return new Func1<Pair<Double, Double>, Observable<Cities>>() {
        @Override
        public Observable<Cities> call(Pair<Double, Double> latLon) {
            return meetup.listCities(latLon.first, latLon.second);
        }
    };
}
```

우선, RxTextView.afterTextChangeEvents()는 내용이 바뀔 때마다 EditText가
호출한 명령형 콜백을 변환한다. 위도와 경도 스트림을 각각 별도로 만든다. 값

이 오는 대로 즉시 TextViewAfterTextChangeEvent를 double로 변환하는데 잘못된 입력은 조용히 무시한다. 두 개의 double 스트림을 사용하며, 입력이 바뀔 때마다 한 쌍의 스트림을 수신할 수 있도록 combineLatest()로 이들을 결합한다. 마지막 부분은 debounce()(247쪽 "debounce()로 낡은 이벤트 건너뛰기" 참조)인데, 다른 변화(위도나 경도)가 바로 이어질 경우를 대비하여 값을 전달하기 전에 1초를 기다린다. debounce() 덕분에 사용자가 입력하는 동안 불필요한 네트워크 호출을 피할 수 있다. 앱의 나머지 부분은 동일하게 유지된다.

이 예제는 리액티브 프로그래밍이 사용자 컴포넌트에서 레트로핏을 사용하여 앱의 모든 내용을 어떻게 스트림으로 구성했는지 그 전파 과정을 보여준다. 다만 afterTextChangeEvents()에서 구독을 해지했는지 확인하자. 그렇게 하지 않으면 메모리 누수가 발생할 수 있다.

히스트릭스로 장애 관리하기

> 분산 시스템이란 당신이 알지도 못하는 어떤 고장난 컴퓨터가 당신의 컴퓨터를 사용 불가능하게 만들어내는 존재이다. - 레슬리 램포트, 1987

RxJava에는 확장성과 반응성이 좋으면서 복원력도 뛰어난 애플리케이션을 작성할 수 있는 수많은 연산자가 있다.

- Scheduler를 사용한 선언적 동시성(155쪽 "RxJava의 멀티 스레딩")
- 타임아웃(280쪽 "이벤트가 발생하지 않으면 시한 만료시키기")과 다양한 오류 처리 메커니즘(271쪽 "오류 처리", 284쪽 "실패 후 재시도")
- flatMap()으로 작업을 병렬화하면서도(145쪽 "flatMap()을 비동기 체이닝 연산자처럼") 동시성을 제한하기(83쪽 "flatMap()의 동시성 제어").

그렇지만 강력하면서 탄력적인 애플리케이션을 만들려면, 특히 클라우드 환경이나 MSA를 사용한다면 핵심 RxJava에 속하지 않는 더 많은 기능이 필요하다. 이 절에서는 분산 환경에서 장애를 관리하거나 격리하고 처리하기 위한 라이브러리인 히스트릭스(Hystrix)[7]를 간단히 살펴보려고 한다. 히스트릭스는 잠재적으로 실패할 수 있는 동작을 포장하고 그러한 코드 주변에 영리한 장치를 적용할 수 있도록 한다. 이 라이브러리는 다음을 포함한다.

---

7 *https://github.com/Netflix/Hystrix* (옮긴이) 영미권에서는 '하이스트릭스' 라고 읽는 경우가 보다 많은 듯하다.

- 특정 시간 동안 오작동 행위를 완전히 차단하는 격벽 패턴
- 시간 제한을 적용한 빠른 실패, 제한된 동시성, 이른바 회로 차단기(circuit breaker) 구현
- 작은 커맨드를 하나의 커다란 커맨드로 응축(collapse)하여 일괄 처리
- 성능 통계 수집, 게시, 시각화

히스트릭스의 가장 큰 강점은 회로 차단기인데, 일시적으로 손상된 종속성을 해제하여 실패가 연쇄되지 않도록 하는 메커니즘이다. 분산 시스템에서 장애가 제대로 처리되지 않으면 호출 스택 전체에 전파되는 예외와 마찬가지로 하위 종속성에 전파되는 경향이 있다. 분산 시스템에서 하나의 최종 사용자 요청은 다양한 상위 종속성에 대해 수백은 아니더라도 수십 개 정도의 요청을 필요로 할 수도 있다. 중요하지도 않은 서비스 하나조차 망가지면 그로 인해 전체 시스템을 다운시키고 모든 요청을 실패하게 만들 가능성이 있다.

흥미롭게도 느린 서비스가 실패한 서비스보다 더 나쁠 수도 있다. 모든 단일 사용자 요청이 친절한 오류 메시지와 함께 즉시 실패하는 것이 좋은 상황은 아니다. 그러나 사용자가 응답을 전혀 받지 못한 채 무작정 기다리는 경우가 훨씬 더 안 좋다. 사용자의 일반적인 반응은 웹 페이지를 새로 고침하는 것이다(인정하자!). 사실 거의 도움이 되지 않는 방법으로, 또 다른 요청을 하는 꼴이 되어 시스템의 수용 한계를 넘치게 만든다. 하나의 느린 서비스로 인해 지연이 단계적으로 증가하여 전체 시스템이 정지된다. 갑자기 느린 서비스를 사용하는 다른 모든 서비스도 느려지고 상황이 재귀적으로 쌓여 나간다. 히스트릭스는 이러한 깨진 종속성을 방어하며 단계적으로 뻗어나가는 오류를 중단시킨다.

히스트릭스 첫걸음

이 책에서 히스트릭스를 학습해야 하는 몇 가지 이유가 있다. 첫째, RxJava를 사용하여 만들었으므로 실생활에서 리액티브 익스텐션의 실용적인 예가 된다. 둘째, 히스트릭스 커맨드를 호출하여 Observable을 받을 수 있다. 마지막으로 가장 중요한 점은 히스트릭스는 논블로킹 커맨드를 지원한다(328쪽의 "HystrixObservableCommand를 사용한 논블로킹 커맨드" 참조).

계속하기 전에 가장 간단한 블로킹 시나리오에서 히스트릭스를 사용하는 방법을 탐구해 보자. 경험에 따라 실행 과정이 프로세스 또는 시스템 경계를 벗어날 때마다 히스트릭스를 사용한다. 네트워크 호출(또는 I/O 접근)을 수행하

면 장애 위험이 크게 높아지는데 이 위험에는 예측할 수 없는 대기 시간, 네트워크 파티션이나 패킷 손실 등이 있다. 잠재적으로 위험한 코드 블록을 식별하면 HystrixCommand로 포장한다.

```java
import org.apache.commons.io.IOUtils;
import com.netflix.hystrix.HystrixCommand;
import com.netflix.hystrix.HystrixCommandGroupKey;

class BlockingCmd extends HystrixCommand<String> {

    public BlockingCmd() {
        super(HystrixCommandGroupKey.Factory.asKey("SomeGroup"));
    }

    @Override
    protected String run() throws IOException {
        final URL url = new URL("http://www.example.com");
        try (InputStream input = url.openStream()) {
            return IOUtils.toString(input, StandardCharsets.UTF_8);
        }
    }

}
```

잠재적으로 실패할 수 있는 블로킹 코드는 run() 메서드로 둘러싼다. 그 메서드의 결과형 T는 HystrixCommand<T>의 제네릭 타입으로 정의한다. 이러한 행위(예: 다른 URL사용)를 매개 변수로 처리하고 싶다면, 생성자를 통해 전달해야 한다. HystrixCommand는 *Command* 디자인 패턴을 구현했다.

HystrixCommand 객체를 만들었다면 이제 어떻게든 실행해야 한다. 블로킹 방식으로 실행하는 몇 가지 방법이 있는데, 커맨드 그대로 실행하거나 Java 8 이전의 Future 방식이지만 둘 다 흥미롭지는 않다.

```java
String string        = new BlockingCmd().execute();
Future<String> future = new BlockingCmd().queue();
```

execute() 메서드는 시간 제한과 고급 오류 처리 등을 포함하는 안전망을 통해 간접적으로 run() 메서드를 호출한다. 329쪽의 "격벽 패턴과 빠른 실패"에서 더 자세한 내용을 찾을 수 있다. 이 메서드는 기저의 run()이 완료되거나 예외를 던질 때만 블로킹되었다 반환한다. 이 경우 예외는 호출자에게 전파된다. 반면에 queue()는 논블로킹이지만 Future<T>를 반환한다. 특히 낡은 Future 인터페이스는 리액티브가 아니기 때문에 이 책에서는 execute()와 queue()에 별로 관심이 없다.

여기서 항상 새로운 BlockingCmd 객체를 생성하는데 이렇게 하면 여러 번 실행할 때 이 객체를 재사용할 수 없다. HystrixCommand는 실행 전에 직접 생성되며 재사용되지 않는다고 가정한다. 실제로는 생성할 때 매개 변수를 처리해야 하기 때문에 객체의 재사용 가능성은 의심스럽다.

히스트릭스는 일급 객체로서[8] Observable을 지원하므로 커맨드의 결과를 스트림으로 반환할 수 있다.

```
Observable<String> eager = new BlockingCmd().observe();
Observable<String> lazy = new BlockingCmd().toObservable();
```

observe()와 toObservable()의 의미상 차이는 매우 중요하다. toObservable()은 커맨드를 느긋하면서 차가운 Observable로 변환하기 때문에 누군가가 실제로 이 Observable을 구독하지 않으면 커맨드를 실행하지 않는다. 게다가 Observable 은 캐시되지 않기 때문에 개별 subscribe()가 커맨드 실행을 유발한다. 반면에 observe()는 커맨드를 비동기적으로 즉시 호출하여 뜨겁지만 캐시된 Observable 을 반환한다. 134쪽의 "느긋함 포용하기"에서 배운 것처럼 느긋한 Observable 은 매우 편리하다. 예를 들어 생성은 미리 어디서든 할 수 있지만, 구독하지만 않으면 네트워크 호출과 같은 부작용을 회피할 수 있다. 또한 요청을 매우 효율적으로 일괄 처리할 수 있다. 그러나 차가운 Observable은 구독자가 여럿인 경우 실수로 여러 번 행동을 취할 위험이 있다. 이러한 상황에서 cache() 연산 자가 도움이 되기도 한다. 일반적으로 느긋함은 가장 효율적인 동시성을 허용 하므로 커맨드를 정말로 조급하게 호출할 만한 곳이 아니라면 observe()보다 toObservable()을 사용해야 한다.

Observable을 확보하면 모든 종류의 연산자를 사용할 수 있는데, 예를 들어 retry()를 사용하여 실패한 커맨드를 다시 시도할 수 있다.

```
Observable<String> retried = new BlockingCmd()
    .toObservable()
    .doOnError(ex -> log.warn("Error ", ex))
    .retryWhen(ex -> ex.delay(500, MILLISECONDS))
    .timeout(3, SECONDS);
```

앞선 파이프라인에서 커맨드를 호출하다가 실패하면 500ms 후에 다시 시도한다. 그러나 재시도 가능 시한은 최대 3초이다. 이를 넘기면 TimeoutException이

---

8 실제로 execute()는 toObservable()로 구현된 queue()의 관점에서 구현되었다.

발생한다(280쪽 "이벤트가 발생하지 않으면 시한 만료시키기" 참조). 이후에 히스트릭스에 내장시키는 시한 만료가 어떻게 도움이 되는지 살펴볼 것이다.

HystrixObservableCommand를 사용한 논블로킹 커맨드

애플리케이션 설계 시 RxJava를 염두에 두었다면 서드파티 서비스 또는 알려지지 않은 라이브러리와 관련된 일련의 행위가 이미 Observable로 모델링되었을 가능성이 있다. 기본 HystrixCommand는 블로킹 코드만 지원한다. 바깥 세계와 벌이는 상호 작용이 이미 히스트릭스로 보호하려는 Observable인 경우라면 HystrixObservableCommand가 훨씬 더 적합하다.

```java
public class CitiesCmd extends HystrixObservableCommand<Cities> {

    private final MeetupApi api;
    private final double lat;
    private final double lon;

    protected CitiesCmd(MeetupApi api, double lat, double lon) {
        super(HystrixCommandGroupKey.Factory.asKey("Meetup"));
        this.api = api;
        this.lat = lat;
        this.lon = lon;
    }

    @Override
    protected Observable<Cities> construct() {
        return api.listCities(lat, lon);
    }
}
```

312쪽의 "RxJava 지원을 포함하는 레트로핏"에서 소개한 MeetupApi는 Observable<Cities>도 반환한다. 히스트릭스는 곧 보게 될 결함 허용 기능을 추가하여 이 Observable을 철저하게 포장한다. CitiesCmd 커맨드는 생성자에서 몇 가지 매개변수를 받기 때문에 BlockingCmd와 비교했을 때 훨씬 더 보편적이다. 단위 테스트에 MeetupApi 스텁(stub) 객체를 전달하여 커맨드 동작을 검증할 수도 있다.

HystrixObservableCommand가 HystrixCommand보다 나은 점이라면 스레드 풀이 필요없다는 것이다. HystrixCommand는 항상 엮여 있는 스레드 풀에서 실행하는 반면, Observable 커맨드는 별도의 스레드를 필요로 하지 않는다. 물론 Observable은 construct()에서 반환되었기 때문에(더 이상 run()이라 이름 붙이지 않았음을 주목하자) 기반 구현에 따라 여전히 어떤 스레드를 사용할 수도 있다. 히스트릭스에서 커맨드를 작성하는 방법과 이를 RxJava 생태계에 녹여내는 방법을 알았으니 이제는 실제로 히스트릭스가 제공하는 기능을 살펴볼 시간이다.

격벽 패턴과 빠른 실패

격벽(bulkhead)이란 선체에서 격실을 가로질러 물이 새지 않도록 막아주는 큰 벽인데, 물이 새더라도 하나의 구획에만 물을 가두어 배가 침몰하지 않도록 막아주는 장치이다. 동일한 공학 원칙을 분산 시스템에도 적용할 수 있다. 아키텍처에서 구성 요소 하나가 실패하면 격리해야 하며, 개별 구성 요소가 고장난 경우에도 전체 시스템이 작동해야 한다.

소프트웨어에서 잘 작동하는 또 다른 공학 패턴은 회로 차단기이다. 회로 차단기는 전류를 차단하여 다양한 장치를 과부하 또는 화재 발생 시 보호하는 역할과 책임을 수행한다. 회로 차단기는 위험이 사라지면 (수동 또는 자동으로) 재설정된다. 그런데 이로 인해 조명이나 난방 혹은 (최악의 경우) 라우터의 전원이 차단될 수 있을까? 꼭 그렇지는 않다. 다른 전기망은 다른 회로 차단기로 보호할 수 있기 때문에 여전히 작동된다. 그리고 가장 중요한 사실은, 집에 화재가 발생하지 않았다.

히스트릭스는 시스템 통합 분야에서 이러한 패턴을 모두 구현한다. 모든 단일 커맨드에는 만료 시한이 있으며(기본값 1초) 제한된 동시성(기본값은 주어진 그룹에서 최대 10개의 동시 커맨드)을 지원한다. 다소 공격적인 이러한 제한은 커맨드가 스레드나 메모리와 같은 자원을 너무 많이 소비하지 않도록 보장한다. 또한 만료 시한을 적용하여 과도한 대기 시간을 초래하지 않는다. 이러한 동작을 선박의 격벽과 비교할 수 있는데, 왜냐하면 의존성 중 하나가 실패하기 시작해도(지나치게 높은 지연 시간은 장애와 구별할 수 없음을 기억하자) 이 문제가 시스템 전체에 영향을 미치지 않기 때문이다. 제한 시간과 제한된 동시성으로 인해 외부 시스템에서 블록되는 스레드 수가 크게 줄어든다.

반면에 회로 차단기는 훨씬 더 영리하다. 100ms 이내에 응답하는 데 사용된 종속성이 거의 항상 1초 후에 제한 시간 초과로 만료된다는 사실을 발견하면 어떻게 될까? 이 오작동하는 의존성 호출이 좀 더 폭넓은 요청 처리 과정의 일부라면, 이제는 거의 모든 처리 과정이 1초 이상 느려진다. 히스트릭스가 없으면 지연 시간은 훨씬 크겠지만 순수한 RxJava만으로도 제한 시간을 설정할 수 있다. 히스트릭스는 그 이상을 수행한다. 특정 커맨드가 (예외 또는 시간 초과와 함께)

너무 자주 실패하는 상황을 발견하면(기본값은 모든 호출의 50%) 특정 시간 창틀(기본적으로 10초) 안에서 회로를 연다. 이때 벌어지는 일이 무척 흥미롭다. 히스트릭스는 실패한 커맨드를 더 이상 호출하지 않고 즉시 예외를 발생시켜 재빠르게 실패한다.

이제 작동하는 히스트릭스를 살펴볼 시간이다. 먼저 우리는 Mockito를 사용하여 가짜 MeetupApi를 만든 다음 받아들일 수 없는 지연 시간으로 인해 항상 실패하도록 한다.

```
import static org.mockito.BDDMockito.given;
import static org.mockito.Matchers.anyDouble;
import static org.mockito.Mockito.mock;


MeetupApi api = mock(MeetupApi.class);
given(api.listCities(anyDouble(), anyDouble())).willReturn(
    Observable
        .<Cities>error(new RuntimeException("Broken"))
        .doOnSubscribe(() -> log.debug("Invoking"))
        .delay(2, SECONDS)
);
```

기본 만료 시한은 1초라서 만료 시한이 먼저 치고 들어오기 때문에 실제로 "Broken" 예외는 절대 볼 수 없다. 이제 MeetupApi를 여러 번 호출하고 히스트릭스가 어떻게 작동하는지 살펴보자.

```
Observable
    .interval(50, MILLISECONDS)
    .doOnNext(x -> log.debug("Requesting"))
    .flatMap(x ->
            new CitiesCmd(api, 52.229841, 21.011736)
                .toObservable()
                .onErrorResumeNext(ex -> Observable.empty()),
        5)
```

interval() 연산자를 사용하여 50ms마다 이벤트를 방출한다. 개별 이벤트마다 CitiesCmd를 호출하고 오류를 삼킨다. 실제 프로젝트에서는 최소한 doOnError() 콜백이라도 사용하여 로그 정도는 남긴다는 사실은 명심하자. 히스트릭스는 50ms마다 커맨드를 호출하고 1초가 지나면 제한 시간이 초과되었음을 알아챈다. 커맨드는 실제로 더 느리지만 히스트릭스는 조기에 이를 중단시킨다. 이 프로그램을 구독하고 실행할 때 CitiesCmd가 여러 번 호출되었지만 갑자기 중지되는 모습을 관찰할 수 있다. 50ms마다 여전히 "Requesting" 메시지가 나타나지만 커맨드는 더 이상 호출되지 않는다.

히스트릭스는 CitiesCmd에 문제가 있음을 휴리스틱 기법으로 알아내어 더 이상 CitiesCmd를 호출하지 않는다. 대신 이 커맨드를 호출할 때마다 나오던 Observable은 바로 예외를 내보내며 실패한다. 회로 차단기가 효과를 나타내기 시작했기에 빠르게 실패한다. 히스트릭스가 계속되는 실패를 깨달았기 때문에 커맨드는 더 이상 호출되지 않는다. 오류율이 50%를 초과하면 회로 차단기가 열리고 이후에 커맨드를 호출하려는 모든 시도가 즉시 실패한다. 히스트릭스는 실패를 예외 또는 시간 초과로 가정한다.

회로 차단기의 장점은 두 가지이다. 커맨드를 호출하는 애플리케이션 관점에서 본다면 어쨌든 실패지만 응답 속도는 빨라져서 사용자 경험이 개선된다. 그런데 이를 서버 혹은 무엇이든 간에 커맨드 내에서 만들어진 요청의 대상 관점에서 보면 훨씬 더 흥미롭다. 커맨드가 계속 실패하거나 시간 초과되는 경우, 해당 의존성(다른 서비스, 데이터베이스)이 어려움을 겪고 있다는 신호다. 이는 재시작이나 부하 최고점, 또는 매우 긴 GC 일시 중지일 수 있다. 회로 차단기로 해당 커맨드를 끊어버리면 잠시 동안 시스템이 한숨 돌릴 수 있는 여유가 생긴다. 과부하 충격이 끝나거나 내부 작업 대기열이 비면, 시스템 응답성이 회복되어 다시 건강한 상태로 복구된다. 이렇게 하면 시스템이 자체적으로 수행하는 DDoS 공격을 방지할 수 있다.

다운스트림 종속성이 다시 좋아져서 회로를 닫아도 되는 상태를 히스트릭스는 어떻게 인식할까? 다행히도 이 과정은 자동으로 수행된다. 앞의 예제에서 어느 순간 "Invoking" 로그 메시지가 안 보이기 시작했는데, 이는 회로가 열려서 커맨드가 더 이상 실행되지 않는다는 뜻이다. 그러나 전적으로 맞는 이야기는 아니다. 히스트릭스는 정기적으로(기본적으로 5초마다) 한 번씩 요청 하나로 커맨드를 호출하여 그 순간 괜찮은지 확인한다. 그동안 다른 모든 클라이언트는 여전히 빠르게 실패한다. 이 단일 요청이 성공하면 히스트릭스는 커맨드가 이제 회복되었다고 간주하여 회로를 닫으며, 그렇지 않으면 회로는 계속 열린 채로 유지된다.

이 속성을 자가 회복(self-healing)이라 부르며 컴퓨터 시스템에서 중요한 개념이다. 히스트릭스는 두 가지 측면에서 도움이 된다. 일시적으로 깨진 커맨드를 끄면 다운스트림 종속성을 복구할 수 있다. 복구되고 나면 시스템은 정상 상태로 돌아간다. 이와 같은 메커니즘이 없으면 사소한 결함조차도 여러 컴포넌트의 안정성을 복원하기 위해 단계식 오류 확산과 수동 재시작으로 이어지는 원인이 된다.

커맨드 일괄 처리와 응축

히스트릭스의 고급 기능 중 하나는 일괄 요청이다. 업스트림의 단일 요청을 처리하는 과정에서 다운스트림에 여러 건의 자잘한 요청을 한다고 가정해 보자. 예를 들어 책 목록을 표시하려고 하는데 외부 시스템에 개별 책의 등급을 요청해야만 한다.

```
Observable<Book> allBooks() { /* ... */ }
Observable<Rating> fetchRating(Book book) { /* ... */ }
```

allBooks() 메서드는 우리가 처리하고자 하는 Book 스트림을 반환하며, fetchRating()은 개별 Book의 Rating을 가져온다. 단순한 구현은 모든 책을 반복하면서 Rating을 차례로 검색한다. 다행스럽게도 RxJava에서 하위 작업을 비동기 실행하는 방법은 매우 간단하다.

```
Observable<Rating> ratings = allBooks()
        .flatMap(this::fetchRating);
```

아래 그림은 순차적으로 호출하는 fetchRatings()과 flatMap() 사용을 비교한다. 하나의 처리 단위는 요청을 전송하는 send와 서버 쪽을 처리하는 proc, 응답을 전송하는 recv로 구성되어 있다. 다음 그림은 순차적으로 가져오는 과정을 보여준다.[9]

다음은 flatMap()으로 가져오는 모습이다.

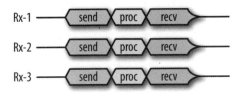

매우 훌륭하게 작동하며 일반적으로 만족스러운 성능을 보인다. 모든 fetchRating() 호출은 동시에 실행되어 대기 시간이 상당히 짧아진다. 그러나 fetchRating()을 호출할 때마다 소요되는 일정한 네트워크 대기 시간을 생각한

---

9 wavedrom(*https://github.com/drom/wavedrom*)을 사용해서 그렸다.

다면 이렇게 수십 권의 책을 일일이 불러내는 방식은 낭비인 것 같다. 모든 책을 일괄로 요청한 다음 모든 평점과 함께 하나로 응답을 받으면 훨씬 생산적이다.

그림과 같이 전송과 처리, 수신 단계 모두가 약간 느리다. 단계별로 각각 더 많은 값을 전송하거나 처리하므로 이해할 수 있다. 따라서 총 대기 시간은 여러 개의 작은 요청과 비교해 실제로 더 높다. 개선되었는지 의문스럽지만 더 큰 그림을 보아야 한다.

개별 요청의 대기 시간은 증가했지만 시스템 처리량이 크게 향상되었다. 가용 동시 연결 개수나 네트워크 처리량, JVM 스레드는 제한적이며 부족한 자원이다. 요청 대상 종속성의 처리량이 제한적일 때 동시성을 이용하면 상대적으로 적은 트랜잭션으로도 대상을 포화시키기 쉽다. 이기적으로 활용되는 flatMap()은 단일 요청의 대기 시간은 향상시키겠지만 자원을 포화시킴으로써 다른 모든 요청의 성능을 떨어뜨릴 수 있다. 따라서 다운스트림 종속성에 과도한 부하를 발생시키지 않으면서 전반적인 처리량을 훨씬 향상시키기 위해 약간의 대기 시간을 희생할 수 있다. 결국 전반적인 대기 시간은 실제로 향상되며, 자원 공유 면에서 요청이 들쭉날쭉하지 않아서 대기 시간 예측이 용이하다.

그렇다면 어떻게 일괄 처리를 실현하는가? 히스트릭스는 사용자가 실행하는 모든 커맨드를 안다. 예를 들어 두 개의 Rating을 가져오는 것과 같이, 동시에 시작하려는 두 개의 유사한 커맨드를 발견하면 두 커맨드를 커다란 일괄 커맨드 하나로 응축(collapsing)할 수 있다. 일괄 커맨드를 호출하고 일괄 응답이 도착하면, 회신은 다시 개별 요청으로 매핑된다. 먼저 여러 Rating을 한꺼번에 가져오는 일괄 커맨드를 구현해야 한다.

```java
class FetchManyRatings extends HystrixObservableCommand<Rating> {

    private final Collection<Book> books;

    protected FetchManyRatings(Collection<Book> books) {
        super(HystrixCommandGroupKey.Factory.asKey("Books"));
        this.books = books;
    }

    @Override
    protected Observable<Rating> construct() {
        return fetchManyRatings(books);
```

```
        }

    }
```

fetchManyRatings() 메서드는 여러 책을 인자로 받아 여러 Rating 객체를 방출한다. 이는 내부적으로 등급을 여러 건 요구하는 하나의 일괄 HTTP 요청을 만들 수 있는 반면에, fetchRating(book) 메서드는 항상 하나만 가져온다. 두 개 이상의 Rating을 요구하면 확실히 느리겠지만 순차적으로 평점을 요구할 때보다는 분명히 빠르다. 그러나 우리는 수동으로 여러 개별 요청을 일괄 처리한 다음 일괄 응답을 풀어헤치는 번거로움을 피하고 싶다. 단일 트랜잭션을 처리하는 경우라면 쉽겠지만, 여러 개의 클라이언트가 동시에 제각기 어떤 Rating을 요구한다면 어떻게 할까? 서버에 들어오는 두 개의 브라우저에서 비롯된 두 개의 독립적인 요청을 함께 일괄 처리하여 하나의 다운스트림 호출로 만들고 싶다. 그러나 이렇게 하려면 스레드 간 동기화와 모든 요청에 대한 몇 가지 전역 레지스트리가 필요하다. 스레드 하나가 주어진 커맨드를 호출하려는 바로 그 순간 몇 ms 후에 다른 스레드도 같은 커맨드를(인자는 달리하여) 호출한다고 가정해 보자. 다른 스레드가 곧바로 같은 커맨드를 호출하려는 경우에 대비해 첫 번째 요청이 커맨드를 시작한 후 조금 기다리고자 한다. 이 경우 해당하는 두 개의 요청을 포착하여 병합하고 하나의 일괄 요청으로 만든 다음 일괄 응답을 다시 개별 요청으로 매핑한다. 다음 코드가 바로 우리의 도움을 받아 히스트릭스가 하는 일이다.

```
public class FetchRatingsCollapser
    extends HystrixObservableCollapser<Book, Rating,
Rating, Book> {

    private final Book book;

    public FetchRatingsCollapser(Book book) {
        // 밑에서 설명하겠다
    }

    public Book getRequestArgument() {
        return book;
    }

    protected HystrixObservableCommand<Rating> createCommand(
        Collection<HystrixCollapser.CollapsedRequest<Rating, Book>> requests) {
        // 밑에서 설명하겠다
    }

    protected void onMissingResponse(
```

```
        HystrixCollapser.CollapsedRequest<Rating, Book> r) {
        r.setException(new RuntimeException("Not found for: "
        + r.getArgument()));
    }

    protected Func1<Book, Book> getRequestArgumentKeySelector() {
        return x -> x;
    }

    protected Func1<Rating, Rating> getBatchReturnTypeToResponseTypeMapper()
    {
        return x -> x;
    }

    protected Func1<Rating, Book> getBatchReturnTypeKeySelector() {
        return Rating::getBook;
    }
}
```

코드 분량이 제법 많으니 단계별로 해석해 보자. 주어진 Book에 대해 하나의 Rating을 가져오고자 할 때 다음과 같이 FetchRatingsCollapser 객체를 만든다.

```
Observable<Rating> ratingObservable =
    new FetchRatingsCollapser(book).toObservable();
```

HystrixObservableCollapser 덕분에 클라이언트 코드는 일괄이나 응축에 대해 전혀 모른다. 바깥에서는 마치 하나의 Book에 대해 하나의 Rating을 찾아오듯이 사용한다. 하지만 내부적으로 일괄 작업을 허용하는 몇 가지 흥미로운 세부 사항이 있다. 우선, 생성자 내부에서 이 요청에 대한 Book 저장과는 별개로 다음과 같이 응축된 요청을 설정한다.

```
public FetchRatingsCollapser(Book book) {
    super(withCollapserKey(HystrixCollapserKey.Factory.asKey("Books"))
            .andCollapserPropertiesDefaults(
                HystrixCollapserProperties
                    .Setter()
                    .withTimerDelayInMilliseconds(20)
                    .withMaxRequestsInBatch(50)
            )
            .andScope(Scope.GLOBAL));
    this.book = book;
}
```

withTimerDelayInMilliseconds()로 설정한 20ms는 응축이 발생하는 윈도우의 시간 간격이다(기본값은 10ms). 첫 번째 개별 요청이 발생하면 20ms 타이머가 실제 호출을 지연시킨다. 그동안 히스트릭스는 아마도 다른 스레드에서 발생하는 다른 요청을 기다릴 것이다. 히스트릭스는 슬며시 첫 번째 요청을 지연시켜 같은 유형의 커맨드가 더 들어오는지 확인한다. 이때 설정 시간을 넘었거나 대기열이 50개의 요청으로 가득 차면(withMaxRequestsInBatch(50) 매개 변수), 관문이 열린다. 이 시점에서 라이브러리는 대기열의 모든 커맨드를 일괄하여 하나로 호출하게 되어 있다. 그러나 히스트릭스에서 커맨드를 하나로 일괄하는 마술을 부리지는 않으므로, 어떻게 하는지 직접 지시해야 한다. 그 방법은 다음과 같다.

```
protected HystrixObservableCommand<Rating>
createCommand(
    Collection<HystrixCollapser.CollapsedRequest<Rating,
Book>> requests) {
    List<Book> books = requests.stream()
            .map(c -> c.getArgument())
            .collect(toList());
    return new FetchManyRatings(books);
}
```

createCommand() 메서드는 개별 요청들을 하나의 일괄 커맨드로 변환하는 책임을 진다. 20ms 시간 틀 내에 수집된 모든 requests의 컬렉션을 받아 하나의 일괄 요청으로 병합해야 한다. 이 경우 Rating을 요청한 모든 Book을 취하는 FetchManyRatings 커맨드의 객체를 생성한다. 그런 다음 히스트릭스는 일괄 커맨드를 호출하고 복수 응답을 구독한다. HystrixObservableCommand는 우리가 찾고 있는 바로 그 다중값을 반환한다.

FetchManyRatings에서 값이 드러나기 시작하면 어떻게든 Rating 객체를 독립적인 요청에 투영해야 한다. 여기서 몇 개의 개별 스레드와 트랜잭션이 있을 수 있지만 각각 하나의 Rating만 기다리고 있음을 기억하자. 다음과 같은 방법을 사용하여 거의 자동으로 작은 개별 요청에 대한 일괄 응답의 분기와 배분이 이루어진다.

getRequestArgumentKeySelector()

개별 요청 인자(Book)에서 일괄 응답으로 매핑할 때 사용하는 키로 매핑한다. 여기서는 단순히 동일한 Book 객체를 사용하므로 항등 변환 x -> x를 사용한다.

getBatchReturnTypeToResponseTypeMapper()

일괄 응답의 항목 하나를 개별 응답으로 매핑한다. 역시 이 예제에서는 항등 변환인 x -> x만으로 충분하다.

`getBatchReturnTypeKeySelector()`

히스트릭스에 특정 응답(Rating)에 대해 어떤 요청 키(Book)를 내놓아야 하는지 지시할 때 사용한다. 단순함을 위해 일괄 응답에서 반환된 개별 Rating은 어떤 Book과 관련되어 있는지 나타내는 `getBook()` 메서드를 지닌다.

이 모든 메서드를 적절히 사용하면(특히 마지막의 `getBatchReturnTypeKeySelector()`), 히스트릭스는 Book을 키로 삼아 요청 맵을 작성하고 일괄 응답에서 새로운 Rating이 나타날 때마다 자동으로 해당 응답을 요청에 매핑할 수 있다.

일괄 작업을 수행하기까지 꽤 많은 배관 작업이 필요하지만 처리는 신속하다. 예를 들어 캐시 서버 같은 동일한 다운스트림 종속성에 여러 클라이언트가 접근할 때 많은 요청을 하나로 모을 수 있다. 따라서 대역폭 비용이 크게 절감된다. 대상 의존성이 병목이고 처리량이 제한적인 경우 요청을 응축하면 해당 의존성에 대한 부하가 크게 줄어든다. 그러나 일괄 처리를 수행하면 클라이언트 측에서 추가 지연이 발생한다. 기본 설정이 10ms(`withTimerDelayInMilliseconds(10)`)라면 높은 부하에서 개별 요청은 평균 5ms씩 지연된다. 요청이 방금 새 타이머를 가동했다면 실제 지연 시간이 길어지며 현재 일괄 작업이 막 응축되기 직전에 나타났다면 지연 시간이 짧아진다.

낮은 부하에서는 일괄 작업이 적절하지 않으니 유의하자. 일괄 작업에 하나 이상의 요청이 들어오는 경우가 아주 드물다면 매 요청마다 10ms의 지연 시간을 더하는 셈이다. 10ms는 히스트릭스가 다른 요청이 오는지 기대하며 무의미하게 기다리는 시간이다. 따라서 요청 일괄 처리의 조정이 중요하다. 우선, 타이머 지연이 10ms인 경우 일괄 처리는 초당 최소 100건의 요청을 할 때만 의미가 있다. 그렇지 않으면 하나보다 많은 요청이 배치를 형성하는 경우가 매우 드물다.

> **withTimerDelayInMilliseconds 튜닝하기**
>
> 가능한 한 많은 요청을 하나로 일괄 처리할 수 있도록 타이머 지연을 아주 길게 설정할 수 있다는 사실은 매우 솔깃한 이야기다. 100ms 또는 1초와 같은 값도 괜찮지만 많은 트래픽을 발생시켜도 대기 시간이 문제가 되지 않는 오프라인 시스템에서나 사용할 법한 설정이다.

일괄 처리는 고부하에서 가장 잘 작동하는 기능이다. 그래서 히스트릭스는 전반적인 시스템 성능을 이해하는 데 도움이 되는 포괄적인 모니터링 메커니즘을 제공한다.

모니터링과 대시보드

히스트릭스가 제대로 작동하려면 시간에 따른 커맨드별 성공/실패 호출 수치, 응답 시간 분포 등 내부적으로 많은 통계를 수집해야 한다. 이 소중한 자료를 라이브러리 내부에서만 유지한다면 다소 이기적인 행위겠지만 염려하지 말자. 히스트릭스는 이를 소화하는 몇 가지 방법을 제공한다. 히스트릭스에서 제공하는 다양한 스트림을 구독할 수 있는데 이들 스트림은 라이브러리 내에서 발생하는 이벤트를 방출한다. 예를 들어 다음 코드는 FetchRating 커맨드가 완료될 때마다 방출되는 HystrixCommandCompletion 이벤트의 스트림을 생성한다.

```
import com.netflix.hystrix.metric.HystrixCommandCompletion;
import com.netflix.hystrix.metric.HystrixCommandCompletionStream;


Observable<HystrixCommandCompletion> stats =
    HystrixCommandCompletionStream
    .getInstance(HystrixCommandKey.Factory.askey("FetchRating"))
    .observe();
```

HystrixCommandCompletionStream은 그러한 스트림의 팩토리이며, 마찬가지로 HystrixCommandStartStream이나 HystrixCollapserEventStream과 같이 다른 종류도 많다. 애플리케이션 내부에 이러한 스트림이 있으면 더 정교한 모니터링 메커니즘을 구축할 수 있다. 예를 들어 주어진 커맨드가 초당 실패한 횟수를 알고 싶다면 다음을 시도해보자.

```
import static com.netflix.hystrix.HystrixEventType.FAILURE;


HystrixCommandCompletionStream
        .getInstance(HystrixCommandKey.Factory.asKey("FetchRating"))
        .observe()
        .filter(e -> e.getEventCounts().getCount(FAILURE) > 0)
        .window(1, TimeUnit.SECONDS)
        .flatMap(Observable::count)
        .subscribe(x -> log.info("{} failures/s", x));
```

그렇지만 이러한 스트림을 기반으로 모니터링 인프라를 구축하려면 약간의 설계와 작업이 필요하다. 또한 실제 애플리케이션에 모니터링을 구체화할 수도 있다. 히스트릭스는 hystrix-metrics-event-stream 모듈을 이용하여 모든 측정 항목 지표 집계를 HTTP에 실어 밀어내는 기능을 지원한다. 애플리케이션이 이미 서블릿 컨테이너 위에서 실행되거나 포함된 서블릿 컨테이너가 있는 경우라면

설정에 내장 HystrixMetricsStreamServlet 추가만으로도 충분하다. 또는 작은
컨테이너를 직접 구동할 수도 있다.

```
import
    com.netflix.hystrix.contrib.metrics.eventstream.
        HystrixMetricsStreamServlet;
import org.eclipse.jetty.server.Server;
import org.eclipse.jetty.servlet.ServletContextHandler;
import org.eclipse.jetty.servlet.ServletHolder;
import static org.eclipse.jetty.servlet.ServletContextHandler.NO_SESSIONS;

//...

ServletContextHandler context = new ServletContextHandler(NO_SESSIONS);
HystrixMetricsStreamServlet servlet = new HystrixMetricsStreamServlet();
context.addServlet(new ServletHolder(servlet), "/hystrix.stream");
Server server = new Server(8080);
server.setHandler(context);
server.start();
```

서블릿을 기존 컨테이너에 설정했든 또는 자체 컨테이너로 시작했든 상관없이,
이제 실시간으로 스트리밍되는 히스트릭스 통계에 접근할 수 있다. 이 연결은
일반적인 요청-응답이 아니라 서버 전송 이벤트(SSE) 스트림이다. 매초 JSON 형
식의 새로운 통계 패킷을 클라이언트로 밀어낸다.

```
$ curl -v localhost:8080/hystrix.stream
> GET /hystrix.stream HTTP/1.1
...
< HTTP/1.1 200 OK
< Content-Type: text/event-stream;charset=UTF-8

ping:

data: {
    "currentConcurrentExecutionCount": 2,
    "errorCount": 0,
    "errorPercentage": 0,
    "group": "Books",
    "isCircuitBreakerOpen": false,
    "latencyExecute": {/* ... */},
    "latencyExecute_mean": 0,
    "latencyTotal": {"0":18, "25":80, "50":98, "75":120, "90":138,
                     "95":146, "99":159, "99.5":159, "100":167},
    "latencyTotal_mean": 0,
    "name": "FetchRating",
    "propertyValue_circuitBreakerErrorThresholdPercentage": 50,
    "propertyValue_circuitBreakerSleepWindowInMilliseconds": 5000,
    "propertyValue_executionIsolationSemaphoreMaxConcurrentRequests": 10,
    "propertyValue_executionTimeoutInMilliseconds": 1000,
    "requestCount": 334
    ...
```

```
    }

    data: { ...
```

군더더기를 뺀 이 예제만으로도 어떤 커맨드가 측정되었는지 볼 수 있는데, 대기 시간 분포(0~100번째 백분위수)라든가 회로 차단기 개폐 여부, 사용된 매개변수(오류 임계 값, 시간 초과 등) 등이다. 이 연속적인 데이터 스트림은 사용자 정의 모니터링 도구나 대시보드에서 더욱 다양하게 사용될 수 있다. 다시 말해서 히스트릭스는 복구를 수행하는 한편 브라우저에서 실행되는 자바스크립트로 만든 매우 강력한 대시보드를 제공한다. 이 독립 실행형 애플리케이션은 hystrix-dashboard에 구현되었으며 hystrix.stream에 대한 URL만 있으면 된다. 다음 그림은 대시보드 예제이다.

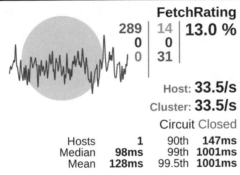

각 커맨드마다 비슷한 타일(tile)이 있으며, 각각의 타일에서 다음을 포함하는 몇 가지 중요한 원격 측정 정보를 제공한다.

- 실행된 커맨드 수: 성공(289), 타임아웃(14), 실패(31), 단락(0), …
- 대기 시간 백분위 수(예: 모든 요청의 90%가 147ms를 넘지 않는 상황이 표시되어 있다)와 간략한 그래프
- 회로 차단기 상태와 전체 처리량
- 블로킹 HystrixCommand를 사용하는 경우의 스레드 풀 상태

또한 대시보드는 터빈(Turbine)[10]을 사용하여 여러 서버에서 집계된 스트림을 표시할 수도 있다. 비록 스트림이 하나의 기기에서 온다고 하더라도 호스트 수

---

10 *https://github.com/Netflix/Turbine*

와 클러스터 처리량을 보는 이유다. 히스트릭스 대시보드는 거의 실시간으로 여러 커맨드의 상태를 신속하게 표시할 수 있기 때문에 매우 유용하다. 또한 색상으로 분류해 놓아서 어떤 커맨드가 실패하기 시작하면 해당 타일이 빨간색으로 바뀐다.

히스트릭스는 실패를 피할 수 없는 분산 시스템에서 유용한 도구다. 커맨드 패턴을 사용하여 오류 영역을 캡슐화하고 분리할 수 있다. 멋지게 통합된 RxJava는 보다 나은 오류 처리가 요구되는 리액티브 애플리케이션에서 좋은 선택이다.

NoSQL 데이터베이스 질의

오늘날 일반적인 애플리케이션에는 대기 시간이 긴 데이터 소스가 두 가지 있는데 각각 네트워크 호출(주로 HTTP)과 데이터베이스 질의다. 레트로핏(312쪽의 "RxJava 지원을 포함하는 레트로핏" 참조)은 비동기 HTTP 호출을 기반으로 구축된 환상적인 Observable 소스다. 데이터베이스 접근 관련 내용에서는 JDBC API 설계 방식 때문에 애초부터 블록된 SQL 데이터베이스를 살펴보는 데 꽤 많은 시간을 보냈다(208쪽 "관계형 데이터베이스에 접근하기" 참조). 이에 비하면 NoSQL 데이터베이스는 보다 현대적이며 대체로 비동기 방식의 논블로킹 클라이언트 드라이버를 제공한다. 이번 절에서는 네이티브 RxJava를 지원하여 외부 호출에 대해 Observable을 반환하는 카우치베이스와 몽고DB 드라이버를 간단히 살펴보겠다.

카우치베이스 클라이언트 API

카우치베이스(Couchbase) 서버[11]는 NoSQL 제품군의 최신 도큐먼트 데이터베이스이다. 흥미로운 점이라면 카우치베이스는 클라이언트 API에서 RxJava를 일급 객체로 지원한다. 리액티브 익스텐션이 포장재로 사용될 뿐 아니라 데이터베이스와 상호 작용할 때에도 공식적으로 지원되며 자연스럽다. 다른 많은 스토리지 엔진도 논블로킹 비동기 API를 지원하지만 카우치베이스의 제작진은 클라이언트 계층을 위한 최적의 토대로 RxJava를 선택했다.

예로 travel-sample이라는 예제 데이터셋을 대상으로 질의해 보려고 하는데 ID 값 route_14197에 해당하는 문서다.

---

11 *http://www.couchbase.com*

```json
{
  "id": 14197,
  "type": "route",
  "airline": "B6",
  "airlineid": "airline_3029",
  "sourceairport": "PHX",
  "destinationairport": "BOS",
  "stops": 0,
  "equipment": "320",
  "schedule": [
    {
      "day": 0,
      "utc": "22:12:00",
      "flight": "B6928"
    },
    {
      "day": 0,
      "utc": "06:40:00",
      "flight": "B6387"
    },
    ...
    {
      "day": 1,
      "utc": "08:16:00",
      "flight": "B6922"
    }
    ...
```

모든 질의는 Observable을 반환하므로 지금부터는 적합하다고 생각하는 방식으로 가져온 레코드를 안전하게 변환할 수 있다.

```java
CouchbaseCluster cluster = CouchbaseCluster.create();
cluster
    .openBucket("travel-sample")
    .get("route_14197")                    // (1)
    .map(AbstractDocument::content)
    .map(json -> json.getArray("schedule"))
    .concatMapIterable(JsonArray::toList)
    .cast(Map.class)
    .filter(m -> ((Number)m.get("day")).intValue() == 0)
    .map(m -> m.get("flight").toString())
    .subscribe(flight -> System.out.println(flight));
```

위 예제 코드에서 (1)로 표시한 곳을 보면 AsyncBucket.get()은 Observable <JsonDocument>를 반환한다. JSON 문서는 본질적으로 느슨한 자료형이므로 의미있는 정보를 추출하려면 구조에 대한 사전 지식이 있어야 한다.

문서가 어떻게 보이는지 미리 안다면 JsonDocument의 변환을 이해하기 쉽다. 변환 순서는 먼저 "schedule" 요소를 뽑아내고 "day" 노드가 0인 경우에만 "flight"

노드를 끌어당긴다. Observer는 결국 "B6928", "B6387" 등의 문자열을 받는다. 놀랍게도 RxJava는 다음과 같은 경우에도 똑같이 잘 작동한다.

- 시간 제한, 캐싱, 오류 처리를 포함한 데이터 검색
- 추출이나 필터링, 데이터 드릴다운, 집계와 같은 데이터 변환

즉, 동일하게 간결한 API를 노출하면서도 매우 다른 상황에 사용할 수 있는 Observable 추상화의 힘을 보여준다.[12]

몽고DB 클라이언트 API

카우치베이스와 마찬가지로 몽고DB[13]를 사용하여 미리 정의한 스키마 없이 임의의 JSON과 비슷한 문서를 저장할 수 있다. 클라이언트 라이브러리는 RxJava를 적극 수용하여 데이터의 비동기 저장과 질의 또한 매끄럽게 지원하는데 다음 예에서 이 두 가지 모습을 볼 수 있다. 먼저 12개의 문서를 데이터베이스에 넣고 일괄 저장을 완료하자마자 다시 질의한다.

```java
import com.mongodb.rx.client.*;
import org.bson.Document;
import java.time.Month;


MongoCollection<Document> monthsColl = MongoClients
    .create()
    .getDatabase("rx")
    .getCollection("months");

Observable
    .from(Month.values())
    .map(month -> new Document()
        .append("name", month.name())
        .append("days_not_leap", month.length(false))
        .append("days_leap", month.length(true))
    )
    .toList()
    .flatMap(monthsColl::insertMany)
    .flatMap(s -> monthsColl.find().toObservable())
    .toBlocking()
    .subscribe(System.out::println);
```

Month 클래스는 1월에서 12월 사이의 값을 나타내는 enum이다. 또한 윤년과 평년에 관계없이 한 달에 해당하는 기간을 쉽게 구할 수 있다. 먼저 각각 특정 달

---

12 이러한 특성은 .NET의 LINQ와 비슷하다.

13 *https://www.mongodb.org*

과 해당하는 길이 정보를 포함하는 12개의 BSON(바이너리 JSON) 문서를 작성한다. 그런 다음 MongoCollection에 insertMany()를 사용하여 List<Document>를 일괄 등록한다. 이렇게 하면 Observable<Success>로 이어진다(값 자체는 의미 있는 정보를 포함하지 않으며, 싱글톤이다). Success 이벤트가 나타나면 find(). toObservable()을 호출하여 데이터베이스에 질의한다. 방금 등록한 12개의 문서가 발견되기를 바라자. 명확하게 하고자 결과에서 자동으로 할당된 _id 속성을 제외했으며, 다음은 맨 마지막에 나온 내용이다.

```
Document{{name=JANUARY, days_not_leap=31, days_leap=31}}
Document{{name=FEBRUARY, days_not_leap=28, days_leap=29}}
Document{{name=MARCH, days_not_leap=31, days_leap=31}}
...
```

다시 말하지만 진정한 힘은 구성에서 비롯된다. 몽고DB의 RxJava 드라이버를 사용하면 여러 컬렉션을 한꺼번에 질의할 수 있는 등 크게 신경 쓰지 않고도 동시성을 달성할 수 있다. 다음 코드 조각은 몽고DB에 대한 두 가지 동시적인 요청과 어떤 가격 정책 서비스에 대한 요청을 수행한다. first()는 Observable의 연산자가 아니며 질의를 생성한 뒤 Observable을 반환하는 몽고DB 연산자이다. find()는 SQL의 WHERE 절과 비슷하며 SELECT.first()를 표현하는 projection()은 차라리 LIMIT 1에 가깝다. first()는 LIMIT 1과 같다.

```
Observable<Integer> days = db.getCollection("months")
    .find(Filters.eq("name", APRIL.name()))
    .projection(Projections.include("days_not_leap"))
    .first()
    .map(doc -> doc.getInteger("days_not_leap"));
Observable<Instant> carManufactured = db.getCollection("cars")
    .find(Filters.eq("owner.name", "Smith"))
    .first()
    .map(doc -> doc.getDate("manufactured"))
    .map(Date::toInstant);

Observable<BigDecimal> pricePerDay = dailyPrice(LocalDateTime.now());
Observable<Insurance> insurance = Observable
    .zip(days, carManufactured, pricePerDay,
        (d, man, price) -> {
            // 보험 처리
        });
```

기술적으로는 어떠한 Observable이라도 특성과 출처에 관계없이 서로 뒤섞거나 짝지을 수 있다. 앞의 예제는 두 가지 컬렉션을 받기 위한 몽고DB 질의와 아마도 레트로핏으로 HTTP 호출을 하여 Observable을 반환하는 또 다른 질의인

`dailyPrice()`를 실행한다. 마지막 줄은 `Observable`의 근원이 무엇이든 상관없이 비동기 계산이나 요청을 원하는 방식으로 구성할 수 있음을 보여준다. 웹 서비스나 로컬 파일 시스템 작업과 결부하여 복수의 데이터베이스에 질의할 계획인가? 이 모두를 동시에 실행할 수 있으며 같은 수준의 용이함으로 함께 구성할 수 있다. RxJava가 일반적으로 어떻게 작동하는지 파악했다면 외견상으로 모든 `Observable`의 소스는 동일하다.

카멜 통합

312쪽 "RxJava 지원을 포함하는 레트로핏"에서는 탁월한 RxJava 지원에 힘입은 HTTP 요청을 만드는 방법을 배웠다. 그러나 시스템을 통합하는 더 많은 방법이 있으며 상당수는 아파치 카멜[14] 프레임워크에 내장되어 있다. 카멜은 플랫폼 상호간에 추상 메시지를 교환하기 위해 사용하는 통합 컴포넌트 집합을 200가지 이상 갖추고 있는 놀라운 제품이다. AMQP, 아마존 웹 서비스, 카산드라, 엘라스틱서치, 파일 시스템, FTP, 구글 API, JDBC, 카프카, 몽고DB, SMTP, XMPP 등 수많은 기술을 포함한다. 이러한 구성 요소의 대부분이 추상 메시지를 클라이언트에 전달할 수 있는데 예를 들면 새로운 이메일이 도착하거나 파일 시스템에 새로운 파일이 나타나는 경우이다.

또한 카멜은 RxJava 어댑터를 제공하므로 수신 메시지를 보다 선언적이면서 반응적인 방식으로 처리할 수 있다.

카멜에서 파일 처리하기

RxJava의 `Observable`과 연산자를 사용하면 수백 가지 시스템을 동일하고 균일한 방식으로 통합할 수 있다. 예를 들어 어떤 파일 시스템에서 새 파일을 감시한다고 해보자(154쪽 "주기적으로 변경 사항을 폴링하기" 참조). 카멜의 RxJava 지원 덕분에 이 작업은 매우 간단하다.

```
CamelContext camel = new DefaultCamelContext();
ReactiveCamel reactiveCamel = new ReactiveCamel(camel);

reactiveCamel
    .toObservable("file:/home/user/tmp")
    .subscribe(e ->
        log.info("New file: {}", e));
```

---

14 *http://camel.apache.org*

이게 전부다. DefaultCamelContext와 ReactiveCamel을 생성하면 메시지를 소비할 준비가 끝난다. 카멜이 지원하는 모든 통합 플랫폼은 URI를 사용하여 인코딩하는데 이 경우는 file:/home/user이다. 이 URI로 toObservable()을 호출하여 지정된 디렉터리에 새로운 파일이 나타날 때마다 이벤트를 방출하는 일반적인 Observable<Message>를 생성한다. 각 통합 유형의 URI 자체에는 수많은 설정 옵션이 있다. 예를 들어 파일 URI에 ?recursive=true&noop=true를 추가하면, 재귀적으로 파일을 찾은 다음 파일은 삭제하지 말라고 카멜에 요청한다.

카프카에서 메시지 받기

파일 시스템 변경 사항을 폴링하여 데이터를 소비하는 방법은 의외로 인기 있는 통합 기술이며, FTP 디렉터리 폴링과 마찬가지다. 그러나 보다 견고하면서 빠르고 신뢰성 있는 통신 프로토콜이 필요한 경우라면 JMS 스펙 또는 카프카 기반 메시지 브로커를 선택해야 한다. 카프카(Kafka)[15]는 오픈 소스 게시-구독 메시지 브로커다. 내결함성을 포함하여 초당 수십만 건의 메시지를 처리할 수 있도록 설계되었다. 카프카는 고유의 자바 API도 제공하지만 Observable 관점으로 접근하면 보다 솔깃하다. 카멜로 통합할 때에도 URI만 다를 뿐 거의 같다.

```
reactiveCamel
        .toObservable("kafka:localhost:9092?topic=demo&groupId=rx")
        .map(Message::getBody)
        .subscribe(e ->
                log.info("Message: {}", e));
```

동일한 Observable API를 사용하는 거의 모든 플랫폼에서 추상 메시지를 사용하자는 생각은 놀랍도록 강력하다. 카멜은 일관된 인터페이스 뒤에 필요한 물리적 연결을 제공하며, RxJava는 수많은 연산자로 해당 API를 더욱 향상시킨다. 카멜과 레트로핏(312쪽의 RxJava 지원을 포함하는 레트로핏" 참조)은 애플리케이션에서 리액티브 익스텐션 기능을 적용하기 위한 훌륭한 시작점이다. 안정적인 Observable 소스를 확보한 이후에는 스택에 반응적 행동을 더 깊이 전파하기가 훨씬 쉽다.

자바 8의 스트림과 CompletableFuture

때로는 동시성 프로그래밍을 하기 위해 어떠한 추상화를 사용해야 하는지 혼란스러운데 자바 8 이후가 특히 그렇다. 비동기 연산을 깔끔하게 표현할 수 있는

---

15 *http://kafka.apache.org*

몇 가지 API가 있는데 이번 절에서는 이들을 비교하여 작업에 적합한 도구를 선택할 수 있도록 안내하겠다. 사용 가능한 추상화는 다음과 같다.

CompletableFuture

자바 8에서 소개된 `CompletableFuture`는 `java.util.concurrent` 패키지에서 잘 알려진 `Future`를 훨씬 더 강력하게 확장했다. `CompletableFuture`는 `Future`처럼 블로킹한 채 결과를 기다리지 않고 완료 또는 실패 시 비동기 콜백을 등록할 수 있다. 그러나 진정한 힘은 `Observable.map()`이나 `flatMap()`과 비슷한 구성과 변환 능력에서 비롯된다. 표준 JDK에서 제공하는 내용이지만 표준 자바 라이브러리에는 `CompletableFuture`를 사용하는 클래스가 없다. 충분히 쓸 만한데도 자바 생태계에 잘 녹아들지 못했다. RxJava 이식성에 대한 자세한 내용은 215쪽의 "간략한 CompletableFuture 소개"를 참조하자.

Parallel Stream

`CompletableFuture`와 마찬가지로 `java.util.stream` 패키지와 스트림이 JDK 8에 도입되었다. 스트림은 실행 이전에 매핑이나 필터링 등과 같은 일련의 연산을 선언하는 방법이다. 스트림에서 모든 연산은 `collect()`나 `reduce()`와 같은 최종 연산이 사용되기까지 느긋하다. 또한 JDK는 사용 가능한 모든 CPU 코어에서 어떤 작업을 자동으로 병렬 처리할 수 있는데 제법 그럴듯하게 들린다. 병렬 스트림은 멀티 코어에서 명료한 매핑이나 필터링, 심지어 방대한 데이터 정렬을 보증한다. 스트림은 일반적으로 컬렉션으로부터 생성되지만 즉석에서 작성할 수도 있고 무한대 크기도 가능하다.

rx.Observable

`Observable`은 예측할 수 없는 순간에 나타나는 이벤트의 흐름을 나타낸다. 즉시 또는 오랜 시간 사용하는 0, 1, 고정 또는 무한 개의 이벤트를 나타낼 수 있다. `Observable`은 완료 또는 오류 이벤트로 종료될 수 있다. 지금쯤이면 `Observable`이 무척 편해야 한다.

rx.Single

RxJava가 성숙하면서, 정확히 하나의 결과를 나타내는 특별한 자료형이 유익하다는 사실이 명백해졌다. `Single`은 정확하게 하나의 값이나 오류로 완료되는 스트림이다. 그런 의미에서 `CompletableFuture`와 매우 흡사하지만 `Single`은 느긋하여 누군가 구독하기 전에는 계산을 시작하지 않는다. 보다 자세한 내용은 226쪽의 "Observable과 Single"에서 참조하자.

`rx.Completable`

때로는 어떤 결과도 기대하지 않고 순전히 특정 계산을 위해 부수 효과만 사용한다. 이메일 발송이나 데이터베이스에 레코드 저장하기는 I/O와 관련된 작업의 예인데, 이것은 비동기 처리가 가능하다는 이점이 있지만 의미 있는 결과를 반환하지 않는다. 전통적으로 이런 경우에 `CompletableFuture<Void>` 또는 `Observable<Void>`를 사용했다. 그러나 훨씬 더 구체적인 `Completable` 형식은 결과 없는 비동기 계산의 의도를 좀 더 잘 표현한다. `Completable`은 동시 실행의 완료 또는 오류에 대해 알릴 수 있으며 다른 모든 Rx 자료형과 마찬가지로 느긋하다.

물론 다음과 같이 비동기 계산을 표현하는 또 다른 방법도 있다.

- 프로젝트 리액터의 Flux와 Mono.[16] 이들은 `Observable`이나 `Single`과 다소 비슷하다.
- 구아바(Guava)의 `ListenableFuture`.[17]

그렇지만 JDK와 RxJava로 제한하여 선택 목록을 짧게 유지하겠다. 계속하기 전에 대상 애플리케이션이 이미 일관되게 `CompletableFuture`를 사용한다면 아마도 계속 유지하는 편이 나을 것이다. `CompletableFuture`에서 제공하는 일부 API는 다소 어색하지만 일반적으로 이 클래스는 리액티브 프로그래밍을 매우 잘 지원한다. 게다가 점점 더 많은 프레임워크에서 이를 활용하고 자연스럽게 지원할 것으로 본다. 서드파티 라이브러리에서 RxJava를 지원하려면 추가 종속성이 필요하기 때문에 더 어려운 반면, `CompletableFuture`는 JDK의 일부이다.

병렬 스트림의 유용성

잠시 화제를 바꿔 표준 JDK의 병렬 스트림을 살펴보자. 자바 8에서 적당히 큰 컬렉션을 변형할 때 선택 사항으로서 병렬성을 사용하면 선언적 변환이 가능하다.

```
List<Person> people = //...

List<String> sorted = people
    .parallelStream()
    .filter(p -> p.getAge() >= 18)
```

---

[16] *https://projectreactor.io*
[17] *http://github.com/google/guava/wiki/ListenableFutureExplained*

```
.map(Person::getFirstName)
.sorted(Comparator.comparing(String::toLowerCase))
.collect(toList());
```

앞의 코드 조각에서 일반적인 stream()보다는 parallelStream()을 주목하자. parallelStream()을 사용하여 collect()와 같은 종단 연산을 순차적으로 처리하지 않고 병렬 처리하도록 요청한다. 물론 이것이 결과에 어떤 영향도 미치지 않아야 하겠지만 훨씬 더 빠를 것이다. parallelStream()은 입력된 컬렉션을 여러 조각으로 나눈다. 분할 정복 방법을 사용하여 개별 조각에 대한 조작을 병렬로 호출하고 그 결과를 결합한다.

map()이나 filter()와 같이 연산자 대부분은 병렬 처리가 매우 간단하다. sorted() 같은 어떤 경우는 조금 더 어렵다. 왜냐하면 모든 조각을 제각각 정렬한 다음 결합해야 하는데, 이렇게 하면 전체적으로 정렬된 형태는 아니기 때문이다. 일부 작업은 추가적인 가정 없이는 본질적으로 병렬화가 어렵거나 불가능하다. 예를 들어 reduce()는 결합 법칙이 성립하는 누적 함수인 경우에만 수행할 수 있다.

! 같은 결과?

순차적인 stream()과 parallelStream()에서 다른 결과를 낼 수 있는 연산자가 있다. 예를 들어, findFirst() 연산자는 스트림에서 만난 첫 번째 요소를 반환한다. 한편 findAny() 연산자는 같은 일을 하는 것처럼 보인다. 그런데 findFirst()는 항상 스트림에서 맨 처음 값을 반환하지만 findAny()는 병렬 스트림에서 실행될 때 아무 값이나 반환할 수 있다.

이런 상황은 find()나 findAny() 이전에 filter() 연산자가 사용되었을 때 발생할 수 있다. parallelStream()을 실행하면 자유롭게 입력 스트림을 분리할 수 있는데, 예를 들어 스트림을 절반으로 나누고 각각을 독립적으로 필터링할 수 있다. findAny()는 만약 후반부를 필터링하는 중 먼저 일치하는 값이 나오면 전반부에 일치하는 값이 존재하더라도 후반부의 값을 반환한다. findFirst()는 전역에서 처음 일치하는 값을 반환하도록 보장하기 때문에 두 개의 필터링 결과를 기다려야 한다. 두 가지 방법 모두 각자 장점이 있으므로 계획적으로 사용하자.

암달의 법칙[18]에 따르면 4 코어 컴퓨터에서 이상적으로 최대 4배 빠른 실행을 기대할 수 있다. 그러나 병렬 스트림에는 결점이 있다. 우선, 작은 스트림과 짧은 파이프라인으로 이루어진 변환에서 컨텍스트 전환 비용 때문에 병렬 스트림

---

[18] *https://en.wikipedia.org/wiki/Amdahl%27s_law* (옮긴이) 진 암달(Gene Amdahl)의 이름에서 따온 법칙으로 컴퓨터 시스템의 일부를 개선할 때 전체적으로 얼마만큼 최대 성능 향상이 있는지 계산하는 데 사용된다.

이 순차 스트림보다 느릴 수도 있다. 너무 세분화된 동시성이 발생할 가능성은 RxJava에도 잠재되어 있기 때문에 Scheduler를 통한 선언적 동시성을 지원한다 (157쪽의 "Scheduler란 무엇인가?" 참조). 병렬 스트림에서는 상황이 다르다.

어째서 이 프레임워크를 동시 스트림이 아니라 병렬 스트림이라고 부르는 지 의문을 품은 적이 있는가? 병렬 스트림은 CPU 집약적 작업을 위해서만 설계 되었으며 사용 중인 CPU의 수와 일치하는 하드코딩된 스레드 풀(정확하게는 ForkJoinPool)을 지닌다. 이 풀은 ForkJoinPool.commonPool()로 정적이면서 전 역적으로 사용할 수 있다. 모든 병렬 스트림과 JVM 내의 CompletableFuture 콜 백은 이 ForkJoinPool을 공유한다. 전체 JVM(WAR 파일을 애플리케이션 서버에 배치하는 경우 여러 애플리케이션)의 모든 병렬 스트림은 동일한 작은 풀을 공 유한다. 병렬 스트림은 정말로 CPU를 100% 필요로 하는 병렬 작업을 위해 설계 되었기 때문에 보통은 문제가 되지 않는다. 따라서 여러 개의 병렬 스트림이 동 시에 호출되는 경우 어쨌든 CPU를 점유하기 위한 경쟁을 한다.

그러나 병렬 스트림 내에서 I/O 작업을 실행하는 하나의 이기적인 애플리케이 션을 상상해 보라.

```
// 이렇게 하면 안 된다
people
      .parallelStream()
      .forEach(this::publishOverJms);
```

publishOverJms()는 스트림에서 각각의 사람에게 JMS 메시지를 보낸다. 여기서 일부러 JMS 전송을 선택했다. 빨라 보이지만 전달 보장 때문에 JMS 전송은 네트 워크(메시지 브로커에 알리기 위해) 또는 디스크(메시지를 로컬에 지속하기 위 해) 중 하나를 건드릴 가능성이 높다. 이처럼 적은 양의 I/O 지연이라 해도 귀중 한 ForkJoinPool.commonPool() 스레드를 매우 오랫동안 점유하기에는 충분하다. 이 프로그램은 CPU를 사용하지 않지만 JVM 내의 다른 코드는 병렬 스트림을 실 행할 수 없다. 이제 JMS를 통해 전송하지는 않지만 웹 서비스에서 데이터를 검 색하거나 값비싼 데이터베이스 질의를 작성하는 경우를 상상해 보자.

parallelStream()은 전적으로 CPU 기반 작업에만 사용해야 하며 그렇지 않으 면 JVM의 성능이 매우 나빠진다.

그렇다고 병렬 스트림이 안 좋다는 뜻은 아니다. 그러나 고정된 스레드 풀로 만 구동되기 때문에 매우 제한된 용도로 사용된다. 확실히 JDK의 병렬 스트림은 Observable.flatMap() 또는 다른 동시성 메커니즘을 대체할 수 없다. 병렬 스트림은 병렬로 실행될 때 가장 잘 작동한다. 그러나 CPU를 100% 필요로 하지 않는 동시 작업, 예를 들어 네트워크 또는 디스크와 같은 블록되는 작업은 다른 메커니즘을 사용하는 편이 더 좋다.

스트림의 한계를 이해하면 Future와 RxJava를 비교해 보고 무엇이 어디에 적절한지도 알게 된다.

적절한 동시성 추상화 선택하기

Rx에서 CompletableFuture와 가장 비슷한 구현체는 Single이다. 물론 Observable을 사용할 수도 있겠지만 이는 값을 여러 개 방출할 수 있음을 명심해야 한다. 퓨처 유형과 RxJava 자료형 사이의 큰 차이점은 후자의 느긋함이다. CompletableFuture 참조가 있으면 이미 시작된 백그라운드 계산이 있다고 확신할 수 있지만, Single이나 Observable은 구독해야만 작동을 시작한다. 이러한 의미론적 불일치를 이해하면 CompletableFuture를 Observable(215쪽의 "CompletableFuture와 스트림" 참조)이나 Single(226쪽의 "Observable과 Single" 참조)로 상당히 쉽게 바꿀 수 있다.

드문 경우지만 비동기 계산 결과를 가져올 수 없거나 가져와도 관련이 없을 때, CompletableFuture<Void> 또는 Observable<Void>를 사용했다. 전자는 매우 간단하지만, 후자는 의미하는 바가 무엇이든 빈 이벤트의 잠재적인 무한한 흐름을 암시할 수 있다. rx.Single<Void>는 *Future<Void> 만큼 좋지 않다. 그래서 rx.Completable을 도입했다. 의미 있는 결과가 없는(그러나 예외로 이어질 수도 있는) 연산이 많은 아키텍처의 경우라면 Completable을 사용하자. 그러한 아키텍처의 한 가지 예는 커맨드-쿼리 분리(CQS)[19]인데, 여기서 커맨드는 비동기이고 정의에 따르면 결과가 없다.

언제 Observable을 선택해야 하는가?

애플리케이션이 시간에 따라 발생하는 이벤트(예: 사용자 로그인이나 GUI 이벤트, 푸시 알림)를 처리할 때 Observable은 정말 탁월하다. 전혀 언급하지 않았지만 자바는 1.0 버전부터 java.util.Observable을 제공했는데, Observer를 여러 개 등록할 수 있으며 한꺼번에 여러 Observer에 알림도 가능하다. 그러나 다음과 같은 것들이 부족하다.

---

19 *http://en.wikipedia.org/wiki/Command%E2%80%93query_separation*

- 구성 기능(연산자가 없다)
- 제네릭(`Observer`에는 임의의 알림 내용을 나타내기 위한 `Object`를 받는 `update()` 메서드가 있다)
- 성능(모든 곳에 사용된 `synchronized` 키워드, 내부적으로 `java.util.Vector`)
- 관심사의 분리(같은 의미에서 `Observable`과 `PublishSubject`를 같은 인터페이스 아래 결합한다)
- 동시성 지원(모든 관찰자는 순차적으로 통지 받는다)
- 불변성

표준 자바에서 이벤트의 선언적 모델링을 할 때 JDK의 `Observable`은 GUI 패키지의 `addListener()` 메서드 바로 다음으로 취할 수 있는 최선의 방법이다. 해당 영역에서 이벤트나 데이터 흐름을 명시적으로 언급한다면, `rx.Observable<T>`를 능가하기는 어렵다. 광범위한 연산자와 결부된 선언적 표현력은 마주치게 될 수많은 문제를 해결할 수 있다. 차가운 `Observable`이라면 처리량을 제어하기 위해 배압을 이용할 수 있으며, 반면에 뜨거운 `Observable`이라면 `buffer()` 같은 다양한 흐름 제어 연산자를 사용할 수 있다.

메모리 소비와 누수

RxJava는 메모리에서, 그리고 즉석에서 처리되는 이벤트 스트림에 관한 모든 것이다. 이벤트 소스의 세부 사항을 추상화하는 일관되고 풍부한 API를 제공한다. 이벤트를 방출하는 생산자와 이벤트를 저장하거나 다른 구성 요소로 전달하는 소비자 사이에서 매우 제한적이며 고정된 일련의 이벤트만을 메모리에 유지하는 것이 이상적이다. 실제로 일부 구성 요소는, 특히 오용되었을 때 메모리를 무한정 소비할 수 있다. 분명히 메모리는 제한적이므로 결국 `OutOfMemoryError`나 끝없는 가비지 컬렉션 반복에 직면하게 된다. 이번 절에서는 RxJava에서 제어되지 않는 소비와 메모리 누수의 몇 가지 사례, 그리고 이를 방지하는 방법을 살펴볼 것이다. 누락된 구독 해지와 관련한 특별한 유형의 메모리 누수는 안드로이드 관련 내용인 310쪽 "액티비티에서 메모리 누수 피하기"에서 설명했다.

메모리 소모량을 통제할 수 없는 연산자

스트림의 특성 때문에 임의의 메모리를 소비할 가능성이 있는 연산자가 있다. 그중 몇 가지를 살펴보고 누수를 피하기 위해 몇 가지 안전 조치를 취할 것이다.

모든 이벤트를 캐시에 저장하는 distinct( )

예를 들어 distinct()는 정의대로라면 구독 이후 맞닥뜨린 모든 키를 저장해야 한다. distinct()의 기본 구현체는 지금까지 보았던 모든 이벤트를 내부 캐시 집합과 비교한다. (equals()로 판별했을 때) 같은 이벤트가 아직 스트림에 나타나지 않은 경우 해당 이벤트가 방출되고 이후를 위해 캐시에 추가된다.

이 캐시는 결코 같은 이벤트가 다시는 나타나지 않도록 보장하기 위해 비워지지 않는다.[20] 이벤트가 상당히 크거나 빈번하다면 이 내부 캐시가 계속 증가하여 메모리 누수가 발생하는 상황을 쉽게 예상할 수 있다.

시연을 위해 다음과 같이 대규모 데이터를 흉내 낸 이벤트를 사용한다.

```java
class Picture {
    private final byte[] blob = new byte[128 * 1024];
    private final long tag;

    Picture(long tag) { this.tag = tag; }

    @Override
    public boolean equals(Object o) {
        if (this == o) return true;
        if (!(o instanceof Picture)) return false;
        Picture picture = (Picture) o;
        return tag == picture.tag;
    }

    @Override
    public int hashCode() {
        return (int) (tag ^ (tag >>> 32));
    }

    @Override
    public String toString() {
        return Long.toString(tag);
    }
}
```

다음 프로그램은 매우 제한된 메모리 환경(-mx32M: 힙 메모리 32MB)에서 실행되며, 가능한 한 빠르게 큰 이벤트를 방출한다.

```java
Observable
        .range(0, Integer.MAX_VALUE)
        .map(Picture::new)
        .distinct()
        .sample(1, TimeUnit.SECONDS)
        .subscribe(System.out::println);
```

---

20 RxJava 1.1.6에서는 HashSet을 사용했다.

이를 실행하면 distinct()의 내부 캐시에서 더 이상 Picture 객체를 저장할 수 없기 때문에 매우 이른 시점에 OutOfMemoryError가 발생한다. 문제 발생 직전의 CPU 사용량은 여유 공간을 확보하기 위한 가비지 컬렉션 여파로 매우 심각했다. 심지어 이벤트를 식별하는 키로 전체 Picture를 사용하는 대신 Picture.tag만 사용하더라도 그저 문제 발생 시간만 조금 더 늦춰질 뿐이다.

```
distinct(Picture::getTag)
```

눈치채지 못하는 사이 문제는 서서히 악화되다가 종종 높은 부하 상태에서 예상치 못한 순간에 폭발하므로 이러한 유형의 누수는 더욱 위험하다. distinct()가 메모리 누출의 근원임을 증명하기 위해 distinct()를 사용하지 않지만 대신에 버퍼링 없이 초당 방출 이벤트를 세는 유사한 프로그램을 살펴보자. 상황에 따라 다르겠지만 가비지 컬렉션이나 메모리 점유 부담을 주지 않으면서도 초당 수십만 개의 대형 메시지를 처리할 수 있다.

```
Observable
        .range(0, Integer.MAX_VALUE)
        .map(Picture::new)
        .window(1, TimeUnit.SECONDS)
        .flatMap(Observable::count)
        .subscribe(System.out::println);
```

그렇다면 distinct()와 관련된 메모리 누수를 어떻게 피할 수 있을까?

- 아예 distinct()를 피하라. 가장 단순하고 확실한 방법이다. 이 연산자는 잘못 사용하면 본질적으로 위험하다.
- 키를 현명하게 선택하라. 키는 유한해야 하며 제한된 공간만을 점유하는 것이 이상적이다. Enum형과 byte는 괜찮지만, long이나 String은 아닐 것이다. (예를 들어 enum과 같이) 주어진 자료형이 취하는 값의 수가 제한되어 있다는 사실을 증명할 수 없다면 메모리 누수가 발생할 위험이 있다.
- 모든 이벤트를 추적하지 않고 마지막으로 본 이벤트만 추적하는 distinctUntilChanged()로 대체할 수 있는지 고려해 보라.
- 애초부터 정말로 유일성이 필요한가? 아니면 제약 사항을 완화할 수 있는가? 혹은 복제본이 필히 10초 이내에 나타난다는 사실을 어떻게든 알고 있는가? 그렇다면 제한된 작은 윈도우에서 distinct() 실행을 고려해 보자.

```
Observable
        .range(0, Integer.MAX_VALUE)
```

```
.map(Picture::new)
.window(10, TimeUnit.SECONDS)
.flatMap(Observable::distinct)
```

10초마다 새 윈도우를 열고(239쪽의 "이벤트를 리스트에 버퍼링하기" 참조) 해당 윈도우에 중복된 항목이 없는지 확인한다. window() 연산자는 각 시간 윈도우 안에서 발생한 모든 이벤트의 Observable을 방출한다. 그 창에서 distinct()가 적용된 유일한 값이 즉시 방출된다. 10초 윈도우가 닫히면 새 윈도우가 열리지만 이전 윈도우와 관련된 캐시가 가비지 컬렉션된다는 사실이 더 중요하다. 물론, 이 10초 내에도 치명적인 수의 이벤트가 OutOfMemoryError를 일으킬 가능성이 여전히 존재하기 때문에 window(1000)과 같이 고정 시간이 아닌 고정 크기의 윈도우를 사용해야 한다. 또한 불행하게도 두 개의 윈도우에 걸쳐 동일한 이벤트가 나타나면 중복을 발견하지 못한다. 이것은 우리가 알아두어야 하는 상충점이다.

toList( )와 buffer( )로 이벤트 버퍼 처리

toList()가 메모리를 무한정 소비할 우려가 있다는 사실은 명백하다. 또한 무한 스트림에 toList() 사용은 무의미하다. toList()는 업스트림 소스가 완료되어야 하나의 항목을 방출하는데 완료되지 않는 한 toList()는 절대로 아무것도 방출하지 않는다. 하지만 모든 이벤트를 계속 메모리에 모은다. 아주 긴 스트림에 대해 사용하는 toList()도 의문이다. 그때그때 즉시 이벤트를 소비하거나 take() 같은 연산자를 사용하여 최소한 업스트림 이벤트 숫자라도 제한하는 방법을 찾아야 한다.

toList()는 유한한 Observable 이벤트를 한꺼번에 들여다 볼 필요가 있을 때 의미 있다. 이런 경우는 거의 드문데, allMatch(), anyMatch()와 같은 술어를 적용한 다음 count()로 항목을 세거나 한꺼번에 모든 이벤트를 메모리에 넣지 않고도 reduce()를 사용하여 단일 집계 값으로 줄일 수 있다. 용례 중 하나는 Observable<Observable<T>>를 Observable<List<T>>로 바꾸는 경우다. 여기서 안쪽 Observable은 고정된 크기를 갖는다.

```
.window(100)
.flatMap(Observable::toList)
```

이는 다음과 같다.

```
.buffer(100)
```

buffer()로 이어졌다. buffer()를 사용하기 전에, 시간틀 안에서 모든 이벤트의 List<T>가 정말로 필요한지 깊이 생각해 보라. 어쩌면 Observable<T>만으로도 충분할 것이다. 예를 들어 매초 Observable<Incident>에서 5건 이상의 우선 순위가 높은 사건이 있는지를 알아야 한다고 가정하자. 매초 우선 순위가 높은 사건이 많이 발생하면 true를, 그렇지 않으면 false를 출력하여 Observable<Boolean>을 생성한다. buffer()를 사용하면 매우 간단하게 처리할 수 있다.

```
Observable<Incident> incidents = //...

Observable<Boolean> danger = incidents
        .buffer(1, TimeUnit.SECONDS)
        .map((List<Incident> oneSecond) -> oneSecond
                .stream()
                .filter(Incident::isHIghPriority)
                .count() > 5);
```

그러나 window()는 이벤트를 임시 List에 버퍼 처리하지 않은 채 그때그때 바로 전달할 수 있다. window()는 같은 작업을 처리할 때 똑같이 편리하면서도 일정한 메모리 사용량을 유지한다.

```
Observable<Boolean> danger = incidents
        .window(1, TimeUnit.SECONDS)
        .flatMap((Observable<Incident> oneSecond) ->
                oneSecond
                        .filter(Incident::isHIghPriority)
                        .count()
                        .map(c -> (c > 5))
        );
```

Observable은 실제로 JDK의 Stream에 비해 훨씬 풍부한 API를 제공하기 때문에 더 나은 연산자를 사용하고자 자바 Collection을 Observable로 변환할 수도 있다. 예를 들어 스트림은 움직이는 윈도우 또는 집(zipping)을 지원하지 않는다.

즉, 가능하다면 buffer()보다는 window()를 쓰는 편이 좋다. 특히 buffer()에 쌓이는 내부 List의 크기를 예측하고 관리할 수 없을 때 더욱 그렇다.

cache( )와 ReplaySubject로 캐시 처리

cache() 연산자는 또 다른 명백한 메모리 소비자이다. cache()는 상류에서 받은 모든 개별 이벤트의 참조를 유지하므로 distinct()보다도 더 나쁘다. 길이가 짧고 크기가 고정된 Observable에만 cache()를 사용하자. 예를 들어 Observable을 사용하여 어떤 구성 요소의 비동기 응답을 모델링하는 경우에는 cache()가 안전하고 바람직한데, 그렇지 않으면 개별 Observer가 요청을 다시 유발하여 잠재적으로 예상치 못한 부수 효과로 이어질 수 있다. 반대로, 오래 지속되면서 (아마도 무한한) 뜨겁기까지 한 Observable 캐시는 거의 의미가 없다. 뜨거운 Observables인 경우라면 어쨌든 히스토리는 관심 없을 것이다.

ReplaySubject(56쪽 "rx.subjects.Subject" 참조)에 대해서도 같은 이야기가 이어진다. 이러한 Subject에서는 집어넣는 모든 것을 저장해 두어야 이어지는 Observer가 향후를 포함하여 모든 알림을 받을 수 있다. cache()와 ReplaySubject에 제시하는 대안은 거의 같다. 이들을 사용하는 상황을 발견하면 캐시 처리할 대상이 유한하고 상대적으로 짧은지는 각자가 보장해야 한다. 또한 가능하면 캐시된 Observable의 참조를 너무 오랫동안 유지하지 않아야 이른 시점에 가비지 컬렉션 대상이 된다.

메모리 점유율이 낮은 배압

91쪽의 "스트림이 서로 조화를 이루지 못할 때: combineLatest()와 withLatestFrom(), amb()"에서 서로 다른 속도로 이벤트를 생성하는 두 개의 이벤트 스트림을 함께 zip 처리했던 내용을 기억하는가? 두 개의 스트림을 묶고자 하는데 그 중 하나가 다른 스트림보다 약간 느리다면, zip()/zipWith() 연산자는 보다 느린 스트림의 대응 이벤트를 기다리는 더 빠른 스트림을 일시적으로 버퍼 처리해야 한다.

```
Observable<Picture> fast = Observable
        .interval(10, MICROSECONDS)
        .map(Picture::new);
Observable<Picture> slow = Observable
        .interval(11, MICROSECONDS)
        .map(Picture::new);

Observable
        .zip(fast, slow, (f, s) -> f + " : " + s)
```

zip()은 slow 스트림을 기다리는 fast에서 계속 증가하는 이벤트 버퍼를 유지하기 때문에 이 코드가 결국 OutOfMemoryError 문제를 일으킨다고 예상할 수 있겠다.[21] 그러나 이는 사실이 아니다. 사실, 거의 즉시 끔찍한 MissingBackpressureException이 발생한다. zip()(그리고 zipWith()) 연산자는 맹목적으로 업스트림

---

21 이 내용은 RxJava에 배압이 도입되기 전에 zip()이 어떻게 작동했었는지를 보여준다. 동기화되지 않은 스트림에서 천천히 진행되는 메모리 누수를 쉽게 볼 수 있다. zip()을 어떻게 다시 구현했는지 궁금하다면 0.20.0-RC2에서 배압이 처음 추가되었으므로 이를 살펴보기 바란다.

의 처리량에 따라 이벤트를 수신하지 않는다. 대신 이 연산자는 배압(252쪽의 "배압" 참조)을 활용하여 가능한 한 적은 데이터를 요청한다. 따라서 업스트림 Observable이 차가우면서 제대로 구현되었다면 zip()은 기술적으로 생성 가능한 양보다 적은 데이터를 요청함으로써 빠른 Observable의 속도를 늦춘다.

그렇지만 interval()은 이런 식으로 작동하지 않는다. interval() 연산자는 차가워서 누군가가 구독하고 개별 Observer가 각자 독립적으로 스트림을 얻는 경우에만 시작된다. 그런데 interval()을 이미 구독했다면 정의에 따라 특정 주기로 이벤트를 방출해야 하기 때문에 속도를 늦출 방법이 없다. 따라서 배압 요청을 무시하고 MissingBackpressureException으로 이어질 수 있다. 할 수 있는 일이라면 너무 많은 이벤트를 버리는 것뿐이다(259쪽 "Producer와 누락된 배압" 참조).

```
Observable
    .zip(
        fast.onBackpressureDrop(),
        slow.onBackpressureDrop(),
        (f, s) -> f + " : " + s)
```

하지만 어떻게 해야 MissingBackpressureException이 OutOfMemoryError보다 나을까? 누락된 배압은 빠르게 실패하지만 메모리 부족은 천천히 진행되면서 다른 곳에 할당되었을 수도 있는 소중한 메모리를 잠식한다. 그러나, 예를 들어 가비지 컬렉션이 발생할 때 전혀 예상하지 못한 부분에서 MissingBackpressureException이 발생하는 경우도 있다. 294쪽의 "방출 이벤트 검증하기"에서 배압 동작을 어떻게 단위 테스트로 검증하는지 설명한다.

요약

코드베이스에 Observable 소스가 보인다면 RxJava 사용이 훨씬 쉽다. 처음부터 새로운 Observable을 구현하면 오류 발생 가능성이 높지만 히스트릭스나 레트로핏, 데이터베이스 드라이버와 같은 다양한 라이브러리가 RxJava를 지원할 때는 훨씬 시작하기 쉽다. 130쪽의 "컬렉션에서 Observable로"에서는 기존 애플리케이션을 점진적으로 리팩터링하여 명령형이거나 컬렉션 지향적인 방식을 스트림 지향적이며 선언적 접근 방식으로 바꾸었다. 그러나 비동기 Observable이 기본인 라이브러리를 도입하면 리팩터링이 훨씬 쉬워진다. 애플리케이션에 스트림이 많을수록 반응성이 높은 API가 전파되는데, 데이터 수집 단계(데이터베이스, 웹 서비스 등)에서 시작하여 서비스와 웹 계층으로 퍼져나간다. 어느 순간 전체 스택이 리액티브로 작성된다. 어떤 시점에 RxJava를 사용하다가 프로젝트의 어떤 중요 지점에 도달하면, 모든 것이 철저하게 스트림이기 때문에 더 이상 toBlocking()이 필요 없게 된다.

9장

앞으로 나아갈 방향

벤 크리스텐센

RxJava API는 1.0으로 확정하기 전에 0.x 단계에서 오랜 공을 들였기 때문에 1.x는 상당히 성숙하고 안정적인 제품이다. 또한 API에 실험(Experimental), 베타(Beta) 표시를 지원하기로 결정한 결과, API를 최종본(Final)으로 승격하기 전에 진행 중인 실험을 계속할 수 있게 되었다. 그러나 0.x/1.x 단계는 결국 릴리스를 중단하기로 결정했고 현재는 버전 2.0[1]을 진행 중이다.

2.0은 1.x와 근본적으로 매우 유사해서 생각하는 방식을 크게 바꿀 필요가 없으며 사용하는 방법 또한 별로 바뀌지 않을 것이다. 2.0이 나오더라도 이 책은 여전히 유효하다. 그렇다면 왜 버전 2인가?

리액티브 스트림

첫 번째 이유는 기본적으로 리액티브 스트림 API[2]를 지원하기 위해서다. RxJava 팀이 리액티브 스트림 협업에 참여하고 있기는 하지만 RxJava v1 API는 이미 출시했기 때문에 리액티브 스트림의 인터페이스를 따르도록 변경할 수 없었다. 따라서 RxJava v1은 의미론적으로 리액티브 스트림과 거의 유사하게 동작하지만 어댑터가 필요하다. 버전 2는 리액티브 스트림의 자료형을 직접 구현했으며 자바 진영의 상호 운용성을 좀 더 잘 지원할 수 있도록 사양을 준수했다.

---

1 *http://github.com/ReactiveX/RxJava/blob/2.x/DESIGN.md*
2 *http://www.reactive-streams.org*

Observable과 Flowable

또 다른 이유는 Observable형을 Observable과 Flowable 두 가지 자료형으로 나누기 위해서다. 모든 경우에 배압을 보장하지 않는데도 불구하고 무조건 배압을 필요로 하도록 구현하는 실수를 저질렀다. 약간의 성능 오버헤드도 문제였지만 Observable을 사용할 때 복잡하게 생각해야 하고 사용자 정의 연산자를 만드는 것이 너무 어려웠다.

순수한 밀어내기 방식이려면 리액티브 스트림의 request(n)의 의미를 고려하지 않고 에릭 마이어가 원래 설계한 Observable을 사용할 수 있어야 한다. 이러한 사용 방식은 매우 일반적이다. 기본적으로 안드로이드와 같은 모든 UI의 사용 방식은 순수한 밀어내기라서, request(n)을 사용하면 혼란스러울 뿐 아니라 쓸데없이 복잡하다. 이러한 경우에 onBackpressureDrop 방식의 연산자가 매우 유용할 수 있지만 모두가 동의해야 한다.

그래서 버전 2는 Observable을 request(n)이 없는 순수한 밀어내기 방식으로 반환하며, 리액티브 스트림의 자료형이나 스펙을 구현하지 않을 예정이다. 새로운 자료형인 Flowable을 추가했는데, '배압이 가능한 Observable' 정도로 해석하면 되며 리액티브 스트림의 Publisher형을 구현했다. 'Flowable'이라는 이름은 리액티브 스트림의 인터페이스를 채택한 자바 9의 java.util.concurrent.Flow에서 영향을 받았다.

Observable과 Flowable을 사용하면 공개된 API에서 데이터 소스의 동작이 무엇인지 더 원활하게 의사소통할 수 있다. Observable이라면 밀어낼 테니 소비자는 준비하고 있어야 한다. Flowable이라면 끌어와서 밀어내기(pull-push)를 수행하고 소비자가 요청한 만큼의 항목만 보낸다. RxJava v1과 비슷한 방법으로 연결할 수 있겠지만 훨씬 더 명시적이다. Observable이 소비자의 처리 능력보다 더 빠르게 데이터를 밀어낸다면 observable.toFlowable(Strategy.DROP)과 같이 적절한 배압 전략을 가진 Flowable로 변환할 수 있다.

성능

버전 2로 바꾸게 된 마지막 이유는 버전 1 설계의 구조적 한계에 더 이상 얽매이지 않고 전반적인 성능을 향상(오버헤드 감소)시킬 수 있었기 때문이다. 부분적으로는 연산자를 연쇄적으로 연결하고 구독하여 실행하는 과정의 할당 비용을 줄임으로써 성능 향상을 달성했다. 기본적으로 Subscriber는 더 이상

SafeSubscriber로 포장하지 않으며(이를 위한 Flowable.safeSubscribe()를 제공한다) 터미널 이벤트를 더 이상 cancel(버전 2 용어로는 unsubscribe)과 연결할 필요가 없다.

성능 향상의 두 번째 근원은 리액티브 스트림의 프로토콜을 확장한 연산자 융합(operator-fusion)이라고 하는 내부 최적화 방법론인데, 일반적인 다양한 동기 방식(때로는 비동기 방식도) 흐름 설정에서 배압과 대기열 관리 오버헤드를 크게 줄인다. 일부 벤치마크에서 버전 1의 처리량은 자바 8의 스트림(동기 방식 끌어오기) 구현보다 100~200% 더 느렸지만 버전 2에서 배압 가능한 흐름의 처리량은 20~30% 정도만 느리다.

마이그레이션

RxJava는 애플리케이션에 깊숙이 자리잡았기 때문에 급격한 변화는 적용이 매우 어려울 수도 있다. 그래서 버전 2는 버전 1과 2 모두 애플리케이션에서 공존할 수 있도록 다른 패키지 이름과 메이븐(Maven) 이슈 ID를 취할 예정이다.

v1 패키지	v2 패키지	v1 Maven	v2 Maven
rx.*	io.reactivex.*	io.reactivex:rxjava	io.reactivex:rxjava2

RxJava 버전 1에서 버전 2로 진행하는 마이그레이션은 주로 다음 절차를 따른다.

1. 패키지를 rx.에서 io.reactivex.로 바꾼다.
2. 배압이 필요하다면 Observable을 Flowable로 바꾼다.

RxJava v2는 GitHub의 2.x 브랜치이며, DESIGN.md[3] 문서는 버전 2의 설계상 결정 내용을 담아내기 위한 노력의 산물이다. 버전 1과 버전 2의 차이점에 대한 자세한 내용은 GitHub[4]에서 확인할 수 있다.

---

3 *http://github.com/ReactiveX/RxJava/blob/2.x/DESIGN.md*
4 *http://github.com/ReactiveX/RxJava/wiki/What's-different-in-2.0*

Appendix A

HTTP 서버 예제

이 부록에서는 추가로 HTTP 서버 예제를 제공하여 186쪽의 "C10k 문제 해결하기" 내용을 조금 더 깊이 있게 파고든다. 이 예제는 5장을 이해하기 위한 필수사항은 아닌지만 무척 흥미로울 것이다. 또한 이러한 예제 중 일부는 벤치마크에 포함되어 있다.

C 언어의 fork( ) 프로시저

여기서는 C를 사용하여 동시성을 실현한 HTTP 서버 구현을 시도한다. C에 익숙하다면 다음 프로그램이 매우 쉬울텐데, 그렇지 않다 해도 염려하지 말자. 모든 세부사항을 알아야 할 필요는 없으며 전체적인 개념만 이해하면 된다. fork( )를 호출하면 현재 프로세스의 복사본을 만들기 때문에 갑자기 두 개의 프로세스가 운영체제에 나타나는데 각각 원래 프로세스(부모)와 자식 프로세스다. 두 번째 프로세스는 정확히 똑같은 변수와 상태값을 지닌다. 유일한 차이점은 fork( )의 결과값이다.

```
#include <signal.h>
#include <stdlib.h>
#include <string.h>
#include <netinet/in.h>
#include <unistd.h>
#include <stdio.h>

int main(intargc, char *argv[]) {
  signal(SIGCHLD, SIG_IGN);
  structsockaddr_inserv_addr;
```

```
    bzero((char *) &serv_addr, sizeof(serv_addr));
    serv_addr.sin_family = AF_INET;
    serv_addr.sin_addr.s_addr = INADDR_ANY;
    serv_addr.sin_port = htons(8080);
    intserver_socket = socket(AF_INET, SOCK_STREAM, 0);
    if(server_socket< 0) {
      perror("socket");
      exit(1);
    }
    if(bind(server_socket, (structsockaddr *) &serv_addr, sizeof(serv_addr)) < 0) {
      perror("bind");
      exit(1);
    }
    listen(server_socket, 100);
    structsockaddr_incli_addr;
    socklen_tclilen = sizeof(cli_addr);
    while (1) {
      intclient_socket = accept(
       server_socket, (structsockaddr *) &cli_addr, &clilen);
      if(client_socket< 0) {
        perror("accept");
        exit(1);
      }
      intpid = fork();
      if (pid == 0) {
        close(server_socket);
        char buffer[1024];
        while(1) {
          if(read(client_socket,buffer,255) < 0) {
            perror("read");
            exit(1);
          }
          if(write(client_socket,
           "HTTP/1.1 200 OK\r\nContent-length: 2\r\n\r\nOK",
           40) < 0) {
            perror("write");
            exit(1);
          }
        }
      } else {
        if(pid< 0) {
          perror("fork");
          exit(1);
        }
      }
      close(client_socket);
    }
    return 0;
  }
```

앞의 예제에서 정말로 중요한 내용은 fork() 호출이다. 부모(원래 프로세스)에
서 자식 프로세스의 PID(프로세스 ID)를 반환한다. 자식(복사된 프로세스)에서

는 0을 반환한다. 어떤 의미에서 fork()는 한 번(부모 프로세스에서) 실행되지만 두 번 반환된다. 여기서 자식 프로세스임을 발견하면(fork() == 0), 클라이언트 연결을 처리하기로 되어 있다. server_socket은 부모가 관리하기 때문에 자식도 이를 닫을 수 있다. 이와 함께(동시에!) 부모 프로세스는 client_socket을 닫고(자식 프로세스에서는 여전히 열어 놓은 채 보유중이다) 다른 클라이언트 연결을 받을 수 있다(accept()). 물론 부모는 한꺼번에 여러 자식 프로세스를 생성(fork)하여 높은 동시성을 달성할 수 있다.

연결당 스레드

하나의 스레드만으로 서버를 적절히 확장할 수 없음을 알았기에(187쪽의 "단일 스레드 서버" 참고), 몇 가지 스레드 기법을 사용하여 다시 작성하겠다. 구현에 들어가기 전에 이후 예제에서 약간의 중복을 피하기 위해 SingleThread 클래스를 다시 만들어 보자.

```
abstract class HttpServer {

    void run(int port) throws IOException {
        finalServerSocketserverSocket = new ServerSocket(port, 100);
        while (!Thread.currentThread().isInterrupted()) {
            final Socket client = serverSocket.accept();
            handle(new ClientConnection(client));
        }
    }

    abstract void handle(ClientConnectionclientConnection);
}
```

ClientConnection 클래스는 다음과 같다.

```
importorg.apache.commons.io.IOUtils;

classClientConnection implements Runnable {

    public static final byte[] RESPONSE = (
            "HTTP/1.1 200 OK\r\n" +
            "Content-length: 2\r\n" +
            "\r\n" +
            "OK").getBytes();

    public static final byte[] SERVICE_UNAVAILABLE = (
            "HTTP/1.1 503 Service unavailable\r\n").getBytes();

    private final Socket client;
```

```
        ClientConnection(Socket client) {
            this.client = client;
        }

        public void run() {
            try {
                while (!Thread.currentThread().isInterrupted()) {
                    readFullRequest();
                    client.getOutputStream().write(RESPONSE);
                }
            } catch (Exception e) {
                e.printStackTrace();
                IOUtils.closeQuietly(client);
            }
        }

        private void readFullRequest() throws IOException {
            BufferedReader reader = new BufferedReader(
                    newInputStreamReader(client.getInputStream()));
            String line = reader.readLine();
            while (line != null && !line.isEmpty()) {
                line = reader.readLine();
            }
        }

        public void serviceUnavailable() {
            try {
                client.getOutputStream().write(SERVICE_UNAVAILABLE);
            } catch (IOException e) {
                throw new RuntimeException(e);
            }
        }
    }

}
```

단순한 리팩터링인데 반복문 내부에서 클라이언트 연결을 기다리는 구현과 같은 보일러플레이트(boilerplate) 코드를 옮겼다. 또한 클라이언트 연결처리는 별도의 ClientConnection 클래스로 옮겼다. 추가로 serviceUnavailable()는 조금 뒤에 사용한다. HttpServer 실제 구현의 유일한 책임은 어떻게든 Client Connection의 run()을 호출하는 것인데 예를 들면 다음과 같이 직접 Single Thread로 리팩터링하여 호출한다.

```
public class SingleThread extends HttpServer {

    public static void main(String[] args) throws Exception {
        newSingleThread().run(8080);
    }

    @Override
```

```
        void handle(ClientConnectionclientConnection) {
            clientConnection.run();
        }
    }
```

이러한 기본적인 프레임워크를 바탕으로 각 ClientConnection마다 새로운 Thread를 생성하는, 보다 확장 가능한 구현을 신속하게 구축할 수 있다.

```
public class ThreadPerConnection extends HttpServer {

    public static void main(String[] args) throws IOException {
        newThreadPerConnection().run(8080);
    }

    @Override
    void handle(ClientConnectionclientConnection) {
        new Thread(clientConnection).start();
    }
}
```

ClientConnection도 Runnable이라는 사실을 이용하여 각각의 새로운 연결을 처리하는 Thread를 시작하기만 하면 된다. 이제 느린 클라이언트가 서버를 블록하는 문제가 완화되었고, 뒷단에서 연결이 처리되므로 클라이언트 Socket에서 데이터를 읽고 쓸 때 메인 스레드는 계속 새 연결을 받아들일 수 있다. 물론 클라이언트 두 개가 동시에 연결하면 메인 스레드는 두 개의 백그라운드 스레드를 시작하고 계속 작동한다.

제한 없이 계속 새로운 스레드를 만들려면 몇 가지 문제가 있다. 64bit JVM 1.8에서 각 스레드는 기본적으로 1024KB의 메모리를 사용한다(-Xss 플래그 참조). 1,000 개의 동시 연결은 심지어 유휴상태라 하더라도 1,000 개의 스레드와 약 1GB의 스택 공간이 필요하다. 자, 혼동하지 말자. 스택 공간은 힙 공간과는 독립적이므로 애플리케이션은 메모리를 1GB보다 훨씬 많이 소비한다.

커넥션 스레드 풀

이번에는 처음부터 유휴 스레드 풀을 생성하고 들어올 연결을 대기한다. 클라이언트 Socket을 포장한 새로운 ClientConnection이 나타나면 풀에서 첫 번째 유휴 스레드를 사용한다. 스레드 풀은 필요할 때 스레드를 단순히 생성하는 방식보다 장점이 많다.

- 이미 Thread를 초기화하고 시작했으므로 기다리거나 예열할 필요가 없어 클라이언트 대기 시간이 줄어든다.
- 시스템에서 실행되는 총 스레드 수를 엄격히 제한하기 때문에 프로그램이 높은 부하 상태에서 충돌을 일으켜서 중단되기 전에 연결을 안전하게 거부할 수 있다.
- 스레드 풀에는 일시적으로 부하 최대치를 억제할 수 있는 설정 가능한 대기열이 있다.
- 풀과 대기열 모두 포화된 경우에 수행할 설정 가능한 거부 정책(오류, 클라이언트 스레드에서 대체 실행 등)도 있다.

생성되는 스레드의 완전한 제어권을 원한다면 스레드 풀은 단순히 매번 새로운 스레드를 만드는 것보다 훨씬 더 나은 접근법이다. 그러나 클라이언트 스레드의 총 수에 엄격한 제한을 두고 스파이크를 관리할 수 있다는 사실이 더 중요하다.

```
classThreadPool extends HttpServer {

    private final ThreadPoolExecutor executor;

    public static void main(String[] args) throws IOException {
        newThreadPool().run(8080);
    }

    publicThreadPool() {
        BlockingQueue<Runnable>workQueue = new ArrayBlockingQueue<>(1000);
        executor = new ThreadPoolExecutor(100, 100, 0L,
                            MILLISECONDS, workQueue,
                (r, ex) -> {
                    ((ClientConnection) r).serviceUnavailable();
                });
    }

    @Override
    void handle(ClientConnectionclientConnection) {
        executor.execute(clientConnection);
    }

}
```

ClientConnection을 처리할 필요가 있을 때 이 작업을 내부적으로 100개의 스레드를 관리하는 전용 ThreadPoolExecutor에 맡긴다. 해당 풀(1,000개의 작업) 앞에 제한된 대기열이 있으므로 너무 많은 양의 요청이 들어오면 Rejected ExecutionHandler가 실행된다. 서버는 클라이언트를 끊임없이 기다리지 않고

serviceUnavailable()을 호출하여 클라이언트에 즉시 503 응답을 보낸다(빠른 실패 동작, 324쪽의 "히스트릭스로 장애 관리하기" 참조).

서블릿 3.0 사양에 따르면 비동기 서블릿을 기반으로 확장성 있는 애플리케이션 제작이 가능하다. 그 핵심은 컨테이너 스레드와 요청 처리를 분리한다는 발상이다. 애플리케이션에서는 어떤 스레드건 상관없이 언제든지 응답을 보낼 수 있다. 이때 요청을 받은 원래의 컨테이너 스레드는 이미 사라졌거나 혹은 다른 요청을 처리하고 있을 것이다. 획기적인 발상이지만 애플리케이션의 나머지 부분도 이러한 방법으로 작성해야 한다. 그렇지 않을 경우 (컨테이너 스레드 풀은 거의 포화되지 않으니) 애플리케이션의 응답성은 향상되겠지만, 요청을 처리해야 하는 별도의 사용자 스레드는 그저 다른 곳으로 옮겼을 뿐인 스레드 폭발 문제를 의미한다. 스레드 수가 수백 또는 수천에 도달하면 애플리케이션이 오작동하는데, 예를 들어 빈번한 기비지 컬렉션 주기나 컨텍스트 전환 때문에 느리게 응답하기 시작한다.

Appendix B

Observable 연산자 판단 트리

이 부록은 RxJava 세상에서 적절한 연산자를 찾을 수 있도록 돕기 위해 추가했다. 선택사항이 수백 가지가 넘어서 우리의 요구에 가장 잘 맞는 내장 연산자를 찾기가 점점 더 어려워졌다. 이 부록의 내용은 아파치 라이선스 버전 2.0을 따르는 공식 RxJava 문서의 Observable 연산자 판단 트리[1]를 그대로 옮겼다. 대신 역참조는 온라인 설명서가 아니라 책의 적절한 장으로 연결했다. 대부분 주어진 연산자를 다루는 장으로 연결되지만 간혹 간단한 언급이나 예제만 나열한 경우도 있다.

- 새로운 Observable 생성
  - ◆ 특정 항목 방출: just(), 37쪽 "Observable 만들기" 참조
    - 구독 시점에 호출된 함수에서 반환: start(), rxjava-async 모듈[2] 참조.
    - 구독 시점에 Action이나 Callable, Runnable 류에서 반환된 값을 호출: from(), fromCallable(), fromRunnable(), 37쪽 "Observable 만들기"와 41쪽 "무한 스트림" 참조.
    - 지정된 지연 이후: timer(), 47쪽 "타이밍: timer()와 interval()" 참조
  - ◆ 특정 Array나 Iterable 등에서 방출되는 값 끌어오기: from(), 37쪽 "Observable 만들기" 참조

---

1   *http://reactivex.io/documentation/operators.html#tree*
2   *http://github.com/ReactiveX/RxJava/wiki/Async-Operators*

- Future: from(), 37쪽 "Observable 만들기"와 215쪽 "CompletableFuture와 스트림" 참조
- Future에서 받은 순열: from(), 37쪽 "Observable 만들기" 참조
- 순열을 반복해서 방출: repeat(), 119쪽 "compose()로 연산자 재사용하기" 참조
- 처음부터 사용자 정의 로직으로: create(), 38쪽 "Observable.create() 정복" 참조
- 개별 옵저버 구독: defer(), 134쪽 "느긋함 포용하기" 참조
- 일련의 정수 출력: range(), 37쪽 "Observable 만들기" 참조
  - 특정 시간 간격: interval(), 47쪽 "타이밍: timer()와 interval()" 참조
  - 일정 지연 시간 이후: timer(), 47쪽 "타이밍: timer()와 interval()" 참조

- 항목을 방출하지 않고 완료: empty(), 37쪽 "Observable 만들기" 참조
- 아무것도 하지 않음: never(), 37쪽 "Observable 만들기" 참조

- 다른 Observable을 결합하여 Observable 생성
  - 순서에 관계없이 모든 Observable에서 받은 항목을 전부 방출: merge(), 85쪽 "merge()로 여러 Observable을 하나처럼 다루기" 참조
  - 모든 Observable의 모든 항목을 방출하되, 한 번에 하나의 Observable씩 차례로: concat(), 107쪽 "스트림을 결합하는 방법: concat()와 merge(), switchOnNext()" 참조
  - 2개 이상의 Observable을 순차적으로 결합하여 새로운 방출 항목 생성
  - 개별 Observable이 새로운 항목을 방출: zip(), 87쪽 "zip()과 zipWith()으로 짝을 맞춰 합성하기" 참조
  - 어떤 Observable이 새로운 항목을 방출: 91쪽 "스트림이 서로 조화를 이루지 못할 때: combineLatest()와 withLatestFrom(), amb()" 참조
  - Pattern과 Plan이 중재하는 And/Then/when()은, rxjava-joins 모듈을 보자.

  - 가장 최근에 항목을 방출한 Observable에서만 항목을 방출: switch(), 107쪽 "스트림을 결합하는 방법: concat()과 merge(), switchOnNext()" 참조

- Observable 항목을 변형시킨 다음 방출
  - 한 번에 하나씩 함수 적용: map(), 68쪽 "핵심 연산자: 매핑과 필터링" 참조

◆ 해당 Observable에서 방출된 모든 항목을 방출: flatMap(), 74쪽 "flatMap() 으로 마무리하기" 참조…

— 방출 순서대로 한 번에 하나의 observable 방출: concatMap(), 82쪽 "concatMap()으로 순서 유지하기" 참조

◆ 앞선 모든 항목을 기반으로: scan(), 98쪽 "scan()과 reduce()로 순열을 훑기" 참조

◆ 타임스탬프 첨부: timestamp(), 91쪽 "스트림이 서로 조화를 이루지 못할 때: combineLatest()와 withLatestFrom(), amb()" 참조

◆ 항목 방출 전에 경과 시간 표시: timeInterval(), 280쪽 "이벤트가 발생하지 않으면 시한 만료시키기" 참조

• Observable에서 항목의 방출과 방출 사이에 일정 간격 지연: delay(), 79쪽 "delay() 연산자로 이벤트를 지연시키기" 참조

• Observable의 항목과 알림을 다른 항목으로 바꿔 재방출

◆ Notification 객체로 포장: materialize(), 294쪽 "방출 이벤트 검증하기" 참조

— 다시 포장 해체: dematerialize()

• Observable이 방출한 모든 항목을 무시하고 완료/오류 알림만 전달: ignoreElements(), 145쪽 "flatMap()을 비동기 체이닝 연산자처럼" 참조

• Observable을 미러링한 다음 순열 맨 앞에 항목 첨부: startWith(), 94쪽 "withLatestFrom() 연산자" 참조

◆ 개별 순열이 빈 경우에만 첨부: defaultIfEmpty().

• Observable에서 항목을 모아 버퍼 처리하여 재방출: buffer(), 355쪽 "toList() 와 buffer()로 이벤트 버퍼 처리" 참조

◆ 마지막으로 방출한 항목만 포함: takeLastBuffer().

• Observable 하나를 여러 개로 분할: window(), 246쪽 "움직이는 윈도우" 참조

◆ 비슷한 항목들을 같은 Observable로 모음: groupBy(), 115쪽 "주어진 기준으로 스트림을 나누는 groupBy()" 참조

- Observable이 방출한 특정 항목
  - 완료 전에 방출한 마지막 항목: last(), 104쪽 "skip(), takeWhile() 등을 사용해 잘게 쪼개거나 잘라내기" 참조
  - 단일 항목: single(), 102쪽 "single()을 사용하여 Observable이 정확히 항목 하나만 갖는다고 단언하기" 참조
  - 첫 번째 항목: first(), 104쪽 "skip(), takeWhile() 등을 사용해 잘게 쪼개거나 잘라내기" 참조

- Observable에서 특정 항목만 재발행
  - 어떤 술어와 일치하지 않는 항목 필터링: filter(), 68쪽 "핵심 연산자: 매핑과 필터링" 참조
  - 첫 번째 항목: first(), 104쪽 "skip(), takeWhile() 등을 사용해 잘게 쪼개거나 잘라내기" 참조
  - 처음 몇 개의 항목들: take(), 104쪽 "skip(), takeWhile() 등을 사용해 잘게 쪼개거나 잘라내기" 참조
  - 마지막 항목: last(), 104쪽 "skip(), takeWhile() 등을 사용해 잘게 쪼개거나 잘라내기" 참조
  - n번째 항목: elementAt(), 104쪽 "skip(), takeWhile() 등을 사용해 잘게 쪼개거나 잘라내기" 참조
  - 첫 번째 항목 이후에
    - 처음 n개 항목 이후: skip(), 104쪽 "skip(), takeWhile() 등을 사용해 잘게 쪼개거나 잘라내기" 참조
    - 술어와 일치하는 항목 하나가 나타날 때까지: skipWhile(), 280쪽 "이벤트가 발생하지 않으면 시한 만료시키기" 참조
    - 초기 설정 기간 이후: skip().
    - 일정 시간 이후 Observable이 항목을 방출: skipUntil()

  - 마지막 항목을 제외
    - 마지막 n개 항목 제외: skipLast(), 104쪽 "skip(), takeWhile() 등을 사용해 잘게 쪼개거나 잘라내기" 참조
    - 해당 항목 중 하나가 술어와 일치할 때까지: takeWhile(), 104쪽 "skip(), takeWhile() 등을 사용해 잘게 쪼개거나 잘라내기" 참조

— 소스가 완료되기 전에 일정 기간 동안 방출된 항목을 제외: skipLast().

— 일정 기간 방출 항목을 제외하고 Observable이 방출한 항목: takeUntil().

◆ 주기적으로 Observable에서 샘플 채취: sample(), 236쪽 "주기적인 샘플링과 스로틀링" 참조

◆ 일정 기간 내에 다른 항목이 뒤따르지 않으면 방출: debounce(), 247쪽 "debounce()로 낡은 이벤트 건너뛰기" 참조

◆ 이미 방출된 항목과 중복된 항목 억제: distinct(), 102쪽 "distinct()와 distinctUntilChanged()로 중복 제거하기" 참조

— 항목 바로 이어지는 항목 중복: distinctUntilChanged(), 102쪽 "distinct()와 distinctUntilChanged()로 중복 제거하기" 참조

◆ 항목 방출 시작 후 잠시 동안 구독 지연: delaySubscription()

찾아보기